现代出版学精品教材
XIANDAI CHUBANXUE JINGPIN JIAOCAI

出版选题学

第2版

苗遂奇 著

现代出版

苏州大学出版社

图书在版编目(CIP)数据

出版选题学 / 苗遂奇著. —2版.—苏州：苏州大学出版社，2013.7

现代出版学精品教材

ISBN 978-7-5672-0513-0

Ⅰ.①出… Ⅱ.①苗… Ⅲ.①选题(编辑工作)—教材 Ⅳ.①G232.1

中国版本图书馆CIP数据核字(2013)第162803号

现代出版学精品教材

现代出版学精品教材
Contemporary Publication Advanced Textbook

总策划

吴培华

出版选题学(第2版)

著　者

苗遂奇

责任编辑

史创新

出版发行

苏州大学出版社

(苏州市十梓街1号　邮编　215006)

印　刷

南通印刷总厂有限公司

(南通市通州经济开发区朝霞路180号　邮编:226300)

开本　787 mm×960 mm　1/16

印张　19　**字数**　341千

版次　2013年7月第1版　2013年7月第1次印刷

书号　ISBN 978-7-5672-0513-0

定价　36.00元

苏州大学出版社营销部　电话:0512-65225020

苏州大学出版社网址　http://www.sudapress.com

编委会名单

总 策 划 吴培华

编 委 会（按姓氏笔画为序）

刘拥军　朱胜龙　朱静雯　李寿春

吴培华　张志强　周　奇　苗遂奇

徐建华　徐柏容　黄先蓉　黄镇伟

薛华强

执行编委 吴培华　薛华强

出版者的话

“现代出版学丛书”自2003年出版第一辑后得到业界和教育界的广泛好评，根据编辑出版工作的实际需要和出版业人才培养的需求，我们又连续组织出版了三辑，共计四辑25种。

出版属于内容产业，创新是其不竭的灵魂。因此，对教材不断进行更新，以跟上出版业的快速发展是值得引起我们重视的一个重要课题。“现代出版学丛书”出版以来，出版业与出版工作已经发生了巨大的变化，首先，出版业转企改制工作已基本完成，出版业的管理理念、管理方法也随之发生了重大变化；其次，十七届六中全会提出了大力发展文化产业的要求，出版业面临着前所未有的发展机遇；而数字化出版的快速发展更是对出版业带来了巨大的冲击与挑战。在这样的背景下，业界同人纷纷建议对“现代出版学丛书”进行及时修订，鉴此，我们决定在原有基础上，根据学科建设的要求，精选其中10种，结合出版业的最新发展态势，进行了大幅度的修订补充，期望为我国的编辑出版专业打造一套高质量的现代出版学精品教材。

该套教材继续体现创新原则，吸收我国出版界的最新理论成果，反映出版界改革发展的最新动向。我们真诚地希望广大读者、教育工作者和理论研究者出于对这套教材的爱护，对其中的不足之处和疏漏讹误，不吝赐教。我们相信，我们对中国出版业的拳拳之心是相同的。

总　序

书籍，是人类传承文明的主要载体；近代兴起了报纸和杂志，于是文明传承又多了一种工具和媒介，从而新闻与出版并称。但是二者在传承文明过程中所起的作用和各自的特点有所不同。报纸杂志的时效性强、内容多样；书籍则传世久远、影响深远。二者相济，既及时反映了即时发生的情况，又引导人们思考过去、现在和未来，于是人类的文明得以播散和流传。

任何国家的新闻出版事业都是为自己国家的利益服务的，绝无功利的新闻出版事业从来不存在。过去，我国的新闻出版事业只注重了它的宣传作用，而忽略了它还有商品性的一面。这是计划经济导致的必然结果。改革开放以后，人们很快意识到了出版事业的二重性：意识形态属性和商品属性。我国的新闻出版业，一方面要发挥党和人民喉舌的作用，另一方面也要按照社会主义市场经济的规律去建设、发展、生产和流通，这两种属性是并行不悖、相辅相成的。只有按照市场经济的规律去建设、发展、生产和流通，才能更好地宣传科学的理论、正确的思想，弘扬正气，凝聚人心；也只有坚持正确的导向，乘市场经济的浪潮发展，才不致于迷乱了本性，才能为最广大人民的根本利益服务，才能在世界范围内形成自己的特色，参与国际出版业的激烈竞争。

无论是哪个国家的出版业，也无论从我国出版事业的哪一方面的属性来说，要使这一事业发展壮大，人才都是关键。特别是我国的出版事业正处在由传统的生产方式向现代生产方式转变的过程当中，人才的问题更加显得重要而急迫。

现代的出版业需求怎样的人才呢？我想，这样的人才除了应该熟悉现代新闻出版的经营方式方法之外，还需要有较高的理论素养、创新的意识和能力。后者也许比前者更为重要，因为经营的方式方法可以在实践中摸索、总结，而理论修养和创新能力却需要较长时间的积累和一定的悟性，需要良好的环境和条件的熏陶与培育。

如果以上述的标准衡量，应该承认，我国新闻出版界的人才结构和知识结构的确急需改善。同时我们应该看到，我国出版教育事业要承担起培养新型出版人才的历史重任，还有很多工作要做，还有很长的路要走。在诸多应该做的工作当中，编写出版具有理论深度的著作和具有时代特色的教材是其中最重要的基础性建设。

出版事业和社会生活几乎是同步前进的，在“知识爆炸”的今天，出版事业的发展可谓一日千里，也只有一日千里才能跟上时代。永远向前看，这是出版业的重要特征。因此，原有的读物显然已经不能完全满足当前的需要。现在出版的这套由我国新闻出版界一批著名专家策划并编写的“现代出版学丛书”，就是为了跟上出版业改革发展的形势，根据他们在这一领域中多年积累的经验、最新的发展动态、研究的最新成果和对未来的深刻思考编写而成的，供正在出版事业前沿努力奋斗的专业人员和有志于投身这一事业的年轻人学习之用。

参加策划和编写的专家，都在出版业的各个方面工作过多年，有的担任过出版业领导工作并长期从事出版理论研究，有的在出版教育领域耕耘时久，有的一直在出版部门从事实际工作。他们虽然分布在全国各地，专业也不尽相同，但是有着一个共同的特点，这就是始终紧跟时代的脚步，密切关注着国际上出版界的动态，苦苦思考着我国的出版业如何适应21世纪中国和世界的情况。

任何著作都不可能十全十美，因为就在作者研究、写作的时候，客观情况已经在变化了；再加上每个人占有的资料很难滴水不漏，观察的角度彼此或异，如果读者发现这套丛书还有什么不足和可议之处，我看应属正常。我们总不能等到一切都研究得完美了再来编写——实际上永远不会有这样一天，重要的是做起来，教起来，学起来。

我衷心希望这套丛书尽快出齐，在听取读者的意见后不断修改提高，使之成为具有权威性的读物和教材；我同时希望我国的出版教育界以这套丛书的出版为新的起点，加强科学研究，逐步形成和完善具有中国特色的出版理论体系，使我国的出版事业不仅在数量和质量方面达到与我国的国际地位相应的水平，出色地承担起传承人类文明的重任，而且在理论建树和人才储备方面也能令世界刮目相看。

許嘉璐

于日读一卷书屋

目录

第六章 类型出版选题的组织与策划

第七章 畅销书的组织与策划

8 第八章 选题决策与决策失误分析

引 言

这是一本从文化的人文视野来探讨和研究图书出版选题的孕育、策划和形成过程的书。其核心议题是:出版选题的文化本质是什么?出版选题是如何孕育、生成的?出版人在出版选题的策划形成过程中起什么作用?出版选题对出版文化、出版产业的发展有哪些决定性影响?出版选题对文化建设、文化发展起到哪些关键性作用?这些问题已经成为包括图书出版界在内的所有关注出版文化传播的人们所共同关心的问题。企盼本书能够给人们带来一些真切而独到的见解。

出版选题是出版工作的第一步,既是整个编辑出版工作的基础,又是统帅整个编辑出版工作的灵魂。在市场经济条件下,选题竞争愈来愈激烈,选题的策划与组织成为出版企业的核心竞争力之一。出版人凭借一个个富有特色的选题策划,构筑着理想中的人类精神文化大厦,传衍着人类精神文明的基因,启迪着人类精神智慧的生成,同时也为社会经济发展描绘着绚丽的图案,从而形成特有的社会文化现象。对这种现象进行研究,实际上是对人类利用编辑出版的手段进行文化传播和文化交流的宏观战略的研究,因而具有十分重要的理论意义和现实意义。

出版选题与文化建设的关系是当代文化与出版传播研究的重要课题。必须看到,在经济全球化、政治民主化、文化多样化、信息网络化、传媒娱乐化的背景下,印刷出版这种被传统文明所深深浸染的传媒形式既面临着新的发展机遇,也面临着愈来愈被边缘化的挑战。是奋力创新以迎接危机和挑战,还是消极逃避来应付命运的安排,出版选题本身最有说服力。我们高兴地看到,新时代的出版人以弘扬先进文化为宗旨,将选题重心放在宣扬与时代精神、民族精神相关的领域上,体现一种强烈的积极进取意识。同时,我们也不无遗憾地看到,有的出版者在市场化的大潮中迷失了方向,沦为落后文化的传播者与吹捧者。由此,我们深深地认识到,出版人的选题行为从本质上讲不仅仅是面向文化信息、文化知识与文化思想的事情,更是面向文化价值和文化意义的世界。更进一步说,选题行为作为出版人的一种职业行为,实际上与日常生活中的无数选择行为一样,是一种价值选择与意义选择,只不过这种价值选择与意义选择是在将出版作为传承文化的伟大事业的基础上进行的。

全球化时代是消费主义盛行的时代。在很多场合,书籍被当作一般商品进行消费,仅仅具有功能性价值,丧失了其本真的意蕴。这是人自身的悲哀,也是书籍的无奈。当前,我国的经济实力已跃居世界第二位,随着经济的发展,文化的大众化需求必然会被深深地唤起,这是社会发展前行的一个规律。有哲人说,民族的复兴,最重要的乃是文化的复兴。诗曰:周虽旧邦,其命维新。这难道不是对我们久远的期待吗?今天,当13亿中国人正在助推世界徜徉于全球化消费之途,这种消费就绝不应是单纯的物质消费,还应包括观念的消费、文化的消费、精神的消费。我们有理由相信,中国可以用自己的发展道路为一个文明古国的复兴作出选择,可以用自身的文化理念为世界的前行指明方向。面对国外独占优势的知识产权和核心技术,面对西方独霸世界的文化理念与生活方式,我们必须有自己的选择,必须靠自我更新走向复兴。我们不仅仅要引领世界经济的潮流、科技的潮流,更要引领世界精神的潮流、文化的潮流、思想的潮流。时不我待,只争朝夕。在信息超载化、传媒个性化的今天,当高新科技越来越多地参与到改变传媒业经济命运的时候,传统的图书出版必须具有一种更加紧迫的使命感,加紧更新选题创新的道路与方式,真正在现代意义上为民族文化的复兴贡献力量。

所以,在对出版选题的研究过程中,本书将以深广的人文视野来审视和处理出版选题过程中出现的各种问题,从而使该研究建立在一个较为坚实的理论平台上。人文视野将人的内心世界、内在情感和精神欲求作为研究对象,通过对人的形而上的"终极价值"关怀和"生存意义"追问,为人类建构一个精神的家园,构筑一个让心灵诗意栖息的世界。出版选题人正是通过自己的出版选题活动参与到对当代人生存境况的阐释和反思、内在精神的表现与感悟、人生意义的探寻与追问的过程中,不断以高质量、高品位、高智慧的出版物为人的心灵和精神世界营造安顿生命的场所。

德国哲学家康德这样说:

有两种伟大的事物,我们越是经常执着地思考它们,我们心中就越是充满永远新鲜有增无减的赞叹和敬畏——

我们头上的灿烂星空,

我们心中的道德法则。

我想,从事出版这一崇高职业的人们,应该将这句话作为自己的座右铭。

第一章

1

总　论

从学理层面研究出版选题的理论构成,或者说从学科建设的角度探讨出版选题学的基础理论建设,是编辑出版学界共同关心的一大课题。作为新兴的学科门类,如何把握其学科属性与学科范畴?如何阐述其理论体系与独特内涵?如何掌握其研究方法与研究规律?要回答这些问题,必须首先从出版选题学的研究对象和研究内容讲起。

第一节　出版选题学的研究对象和研究内容

出版史表明,出版选题是伴随着人的出版行为的产生而产生的一种对出版内容的选择、缔造与创新活动。出版人的任何一项具体的出版行为,都有着明确的选题意向、选题目的与选题方式,都是出版载体与文化内容的有机结合。对出版选题学进行研究,首先要明确其研究对象与研究内容。

一、出版选题概说

出版选题的概念具有多义性。

一般认为,出版选题是一个静态概念,这一静态概念主要指涉的是出版物的题名,是人们对传统编辑出版活动中的选题活动的一种认识。随着经济全球化、文化多样化的发展,出版事业与出版产业融入社会经济文化整体发展过程中,从而引起出版选题概念和内涵的不断丰富。出版活动内在地具有文化性和经济性双重特征,这既是一种矛盾,又是推动出版活动向前发展的内在动力。这种矛盾的统一体不可避免地要体现在出版选题活动中,并成为构建出版选题概念的理论支点。

如果将一项具体的出版行为作为一项系统工程来分析,可以看出,出版选题就是内在于出版行为本身且又居于首要工序的工作内容。选题是出版工作的第一步,是起点,如果没有选题这个起点,就没有后面一环扣一环的工作;选题又是整个编辑出版工作的基础,制约着全部的编辑出版过程,是统帅整个编辑出版工作的灵魂。然而,这只是问题的一个方面。在市场条件下,在产业经济发展中,选题的概念必须贯穿文化性与经济性相统一的思想,并在这一原则下展开其全面的丰富的内涵。因此,出版选题又是一个复杂的动态概念。

从总体上说,出版选题有三个层面的内容:一是指出书的题目和构想,是“一本书或一套书的主题思想、主要内容和书名的总体设计。亦指出版社为准备编辑出版的图书或杂志文章所预先拟定的题目及内容要点”①,“一般是一本书一个选题,有时是一套书一个选题,下面再分列具体的题目”②。二是指选题计划,即按照一定的出版观念和编辑方针对出版社的全部选题进行的整体安排和总体部署,有全社选题计划和部门选题计划之分。选题计划决定着出版社的发展方向,“(选题)计划的意义对于出版社犹如生命,它不仅决定本社事业的成败,而且出色的计划可提高整个社会出版文化的水平”③。三是指职业出版编辑为了完成某项特定的出版任务而主动进行的有意识、有目的的编辑策划活动,又可称为选题策划、选题工作。

任何层面的选题概念都拥有一些相同的构成要素,这些要素主要包括:

1. 题目和书名

题目即选题的名称,是反映图书主题内容、风格类型和写作特点的标志性构成要素。书名是图书出版时所呈示给读者的名称。题目可以作为书名出现,也可以不以书名出现,但题目与书名存在着某种内在的一致性和关联性。在市场运作中,书名构成了非常独特的销售要素,很多出版人都在图书书名的设计上下大功夫。比如美国的一部原本销售平平的图书《争吵艺术》(亚瑟·舒本浩尔著),在改名为《如何符合逻辑地争论》后,立刻就成了畅销书。某出版社出版的畅销书《细节决定成败》的作者曾说,《细节决定成败》的定价是24.8元,而书名就值了20元。

2. 读者与购买对象

读者即具有阅读能力的人。在市场条件下,读者的阅读兴趣便是图书选题开发者的风向标。购买对象就是具有购买能力的读者,读者可以转化为购买对象,图书选题开发者最终锁定的目标也是购买对象。对读者而言,他们也许并不在乎是哪家出版社在满足他们的阅读需求;而对选题开发者而言,他们必须对所开发选题的目标读者和潜在读者的阅读兴趣有足够的了解,以此确定该选题的特殊制作要求和目的。那种不顾读者阅读需求,只靠一厢情愿包办读者阅读口

---

① 边春光.出版词典.上海:上海辞书出版社,1992.143.

② 阙道隆,徐柏荣,林穗芳.书籍编辑学概论.沈阳:辽海出版社,2000.283.

③ 出版百科词典.北京:中国书籍出版社.1990.176.

味的时代已不复存在。

3. 编辑意图与编辑形式

编辑意图与编辑形式既是选题开发要实现的宗旨目标,又是引导选题达到预期目标的方法手段。一个好的选题必须体现出版编辑明确的编辑意图,也必须以一定的编辑形式来确保其意图的真正实现。同样是开发古代典籍《唐诗三百首》,有的出版社是为专业研究人员开发的,对版本、注释、开本、版式、繁简字体都有很专业的考虑;有的出版社是为大众普及准备的,就在开本、版式、注释、译文、插图、繁简体字上作了大众化的编排。所以,不管选题内容如何,都必须将编辑意图与编辑形式包含进去。

4. 主题内容

主题内容主要是针对选题本身所属的学科门类、知识层次和语体特征而言的,这是选题开发者把握某一选题主旨内容的基本部分,是选题构成的基本要素。学科门类大而言之可分为自然科学、社会科学和人文科学,知识层次也可分为专业层面、大众普及层面和一般教育层面,语体特征可分为论说体、抒情体、说明体和混合体,等等。

5. 作者人选与写作要求

选题开发者设计、构思某一选题的过程,也是选择和确定作者以及对作者提出写作要求的过程。对选题开发者来说,能够物色到合适的作者,选题就成功了一半。一些重要选题的构思都是与作者密不可分的,即使一些选题一时没有确定作者,也应有对这些选题在写作上的具体要求。

6. 效益预测

图书既是精神产品,又是商品,既产生社会效益,又产生经济效益。一般说来,社会效益预测是一种社会价值判断,而经济效益预测则通过进入市场流通后所可能取得的效益来进行。策划者在策划选题时,必须要考虑出版物的双效益问题。

7. 宣传营销方式与方法

一个具体的出版选题活动应该将宣传营销方案包括进去。在现代市场条件下,开发选题的目的既在于传播知识,也在于扩大销量,这两者不但不矛盾,反而相得益彰。因此,图书宣传营销方案一定是在选题开发过程中就策划出来的,而不是临时确定的。

以上七个方面的要素既可以从静态的方面去理解,也可以从动态的方面去理解。静态理解是出版选题单指一个名词概念,动态理解则是指一种精神劳动过程。在本书中,当提到出版选题这个概念时,大多数场合是指一种动态的精神劳动过程,因为这其中蕴含着策划者复杂的智慧劳动和智力成果。

二、出版选题学的研究对象

确定出版选题学的研究对象,关键是要弄清在出版选题的生成过程中,有哪些因素在起作用,有哪些环节必不可少,通过对这些因素和环节的分析,从学理上对出版选题学研究对象的独特性和科学性进行概括,对出版选题学作为一门独立学科的理论范畴与理论体系进行归纳。

从根本上说,出版选题及其策划与组织是一个动态过程,而不是一个静态的固定不变的概念。比如,与图书目录学相比,如果说书目所反映的只是一条条客观的固态化的精神文化信息,那么,出版选题所反映的则是每一本书及其所含文化内容的动态形成过程。目录学是对书目中客观存在的文化信息进行研究,其目的是为了"辨章学术,考镜源流";出版选题学则是对每一种图书及其内容生成的前因后果进行研究,其目的是为了在书业发展上启迪借鉴,推陈出新。进一步说,目录学是对已成图书的编目进行的研究,而选题学不仅要将已成图书作为选题例证进行研究,而且也对正在形成过程中的选题例证进行分析研究。目录学多偏重于对作者及其学术渊源的考察,出版选题学则偏重于对出版编辑在图书形成过程中所起的作用进行分析。二者虽有某些相似的地方,但实质是不同的。

在出版选题的生成过程中,首先是出版人的组织策划因素发挥着关键性的作用,其次是选题资源、选题信息、选题资本、选题市场、选题作者等因素也都在发挥着重要功能。这些因素有内在的,也有外在的,但只有当出版人将自身内在的智慧元素谋划于出版资源、出版信息、出版资本、出版市场等外在因素时,出版选题的生成环节才启动运行。

请参阅下图:

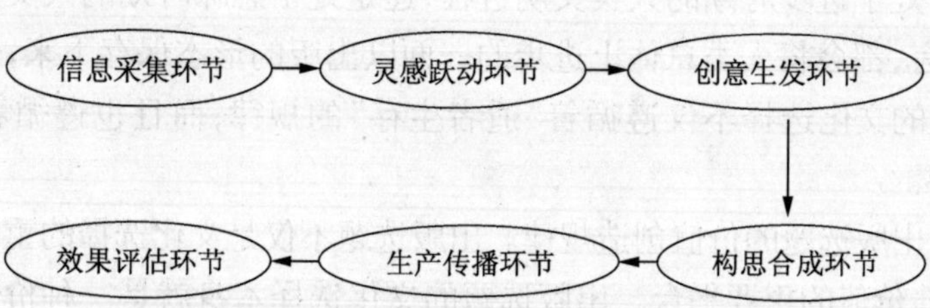

在上图中,信息采集环节是处于首位的,所谓巧妇难为无米之炊。只有收集到大量相关信息,才能对信息进行研判,才能触及灵感,才能生发创意,才能初步策划出选题,然后通过对各种条件的权衡对比,最终确定选题,进入生产阶段和传播过程。一个选题到底如何,只有经过最终评估才能确定。效果评估对总结选题成败起着重要作用。不及时总结,就不能积累经验,不能吸取教训,不利于出版选题的可持续开发。

当然,在选题策划的各个环节中还存在着社会趣味、时代精神、政治需要、意识形态要求等各种因素的强有力的参与,存在着选题本身对各种有利于文化发展的主客观条件的吸纳,对各种不利于文化发展的束缚的突破。由此可见,选题的策划与设计,选题的组织与管理,选题的写作与生产,选题的销售与传播,选题的评估与总结是一个有机的体系和系统,选题与时代的政治、经济、文化、军事、宗教、历史、科技、文学艺术之间有着密切的联系,有时还呈现出一定的规律性。出版选题学就是对人类史上的出版选题活动以及由选题活动所形成的选题系统与选题规律进行研究的学问。

如上所述,人类的出版选题活动是与人类的出版活动相伴而生的,出版选题系统也是对出版选题活动中各环节的统筹与整合,而出版选题规律则是从人类漫长的出版实践中总结创造出来的。与人类的其他生产生活活动相比,出版人的选题活动主要是一种高智慧脑力思维劳动。这一劳动过程体现以下规律性:

第一,出版选题的创意策划规律。由于出版选题的创意与策划针对的主要是内容,而不同内容却可以适用于相同的形式,所以,自古及今,很多选题策划使用的形式是一样的,只是内容有所改变而已。历史与现实表明,出版选题的创意策划具有规律性。

第二,出版选题的文化选择规律。出版选题在进行具体的文化选择时,体现着文化发展的规律性。因为,毫无疑问,由于人类出版活动本身的意识形态属性,不论是处于进步时期的人类文明进程,还是处于愚昧时期的人类文明进程,对出版而言,都会将人类总体上进步的一面以出版的形态保存下来,传承下去。因此,人类的文化选择不仅遵循着"适者生存"的规律,而且也遵循着"优者美存"的规律。

第三,出版选题的价值创造规律。出版选题不仅是文化选择的重要通道,而且也是创造价值的重要平台。出版选题的文化选择本身就是一种价值选择,这种价值选择同时也是一种价值创造。这是古今中外的出版史不证自明的规律。

三、出版选题学的研究内容

策划与组织出版选题，最重要的使命就是使出版物言之有物地公之于众。出版选题与出版物是互为一体的，也就是说，任何出版选题都是某一特定出版物的出版选题，任何出版物也是某一特定出版选题的出版物。图书一旦出版便成为一种固态化的文字图像符码，成为书目海洋中的一条知识信息，出版选题学所探求的就是图书选题孕育生成的全息过程。如同人的生命孕育要经过“十月怀胎，一朝分娩”一样，一个出版社的总体选题设计、一种图书选题的孕育生成也要经过一定的“怀胎”与“分娩”过程，出版选题学所要探求的便是选题胎体所包蕴的全部生命密码、生存能量与生态信息。

从更加宽泛的角度讲，出版选题的母体便是人类文化。人类文化作为人的造物主既是人的社会实践活动的结果，同时又是人类向前发展汲取各种养料的能源库。出版选题在人类文化的母体中孕育生成，同时又带着各自承传的文化基因，通过一系列的选择、变迁与适应过程，成为与时代精神相契合的文化命题。出版选题人在选题孕育生成的过程中起着主导作用，这种主导作用既有开拓创发的性质，也有中介和纽带的性质。从哲学角度讲，出版选题人是选题活动的主体，出版选题是选题活动的客体。出版选题学研究便是围绕出版选题人、文化母体与出版选题之间相互孕育生成的关系展开的理论探索。

具体地说，出版选题学的研究内容集中在三个方面。

一是从宏观的角度考察出版选题与文化母体之间相互作用、相互生成的复杂关系，从总体上把握当前人类出版活动与文化发展的互动关系，把握当前出版选题的文化走向。

一方面，当今世界，信息化、媒介化已深入经济社会文化领域的各个角落，新媒介乃至“新新媒介”已经成为现时代人生存生活方式的一部分，知识概念已成为一种思维观念与经济发展动力。信息和知识的快速更替客观上要求出版选题人加强对出版选题的策划与组织能力，争取为处于信息和知识海洋包围中的当代人选择一条正确理解信息与运用知识的路径。另一方面，当代世界文化在冷战结束后从总体上看处于多样化的发展态势，中国文化自改革开放后在市场经济的作用下也发生了深刻的变化。在时代的风云际会中，世界文化与中国文化既存在着相互融合与共生共存的一面，又存在着激烈冲突与“西化”“分化”的一面。中国文化自身既存在着回归传统与更新传统的一面，又存在着走向现代与实现新兴的一面。在这种形势下,出版选题活动就成为一种建立在主流价值选择基础上的文化选择活动,文化的冲突与整合、文化的传播与控制都对当代出版选题的研发和创建产生深刻影响。特别是在市场条件下,市场品格与市场逻辑深深地嵌入出版选题的文化选择机制中,市场逻辑不仅推动着出版选题资源向出版资本转换,而且还从根本上影响着当代中国的文化发展格局与出版选题的文化走向。对以上诸多影响出版选题活动的环境、条件、格局、走向进行研究,正是出版选题研究的重要内容。

二是从中观的角度探求出版选题活动的主体和客体在具备怎样的时空、机缘、机制和条件下,便转化为具有选题创造能力的主体和包蕴新的文化生命密码、生存能量和生态信息的客体。

所谓"中观",只是将研究的视角转换到具体的选题策划者与组织者身上而已。选题策划是一种高智力创造性思维劳动,特别是在今天的知识信息时代,出版选题更是思维智慧的结晶。作为一种创造性思维劳动,选题策划是分阶段进行的,它的每一阶段都具有不同的特点,对选题策划者的智力要求也不同。在我国现有的出版条件、出版制度与出版环境下,选题策划的主体是由出版社的编辑、知识分子群体以及民营出版机构的策划人共同组成的一个集合体,其中,出版社发挥着主导作用,因袭了传统形成的"三级策划制"的选题组织架构。近些年来,一些民营文化机构策划了大量的出版选题,使得整个出版选题组织结构出现了一些新模式和新形式,如编辑策划制结构、"工作室"机构等,成为市场条件下选题策划的新生力量。

三是从微观角度对一些具体的选题业务进行考察,以期实现选题理论与选题实践的对接。

首先是探讨类型出版选题的组织与策划,主要研究一般大众类图书选题、专业学术类图书选题、教育图书选题、古籍与引进翻译类图书选题的组织与策划,探究它们的类型特征,归纳它们的策划逻辑,追寻它们的策划规律。其次是将研究重点放在探讨畅销书的组织与策划上,对畅销书的大众化文化思潮、商业化文化品格、类型化畅销品种、模式化主题结构、可行性畅销制度等内容进行科学的总结与论证。最后,对选题决策的科学化本质及造成选题决策失误的主客观因素进行分析。

需要指出的是,我国出版界从20世纪80年代中后期开始出现的选题策划热以及90年代之后出现的选题策划理论探讨,从实践和理论两方面为出版编辑学的研究开拓了新路,也为出版选题学研究打了头阵。但是,选题策划仅仅是出版选题学研究中一个方面的内容，而不是全部。那种将选题策划视为整个选题研究的看法是不恰当的。再者，在有关选题策划的理论探讨中，许多人认为选题策划只是在市场经济条件下才出现的一种出版编辑行为，这种看法极易引起理论上的混淆，不利于从整体上对出版选题学进行理论架构。从出版史上看，以选题为中心的编辑策划活动自古就有，比较典型的例子如司马光编纂《资治通鉴》、法国狄德罗等人编创《百科全书》等。事实上，一些人之所以会出现上述看法，恰恰是因为传统的编辑策划活动并不关注选题本身给出版社带来的经济效益，从而一般不对选题进行经济上的估算和市场预测。在市场条件下，虽然出版单位开始重视选题策划的经济效益，但单纯的经济效益显然不能成为选题策划的唯一理由。最重要的是，编辑策划有其自身的局限性，虽然选题是选题策划的结果，但选题策划必须遵循文化自身的选择与扬弃规律，必须寻找适合编辑策划主客体自身转化的时空、机缘、机制和条件，否则，就策划不出社会效益与经济效益双赢的选题。

第二节　出版选题学的学科属性和主要范畴

出版选题重在"选"，因此，选题活动主要是一种编辑实践活动，是出版编辑按照一定的出版意图对各种可供出版的精神文化成果与精神文化现象进行选择、策划、组织、加工和创新的过程。出版选题研究重在应用，选题问题是现代出版编辑面临的重要应用课题，而出版选题学就是对这一应用课题进行全方位的理论研究之学。这是对出版选题学理论建构的基本定位。因此，明确出版选题学的研究范畴和学科属性也就成为选题研究的题中应有之义。

一、出版选题学的研究现状

1. 出版选题学的研究成果

我国出版业界和理论界对选题问题的研究始于 20 世纪 90 年代中期。在图书选题研究方面，赵航的《选题论》①是国内第一本专著。自从北京大学、清华大

① 赵航.选题论.沈阳:辽宁教育出版社,1998.

学、南开大学等校首创编辑专业后,赵航是第一批走上编辑学课堂的教师之一。他的这本专著明确地将选题作为编辑出版工作的一个重要问题提了出来,并围绕选题设计的创造性思维、选题的基本原理、选题的制定与优化、选题与信息、选题决策、选题的误导等方面进行较为深入的研究。他的研究虽然“在现有的篇章中,不免看到计划经济的影子,思想上历史的负担”①,“对选题的开发,总还没有远离‘眉头一皱,计上心来’的人工式开发”②,但筚路蓝缕,创业之功实不可没。有论者曾评价说:作者在《选题论》中充分发挥其视野宽阔的特长,不是就事论事,就选题谈选题,而是将与出版物选题有关的知识科学地、有机地结合到一起,形成一个关于选题问题的特定知识系统。赵航自己曾说:“经过多年的教学和科研,终于悟到了选题是出版的重中之重,是第一位的重要因素,它最能体现出编辑的创造性劳动,最能显现编辑的功力和智慧。可以说,选题研究是编辑出版学的学中之学,是研究编辑出版的聚点所在。”③

这种看法,得到了出版业界与理论界的广泛肯定。有论者认为:“选题策划是出版工作的龙头……客观上说,编辑和发行工作都是围绕选题而展开的,编辑加工的对象,发行手段、方式的制定和采用,都是围绕选题开展的。”④也有论者认为:“选题是出版的起点,是图书之母。所以,编辑学中最重要的学问是选题学。编辑诸多能力要求中,最重要的能力,是看他会不会设计、策划出好选题;总编辑能力是否出众,就要看他能否站得高、看得远——能否站在‘人造卫星看地球’的高度,能否站在国家思想文化发展建设规划的高度,能否当代科学技术和学术发展的高度,能否看清未来社会发展的前景,为出版社规划、设计、策划、优选、决策出一批品位高、质量精,能受读者长久喜爱,经受时间考验的好选题,使出版社形成特色,为出版社创出名牌,产生名牌效应……因此,选题开发与策划这一研究课题,永远是编辑出版中着力研究的重大课题,并会永无止境地研究下去。”⑤这种观点将选题研究从感性认识提升到理性认识的层面上,抓住了编辑出版工作的核心问题,是极有远见的。

选题和策划密不可分,对选题策划的特征及其功能的探讨,成为许多业界人士和学者的主要研究内容。有论者认为,“选题策划是出版业最具知识经济特

---

① 赵航.选题论(序言).沈阳:辽宁教育出版社,1998.10.
② 张希玉.《选题论》及选题开发研究.编辑之友,2000(1).
③ 张希玉.《选题论》及选题开发研究.编辑之友,2000(1).
④ 何祖敏.对选题策划的再认识.出版发行研究,2004(10).
⑤ 张希玉.《选题论》及选题开发研究.编辑之友,2000(1).

征的智力活动,应该把它作为出版企业可持续发展的一种重要战略资源和能力(即核心竞争力)来看待和管理"①。也有论者从哲学本体论角度探讨了编辑策划的哲学内涵,认为"策划是编辑工作固有的一种特性","从本质而言,策划是一种文化设计、文化创造和文化引导"。② 这里的编辑策划实际上包含着选题策划。有论者从出版全局的角度来看待选题策划:"选题策划不是出版流程中的某个环节,它就是出版流程。"③这样就从全局的高度提升了选题策划的地位和层次。有论者从判断图书和出版社水平高低的方面来评价图书策划,说明现代出版体制下图书策划能力的重要性:"图书策划能力实际上已经成为衡量现代编辑和出版社水平的重要指标……图书选题策划能力是出版社安身立命之本,也是出版社可持续发展的源泉。"④同时,也对新时期的出版工作者提出了更高的要求,"应该在图书策划的实践中,切实承担起图书生产经营过程中应负的全责,锻炼得一专多能,努力争取兼具政治家的智慧、社会活动家的魅力、专家的学识、企业家的才干和商人的头脑"⑤。也有论者认为选题策划质量的高低决定了出版社竞争力的强弱以及竞争优势的形成,认为独特的选题策划不仅会带来丰厚的社会效益与经济效益回报,也会给出版社带来差异性优势,在市场竞争中脱颖而出。"认真策划和注重优化选题,并不断设计和开发质量高、特色强、结构合理的选题的出版者,都会形成一种战略优势,产生规模效应,使自已在同行业中居于领先地位,经济实力也会不断增强,出版单位将……步入良性循环的轨道。"⑥还有论者结合网络技术的发展谈出版选题策划的变化,探讨如何应用网络工具为选题策划服务,认为出版人可以利用网络搜索引擎进行广泛调研、开发选题,通过与网络媒体互动来衍生选题,如经常留心网上的专业论坛、读者俱乐部评论等,还可以利用网络聊天工具实现与作者、读者的即时沟通,让"网络时代的新工具为编辑的图书选题策划工作插上腾飞的翅膀"⑦。所有这些论述,都将选题策划从出版实践和出版理论中凸显出来,使之成为出版选题研究的重心。

对选题策划的重视还体现在对策划编辑这一新的出版角色的关注和讨论

---

① 赵劲.中国出版理论与实务.北京:中国书籍出版社,2000.5.
② 赵劲.中国出版理论与实务.北京:中国书籍出版社,2000.24.
③ 王凤廷.浅谈基于出版资源整合的选题策划.出版广角,2010(2).
④ 朱虹.论新时期的图书选题策划.沈阳师范大学学报,2010(4).
⑤ 朱虹.论新时期的图书选题策划.沈阳师范大学学报,2010(4).
⑥ 雷振宇.浅论编辑选题策划.咸宁学院学报,2007(1).
⑦ 宋丽华.策划编辑如何应用网络.科技与出版,2006(4).

上。编辑部设不设策划编辑?设不设策划编辑室?责任编辑等不等于策划编辑?如何界定选题策划与非策划的界限?选题策划有没有其自身的局限性?这些问题在一段时期内曾是出版界讨论的热点问题。从出版业界的实践情况看,很多出版社已经设立了策划编辑室或类似机构,很多人也对策划编辑制度进行了较为深入的探讨。有论者认为,策划编辑的产生及策划编辑制的运作,意义十分重大,对我国出版业来说具有划时代性。它对传统的编辑内涵、编辑角色进行了新的拓展,对传统工作机制和工作重心进行了调整和推移,形成了以出版选题的开发、研究为工作重心的新型编辑活动机制——策划编辑制。还认为策划编辑是介于社长和总编之下、其他编辑之上的一个出版新阶层。这个阶层在自己的策划岗位上独立地从事选题的开发、设计,匠心独运出高质量、高品位的图书选题和出版谋略,以及对策划书籍生产全流程的必要督导和调控,这都是由于策划职业本身的特点和性质所要求的。① 这些论述都涉及策划编辑制的本质特征。策划编辑制作为一种选题制度,在国外出版业发达国家已较为完善和成熟,其优势十分明显。但在我国,由于出版体制、机制等方方面面的原因,虽然也有很多出版社在试行或运作,但是还很难广泛推行。就已经实行策划编辑与文字编辑分离的运行情况来看,往往是策划编辑也有文字编辑任务,文字编辑也承担着一定的策划任务,二者其实并没有严格的划分。事实上,实行策划编辑制的根本目的是为了合理配置出版社的人力资源,使具有策划头脑和策划智慧的出版人能充分发挥自身的策划组织作用。出版体制改革以来,出版界人才评价体系相对较为混乱,如何正确看待策划编辑的创造性劳动与案头编辑的创造性劳动之间的区别,并没有引起社会重视。比如出版界流传这么一种说法:一流编辑会策划,二流编辑会组稿,三流编辑只发稿。这种分“流”现象是不符合编辑职责和分工原则的。中华书局著名编审周振甫曾负责钱钟书的名著《谈艺录》和《管锥编》的编辑工作,钱钟书在《管锥编》的序文里写道:“命笔之时,数请益于周君振甫,小叩辄发大鸣,实归不负虚往,良朋嘉惠,并志简端。”对周振甫十分推崇。如果要这样一位学者型编辑去搞什么应时畅销书的组稿和策划,显然是不符合人才配置原则的。

我们还应该看到,选题策划这一概念的提出与市场条件下的选题重复出版以及出版界的不良炒作现象有很大关系。因为选题重复正是无序竞争的表现,而不良炒作又走到了选题策划的反面,这两种现象都是对选题资源的极大浪费

---

① 阎现章.对策划编辑的再探讨.出版广角,2000(9).

和极端不负责任。事实上，并非所有的选题都适合策划。有论者认为："学术性图书和原创文学作品就很难策划，出版这类作品更需要的是善于对话、等待、发现和把握。""好书不能光靠策划，也并不是每一本书都能做一个标新立异的个案。""策划仅仅是书业走向市场的表现之一，图书选题手段之一，并不是整个出版社安身立命的百年大计。"①"选题策划应该体现出版社的专业特色，走专业化道路。"②这些观点准确地看到了选题策划自身的局限性，提醒我们要从正反两方面理解选题策划的本质特征与现实功能。

2. 出版选题学研究的不足

从整体上说，当今我国出版业界和理论界对出版选题及其策划问题给予了充分的重视，实践成果与理论成果都相当丰富。但我们也应该看到，由于我国当代出版产业走上市场化道路的时间较短，很多方面还处于探索和适应过程，因而理论上也处于初创阶段，存在着诸多不足，主要表现在以下几方面：

第一，大多数人的研究仅仅局限于经验现象和工作经历层面，没有将选题问题作为出版学科、出版文化、出版产业的一个重要课题，并将之放在具体的时代文化背景中进行审视和观照，没有找到出版选题与具体的文化现象和时代背景之间不可或缺的联系。近些年来，我国每年出版图书超过 30 万种，但能成为经典、传之后世的图书少之又少。造成这种情况的根本原因，是因为我们对国际国内文化发展大势欠缺把握，对文化自觉、文化自信、文化自强的重要性认识不够，对广大人民群众新的文化需求了解不够。选题问题最终还是要解决为谁选、选什么、如何选的问题，要将目光瞄准群众所需、大众所求的选题上，瞄准有利于文化长远发展、国家长治久安的选题上，瞄准世界文化多样共存、不同民族和谐共处的选题上。只有这样，出版选题研究才能为出版实践开启新路，制定目标，指引方向。

第二，普遍忽视了从学理上对出版选题问题进行探讨，没有看到出版选题本身包含的丰富的学术理念和学术内涵。经验诚可贵，理念价更高。核心理念也是核心价值观的重要组成部分，一个出版社从经验中逐步总结出自己在选题工作中的核心理念，将对出版社的长远发展产生不可估量的影响。对出版选题所包蕴的学术内涵、学术理念进行深入研究，实际上就是将一般经验上升到核心价值理念的高度，为出版社确立具体的目标，规定明确的方向。对出版选题人来

① 叶宁. 策划局限与出版理念. 编辑之友，2000(6).

② 陈进才. 选题策划四题. 出版发行研究，2007(3).

讲,必须将社会主流价值观贯穿到选题活动的全过程,用以指导全部的选题实践。因为社会主流价值观作为全体中国人精神上的旗帜,是我们进行任何精神创造的灵魂。选题研究必须自觉遵从社会主流价值观的引导,并以创新性的研究成果指导出版实务,为社会主义核心价值体系建设贡献力量。

第三,缺少对典型选题个案进行认真细致的解剖研究,没有与最新的市场情况和图书案例相联系,特别是缺乏对中外出版史上有代表性的选题个案的研究,从而拉大了理论研究与现实应用之间的距离。国外经管界非常重视案例的研判,认为典型案例可以对一般发展起到启示作用。无论是成功的案例还是失败的案例,对业界来说都是一枚指南针或一支清醒剂。因此,重视案例研究,将从最直观的方面推动出版选题研究与现实出版活动的结合。

第四,随着高新科技的日新月异,如何巧妙地运用高科技手段,比如运用微博、社交网络等新媒介来开发选题,还有待于进一步研究和拓展。近年来,这方面的宏观研究已很有成果,但针对具体出版选题的研究基本上还是一片处女地,这就给出版业界及选题学的研究者提出了新的理论课题。

二、出版选题学的学科属性

学科属性是对学科性质与研究目的的界定。作为一门新兴学科,出版选题学的学科属性主要表现在以下三个方面:

1. 跨学科性

出版选题学从目前的学科分类看,属于传播学学科下的出版编辑学的研究范畴。然而,研究出版选题学,仅仅从编辑出版学的理论观点出发是不够的。选题学的研究内容除了要在编辑出版学的理论框架内进行外,还需要广泛涉猎文化学、传播学、思维科学、心理学、管理学和产业经济学等有关内容,因此,它不可避免地具有跨学科研究的性质,也可以说是一门新兴的交叉学科。

2. 应用操作性

策划与组织出版选题不是为了将选题束之高阁,而是为了将选题变为实际出版物而公之于众。因此,研究出版选题学,不是为了刻意追求理论建构,而是从文化的出版历史和出版实践中归纳其应有的理论品格,并在对这些理论品格的理性分析和现实把握中凸显其操作性和应用性。可以说,应用性是出版选题学的重要品性,失去了应用性,选题学研究就会既没有目标又没有归宿,选题理论的建构就成为一种毫无意义的空洞游戏。

3. 文化人文性

作为一门学科,必然有其自身存在的科学性。出版选题学既有厚实的文化学科特性,又有浓郁的文化人文特性。文化人文特性是贯穿于出版选题学研究的一条红线,是指引各种门类的文化信息和知识内容进入出版选题视野的重要衡量标准。对于这一点,下面还将重点分析。

4. 市场规定性

在市场条件下,出版选题是作为出版物商品的“虚拟品”出现的,策划与组织出版选题既要遵循市场规律,受市场规律的制约与控制,又要遵循文化发展规律,并在文化与人文的发展轨道上尽可能地超越市场规则的负面影响。因此,研究出版选题学,首先要弄清楚选题的市场逻辑与市场品格的规定性,并在此基础上既利用市场为组织和策划选题服务,又能够突破市场的局限性,为文化的发展不断谋划新的选题。

总体而言,出版选题学属于人文学科领域的应用学科。人文性是它的灵魂,是核心;应用性是其旨归,是目标。它的跨学科性既以人文性为主导,又为人文性开拓视界;它的市场规定性既以应用性为基础,又为应用性指定市场目标。先进的人文性和正确的市场导向将保证选题实现双效益目标,也使出版选题学研究的理论视野得到进一步的扩展和升华。

三、出版选题学的主要范畴

出版选题学的范畴是对出版选题学本质属性的概括与反映。弄清选题学的范畴,关键是要弄清在选题实践过程中,哪些概念在起着关键作用,贯穿于出版选题活动的始终。这些概念,我们在研究过程中必须牢牢掌控,深入分析。

从文化哲学的角度看,出版选题是对人类文化的一种特殊的认识活动。它既是一种思维过程和行为方式,是为实现某种出版目的而对整个编辑活动或其中的某个环节或某个方面进行设计、想象的过程,又是出版人着手进行实务操作之前的蓝图或设想,是图书出版活动过程的起点,同时又对整个出版活动起着统摄作用。因此,出版选题是作用于文化母体的一种特殊的实践活动,它来源于文化母体又丰富着文化母体。它既反映和承载各个时期的文化成果,是人类的共同精神财富,又往往能够超越时代、民族和地域的界限,在人类社会和人们的精神世界中长期传承。正是出版选题学具有的这样一种文化传承的功能,决定了它在内容上的兼容并包和在选择过程中的去伪存真、去粗取精。因此,出版选题

学的范畴主要包括以下三个方面:

1. 出版选题活动

出版选题活动是出版工作的核心概念,它在本质上是一种实践活动,离开了这种实践活动,谈出版选题学的范畴就成了无源之水。正是出版选题活动预先设定了图书的内容及形式,规定了图书宣传销售方向,谋划着出版社品牌和形象建设以及出版人个人风格的形成。与以往计划经济体制下的出版业不同,今天市场体制下的出版社已成为自负盈亏的经济主体,每个出版社都有自身的利润目标,这就要求出版选题本身应潜在地具有较好的经济效益,特别是在推进文化创新,繁荣发展文化事业和文化产业,推动文化产业成为国民经济支柱性产业的大背景下,出版选题活动也越来越多地向一种具有生产经营性质的思维活动嬗变。在这个大环境下研究出版选题活动或出版选题生产无疑是出版选题学的重要内容之一。

2. 出版选题人

随着出版社的全部出版行为日益融入文化建设、市场竞争、产业发展、全球流通的各环节,出版选题人与普通编辑的身份分化也日益明显起来。在传统出版业中,编辑往往身兼数职,既承担着图书选题策划的任务,又承担着编辑书稿的工作,策划与编辑并不分离。但随着专业分工的发展,编辑工作逐渐变得多样化和复杂化,再加上我国出版体制改革的不断深入,编辑之间按不同工作性质进行分工成为出版业持续发展的必然要求,图书策划编辑与文字编辑的分离也将成为出版社内部分工的目标。自20世纪90年代初起,国内就有不少出版社陆续试行策划编辑制,将原来的编辑部分设为策划编辑室和文字加工编辑室。随着国家对出版业市场准入政策的逐步放开,民营书业看准时机迅速发展起来,市场上以出版图书为主业的各种文化工作室如雨后春笋般出现,选题市场的力量竞争逐渐白热化。这种竞争从本质上来说就是图书与图书、选题与选题之间的竞争,在内容、装帧、营销、宣传等各个方面,每一个出版商都试图在这场博弈中拔得头筹,赢得更多的市场份额。而选题之间的竞争最终还是归于人才之间的竞争,因此,出版选题人的业务素质、策划能力、价值取向、文化积淀等就成为业界和理论界都非常关注的核心问题。

3. 出版选题文化

选题不是空穴来风,不是无源之水、无本之木,不是一两个人凭借空想就能轻易得来的,它是选题人经过了搜集、筛选、提炼信息后,将自己的创造性劳动和创新思维融入进去,并反复提炼加工而成的。从根本上来说,选题产生于文化母体中,又承载着文化新质,同时还对文化本体产生或好或坏的反作用。选题对文化传承和文化创新的重要性是不可低估的,更何况出版选题本身就是一种文化。研究出版选题文化,不仅要研究选题与文化之间的互动关系,也要研究选题本身的文化内涵、文化功能、文化理念、文化规律与文化的现实发展。所谓选题的文化理念,是指选题人通过自己的思维活动对出版选题目的的理性认识和思考,它解决的是"为什么"的问题,处于选题文化的最高层,对选题文化的形成与发展具有重要的指导意义;所谓选题的文化内容,是指选题人通过一系列的策划之后而确立的选题的思想内涵,它解决的是"是什么"的问题;所谓选题的文化规律,则是从选题的历史形成过程中将那些反复出现的选题内容和选题形式进行总结,它解决的是"怎么做"的问题。因此,要高度重视对出版选题文化范畴的研究,并使之更好地为出版选题实践提供可以借鉴的有益资源。

第三节 建构出版选题学的理论视野与研究方法

选题活动是出版人面对纷繁复杂的文化母体,从中选取对人类、社会及人自身的生活有价值的部分,施之以出版人本身的创造性思维劳动,对其进行筛选、加工、美化,使之成为出版物"蓝图"的过程。因此,选题活动是出版人智慧的结晶,是出版人创造性思维劳动的成果,其最终目的是为了应用于具体的图书出版实践。不可否认,当前我国乃至世界的图书出版,都相对地缺乏具有全球影响力及震撼力的精品出版物,其中原因很多,但不重视从理论上发掘、研究选题,不遵从选题发掘与策划规律,却是重要原因之一。

一、建构出版选题学的理论维度

理论维度也叫理论路向,是指从一种理论基点出发可以达向另一理论建设或实践操作的通路。出版选题学具有跨学科属性,研究选题学须综合文化学、传播学、产业经济学、哲学美学等多种学科知识,从各门类知识的相互交叉中探求出版选题学的构建之路。

那么,如何建构出版选题学的理论维度呢?

建构出版选题学的理论维度应遵循三个基本路向。

1. 文化的路向

当今时代,文化的重要地位和作用被重新认知,西方有人视文化为渗透工具,为对话屏障,为冲突帷幕,这不符合文化的本义。从根本上说,文化是人类生存之根和生存之本。文化与人的关系是如此亲近,以至于可以说如果不存在文化,也就根本不存在人。人之所以为人,就在于他为"文"所"化",成为脱离野蛮状态的属"人"的"类"。在这个意义上,恩格斯说:"文化上的每一进步,都是迈向自由的一步。"因此,文化之于人类,是终生相伴的需求;人通过文化来启迪心智,认识社会,获得思想上的教益;同时,人通过文化来愉悦身心,陶冶性情,获得精神上的归依。

从文化自身讲,大凡一切文化,其实都是人的全部活动方式及其成果在人的心理的反映和内化。《中国大百科全书》这样界定文化:狭义的文化专指语言、文学、艺术及一切意识形态在内的精神产品。它主要指哲学和其他具体科学、宗教、艺术、伦理道德以及价值观念等,其中尤以价值观念最为重要,是精神文化的核心。精神文化是文化要素中最有活力的部分,是人类创造活动的动力。从这一角度看,一切文化都可能是精神性的,或都可能以精神形态的方式存在于社会生活之中。图书作为精神产品,本来就不同于一般的物质产品,它是一个社会精神文明的标志,是人类文明的成果。图书出版选题与人类文化紧密相随,相伴相生,脱离了人类文化,图书就失去了精神的依归和物质的承载。所以,文化的路向是探索出版选题理论维度的最重要的路向。

2. 产业的路向

发展出版产业是建设文化强国的题中应有之义,是传播先进文化的重要手段。我国是一个文化资源大国,但不可否认的是,我国仍然是一个文化产业弱国。与发达国家的文化产业发展状况相比,我们还有相当大的差距。现代世界经济发展表明,发达程度越高,文化产业支柱性作用就越明显,对经济增长的贡献就越大。随着科技进步和知识经济的迅猛发展,文化已渗透到经济发展全过程,历史、传统、民俗等文化资源日益成为经济发展的基础资源,创意、设计、构思等文化创新日益成为价值创造的重要支点,品牌、形象、信誉等文化形态的无形资产日益成为市场竞争的关键所在。①

但是,仍有许多人对发展文化产业存在误解,认为文化实力无论如何也不能

① 刘云山.文化自觉文化自信文化自强.学习活页文选,2010(28).

与军事实力、经济实力相比。这种偏见必须破除。首先,发展文化产业也是发展经济,只不过文化产业是一种具有特别规定性的经济。文化产业具有产业的一般属性,但文化产业又和文化事业是一体两面的,因而不能完全用市场逻辑来指导文化产业发展。在社会主义市场经济条件下,生产文化产品和提供文化服务的许多行业都面临着市场的选择和在市场中的竞争,文化的消费者对文化产品和文化服务的需求也是多方面和多层次的,文化产业的发展不可避免地要考虑市场需求。但市场有其本身的局限性,并不是所有的市场需求都是合理的。因此,文化产业在满足市场需求的同时,要把传播先进文化作为前提和出发点,在注重经济效益的同时提高社会效益。其次,文化资源大国并不一定是文化产业大国。我国虽然历史悠久,文化资源丰富,但我国的文化产业并不发达。究其原因,国家整体发达程度的不足和发展观念的落后是最主要的。促进文化产业的发展,必须更新观念,走新型产业化道路。再次,选题学研究对于促进文化产业的振兴所起的作用虽然是间接的,但可以通过将研究成果转化为出版实践从而变为直接的贡献。作为连接文化产业与人们日常生活的桥梁,选题学正是通过对一个个形式和内涵极为丰富的图书文化形式进行研究,从而引导人们的现实物质生活和精神文化生活向更高更好的目标发展。

3. 传播的路向

人类文明发展史表明,人类与媒介具有共生性,媒介传播是人类文明生成的重要机制,当代媒介传播更是当代人类文明传播的助推器。图书出版既是传承人类文明的实践活动,更是传播人类文化与文明的媒介。从这一角度来探索出版选题学的理论建构,无疑更具针对性和现实意义。

当代人类传播活动有什么突出特征?与出版选题活动有什么关联?对出版选题活动有什么重要启示?下面作一简论。

当代人类传播活动最突出的特征就是媒介的互补共生,集中表现为新旧媒介交融互补,传统媒介与电子媒介并存发展。其作用正如马歇尔·麦克卢汉所阐述的“媒介四定律”,即所有媒介在发挥作用时,总是起着放大、过时、再现和逆转四种效应。比如广播放大了声音,使印刷媒介过时;电视则放大了视觉,但这种视觉又不是印刷媒介下的视觉,电视同时放大了听觉和视觉;电脑媒介则再现了广播、电视的所有功能;互联网与各种新媒介在某种程度上成为对所有媒介的一种逆转,或者说是各种媒介发展到极致时的一种综合,成为集所有媒介优势的新型主流媒介。因而,图书出版选题在媒介发展的新形势下,不可避免地要走媒介融合路线,成为利用一切新旧媒介加紧创新、传播人类新文明的可靠手段。

可以说,当代传播活动的数字化、网络化的技术本性与其人性化、个性化的人文本性,正构成巨大的张力与合力,推动着媒介融合向更高层次发展。传统意义上的"内容为王""创意为王""品牌为王"时代正在走向和必将走向更高质量、更大智慧、更深内涵的"审美品牌为王"时代。因此,探讨和研究当代传播活动对出版选题活动的影响,就成为建构出选题理论的又一个重要维度。

二、建构出版选题学的人文视野

出版选题与文化建设的关系是当代文化与出版传播研究中的崭新命题。对这一命题的研究,需要有广阔的理论视野,其中最重要的就是人文视野。

1. 人文视野分析

所谓人文视野,就是以人文科学的眼光来审视和处理出版选题过程中出现的各种问题。人文科学,作为与自然科学、社会科学并立且相互交叉的学科形态,其重要性不仅在于它是一个知识和思想体系,更重要的还在于它是一个价值和信仰体系。如果说自然科学、社会科学以客观实在的外部自然和社会为研究对象,那么人文科学则主要以人的内心世界、内在情感和内在精神欲求为研究对象,通过对人的形而上的"终极价值"关怀和"生存意义"追问,为人类构建一个精神的家园,构筑一个让心灵诗意栖息的精神世界。

出版人的出版选题活动与人文科学的内容有着某种天然的关联。从本质上讲,出版选题不仅面向知识和思想,更面向价值和意义。当代出版人正是通过自己的出版选题活动参与到对当代人生存境况的阐释和反思、内在精神的表现与感悟、人生意义的探寻与追问的过程中,从而以高质量、高品位、高智慧的出版物为人的心灵和精神世界营造一个安顿生命的场所。

出版选题的内容范围异常广博,举凡自然科学、社会科学、人文科学无所不包。从出版业的角度讲,选题内容就是以知识和思想形式呈现出来的出版资源,每一个具体的选题都包含着某种特定的知识与思想内容。然而,如何判断每个选题所包含的知识与思想内容正确与否呢?或者说,以什么标准或尺度来衡量每一个出版选题的知识价值与思想价值呢?正如选题自身不能肯定自身内容正确与否一样,出版选题人也不能独断地宣称某一选题所包含的知识与思想内容是真是伪。这里的关键是,必须将出版选题还原到它所归属的特定的政治环境、经济环境、文化环境与学科环境中,从特定的政治、经济、文化的要求与学科的学术规定性入手,结合时代要求对选题内容进行判断。就此而论,必须注意以下几点:

第一，对所有学科类型的出版选题来讲，对其价值意义的判断首先看其是否能够满足当代人内心世界的深层次精神需求。人类的需求无疑是多方面的，就我们熟知的马斯洛的需求论来讲，就存在着生理需求、安全需求、爱的需求、受尊重的需求和自我实现的需求。但是，只有人类的精神需求才与出版选题的本质功能相对应、相阐发。这种深层次的精神需求对出版选题的要求是：选题内容必须满足人类对自然、社会及人自身的认识和了解，通过这种认识和了解，人能够在精神上获得一种自为的存在，并根据自己的主体性需要，对选题内容作出符合时代要求的价值选择与意义创造。

出版选题的人文视野要求从整体思维上采用人文价值观念来考察人类出版史上的选题活动和选题现象，考察出版选题的一般功能与本质功能的联系与区别，通过理性分析、实证研究以及心性理解、情感体验的方法对出版选题的策划过程、目的效果进行系统分析，从而全面把握出版选题的知识性、思想性、精神文化性等人文特征。这就是说，无论是自然科学、社会科学还是人文科学领域里的出版选题，对它们的价值判断不能仅仅局限于知识性、思想性和精神文化性本身，而应该从根本上——从人的内在精神需求上来看待选题的学科学术意义和思想文化价值。人的内在精神需求也是多方面、多层次、综合性的，这就要求出版选题应全方位地满足它。比如，一个人在中小学阶段的教育需求本质上是一种综合素质需求，因此，教科书和教育类图书的选题理应抛弃不适合青少年智力成长需要的应试教育模式，摒弃单一的知识灌输方式，而将人文性、思想性与知识性融会贯通起来，使知识因有人文精神的指导而成为一种有灵魂的知识，也使建立在知识园地里的人文思想成为一种有着坚实学科基础的思想。比如，近几年的一些素质类教育选题《琴键上的教养课》《哈佛女孩刘亦婷素质培养纪实》《犹太人教子枕边书》等都不是单纯的说教，而是用生动鲜活的事例、简单易行的方法和优美的文字来进行引导；一些出版社出版的《万历十五年》《货币战争》《世界是平的》等选题，不再仅仅囿于原有的学科范畴，而是在人性的内涵上大做文章，从而使这些选题具有浓郁的人文内涵。

进一步说，人文科学就是从人的角度看待任何问题的学科。不论是哲学、自然科学、社会科学还是人文科学自身，都是人通过自己的实践活动创造出来的，因此也是体现着人之本质的精神活动。正如人文科学主张将自然科学的问题、社会科学的问题都还原为人自身的问题一样，出版选题研究的人文视野也主张将所有学科门类中的选题问题都还原为人的问题，也就是从人的自由全面的发展的理念出发，对所有选题所蕴含的体现人的本质属性的文化精神进行梳理、提炼和阐释,使读者能从精神文化的层面理解选题对于人的全面发展的深刻意义。

第二,对不同学科类型的出版选题来讲,对其价值意义的判断还要看选题内容在各自的学科范围内对人类的重要性如何,以及这些选题内容背后蕴含着的思维方式、价值信念对人类而言有何意义。每一个选题都分属不同的学科类型,都有着不同的学科背景,因此,在对单个的出版选题进行价值和意义判断时,还应将其还原到具体的学科学术背景中,从中发现它对人类的心灵成长和实践智慧具有何种独特的作用。

一般认为,自然科学是对自然奥秘的揭示,是对自然运行规律的研究;社会科学是对社会奥秘的揭示,是对社会运行规律的研究。所以在认识论和方法论上,对自然科学、社会科学出版选题内容的意义判断主要是作真伪的事实判断。而人文科学由于直面人的精神和情感需求,所以,运用人文科学对出版选题内容的意义判断主要是作善恶美丑的价值判断。这种观点虽然在某种意义上是正确的,但从人文视点看,却失之片面。因为,正像真善美是天然地生长在一起一样,对自然科学、社会科学的出版选题所作的求真的事实判断,要以向善求美的价值判断为指导,而对人文科学出版选题所作的求善求美的价值判断,要以求真的事实判断为基础。事实判断和价值判断实际上是互补的。比如袁隆平院士的《杂交水稻育种培育学》一书的选题,在学科领域内已达到世界先进水平,对实践操作有重要的指导作用,这是对选题本身进行的学术真伪判断;而在这种学术性的事实判断的背后,还隐含着向善求美的价值判断,这就是此一成果对解决像中国这样的发展中国家的吃饭问题将会产生非同寻常的意义。再如洪昭光的《登上健康快车》一书的选题,其中宣扬的并不仅仅是一些强身健体的注意事项、卫生常识等医学知识,而是一种全新的健康理念、健康文化。这种新理念、新文化便包含了向善求美的价值判断在内。而近些年的一些所谓"人体养生"以及种种以养生为名实际上却大肆宣扬伪科学的图书选题,实际上都是因为价值判断首先出现错误所致。同理,像《中国通史》这样的图书选题,如果没有以求真的事实判断作基础,必定会影响其向善求美的价值构成。

另外,由于人类价值体系的形成和进步并不与人类史上知识数量的增长速度以及新的思想理论取代旧的思想理论的过程相一致,而是与人类对自身的终极价值问题作出与时代精神相符合的解释过程相一致,所以,无论是自然科学、社会科学的出版选题,还是人文科学的出版选题,也许从数量上不能穷尽所有的知识问题,但可以在精神价值上沟通今古,包揽新旧,实现思维方式的整合和价值信念的承继。比如,一些在自然科学发展史上曾经产生过革命性作用和重大影响的文献类选题，在被新的知识理论取代之后，原有的知识理论虽然失去了昔日的光芒，但贯通其中的思维方式、价值信念却并没有随着原有知识的过时而过时，而是成为后新时期人文精神重建的一个重要资源库。比如达尔文的《物种起源》之所以还会成为今日的出版选题对象，恐怕还在于这一选题所宣扬的"物竞天择，适者生存"的思维方式和价值信念，在今天依然传递着浓郁的西方中心论思想。而一些人文经典类的出版选题总是跟随时代的进步，不断对人类面临的终极价值问题作出新的与时代相吻合的诠释，从而成为时代精神的反映。比如孔子的《论语》，每年都会出版对其内容进行新的阐释的文本，如南怀瑾的《论语别裁》、李泽厚的《论语今读》、于丹的《论语心得》等。

第三，由于对选题内容的设定是出版选题人做出的一种主体性行为，所以，对选题的价值和意义的判断还要看出版选题人主体性介入的尺度如何。首先应该说明的是，出版选题人概念可以是一个个体概念，也可以是一个集合概念。作为一个个体概念，是指单个的出版选题编辑或选题策划人；作为一个集合概念，是指由一群出版选题人构成的选题策划集体或组织。个体出版选题人当然也可能是集体选题人中的一分子、一成员，只要他的选题运作方式是相对独立的，自负其责的，就可以认定他的个体选题人身份。而集体出版选题人可以是一个出版社专门成立的选题机构，也可以是一个社团机构，有时也可以是国家政府部门专门指定的特别选题组织。这些选题机构或者代表出版社的利益，或者代表社团利益或国家利益，并从选题目的、选题范围、选题规模、选题的重要性方面与个体出版选题人区分开来。比如，我们可以说孔子编定的"六经"、司马迁编创《史记》就是个人独立性较强的个体选题行为，而司马光编纂《资治通鉴》、纪昀主持编修《四库全书》则是集体操作性极强的集体选题行为，后者更是代表了一种国家意志。当前，出版社的绝大多数选题都是编辑个人的选题行为，社团机构选题所占比例非常小，国家政府规划的选题都是那些对国家文化发展具有重大战略意义的重要选题。

但是，无论是个体出版选题人还是集体出版选题人，他们的选题行为都是主体选择性极强的价值创造行为。因为从人文科学的视野看来，人就是一种凭借自身主体性实践活动而不断获得独立存在的个体和集体。在出版选题活动中，出版选题人总是根据自己的观念和标准去选择那些他感兴趣的或他认为重要的选题对象来体现他的出版选题意志，构建他的出版选题理念，描绘他的出版选题图景。然而，出版选题人与选题对象之间的关系并不是一种简单的"选"与"被选"的关系，而是一种"双向对话"和"双向建构"的关系。一方面，出版选题人总是根据自己的价值判断来选择他认为有特色、有个性的选题，而被选中的选题也不是镜子式地、被动地反映事物的原样，它会按照选题人的选题理念、选题意图和选题框架去组织行文，编排布局，去追求一种个性化、独创性的表现风格；另一方面，出版选题本身所具有的知识广博性、思想深刻性和文化延续性等特征，也使得选题在某种条件下会突破出版选题人狭隘的认识视界和知识局限，成为反映时代精神与社会发展变化的崭新命题。出版史上很多优秀选题在策划出版前并不被人们看好，但没过多久就被证明是对人类心灵和社会发展具有重大影响的选题，这些例子数不胜数。这也说明，出版选题人介入选题的主体选择性与主体建构性是有一定尺度的。

2. 对两种不良选题倾向进行反思和批判

一是应对选题过程中单纯以政治标准衡量选题的现象进行人文反思。不可否认，出版选题具有很强的意识形态属性，一切出版物选题都不能背离国家意志而自行其是。但是，政治标准对选题的审查控制是在政治本身的限度内进行的。国家出版工作的一个重要原则就是党性原则。因此，一些强意识形态出版物选题必须以严格的政治标准对其进行控制，比如涉及国家尊严、国家安全、国家方针政策类的出版物；而一些弱意识形态的出版选题，如自然科学类和一些人文学术类的出版选题，在不违背国家意志的前提下，更要强调用自然科学和人文社会科学自身的规律对其进行衡量和控制。这样做的目的并不是要淡化意识形态的指导作用，恰恰相反，是为了更科学地突出政治意识形态的人文关怀功能。特别是要正确理解政治问题和学术问题的关系，既要看到政治问题与某些思想理论学术问题的联系，又要注意区分思想认识问题、学术问题与政治问题的界限，做到具体问题具体分析，做到研究无禁区，出版有纪律，行为守规范。那种纯粹以政治标准衡量出版选题合格与否的做法是一种政治功利主义，从长远看对人类精神文化的进步是不利的。

这方面在历史上是有过教训的。比如清朝康乾时代编纂的大型图书《四库全书》，它虽然对中国传统文化与学术进行了一次大规模的系统整理，在某种程度上促进了中国古代学术的进步，但是，由于此项工程是由代表国家意志的清王朝选题机构具体操作的，官方制定的政治标准使大量的古代典籍遭到随意删改和收缴焚毁，不符合正统思想和统治集团意识形态的学术思想被压制，从而造成了学术思想界的日益僵化死寂。而在晚清及民国初期，随着意识形态和思想控制的松弛，一批思想家、革命家、文学家、学者借助于出版的园地开掘出一大批具有新思想、新观点、新知识的选题，从而为“五四”新文化运动奠定了坚实的思想基础和理论基础。

二是应对选题过程中单纯以经济标准为取舍的现象进行道德伦理追问。出版工作具有双重性质,既具有源于精神生产活动的文化性质,又具有源于它的生产活动、商业活动的经济性质和商业性质。在以经济建设为中心的社会里,人类的一切活动都难免被打上经济的烙印,人类的出版活动也不例外。但正如社会转型期间的一切问题并不单纯由人类的经济活动引起的那样,出版选题过程中单纯以经济标准为取舍的现象也不能归因于经济发展的需要。在现代出版条件下,出版人的选题活动虽然肩负着一定的经济使命,但归根结蒂,这种经济使命是以文化使命的实现为前提的,最起码,出版选题过程中的经济行为不能以牺牲人文精神和人的理想信念为代价。而本书所要进行的出版选题学研究,就是要在对选题活动中的经济行为进行道德伦理追问的过程中,为人类守护和建造符合内心需要的精神家园。

三、出版选题学的研究方法

从学科定位讲,出版选题学属于传播学中出版编辑学的范畴,但在实际工作中,出版选题学不但涉及传播学、出版编辑学的学科内容,而且还广泛涉及哲学、文化学、社会学、心理学、经济学等相关学科内容。因此,研究出版选题学,就必须运用上述各门学科的成果方法,以此丰富出版选题学的研究内容。同时,由于出版选题学是一门实践性很强的应用学科,所以,还有必要通过调查统计方法、个案研究方法来进行研究。

1. 哲学方法

哲学是关于世界观和方法论的科学,哲学方法是进行任何学科研究的直接前提和基础,因而也是进行出版选题学研究的基本方法论。运用哲学方法论,可以对选题活动中的主体、客体和选题过程进行辩证的认识和分析,并从这种分析和认识中,不断发现新的选题思维方式,掌握策划与组织出版选题的新特点、新规律。

2. 人文科学方法

从学术源流来讲,出版选题学虽然属于传播学的范畴,但又与文化学、社会学、心理学、思维科学等人文科学内涵有着内在的关联。因此,用人文科学的研究方法来探讨出版选题学的内容构成和学术品格,不仅是必要的,而且是必需的。

出版选题学探讨的重要领域之一就是思想和知识,它是文化的核心内容。文化是人类赖以生存的物质和精神世界的总体,是促进和推动人类和社会向前发展的关键因素。文化学方法主要就是指运用哲学美学、文化社会学、文化人类学的理论来研究选题学,主要研究文化的发展对出版选题的指导和制约作用,研究不同文化形态之间的相互沟通、相互交流和融合对出版选题的内在影响,研究出版选题所形成的出版物对文化发展所起的促进作用和相互影响。

社会学方法是指应用社会学的理论和方法从社会系统、社会结构、社会组织等方面对影响出版选题的策划和组织系统进行考察和分析,结合出版传播的社会结构、社会功能及其规律、特性等内容,重点研究社会舆论对出版选题的作用与影响;另外,运用经验分析和实践总结的方法,如问卷法、抽样法、个案法、统计法等,通过考察、比较、实证和检验,确定出版选题对社会的影响程度,预先评估其效益、效果。

心理学方法是从人的认知、情感、意志等方面对人的心理规律进行的研究。借鉴心理学方法研究选题学有重要意义。比如,选题是如何影响潜在读者的接受心理的?什么选题易为读者所接受并最能改变读者的阅读态度?读者在何种时候、何种状态、何种环境下最容易接受某一种选题?在社会阶层中某一阶层或群体中的个体最容易被何种类型的选题所打动?等等。这些问题都必须借鉴心理学的方法进行分析和判断。

3. 现代科学方法

现代科学方法主要是指在20世纪形成的,无论是在理论上还是在实践上都带有突破性和开拓性的系统论、信息论、控制论和统计数学方法。现代科学方法的出现使得出版选题学研究建立在较为坚实的现代科学的理论基础上,为出版选题策划与决策减少盲目性、增加科学性提供理论支持。

系统论方法是将一切事物或机体作为一个整体即系统来看待,出版选题活动也不例外。因此,研究出版选题,不能只研究选题活动的某一环节或某一方面的内容,而是要深入到出版选题活动的每一个环节、每一方面内容;研究出版选题与出版活动中各个环节之间的相互关系,并从这些关系中推出整个系统的特征和规律。有人认为研究出版选题就是只研究市场条件下的选题策划活动,这显然是片面的,忽视了出版选题本身包蕴的丰富的文化内涵。

信息论方法是以信息为主要对象、以信息活动的规律和应用方法为主要内容、以计算机为主要应用工具、以扩展人类的信息功能特别是智力功能为主要目标的综合性方法。出版选题离不开知识信息和出版信息,信息是选题的第一要素。因此,运用信息论方法搜集、提取、转换、处理、反馈选题信息,将会建立一般信息领域与选题信息领域的快速交换通道,实现一般信息与选题信息的高效互动与流通。

控制论方法是通过对信息概念和反馈概念的运用而达到认识对象的运动方式、运动规律、社会功能和反馈规律,进而对整体系统进行沟通和控制的方法。在选题研究中,运用控制论方法可以对选题文化与社会控制系统进行评估,从文化与社会控制对选题产生影响的诸因素着手对选题进行全面衡量,从而总结选题的运作特征与运行规律。

4. 思维科学方法

思维科学的方法就是运用人的思维特征和规律对选题策划的内在机制进行解读和把握。选题策划是一种创造性思维劳动,包含着复杂的创新机制。正确运用和理解思维创新的规律、原理和特征,将会带动选题创新机制的形成。研究出版选题的策划与创意,不能离开思维科学。选题策划中包含着创新的智慧,是一种创造性思维劳动。运用科学的思维创造理论对选题信息进行筛选和处理,在有用信息的基础上,以高智慧、高水平的创意催生出高质量的选题,正是创新思维的劳动成果。

本章小结

本章作为总论,重点对出版选题及其理论研究作概念上的阐释与观点上的梳理。尽管出版选题的概念有多重内涵,但本书强调的却是动态性的概念体系,即将出版选题看作一个具有各种功能特征的结构性概念,在图书出版的全流程中发挥着核心作用。只有从这一观念出发,选题计划、选题策划、选题规划才会成为具有指导性意义的活的概念,才会在本书所建构的出版选题学理论中成为有创造能力的概念。这种理念既是本书从一开始所确立的中心理念,也是贯穿全书的一根主线。由此出发,本书认为,出版选题在现代出版传播活动中处于战略性地位;出版选题及其策划将不再仅仅是出版全流程的前奏和序曲,而是影响出版全流程的具有核心竞争力的体系性存在。

将出版选题学作为一门学科来研究是本书的一个目的。那么,它的存在理由,它的研究对象与研究内容,它的学科属性与研究方法等,都将是本书必须回答的问题。最为重要的是,本文以宽阔的人文视野来审视和处理出版选题过程中出现的各种问题,从而使出版选题学研究建立在一个坚实的理论平台上。出版选题人通过自己的出版选题活动参与到对当代人类生存境况的阐释和反思、内在精神的表现与感悟、人生意义的探寻与追问的过程中,从而不断以高质量、高品位、高智慧的出版物为人的心灵和精神世界营造安顿生命的场所。可以说,每一个优质出版选题的诞生都将记录下人类精神向前探索的足迹。

思考题

1. 如何理解出版选题的概念?
2. 如何理解出版选题学的研究对象与研究内容?
3. 如何理解出版选题活动的人文属性?

2

第二章

出版选题与文化选择

作为一种动态概念的出版选题,它的本质何在?它在"选"什么呢?从表面上看,"出版业起着思想的看门人的作用,他们决定让什么'进来',又让什么'出去'"①,但在深层次上,实际上它选的是"文化"及其表现形式。正如美国出版人贝利在他的《图书出版的艺术与科学》一书中所说:出版史是图书文化品位发展的历史。究其原因,是因为出版业作为一种特殊行业,与文化有着天然的密不可分的联系。赏心悦目的封面和舒适的纸张只是一种介质,真正让图书闪耀着价值的是纸张所承载的丰富内容与其蕴含的深刻思想。

第一节 出版选题是建立在出版价值选择基础上的文化选择

出版选题归根到底是一种文化选择,但是它们之间又不能直接画等号。从出版选题到文化选择还存在着一系列中间环节,其中最为重要的就是出版价值选择。出版价值选择将进入出版人选题视野的文化问题进行评估,从而决定哪些文化问题可以进入出版通道,哪些不能进入。因此,出版选题的文化选择既要遵从一定的价值原则,又要体现其人文追求。

一、出版选题的价值选择与文化选择

出版选题孕生于文化母体中,文化发展与进步对出版人的选题活动起着决定性的指导作用。然而,出版选题人通过何种途径才能从文化母体中选择、提炼出适合出版的选题?文化母体通过何种途径才能生发并转换为出版选题人的选题对象?或者从哲学的角度说,出版选题活动中的主体和客体在具备了怎样的时空、机缘、机制和条件下,便可以分别转化为具有选题创造能力的主体和适合出版并包蕴了新的文化生命密码、生存能量和生态信息的客体?这是我们需要首先解决的理论难题。

① [美]威廉·戈登.作家箴言录.海口:海南出版社,2002.131.

出版文化史告诉我们,出版选题人与文化母体之间的关系是建立在出版价值选择基础上的文化选择关系。

比如,有论者在考察孔子的编辑活动与中国知识分子人文精神的关系时注意到:“孔子自称为‘述而不作,信而好古’,主要是整理和疏通了中国学术的源流,他把自身价值汇入了学术之流,以时间与空间的无限量,为后世的知识分子树起了一个赖以安身立命的传统。”①而对于“述而不作,信而好古”,宋人朱熹曾有一段精当的注释,他说:“述,传旧而已;作,则创始也。故作非圣人不能,而述则贤者可及……孔子删诗书,定礼乐,赞周易,修春秋,皆传先王之旧,而未尝有所作也,故其自言如此。盖不惟不敢当作者之圣,而亦不敢显然自附于古之贤人。盖其德愈盛而心愈下,不自知其辞之谦也。然当是时,作者略备,夫子盖集群圣之大成而折衷之。其事虽述,而功则倍于作矣。此又不可不知也。”②如果说“集群圣之大成”指代的是文化母体的话,那么孔子的“折中”之法,则是以自己的价值观作用其上,“其事虽述,而功则倍于作矣”。而“由孔子建立起来的知识分子的学术传统,正是通过无数图书一代一代相传而保存,成为中国知识分子安身立命的根本”③。广而言之,人类出版文化史上存留的任何出版文本,在其作为选题之初出现时,无不与作者以及编选者的价值观和价值选择有着密不可分的联系。这些文本今天仍有许多还作为出版选题的范例存在着,正如马克思所言,“就某方面说还是一种规范和高不可及的范本”④。这些出版资源为我们从理论上探讨出版人的选题活动与文化发展的关系提供了可资借鉴的参照系。

然而,当我们从实践的观点考察出版人过去、现在乃至带有未来倾向的选题操作实务时,往往惊诧于出版选题人价值选择的复杂性和文化选择本身的难解性。为什么一种文化得以以出版物的形式存留了下来,另一种却最终湮没无闻?出版人的文化选择与价值选择之间到底存在着什么样的机制和条件?文化选择在什么样的时空和机缘下才能成为出版人价值选择的目标?

比如于丹的《于丹〈论语〉心得》,在2006年上市后的10天之内销售就突破90万册,受到全国几百万读者的热捧,堪称当代出版神话。为什么这本书没有以普通的解读古典文学的选题被出版,而是以一本“国学复兴”的选题被编辑看

---

① 陈思和.试论现代出版与知识分子的人文精神.复旦学报(社会科学版),1993(3).

② 论语集注·述而第七.

③ 陈思和.试论现代出版与知识分子的人文精神.复旦学报(社会科学版),1993(3).

④ 马克思恩格斯选集(第2卷).北京:人民出版社,1995.29.

中?这一颇有传奇色彩的选题的生成、运作、编辑、出版过程与当今社会文化思潮的流变之间存在着什么样的内在关联?对诸如此类问题的回答我们不可能从出版活动内部找到全部的理论根据,而必须从人类文化学的宏大理论背景中去寻觅答案。

在人类文化学看来,人的存在和人的生存方式,其实就是人的文化选择。“所谓文化选择,就是人在对象性关系体系的逻辑基础上,根据内在与外在的现实的生态条件,对自己的生存方式所作的选择。”①但是,与动物的单向选择不同,人的选择是一种双向选择或多向选择。也就是说,当人在选择一种生存方式时,不仅以个体的尺度选择这一生存方式,而且还以“类”的尺度选择这一生存方式。进一步说,人的文化选择内在地贯通着人的价值原则与价值尺度。马克思说:“‘价值’这个普遍的概念是从人们对待满足他们需要的外界物的关系中产生的。”②因此,所谓价值,不过是客体满足主体需求的意义状态。这种意义状态,在一般情况下被认为是利益的好坏状态。“好”就是正价值,“坏”就是负价值。这一点,德国哲学家李凯尔特认为:“价值的实质在于它的有效性,而不在于它的实际的事实性。但是,价值是与现实联系着的……首先,价值能够附着于对象之上,并由此使对象变为财富;其次,价值能够与主体的活动相联系,并由此使主体的活动变成评价。”③由于人的生存选择基本遵循趋利避害的进化机制,所以在面临善恶选择时,择善弃恶总被放在首位。趋利避害体现着文化选择的“应然律”,其任务在于弄清人需要什么,对象物有什么用处,怎样满足人的需要等问题。趋利在于利用客体对象物满足人的生理和心理需求。人类的文化主旨就在于趋利。④ 所以,人的文化选择说到底还是一种价值选择。正如德国思想家马克思·韦伯所说:“文化概念是一个价值概念。”⑤离开了价值选择,文化选择就失去了意义和指向。

在出版选题活动中,出版选题人的文化选择不是一般意义上的文化选择,而是建立在出版价值选择基础上的文化选择。所谓出版价值选择,简单地说就是符合出版人利益要求的意义选择。人的文化世界是一个无比深邃、无比广阔的意义的海洋。在广义上,文化可以涵盖包括物质文化、制度文化和精神文化在内

---

① 萧扬,胡志明.文化学导论.石家庄:河北教育出版社,1989.47.
② 马克思恩格斯全集(第19卷).北京:人民出版社,1963.406.
③ [德]李凯尔特.文化科学与自然科学.北京:商务印书馆.2000.78.
④ 任遂虎.论价值的比值选择.西北师范大学学报(社会科学版),1997(6).
⑤ [德]马克思·韦伯.社会科学方法论.北京:中国人民大学出版社,1992.72.

的一切文明成果;在狭义上,文化则专指观念形态的文化,诸如人的思想、意识、情感、意志、知识、信仰等精神活动及其成果。但不论是广义形态的文化还是狭义形态的文化,如果要以出版物的形式将它们固化下来,就必须通过出版价值选择的机制。出版价值选择机制就是职业出版人在长期的出版活动中形成的判断出版选题价值优劣的标准和程序。

诚然,一般的非职业出版人在长期的生活实践和学习活动中,对出版选题的好坏也会形成自己的一些看法,但职业出版人对出版选题的价值判断与价值选择与非职业出版人相比,则具有全面性、系统性、规范性的特点。职业出版人会把一个选题当作一个联系的、系统的整体来看,非职业出版人面对一个选题通常只是就题论题,一般不把选题放入整个社会文化背景中加以考察,不把选题放入文化价值系统中进行判断,他们所形成的价值判断大多停留在感性思维层面而没有上升到理性思维层面。

职业出版人在面对一个选题的时候,通常会从以下三个方面进行考察:一是这个选题关注的是怎样的主题,凝聚了怎样的思想。一个选题只有在其主题或思想满足目标读者的某种需要时,才能在海量的信息中引起大众的兴趣和关注,才能吸引广大媒体的宣传报道,进而带动更多的目标读者来阅读。这也就是眼球经济时代传播领域"马太效应"的一种表现。二是这个选题在现实文化坐标中的位置。现实存在的一切文化,并非全是以精神的形态存在着,其中有许多是以非精神形态的方式存在的。特别是在那些非精神形态的文化中,有的是已经被对象化、物化了的文化因素;有的由于高度内化,变成了人的无意识的心理、行为及其规范。职业出版人在判断一个选题是否有出版价值时,主要是要搞清楚这个选题对于文化传承和文化保护可能发挥的重要作用,考察这个选题自身的文化含金量如何。这样的考察,往往凭借出版人广博的知识、深邃的文化洞察力、厚重的人格魅力来实现。三是选题文本的质量,主要是能够反映作者的思维能力、研究水平、文字能力、叙述风格等方面的综合情况,关键在于文本自身能否给读者带来阅读快感。对于以上三个方面,在市场条件下又必须通过市场的眼光来进行判断。因为职业出版人对出版选题价值判断的形成不仅仅体现着选题人自身的主观的价值理想、价值判断、价值评价以及他所属的出版组织的出版理念与出版要求,而且还积淀着人类出版活动历史久远的价值选择规律和价值判断准则。也可以这样说,只有当职业出版人在出版选题过程中运用价值选择机制对文化母体进行价值判断的时候,这时的文化选择才成为一种趋向于创构出版选题的价值选择,这时的价值选择才成为一种面向出版选题的文化选择;只有当文化信息被职业出版人以一定的价值原则选定为出版选题时,这时的文化信息才成为具有出版条件的文化知识信息,这时的出版选题才成为具有特定价值意义的出版选题。这个过程是一种双向的意义交流和价值传播。

二、出版人进行文化选择的原则

如果说出版人的文化选择是对人的生存方式与生活方式的选择,那么,出版人在出版选题活动中的所做的文化选择既要在此基础上形成,又要在此基础上有所提高。由于出版人在整个选题活动过程中投入了自己的价值判断与价值评价,因此,出版人对出版选题的策划与组织就不是一般意义上的对人的生活方式与生存状态的反映与解释,而是在更高的精神意义的层面上对人的生活方式和生存状态所做的概括和创造。

出版人的选题活动在本质上是一种创造活动。马克思说:“哲学家们只是用不同的方式解释世界,问题在于改变世界。”①选题活动就是一种在精神上改变世界的创造性活动。中国编辑出版史上第一部以“选”著称的由南朝昭明太子萧统编创的《文选》,对后世影响颇为深远。《文选》不是一般意义上的一个选本,而是对已取得独立地位的各种已定型的和趋向成熟的文学形式的肯定。这种肯定既发端于当时文人文学化现实的事实根据,又有着萧统本人的价值观和审美观。萧统认为好的文章应该丽而不浮,典而不野,因此,《文选》以词人才子的名篇为主,以“事出于沈思,义归乎翰藻”为价值选取标准,而对“以立意为宗,不以能文为本”的“老庄之作,管孟之流”以及以“褒贬是非,纪别异同”为主的“记事之史,系年之书”都一概不选。《文选》这一选题的策划出版改变了中国传统文化中文、史、哲不分家的传统,形成一种新的文学思想,是一个对后世颇有影响的选题创举。

广而言之,出版选题过程中的文化选择的确是一个创造性过程,其结果不仅仅是“产生从前所不存在的文化实体,即在新环境中能够延续生存下去的文化形态”,而且还是“通过文化自然发展机制或借助人类改造手段使具有某种传承成分的文化个体得到优先存在或提前被淘汰的一种现象”。② 中华文化中的重要典籍之所以能够流传至今,与中国一代一代编辑出版人的文化选择是分不开的。有论者指出:“在考察中国文化时,不能忽略大量的连续的历史文化典籍书

① 马克思恩格斯选集(第1卷).北京:人民出版社,1995.57.

② 覃光广,冯利.文化学辞典.北京:中央民族学院出版社,1988.141.

卷的存在。这些书籍是中国文化的主要的化身形态，而这些书籍的编辑工作的辛劳的存在，不因王朝走马灯式的更迭而全然中断，则是维系和促进中国文化的连续与稳定的一个重要因素，不可忽视的因素。”①通过出版编辑的选择，一些典籍得以优先保存，并绵延后世。比如陶渊明的诗文，如果不是因为萧统的征集和发现，就可能早已湮没无闻。也有一些文章作品则因为编选者选择价值标准的不同而遭到删改乃至焚毁，比如由清朝纪昀主持编修的《四库全书》，就焚毁删改了无数的文章作品。对后一点，鲁迅先生说：“清的康熙、雍正和乾隆三个，尤其是后两个皇帝，对于‘文艺政策’或说得较大一点的‘文化统制’，却真尽了很大的努力的。文字狱不过是消极的一方面，积极的一面，则如钦定四库全书，于汉人的著作，无不加以取舍，所取的书，凡有涉及金元之处者，又大抵加以修改，作为定本。此外，对于‘七经’‘二十四史’《通鉴》，文士的诗文，和尚的语录，也都不肯放过，不是鉴定，便是评选，文苑中实在没有不被蹂躏的处所了。”②这是再清楚不过了。

由此可以看出，出版选题人的文化选择遵循着诸多原则，归纳起来主要有：

1. 主体性原则

所谓主体性原则，就是根据出版选题人的价值需要确定选题对象和选题方向的原则。由于“选择是可能变为现实的主体性创造行为”③，所以出版选题人的文化选择既是一种主动的文化创造行为，又是一种自觉自主的价值选择行为。鲁迅先生在论及选家与选本的关系时说：“选本所显示的，往往并非作者的特色，倒是选者的眼光。眼光愈锐利，见识愈深广，选本固然愈准确，但可惜的是大抵眼光如豆，抹杀了作者真相的居多，这才是一个‘文人浩劫’。”④也就是说，出版选题人主体性的发挥是一面双刃剑，如果选者的主体能动性发挥得好，选本固然也好；否则，就是一个既抹杀了作者又误导了读者的滥本。

2. 目的性原则

所谓目的性原则，就是在出版选题过程中将出版选题人“内在的尺度”运用到文化选择中的原则。这种“内在的尺度”是人所固有的一种内在规定性，是马克思所说的“按照美的规律来建造”的具体体现。“选择目的性的核心是主体的

---

① 戴文葆. 编辑工作的重要意义. 编辑之友，1990(1).

② 鲁迅全集(第6卷). 北京：人民文学出版社，1961. 46－47.

③ 孙万鹏. 选择学. 济南：山东人民出版社，1992. 3.

④ 鲁迅. 且介亭杂文二集. 北京：人民文学出版社，1993. 205.

价值追求。”①所以,不同的价值需求,往往产生不同的选题目的。选题目的的不同,又会导致不同的文化选择。比如《故事会》的刊物定位是精心为普通读者尤其是农民读者打造文化精品,主要是为农民读者服务,是将俗文化内容作为刊物的选题对象;而《读书》杂志的定位是“以书为中心的思想文化评论杂志”,它的读者对象是读书界中级以上的知识分子,因而它将雅文化内容作为自己的选题对象。另外,像商务印书馆的选题通常较严肃、厚重,三联书店的选题则较为灵动、飘逸。这些都是一定的选题目的的体现。

3. 导向性原则

导向性原则有两方面的含义,一是指出版选题人的文化选择活动是渗透了国家意志的文化传播活动,其自身行为具有一定的政治导向;二是指出版选题人的文化选择一经确定,便会对广大的读者产生一定的导向作用。这种导向作用可以使一部分读者在价值观念和行为方式上产生一定的趋同性,也可以使读者在选择文化产品时产生对同一类型选题的偏向性。就像马克思所说:“生产不仅为主体生产对象,而且也为对象生产主体。”②比如《于丹〈论语〉心得》的畅销,得益于这一选题既符合国家提倡国学教育的总体导向,又为读者提供了一种进一步思考的思维路向。

4. 有限理性原则

这是决策理论创始人、诺贝尔经济奖获得者西蒙提出的理论。西蒙认为,选择主体在选择过程中除了遵循主体理性的原则外,还要受到大量的非理性因素的影响,所以人的选择实际上是一种有限理性选择。关于这一点,美国出版人小赫伯特·S.贝利认为:“出版业利用现代化的机器设备生产和传播其产品,把理性用于自己的组织和运作中。它又沉浸在非理性的大海中,要对其作出反应并受到激励。”“出版商本人的热情、脾气和非理性跟他的理性决定和慎重决策一样,对出版社的出版活动有重要的影响。”③从这里可以看出,出版选题人的选题活动虽然是一种主体性极强的理性活动,但这种理性活动中还内含着一种非理性的因素,诸如诸多出版人认为可遇不可求的灵感、直觉——“书感”等,都在实际操作中发挥着不可替代的作用。实际上,出版选题人的文化选择就是这种理性与非理性的矛盾统一体。很多出版人都有在灵感的一闪念之间抓到一个选题

---

① 张卓民,宋署.一般选择学.沈阳:辽宁人民出版社,1992.229.

② 马克思恩格斯选集(第2卷).北京,人民出版社,1995.10.

③ [美]小赫伯特·S.贝利.图书出版的艺术和科学.北京:中国书籍出版社,1995.14-16.

的经历,这便是对有限理性原则的最好说明。

5. 客观性原则

客观性原则就是在一定的客观条件制约下进行选择的原则。出版活动是一项复杂的系统工程,出版选题人的文化选择既受客观出版条件的制约,也受客观文化框架的制约。出版选题人只能在一定的文化基础上进行精神文化的选择、积累、加工和创新,而不能脱离这一基础。比如,出版选题人不能通过自己的选题出版活动来宣称创造什么"大师"或中国的诺贝尔文学奖作品;出版人也不能脱离本单位的出版特色、经济承受能力去策划一些不切实际的选题。

三、出版选题文化选择的本质

从人文科学的视野看,出版选题就是对人类文化灵魂的寻求。文化的灵魂就是人的灵魂,就是人自己对人类存在所追求的终极价值和终极意义的追问。如果说文化的生态结构最外围的部分是自然世界,依次往里层递进的是科技文化、物质文化、制度文化、行为文化、精神文化,那么其最核心的部分便是由价值观构成的精神和意义文化的世界。诚然,人类文化的一切形态都可以进入出版选题人选题活动的范围,但毫不例外,都必须通过精神文化的层面,经过选题人的价值选择和价值评判才可以进入选题人的选题世界。因此,也可以说出版人的选题活动主要是一种精神活动,或者说是以精神为本体,以建构人的精神生活、精神生产、精神消费、精神家园为目的的文化选择活动。这种选题活动正如有论者所说,是"以人类精神的现实发展为依据,以人类文明发展过程中积累起来的知识和智慧为基础,以将人的智力资源、精神成果、创造力作为最重要的资源的当代文明形态为背景,把外化了的精神作为当代文明的始基,以人类精神发展的脉络(人类把握世界的方式)为线索来阐释人类文明体系"①。这种出版选题活动以出版实践为中介,使得人类精神"从物质进化中产生,在物质性的感性活动中发展,以物化形式积累传承,以物质媒介传播,外化为种种物态形式和机制,形成独立的不断演化的知识体系,形成左右文化走向的主体尺度,并在社会机制中不断同化,形成共同价值尺度,具有了客观实在性"②。联系今天网络出版、手机出版、博客(微博)出版等众多新媒介的出版现实,可以看出,不管出版载体如何改变,支撑出版载体存在的基础没有改变,这个基础就是出版选题活

① 杨岚,张维真. 中国当代人文精神的建构. 北京:人民出版社,2002. 51.

② 杨岚,张维真. 中国当代人文精神的建构. 北京:人民出版社,2002. 51.

动。出版人就是以自己特有的出版选题活动构造起一座座人类精神文化的大厦,一方方精神世界的家园。

当然,现代出版人对人的精神世界的建构和对人的终极意义的追问必须建立在当代人类文明的发展所能承受的基础上。超越了这一基础,不仅出版业自身的发展毫无意义,而且将为人类精神世界的建构付出高昂代价。我们不能人为地策划一些不符合人类社会和人自身发展规律的选题,不能策划那些不符合科学发展规律的选题,不能宣扬那些失去进步意义的选题。正如伽达默尔所说:"人所需要的不单单是坚定不移地追问终极问题,而且还需要知道:此时此地什么是行得通的,什么是有可能的,什么是正确的……尤其必须意识到他自身要求与他发觉自己置身其中的实在之间的那种张力。"①事实上,人文精神世界的种种张力诸如理想与现实、理性与激情、目的与手段、意义与价值、现代与传统、中国与西方等,不仅正在深刻地影响着当代人类的文化选择和精神建构,而且也同样深刻地影响着出版选题人的文化选择与价值取向。出版选题人对文化魂灵的寻求就是在这些复杂的张力系统中沿着不同的维度和向度展开的,其中心任务便是在这个复杂的张力系统中寻找平衡点,在终极追求和现实需求之间寻找契合点,在文化选择中实现文化创新,在文化创新中确立新的选择突破口,从而使人类精神家园的建构能够不断以物化的出版物形式固化下来。

第二节　文化冲突与文化整合中的出版选题建构

文化冲突就是不同性质文化之间的矛盾和斗争。人类生活的世界是一个多元文化世界,不同类型、不同模式的文化有着互不相同的价值观,价值取向的不同决定了它们之间在相互遭遇时就会不可避免地发生冲突。但文化冲突不是绝对的,而是一个互相改变的过程。"文化冲突不仅会改变原来的文化性质,而且还会产生新的变化。"②这种改变是在冲突双方相互吸收、相互借鉴、相互融化的

① [德]H.G.伽达默尔.真理与方法.沈阳:辽宁人民出版社,1987.48.
② 司马云杰.文化社会学.北京:中国社会科学出版社,2001.295.

过程中完成的，这一过程也称为文化整合。通过文化整合，冲突中处于弱势的文化或者采取创新选择机制，或者采取修补和适应机制完成对原来文化的改造，使之成为一种新质的文化。

文化冲突与文化整合是促使文化进步的两个重要方面，也是对出版选题人进行文化选择时产生关键作用的动力机制。纵观我国几千年来特别是近现代文化百多年来的发展变革历程，以及西方几千年来特别是文艺复兴以来社会文化的发展趋势与发展格局，就可以深刻地认识到世界范围内的文化冲突与文化整合给出版人的选题行为带来的深刻变化。因此，领悟文化冲突的实质，关注文化整合的趋势，必将引导出版人的选题活动沿着文化进步的方向前行。

一、民族文化与世界文化冲突和整合下的出版选题建构

民族文化反映了一个民族的根本特性，是维系民族凝聚力、向心力的精神纽带。民族文化的核心是文化传统，富有活力的文化传统既有相对稳定和保守的一面，又有开放兼容的一面，并以此推动本民族文化的发展。世界文化是在民族文化的基础上发展起来的一种全球性文化。“所谓世界性的文化，就是在人类文明发展的长河中，那些经文化传播、文化交流和文化继承而得到不同民族、不同国家的人们认同的、融贯于当代社会生活中的观念文化、制度文化、生活文化、艺术文化等。”①民族文化与世界文化的冲突主要是在民族文化的现代化、全球化的过程中产生的，主要表现为传统文化在现代化过程中与现代文化的冲突。马克思对造成这一冲突的根源进行了深刻的分析，他说：“资产阶级，由于开拓了世界市场，使一切国家的生产和消费都成为世界性的了……物质的生产是如此，精神的生产也是如此。各民族的精神产品成了公共的财产。民族的片面性和局限性日益成为不可能，于是由许多种民族的和地方的文学形成了一种世界的文学。”②也就是说，在资本主义世界市场体系的推动下，各民族的精神产品成了世界性的文化资源，可以为全人类提供可资参照的文化发展体系和价值标准。对人类出版活动来说，这一公共文化资源将为吸收和整合其他国家和民族优秀的精神文化成果提供机遇。

然而，由于传统文化中稳定保守的一面常常在文化冲突的前期起着本能的“保护”本民族文化传统的作用，所以民族文化与世界文化的冲突常常带着一股

---

① 田丰.文化进步论.广州:广东高等教育出版社,2002.50.

② 马克思恩格斯选集(第1卷).北京:人民出版社,1995.275－276.

血腥的味道在世界交往中出现。正如马克思所说:“资产阶级,由于一切生产工具的迅速改进,由于交通的极其便利,把一切民族甚至最野蛮的民族都卷到文明中来了……它迫使一切民族——如果它们不想灭亡的话——采用资产阶级的生产方式;它迫使它们在自己那里推行所谓的文明,即变成资产者。一句话,它按照自己的面貌为自己创造出一个世界。”①如果说马克思揭示的是早期资本主义发展的历史事实,那么,在全球经济一体化趋势愈演愈烈的今天,几乎所有的民族国家特别是在经济、文化发展中处于弱势的民族国家,无不对民族文化的“全球化”浪潮保持高度警惕。美国学者勒纳用“痛苦门槛”理论来概括全球化进程中的这种文化现象:每个民族在进入现代化的“门槛”时,原先的支撑物和社会结构突然崩溃,这使人们内心充满痛苦而又无法回避。② 这种现象即使西方发达国家的民众也在所难免。比如西方人一向尊崇的传统清教精神被享乐主义所取代,传统信仰与价值观遭到质疑而迷失,各种社会矛盾也不断激化而失去了文化调节,民族认同感严重弱化并演变为时代难题等等,都使西方的一些学者、民众忧心忡忡。

民族文化和世界文化是出版选题人可资利用的两大选题资源,在民族文化与世界文化发生冲突时,文化交往与文化对话是解决冲突的一个重要机制,出版人可以利用文化选择的途径将文化冲突与文化整合沟通起来,进而通过文化批判、文化兼容、文化创新的机制达到文化整合的目的。中国文化的近现代化历程说明了这一点。

中国传统文化是以儒学为核心兼纳释、道两家思想精华而形成的独特的文化体系。这一文化体系在鸦片战争之前一直保持着内部的高度稳定性,历经改朝换代而本质不变。但从鸦片战争开始,“进行国际贸易和战争的西方”向“坚持农业和官僚政治的中国”发起全面挑战③,从而引发中华民族“亡国灭种”的空前危机。在这一危机面前,一批进步的中国知识分子认识到中国传统文化的落后性和西方现代文化的进步性,于是便着手从了解西方的地理、历史、政治、风俗开始,从物质层面的文化变革深入到制度层面的文化变革,又从制度层面的文化变革深入到观念层面的文化变革,最终选择了马克思主义。然而,不论是哪个层面的转变,如果没有以文化选择为使命的出版物的参与和引导,这在当时都是不

① 马克思恩格斯选集(第1卷).北京:人民出版社,1995.276.

② 田丰.文化进步论.广州:广东高等教育出版社,2002.49.

③ 费正清.剑桥中国晚清史.北京:中国社会科学出版社,1985.2.

可想象的。鸦片战争前后，林则徐就开始组织人员搜集有关英国的资料情报，并主持编译了《四洲志》。这本书译自英国1836年出版的《世界地理大全》。1842年魏源在《四洲志》的基础上编撰《海国图志》一书，到1852年编就百卷本，88万字，其中征引西人著作18种。魏源在此书中明确提出“师夷长技以制夷”的主张，从而开创了向西方现代工业文化学习的先声。之后在近代中国兴起的洋务运动、戊戌变法、辛亥革命、五四运动等改良与革命浪潮，都没有离开利用西方先进出版物对国人思想观念进行启蒙指导的基本路径。

下面将中国近代文化变革的三个层面与所属阶段图书杂志出版选题内容的互动关系列表如下：

文化层面	文化运动	选题内容	主要译著及出版者		主要著作及作者（出版者）	
物质层面	洋务运动	科学技术	《续几何原本》	墨海书馆	《校邠庐抗议》	冯桂芬
			《代数术》《光学》《电学全书》	江南制造总局		
制度层面	戊戌变法	社会科学人文科学	《原富》	大同译书局	《盛世危言》	郑观应
			《天演论》		《治平通义》	陈虬
				慎始基斋	《孔子改制考》《日本书目志》	康有为
			《巴黎茶花女遗事》	林纾木刻	《西学书目表》《仁学》	梁启超《清议报》
	辛亥革命		说部丛书	商务印书馆	《革命军》	邹容
					《狮子吼》《猛回头》	陈天华
					《治国方略》	益智书局
观念层面	五四运动	社会科学人文科学与马克思主义	共学社丛书	商务印书馆	《新青年》	陈独秀 胡适 鲁迅
			《共产党宣言》	社会主义研究社		
			新文化丛书	中华书局	《小说月报》	商务印书馆

梁启超在《西学书目表》中统计,到1895年止,在洋务运动开始后的30多年时间里,共翻译出版西学书籍354种(宗教类除外),其中大都是自然科学及实用技术类选题,也有少量历史地理和政治法律类选题。所翻译的自然科学包括数学、物理、化学、生物、医学、天文学等门类,实用技术类主要是兵工、造船、铁路、冶金、化工、纺织和印刷等门类。而据《译书经眼录》记载,在20世纪初的翻译书籍中,自然科学类有146部,占总数的19.6%;社会科学有327部,占总数的60.9%。而到五四运动前后(1920年止),各出版社均集中于翻译国外哲学、人文社会科学、马克思主义著作以及文学艺术类书籍,新文学创作也日趋活跃。仅以1920年毛泽东在长沙创设的文化书社为例,到1921年3月,书社销路较好的图书有《马克思资本论入门》《社会主义史》《到自由之路》《实验主义》《杜威五大演讲》《社会与伦理》《美国民治之发展》《科学与人类进化之关系》《伦理学之根本问题》《社会改造原理》《克鲁泡特金的思想》《新俄国之研究》《托尔斯泰传》等。当然,中国文化从传统走向近代的三个阶段只是一种相对粗线条的概括,每一层面中其实也有其他层面文化的变革发生,只不过在某一阶段上,某一层面文化的变革居于主要地位而已。但中国文化的这种变革,无论从哪一层面看,都是在与西方文化进行对抗和冲突的过程中发生的。这种发生,一方面刺激了中国出版业对西方现代化和现代文化的关注,另一方面又调动了进步的中国知识分子和出版界利用出版文化选择的手段参与中国传统文化变革的积极性。

以今天的眼光看,民族文化与世界文化的冲突问题实际上就是民族文化的全球化和世界文化的民族化问题,从而也是文化的民族性与全球性的问题。如何既使民族文化保持自身的独立性,又使民族文化顺应世界文化发展的大潮,则是文化整合的难点所在。这一难点对出版人的选题活动产生诸多启示,其中最重要的就是出版选题的文化选择不仅要与民族文化的时代发展相适应,而且要与世界文化的时代发展相适应;出版人所开发的每一个选题都应该放在民族文化与世界文化发展的时代背景中去观照,并从中确定它对于民族文化建设和世界文化交流将会发挥何种作用。而从民族文化与世界文化的冲突中把握出版选题的正确思路则是:以时代进步文化的发展为参照系,以民族根本利益为出发点,在民族文化与世界文化的比较中寻找两者沟通和互动的契合点,并以这种契合点为纽带,从中孕育生发出有出版价值的选题,推动民族文化的发展与更新。

二、东方文化与西方文化冲突和整合中的出版选题设计

这里所说的东方文化主要是指以儒家文化为核心的东亚、东南亚文化体系，而不是赛义德在《东方学》中所指涉的包括阿拉伯、印度在内的广义的东方文化，但赛义德的东方学理论对我们理解东西方文化关系无疑具有启示意义。当今世界上所指的西方文化则主要指以古希腊、古罗马文化为核心的欧美文化体系。东方文化和西方文化为出版选题活动提供了两个基本的文化选择框架，然而，这两种文化选择框架不仅仅是两种可供全人类共享的出版选题信息库或资料库，而且这两种文化本身还是两种不同的思维方式和生存智慧。因此，选题人的文化选择行为必然要受到这两种文化所代表的思维方式和生存智慧的影响，特别是在东西方文化发生激烈冲突和碰撞时，这种影响就会更加明显。

以儒家文化为核心的东亚、东南亚文化圈和以古希腊、古罗马文化为核心的欧美文化圈在近代以前并没有明显的冲突，它们之间的交往还要通过阿拉伯文化这一中介和缓冲地带来进行。但自西方工业革命以来，资本主义的全球化趋势消灭了这种地缘隔离状态，东方文化与西方文化通过资本流动直接贯通起来，往日的和平相处已变得不可能，冲突和对抗成为主要的交往形态，而整合则是对交往远景的一种期盼。东西方文化交往的历史发展与现实走向与出版人的选题活动之间形成了一个复杂的张力系统，从而规定了出版选题的文化设计方向。

一般认为，西方文化的源头来自三个方面：一是古希腊哲学的理性精神；二是古希伯来传统的宗教精神；三是古罗马的法制精神。这三大精神源头形成了西方文化强调主客二分、重视理性和个体精神的思维方式。而以儒家思想为核心的东方文化则更强调天人合一、整体和谐的思维方式。从根本上说，这两大思维体系的差异并没有导致东西方文化的尖锐对立，更何况东西方文化从源头上都有追求人的生命的终极价值、重视人的生命自我超越的共同向度。而东西方文化之所以会产生对立乃至冲突，主要在于西方文化在发生了近代化、现代化的转向之后，与东方文化产生了时代性的差异和侵略性的利益争夺。经过文艺复兴、宗教改革和启蒙运动三次大规模的“改头换面”，西方文化走进了近代化和现代化的道路，近代西方文化虽然产生于西方，但绝不只属于西方，而是一种比农业文明、封建文化更高级的新的文化形态。这种新的文化形态在自然观上强调主客体相互改造、相互转化的思想，在社会观上强调社会契约论、主权分立论、天赋人权论以及自由、平等、博爱等人道主义、自由主义、功利主义思想，在经济

观上强调市场经济、管理科学以及社会福利的思想,从而为近代以来的人类社会进步奠定了坚实的思想文化基础。而以儒家文明为核心的东方文化则因为价值内核的长期相对稳定而造成更加封闭的局面。伴随着西方工业革命在全球范围内的发展,西方近现代文化思想便如洪水猛兽在全球横冲直撞。诚如有论者所言:"在社会化大生产的工业经济以摧枯拉朽之势瓦解东方的小生产的自然经济的同时,西方文化通过宗教传布、新闻媒体、学术交流、大众文化等渠道以及国际贸易、跨国经营、对外援助等方式向东方国家和民族输出西方的价值观和生活方式,东方文化以被迫的形式吸纳西方的文化观念和价值判断。"①而当西方工业文明对落后的东方农业文明进行侵略性的利益争夺时,西方文化中的殖民主义、精神异化等侵略性思潮也相伴而来。

以儒家文化为核心的东亚文化凭借自身深厚的历史积淀和内涵,以厚德载物、自强不息的伟大精神经受住了西方文化血的洗礼,它在吸纳了资本主义和社会主义两方面的优质精髓之后正在完成向现代化的最后转型。可以说,东亚文化中的整体主义价值观、天人合一的思维观念在今天对维系社会转型中的稳定、进取的社会局面,对民族向心力、凝聚力的形成,具有西方文化无法比拟的优势。而西方文化在经历了两次世界大战之后,理性遭到毁灭,信仰失去支撑,技术失去导向,民族认同感减弱,文化危机日益加深。这一切正如美国学者丹尼尔·贝尔所说:"我发现今天的社会结构(技术—经济体系)同文化之间有着明显的断裂。前者受制于一种由效益、功能理性和生产组织(它强调秩序,把人当作物件)之类术语表达的经济原则,后者则趋于靡费和混杂,深受反理性和反智情绪影响。这种主宰性情绪将自我视为文化评价的试金石,并把自我感受当作是衡量经验的美学尺度。从19世纪遗传下来的那种强调自律自制、先劳后享的品格构造目前仍与技术—经济结构相互关联,但它正同文化发生着剧烈冲突,因为今天的文化已把资产阶级的价值观摈弃无遗。"②贝尔也认为造成这种结果的原因来自于资本主义经济体系自身。然而,西方文化并没有就此一蹶不振。自20世纪90年代之后,以美国为首的发达国家掀起了知识经济的浪潮,知识经济重视个体原创性的才智发挥,要求社会民主化程度高的社会体系与之相适应,而西方一向标榜的个体至上主义以及成熟的民主与法制环境为知识经济的发展提供了得天独厚的条件。这一切都从不同侧面加强了东西方文化冲突与整合的复杂

① 田丰.文化进步论.广州:广东高等教育出版社,2002.53.

② [美]丹尼尔·贝尔.资产阶级文化矛盾.北京:三联书店,1989.83.

性。因此,我们应该从一种更为广阔的视界来理解东西方文化的交流和融合,以一种互补的眼光审视对方,特别是在当今以和平与发展为主题的世界大趋势之下。

弄清东西方文化交流与冲突的实质所在,对出版人设计出版选题的文化走向大有裨益。20 世纪 80 年代初,有两套丛书的选题颇为引人注目,一套是岳麓书社编辑出版的“走向世界丛书”,另一套是四川人民出版社编辑出版的“走向未来丛书”。前一套丛书按一般性的理解只不过是一种古籍整理,它何以会引起海内外的广泛关注?如果联系当时我国正处于改革开放初期的时代背景,我们就不难理解这套具有览古鉴今意蕴的丛书选题,对我国现代化进程所走过的曲折道路产生的反思价值是何等巨大。这套丛书选题的图书从中国近代史走过的 70 余年历史的 300 多种撰述中选出,内容多涉及中国近代最早“走向世界”的一批知识分子以东方人的眼光看西方世界的记事和观感。这种看似与现当代历史重叠交织的史实与著述,在今天看来何尝不是出版选题人着意对延续至今的东西方文化冲突整合的一种诠释方式。后一套丛书选题所关注的内容正如《编者献辞》中所说,“力图从世界观的高度把握当代科学的最新成就和特点,通过精选、咀嚼、消化了的各门学科的知识,使读者特别是青年读者能从整个人类文明曲折的发展和更迭中,理解中华民族的伟大贡献和历史地位……”。这套丛书收入了不少具有深度思想见地的作品,也收入了不少新兴、边缘学科课题,如《人的发现》《人的现代化》《儒学的困境》《现实与选择》《看不见的手》《语言学与现代科学》《择优分配原理》等,实际上是以新时代东方人的价值观对东方传统思想体系所做的新的审视和评判,是以一种更加开放的理念对西方现代哲学经济学理论、新兴的边缘学科理论的重新选择和接纳,这在当时是很具启蒙价值和前瞻意义的。可以说,一套“走向世界丛书”选题的开发,显示了新时期出版人对东西方文化交汇、冲突、分化、合流等历史分期的清醒认识和绝佳把握,也昭示着出版人以优秀的选题开发能力参与人类文化的交流、传播与建设的光荣使命的到来。而一套“走向未来丛书”选题的设计与组织,则是以一种新的文化建设的眼光对新时期东西方文化所做的一种对接和整合,这种整合虽然在今天看来还稍显稚嫩,但已显示出新时期出版人重建精神家园的勇气和努力。中国改革开放以来 30 多年的出版实践证明,新时期出版选题在文化选择的深度和广度上都趋于成熟,选题意识更具理性,选题理念更加智慧,选题方向更为审慎,选题特色日渐鲜明。

东西方文化的冲突与整合不仅仅是一个文化选择问题,更是一个复杂的政治问题。美国国际问题专家亨廷顿宣称:"全球政治开始沿着文化线被重构。"①"在所有的文明之中,唯独西方文明对其他文明产生过重大的、有时是压倒一切的影响。因此,西方的力量和文化与所有其他文明的力量和文化之间的关系就成为文明世界最为普遍的特征。"②亨廷顿的观点当然还是地道的西方文化中心主义的观点,这种观点正如萨义德所理解的:"就19和20世纪的西方而言,人们普遍接受了这样一个假定:东方以及东方的一切,如果不明显地低西方一等的话,也需要西方的正确研究(才能为人们所理解)。东方就像在课堂上、法庭里、监狱中和带插图的教科书中那样被观看。"③在今天看来,包括儒家文化在内的东方文化并没有从西方人那里得到普遍正确的理解,而只是被当作一种对西方文化具有潜在威胁的力量来看待。而历史已经证明,无论是东方文化还是西方文化,都不能按照其本义完成引导现代化进程的历史重任。在这种复杂的形势下,出版选题人更要正确把握东西方文化冲突与整合的大趋势,以有影响力的选题反映和推动这种大趋势的形成和发展,而这将成为出版选题人在文化选择中的崭新使命。

三、社会主义文化与资本主义文化冲突和整合中的出版选题策略

社会制度的不同导致文化内容的质的差别。整个20世纪的文化史,其实也可以概括为社会主义文化与资本主义文化相斗争而存在、相影响而发展的历史,这根主线同样反映在出版文化的发展历程以及出版人的选题活动中。弄清社会主义文化与资本主义文化冲突的要害和实质,理顺它们之间发生整合的节律以及相互吸纳的节点,对出版选题活动不仅是必要的,也是必需的。

资本主义文化是西方文化发展到资本主义时期的一个阶段性文化形态,是资本主义经济基础的反映。与西方封建文化、中世纪神学文化相比,资本主义文化是人类文化史上一个巨大的进步。但正如马克思所分析的,资本主义的基本矛盾是生产资料的私人占有与社会化大生产之间的矛盾,所以,资本主义文化本身便是这种社会基本矛盾的根本反映。美国学者丹尼尔·贝尔认为:"无论早期资本主义的准确地理位置能否确定,有一点很明显,即从一开始,禁欲苦行和贪婪攫取这一对冲动力就被锁合在一起。前者代表了资产阶级精打细算的谨慎

---

① [美]塞缪尔·亨廷顿.文明的冲突与世界秩序的重建.北京:新华出版社,2002.3.
② [美]塞缪尔·亨廷顿.文明的冲突与世界秩序的重建.北京:新华出版社,2002.199.
③ [美]爱德华·W.萨义德.东方学.北京:三联书店,1999.50.

持家精神；后者是体现在经济和技术领域的那种浮士德式骚动激情，它声称‘边疆没有边际’，以彻底改造自然为己任。这两种原始冲动的交织混合形成了现代理性观念。”①“资本主义是一种经济—文化复合系统。经济上它建立在财产私有制和商品生产基础上，文化上它也遵照交换法则进行买卖，致使文化商品化渗透到整个社会。”②由此可以看出，资本主义文化是一种矛盾的统一体，一方面它宣扬“禁欲苦行”，倡导节约和个人奋斗，另一方面又“贪婪攫取”，倡导市场的作用，使文化商品化。所以，资本主义文化实质上就是“资本创造文化”③，它的特征就集中表现在它的唯利是图和贪婪掠夺的本性上。

另外，由于大生产的内在要求，资本主义文化又呈现为自由平等与精神异化于一体的矛盾统一体。所谓自由平等，即人身自由、贸易自由、平等竞争和公平交易，这些作为资本主义大生产的条件都是必需的。所谓精神异化，主要是指人的“类本质”的异化。在马克思看来，人的“类本质”或者说人的“类特性”，“恰恰就是自由的有意识的活动”，而在资本主义社会，人的“类本质”却“变成对人来说是异己的本质，变成维持他的个人生存的手段”。④ 人与人之间的一切关系——无论是物质关系还是精神关系，都变成了一种金钱关系。这些矛盾是资本主义文化本身解决不了的。

在资本主义的市场竞争中，与所有企业一样，出版社的生存和发展永远是动态的。出版业开始了资本化过程，进行无国界的资本运营，发达国家崛起了一个又一个大型、超大型的出版集团。比如美国的西蒙·舒斯特出版集团、时代-华纳出版公司、汤姆逊出版公司、麦克米伦出版公司、读者文摘出版集团，德国的贝塔斯曼出版集团，荷兰的克伦威尔出版公司，加拿大的禾林出版公司以及日本的讲谈社、小学馆等，都是资产雄厚、出版量大、营销有术的大型现代出版企业。例如，美国的兰登书屋一向以出版纯文学、高品位图书而著称，但从上世纪八九十年代开始全面走向资本化。著名作家爱泼斯坦提到，改制后的兰登书屋突然开始要开很多各式各样的会，都是财务数据分析、市场报告、董事会、营销方案等等，每天都要费尽心机地分析如何投入资本、投入了多少、收回了多少、怎样才可以赚取效益……这些只计经济效益忽视文学价值的做法不可避免地脱离了其原

① [美]丹尼尔·贝尔.资本主义文化矛盾.北京:三联书店,1989.29.

② [美]丹尼尔·贝尔.资本主义文化矛盾.北京:三联书店,1989.60.

③ 马克思恩格斯全集(第47卷).北京:人民出版社,1979.257.

④ 马克思恩格斯选集(第1卷).北京:人民出版社,1995.47.

有的出版方向。

社会主义文化作为资本主义文化的对立面并不是凭空而来的,它孕育于资本主义生产方式之中,代表了社会化大生产的基本走向。社会主义文化从诞生那天起就展开了对资本主义文化的批判,无论是空想社会主义思想还是科学社会主义理论,无论是西方社会民主主义思想还是形形色色的西方马克思主义思潮,无不将资本主义文化本身的劣根性一层层地剥离出来,这种批判促使资本主义文化从社会主义文化中吸纳合理的成分,从内部修补其早已千孔百疮的文化体系,如利用国家干预措施来调节和平衡市场的无序等。这说明,社会主义文化思想作为一种新的价值观不仅具有丰富的理论内涵与实践品格,而且以新形象活跃于世界文化的舞台,打破了资本主义文化称霸全球的图谋。

然而,我们也必须看到,自20世纪末以来,资本主义文化借助高新科技和知识经济浪潮,借助苏联东欧剧变和国际社会主义力量处于低谷之时,大肆扩张其文化版图,与社会主义文化形成了新的冲突。同时,社会主义文化与资本主义文化的冲突反过来也让我们认识到社会主义文化内部的不足和亟待改革创新之处。僵化保守的观念不符合高科技生产力的发展需求,而在社会主义初级阶段,引进资本概念,发展市场经济,进行文化体制机制改革创新,大力发展文化产业,则是发展社会主义文化的必由之路。由此看出,在资本主义生产力的积极性还没有完全释放出来之前,从资本主义文化发展的薄弱环节中诞生的社会主义文化,还将与它的"母体"——资本主义文化共存于一个世界上。无论是借鉴还是吸收,资本主义文化作为社会主义文化的批判和革命对象,社会主义文化作为资本主义文化的进步方向,都将在冲突中存在,在斗争中发展。

具体到各自的出版文化选择上,就有一条明确的分界线,这就是资本主义社会的大多数出版物,反映的都是资本主义文化,特别是在社会科学、人文科学领域。一些在今天看来对全人类文明都具有重要影响的出版物,如斯宾格勒的《西方的没落》、汤因比的《历史研究》、丹尼尔·贝尔的《资本主义文化矛盾》等,宣扬的都是资本主义的文化观。而社会主义社会的大多数出版物,不言而喻,反映的也都是社会主义文化。当社会主义文化和资本主义文化处于对立和冲突状态时,各自的出版选题内容都会利用自己的出版选题对对方进行批判和反击,这方面的选题在双方意识形态发生论争时更显突出;而当资本主义文化对社会主义文化进行大肆渗透,反映资本主义文化的出版物也会大量出现;当社会主义文化与资本主义文化处在一个较为平和的对话期时,它们之间便会发生相互借鉴、相互吸纳、相互整合的现象,当然,这种借鉴、吸纳和整合必然都是站在各自的利益观、价值观的基础上进行的。因此，在新的历史阶段，如何对待资本主义文化与社会主义文化之间的冲突和融合，已成为出版选题人在进行文化选择和价值判断时的一个思考重点。对此，应该把握下面三点：

第一，无论是资本主义文化还是社会主义文化，对出版人的出版选题活动来说，都是必须利用的文化资源和选题资源，判断它们孰优孰劣，既要从意识形态标准来衡量，也要从国家民族利益标准去判定。社会主义文化中的那些符合时代发展需要、紧跟时代潮流、对国家和民族团结大有裨益的新思想、新技术、新观念应该作为出版选题的主要方向，应该大力宣传和弘扬；而资本主义文化中有益的方面该不该“拿”过来，什么该“拿”过来，什么不该“拿”过来，只有由国家、民族利益说了算。

第二，虽然我们常常以意识形态标准来判定资本主义文化的优劣，但是，资本主义文化体系中包含着一定程度的具有全人类进步意义的价值存在，却是一个不争的事实，所以，在进行具体的选题工作时，必须认真地加以甄别判断。作为一种文化移植，我们将借鉴和继承资本主义文化的一切优秀成果。对于社会主义文化，我国出版界更是负有全球性宣传的重任。我国的社会制度和发展模式、我国社会主义文化建设的巨大成就，之所以还没有得到世界性的深刻了解和认识，与我们国家的文化传播业包括出版业对外宣传的整体实力的弱小是有关系的。而其中，出版选题种类少，选题内容简单，选题形式单调，选题观念陈旧，选题风格落后也是重要原因。

第三，信息社会的到来，全球互联网络与通讯的畅通，使任何形式的文化封闭和文化隔绝成为不可能，而人类知识面临的空间选择和重新塑造的可能性越来越大，这既为资本主义文化的扩张提供了机遇，也同样为社会主义文化的传播提供了机遇。社会主义文化领域里的出版选题活动作为社会主义文化的传播媒介，自然要在选题内容的多样性、选题形式的丰富性、选题风格的独特性上下功夫，要把富有全球吸引力的选题推广到世界人民面前，并以此来展示一个东方社会主义大国的文化风范。

第三节 文化传播与文化控制中的出版选题思路

从文化传播与文化控制的角度对出版选题进行研究,实际上就是将出版选题人的文化选择活动放到传播学与社会学的视界中进行考察。出版选题活动不仅是一种文化传播行为,还是一种社会文化行为。作为一种文化传播行为,出版选题活动不仅要受到一般传播规则的限制,还要受到出版传媒自身规则的限制;作为一种社会文化行为,出版选题活动不仅要受到一般社会规则的控制,还要受到社会文化政策的控制。因此,在特定的文化传播渠道与特别的文化控制环境中,出版选题活动将会形成与此相对应的一些基本思路。

一、文化传播与出版选题活动的本质关联

文化传播是文化进步的动力源。但文化传播的过程并不与“石头在平静的水面上激起的同心圆波纹”相类似,它通常“不是以整齐的、不断扩展的圆圈向外扩展的。与此相反,传播是一个选择性过程”。① 文化传播的这一特质与出版选题的本质具有内在的一致性,也就是说,文化传播必须运用复杂的选择机制才能保证文化的传递和延续,而出版选题本身就是这种机制的一个重要组成部分。

众所周知,一个较为完整的传播过程至少应包括信息源、编码、信息、渠道、接受者、译码、接受者反应、反馈等八个要素,通过这些要素的互相配合,传播双方才能够达到传而通的目的。而在出版选题活动中,尽管选题行为本身已被包含在出版传播过程中,但选题活动却是其中最关键的一环,起着灵魂的作用。选题活动在出版传播全过程中跟踪编、印、发各环节,并且密切注意读者的阅读反应和阅读动向,并通过选题导向影响受众,引领文化阅读潮流。毫无疑问,出版也是一种传播媒介(渠道)。马歇尔·麦克卢汉说:“媒介研究的最新方法也不光是考虑‘内容’,而且还考虑媒介及其赖以运转的文化母体。”②也就是说,当我

① [美]C.恩伯,M.恩伯.文化的变异.沈阳:辽宁人民出版社,1988.539.

② [加]马歇尔·麦克鲁汉.理解媒介——论人的延伸.北京:商务印书馆,2000.37.

们在研究媒介的各种功用时，必须将媒介宣扬的思想内容、媒介本身以及这种思想内容得以生存的文化母体结合起来。但麦克卢汉似乎更愿意突出媒介本身的巨大作用，他认为："媒介即是讯息。"①如果剥离掉这句话中极端抽象的成分，那么它的意思便是：媒介与它本身所要表达的"内容"是分离的，因为媒介本身能够塑造和控制人的行动和组合，而媒介的内容对此却无能为力。其实，这一奇特的观点只有在"就媒介论媒介"的情况下理解才是合适的，一旦放到具体的媒介环境中，媒介就必然要和它所表达的"内容"结合为一体。比如当我们单独论及电视、电影、印刷出版、互联网络、社交网站、手机传媒这些大众媒介时，我们当然知道这些媒介在各自的领域对社会发挥的巨大作用；而在论及商务印书馆或八一电影制片厂时，我们必然要和这两家不同的传播媒介所出版的各种选题的图书或创制、发行的电影联系起来，否则我们对它们的认识就是模糊的。因此，从传播的观点看，不论何种媒介，"内容"的选择最终起着决定性作用。

进一步说，从文化传播的角度研究出版选题，实际上就是对出版选题人和读者之间潜存的那种相互沟通的共同性、共同享用的文化母体以及在这种母体上发生的某种相同的文化体验进行的研究，也可以称为寻同模式研究。每一个人都是一个不同的生命个体，但不同的生命个体却并不排除具有类似的生命体验，而这一体验就奠定了生命体之间相互沟通的基础；每一个人又都从属于一定的社会文化组织，每一组织又都有自己特定的价值观念、行为方式和理想追求，而这就构成了这一组织共同的意义约定。这种类似的生命体验和共同的意义约定，就成了出版者在进行选题策划活动时所要追寻的目标和方向，因为出版选题就是要以这种类似的生命体验和共同的意义约定为突破口，从而渗透到那些不同的生命个体体验和意义世界中，成为他们之间相互联结的纽带和桥梁。而所谓选题的成功与否，在某种程度上就是看这一选题所联结的生命个体体验的深浅与否，看他们之间共同意义约定的丰富程度。但问题的关键是，如何来把握这种类似的生命体验和共同的意义约定的内容和边界呢？由谁来对这些共同性进行把握呢？这里自然涉及出版选题中的文化控制问题。

二、文化控制与出版选题的形成机制

文化控制就是"对文化的生产、传播、冲突、变迁等社会过程进行的系统管

---

① [加]马歇尔·麦克鲁汉. 理解媒介——论人的延伸. 北京：商务印书馆，2000. 32.

理和操纵”①,因而也是文化创新与发展过程中的自我调控系统。这一系统根据自身的需要而对进入传播渠道中的文化内容进行宏观与微观调控,从而成为文化固化与创新的一个重要机制。对于具体的出版媒介来说,出版选题的文化控制来自出版社内部和外部两个方面,主要有以下三种形式:

1. 选题人作为出版“守门人”的职业控制

“守门人”理论最早是由美国社会心理学家库尔特·卢因提出的。1950年,传播学者怀特将其引入新闻传播领域,其本义就是传媒人对进入传播渠道中的新闻内容根据一定的价值标准进行取舍选择,符合要求的信息才被准许进入,而不符合要求的信息则被拒之“门”外。对此,传播学大师施拉姆解释说:“在信息网络中到处都设有把关人。其中包括记者,他们确定一场法庭审判,一件事故或者一次政治示威中究竟有哪些事实应该向公众报道;包括编辑,他们确定通讯社发布的新闻中有哪些应该刊登,哪些应该抛弃;包括作家,他们确定有哪些类型的人物和事件值得书写,什么样的人生观值得反映;包括出版公司编辑,他们确定哪些作家的作品应该出版,他们的原稿中有哪些部分应该删除……”②事实上,在出版选题过程中,选题人正是起到一种“守门人”的作用,他决定着选择什么样的文化命题才能作为出版选题,决定着什么样的选题可以以出版物的形式公之于众,而那些不符合选择标准的成千上万部稿件就被拒于出版大门之外。这就是出版选题人作为“守门人”对传播内容的一种内部控制机制。

2. 社会政策控制

社会是一个具有自我调节、自我组织能力的系统,它按照自身的要求对文化信息进行选择和反馈。不同的社会体制对文化选择的机制是不同的,这种机制主要通过政府制定的文化政策表现出来。“文化政策是文化的政治表现形态,是国家形态下人类有意识的、自觉的文化统治行为和文化政治行为,反映的是一定阶级的文化利益、愿望与要求和目的,体现的是国家文化意志。”③国家文化意志代表的是国家的文化理想和价值取向,统领着文化资源的配置机制和运行方向,因而是一种重要的文化控制手段。关于这一点,施拉姆说道:“任何社会对它的传播机构所施加的控制都是从这个社会中产生出来并代表它的信仰与价值观的……美国的社会制度只行使最低限度的政治和政府的控制,同时通过私有

---

① 司马云杰. 文化社会学. 北京:中国社会科学出版社,2001. 350.

② [美]威尔伯·施拉姆,威廉·波特. 传播学概论. 北京:新华出版社,1984. 161.

③ 胡惠林. 文化政策学. 上海:上海交通大学出版社,1999. 4.

制容许实施大量的经济控制。”①这形象地表明了所谓西方的出版自由、新闻自由实际上也是相对的，是在政府的意识形态控制与资本的经济控制下的自由。

政府的文化政策对出版选题的控制主要表现在三个方面。

首先，国家的文化政策规定了出版选题的内容和方向。什么是应该选的，什么是不应该选，在国家的有关政策特别是出版政策中都有明确的规定，这一点，古今中外概莫能免。2011 年 3 月 19 日起施行的国务院公布的修改后的《出版管理条例》，规定了出版物不得含有以下内容：反对宪法确定的基本原则的；危害国家统一、主权和领土完整的；泄露国家秘密、危害国家安全或者损害国家荣誉和利益的；煽动民族仇恨、民族歧视，破坏民族团结，或者侵害民族风俗、习惯的；宣扬邪教、迷信的；扰乱社会秩序，破坏社会稳定的；宣扬淫秽、赌博、暴力或者教唆犯罪的；侮辱或者诽谤他人，侵害他人合法权益的；危害社会公德或者民族优秀文化传统的；有法律、行政法规和国家规定禁止的其他内容的。同时，对涉及未成年人出版物的内容规定：以未成年人为对象的出版物不得含有诱发未成年人模仿违反社会公德的行为和违法犯罪的行为的内容，不得含有恐怖、残酷等妨害未成年人身心健康的内容。

英、法、美等许多国家的法律也明文规定禁止利用出版物对他人，包括自然人和法人进行诽谤、诬陷、人身攻击等；不得传播色情、淫秽的内容；任何出版物均不得泄露国家的机密，损害国家利益；不得煽动暴力、颠覆合法政府、危害社会秩序等。如法国的法律规定：出版物的内容不能包含正面肯定匪行、撒谎、偷窃、懒惰/怯懦、仇恨、荒淫以及一切犯罪性质的行为，具有腐蚀青少年思想的行为，或具有煽动种族偏见性质的行为的任何插图、文字叙述、传闻、说明。德国的《刑法》规定：凡发行描述以恐怖或其他野蛮方式对人采取暴力的文字，并对此类文字表示赞扬或贬低，或者煽动种族仇视者，会受到起诉。

其次，国家文化政策对出版选题中的文化选择的调节，与社会政治、经济的发展相适应，其目的是为了实现政治、经济、文化的平衡发展。丹尼尔·贝尔认为，作为现代社会结构三个主要组成部分的政治、经济、文化，各自具有自己的运动模式或曰轴心原则。经济的轴心原则是效益，获取最大利润是其目的；政治的轴心原则是平等，其目的是为了维护社会的权力均衡；文化的轴心原则是自我表现和自我满足，其目的是为了获得心灵的自由和精神的需要。因此，文化的发展既不以效益与利润为最终目的，也不以平等权利为终极目标，借用中国哲学家张

① [美]威尔伯·施拉姆，威廉·波特.传播学概论.北京：新华出版社，1984.189.

载的话,文化发展的终极目的就是:“为天地立心,为生民立命,为往圣继绝学,为万世开太平。”①所以,从理论上说,文化政策作为政治手段对包括出版选题在内的文化选择的调节内在地体现着一种权力均衡原则,即以平等权利的方式支持出版选题自身的文化选择规律,而不是以极端的高压政策或单纯的效益原则来规定出版选题的方向,否则,就会导致选题内容的泛政治化倾向或者重金钱化倾向,而这是不利于文化多样化发展目标的。

再次,文化政策对出版选题资源起着相当大的分配和控制作用。在我国,虽然出版业已经成为企业,大部分出版社在开始了市场化、集团化、规模化的运作之后已经没有了业务范围限制,但事实上每一家出版社仍存在着自己占优势的主要出版领域,这一领域同时也划定了它的选题范围。比如一提起文学类出版社、教育类出版社、社科类出版社,其选题范围都是很明确的。这种对出版选题资源的配置和调节方式虽然是我国计划经济时期遗留下来的,但是从另一方面看,它确实为出版社形成选题内容的特色化、集中化发展奠定了文化选择的基础。在西方出版业发达国家,政府也往往通过各种政策调控为非营利性出版社注入选题活力,使它们在维持国家文化多样性发展方面发挥应有作用,其效果是非常明显的。

3. 读者的接受控制

读者通过自己已经形成的阅读倾向以及潜在的阅读趣味,通过信息反馈或前馈的方式,实现对出版选题的社会控制。虽然出版选题活动是以选题人为中心而形成的文化创造系统,但这一系统同样离不开接受者即读者的参与评判。某一选题的酝酿与孕育,虽然是选题人的工作成果,但这一成果却是以现实读者或潜在读者的存在为前提的,心中眼中没有读者的选题是没有意义的选题。在社会的发展与进化过程中,不同的读者形成了相同的或者不同的组织、集团或群体,具有了相同的或者不同的价值观和精神追求,从而转化为对出版选题的文化控制力量。如学生作为一个社会群体,自然形成对教材和教辅需求的一种控制力量;某些专业领域的学者自然形成对这一专业领域选题出版的控制力量。而选题人必须对这些控制力量进行调查分析,以确定选题的精神品格并对其进行准确的文化定位。

出版选题的文化控制问题是一个极其复杂的社会问题。由于存在着出版选题人选题素质的不平衡性和自身局限性的矛盾,存在着国家文化政策可能出现的进步性和落后性的矛盾,存在着读者价值选择的不一致和接受能力高低的矛

---

① 张载集.

盾,所以,出版选题的文化选择也呈现出全面与片面同在、正确与错误齐语、成功与失败共存的局面,其内里既是一个众声喧哗的世界,也是一个异音杂起的天地。在出版选题人、国家文化政策与接受者的价值选择都呈正面走势的时候,出版选题的文化选择就会朝着积极进步的方向探寻;而当其价值选择呈负面走势时,出版选题的文化选择则不可避免地呈现消极落后的状态。但从总体上看,文化控制对于某些出版选题的超限度增长、对于出版选题的失控现象会起到一定的调节作用,从长远目标看,文化控制将遵循文化自身的进步机制而为出版选题的文化选择指明方向,而这正是选题活动自身的一种重要机制。

本章小结

从文化选择的角度理解出版选题的精神实质,是本书理论建构的基本出发点。文化选择的内核在于价值选择,进步的价值观形成了进步的文化发展前景,也造就了优秀出版选题产生、出版和传播的前提条件,并最终形成了选题开发良性循环的时空和机制。然而,价值观念的不同,自然导致文化选择模式以及文化形态的差异,不同文化间的冲突与整合使出版选题活动中的价值选择呈现出异常复杂的态势。特别是在当今经济全球化、文化多样化的发展背景下,传统文化与现代文化、东方文化与西方文化、社会主义文化与资本主义文化之间的矛盾与冲突、整合与借鉴为出版人的选题活动提供了可资参照的价值体系。虽然我们在单一的具体的选题策划与出版运作中不会将选题问题如此上“纲”上“线”,但只要选题问题与文化相关联,与人的精神价值相关联,我们就会寻觅到维系出版选题与文化选择之间的价值基础。可以说,价值选择是一座桥梁,一根红线,一个中介。在这里需要进一步说明的是,出版选题人价值观的形成本身就是某种具体文化活动的结果,而不是原因;而任何一种文化都是内含着某种价值“有效性”的文化,是人的“类”生活的体验与人生意义的共同约定。一方面,当选题人以职业者的身份对某种具体的文化形态进行观照和选择时,实际上就是以他的价值观作用于与他相同或相反的文化价值之上,对其进行考察、评价、分析、判断,最终确定它是否能够作为出版选题的文化命题而存在。如此正是出版选题人解决各种文化冲突与文化整合问题的关键所在。另一方面,文化传播与文化控制又各自从传播学与社会学的角度对出版选题的形成机制进行设定和调整,而文化传播与文化控制实质上又都与价值选择有着密切联系。

思考题

1. 为什么说出版选题是建立在出版价值选择基础上的文化选择?
2. 如何理解文化的冲突与文化整合对出版选题策略的影响?
3. 如何理解文化控制对出版选题形成机制的影响?

3

第三章

市场逻辑与出版选题的文化选择

市场经济是人类社会发展不可逾越的经济形态。市场经济的核心是市场制度,市场制度作为调节和解决各种经济关系最巧妙、最便捷和不可替代的手段,有着自身的发展规律和逻辑特征。因此,在现代出版活动全面融入市场经济发展轨道时,探讨市场逻辑与出版选题的文化选择之间的同构互动关系,必然会加深对出版选题活动市场属性的理解和认识。

第一节 市场逻辑与出版选题资源的资本转换

人们常说,市场是一只“看不见的手”。但是,这只“看不见的手”有它自己的运行逻辑与运行规律。当前,我国出版社基本上由事业主体转型为市场主体和企业主体,选题体制和运作机制都与市场密不可分。如何认识市场逻辑在选题活动中的作用?首先让我们从市场逻辑与选题资源的资本转换谈起。

一、市场逻辑与出版选题市场机制的形成

现代出版活动是集出版物的生产、分配、交换和消费为一体的复杂的市场运动过程。在这一过程中,出版人主要依靠出版市场机制来配置出版资源,组织和调节出版运营模式,决定为社会出版什么、怎样出版和为什么出版。市场逻辑的概念在亚当·斯密的《国富论》里已被提及。《国富论》的一个基本思想就是通过市场自由竞争,使那只“看不见的手”来指引市场主体把个人的利益追求转化到为社会创造财富上来。因此,有论者认为,人类在最近200年内之所以发生翻天覆地的变化,其中一个重要原因就是得益于市场机制与市场逻辑。

市场机制是通过市场竞争配置资源的一种经济活动方式,即资源在市场上通过自由竞争与自由交换来实现配置。出版市场机制是引发出版经济活动在市场环境下良好运行的市场装置或市场系统,只要现代出版活动遵循市场规律,就必然存在与之相适应的出版市场机制。出版人的出版选题活动既是出版市场机制发挥作用的起点,又是检验这一机制运行状况如何的试金石。因此,在市场条件下,出版人的选题活动必须考虑市场的作用,自觉地遵循市场逻辑和市场规律,并形成一套与市场经济条件相适应的出版选题机制。

出版选题市场机制即选题资源在出版市场上通过自由竞争与自由交换来实现流通和最优配置的机制,通过这一机制,可以实现选题价值最大化。出版市场供求关系的变化是出版选题市场机制形成的主要依据。与完全计划体制下出版选题主要依靠行政命令对选题资源进行调节和配置的方式不同,市场条件下出版选题的确定在某种程度上乃是市场需求的结果。计划(规划)与市场存在着复杂的辩证关系,它们之间既相互矛盾又互相统一。与计划体制相比,市场体制机制的反应比较敏捷,近乎无穷多的市场主体随时都在关注着市场的变化,每一个市场主体都根据自已获得的市场信息进行判断,从而采取不同的应对措施。

从人的精神需求方面考虑,计划体制常常不从个人精神文化需求的多样性和复杂性方面出发来安排选题,社会的一般文化需求与读者个性化的文化需求之间存在矛盾,计划体制下的选题模式因而成为一种低效率配置选题资源的方式。所谓低效率配置选题资源,主要是指在既定的出版条件下,“不能通过投入要素(劳动和物质资本)的最有效(机会成本最低)的组合生产出最优的文化产品组合”①。而在市场体制下,出版选题人一方面通过市场调查确定某一选题是否值得组织和策划,另一方面,考虑到出版市场的复杂性以及读者阅读行为的独特性,出版选题人在选题过程中会根据最可能影响出版市场变化的因素来确定出版选题,从而保证选题尽可能地满足读者个性化的文化需求。

对此,法国文学社会学家罗贝尔·埃斯卡尔皮在探讨文学作品的出版情况时认为:“文学出版社按常规是不能编订计划的。然而不在最低限度上制订一个计划又无法使出版社生存下去。这一矛盾产生的结果是,文学出版社逐渐通过非文学的动机来争取读者,诸如习惯、赶时髦、炫耀性消费……”②这段话既指出了出版社内部计划与市场体制的矛盾性,又指出必须通过市场手段使一些消费元素转化为选题元素的重要性,让出版人认识到要从整体的社会环境出发来考虑选题资源的配置情况。

出版活动属于意识形态管控的一个重要领域,出版物具有影响社会文化环境的作用,正因为如此,国家有时会对出版领域下达指令性的出版选题计划。从出版史来看,如果国家文化意志能够正常发挥作用,那么国家下达的指令性出版选题计划会强化主流文化建设。但是,如果没有一套行之有效的制度约束机制对国家文化意志进行合理控制,特别是在不正常的社会发展期,国家文化意志就

---

① 陈立旭.市场逻辑与文化发展.杭州:浙江人民出版社,1999.14.

② [法]罗贝尔·埃斯卡尔皮:文学社会学.杭州:浙江人民出版社,1987.129-130.

可能变成一种单纯的政治活动而强加于出版选题计划,从而干扰和扭曲常态下出版选题的文化选择目标。比如在1958年,由于"大跃进"的政治压力,文化出版部门以"左"的政治目标代替了满足社会文化需求的目标,单是在上海,出版宣传总路线的图书选题就达193种,印数高达2300万册,造成同年上海新华书店积压图书4110万册;"文革"期间,被喻为出版"半壁江山"的上海,1967年出书仅为319种,1968年降为273种,1969年更降为16种,而其中大部分还都是政治读物。"如果我们把生产政治性读物的资源看成是生产其他文化产品的机会成本,那么对政治性读物投资的增多,便必然意味着对其他文化产品投资的减少。由此可想而知,全国的出版界乃至整个文化事业,为了所谓'政治账',浪费的文化资源是非常可观的。"①而当出版人的选题活动融入市场经济时,市场就会按照供求关系及利润法则对选题活动发号施令。因为,按照罗贝尔·埃斯卡皮的说法,"在实行市场经济的国家里,出版商对所有书籍都实行一种经济挑选的总标准"②。这种标准虽然总是以金钱和利润的面目来对出版选题进行经济价值的评估,但这种评估的背后却还是以读者的阅读需求为支撑的。

在市场体制中,出版选题的组织与策划乃至出版物的生产与分配,最终都要由具有购买力的读者来决定,出版物的消费者成为整个出版活动的重心所在。这是对出版选题的另一种控制把关形式——利润的把关形式。美国文学批评家纽曼对此评论说:"古典集权社会在生产环节上进行图书审查。一个寡头垄断的民主社会(即资本主义社会——著者注)在发行环节上进行图书审查……如果一本书应当印行,但因为它卖不到5000册而被拒绝,这就是审查如果一部小说有20000名潜在的受众,但却只有其中的四分之一的受众读到它,因为没有人评论、推销和购存,这就是审查。……超级市场以其自身的方式进行审查的程度同文化部审查的程度是一样的。"③这里讲的当然是资本主义国家的图书出版情况,但从市场逻辑的相通性来讲,需要我们对此种状况加以警惕。

当然,辩证地看,在新世纪新的历史条件和新的时代环境下,尽管"看不见的手"发挥着重要的调节作用,但坚持为人民服务、为社会主义服务的"二为"方向仍然是我国出版领域遵循的基本方向。我国的市场机制是在社会主义市场经济的基础上发展起来的,而西方的市场机制是基于私有制基础上的资本主义市

---

① 陈立旭.市场逻辑与文化发展.杭州:浙江人民出版社,1999.17.

② [法]罗贝尔·埃斯卡皮.文学社会学.杭州.浙江人民出版社,1987.128.

③ [美]戴安娜·克兰.文化生产:媒体与都市艺术.南京:译林出版社,2001.75-76.

场经济。我国实行的是中国特色社会主义制度,建设的是中国特色社会主义文化,这一根本制度和文化导向保障了我国的市场体制机制与西方国家的市场体制机制之间有着本质区别。这一点,出版工作者应该保持高度自觉和清醒。

二、从文化资本到出版选题资本的转换

一般情况下,出版选题活动中的文化选择行为需要经过从一般文化资源到出版文化资源再到出版选题资源的转换,而在市场条件下,这一转换却是依靠"资本"的运作来推进的。每一转换环节自身形成一种资本形式,利用这种资本形式,出版选题活动才能在市场机制下完成自身的文化选择。

"资本"是一个重要概念,"资本一出现,就标志着社会生产过程的一个新时代"①。在马克思那里,资本乃是货币的转换形式,是推动市场经济发展的一种原初力量。随着社会经济的发展,"资本"这一概念也超越了对"货币"的实际占有形式,其功能已泛化和扩充到能够推动社会经济发展的一切动力。为了弄清"资本"在现代市场社会的动能和特征,我们不妨引入法国当代思想家布尔迪厄的资本理论。他认为:"资本是一种铭写在客体或主体结构中的力量,它也是一条强调社会世界的内在规律性的原则。"②布尔迪厄论述说,资本是以具体化的劳动对社会资源进行占有的一种形式;资本有着不同的结构形式,这些不同的结构形式体现了资本对社会资源的不同占有方式;资本的结构形式一旦形成,便会成为一种具有内在规定性的强制力量,这种力量将从内部推动资本自身的增长和转换。因此可以断定,在现代市场社会特别是在全球化的社会语境中,"资本"已经是一种具有强制性的权力。

布尔迪厄进一步将"资本"分为三种类型,即"经济资本""文化资本"和"社会资本",而与出版活动有直接关联的则是"文化资本"。在布尔迪厄看来,"文化资本"以"具体的状态""客观的状态"和"体制的状态"三种形式存在。所谓"具体的状态",是指"文化资本的积累……采取了人们称之为文化、教育、修养的形式,它预先假定了一种具体化、实体化的过程"③。在这一过程中,"文化资本"是预先被作为"象征资本"而起作用的。这也就是说:"人们并不承认文化资本是一种资本,而只承认它是一种合法的能力,只认为它是一种能得到社会承认

---

① 马克思恩格斯选集(第2卷).北京:人民出版社,1995.172.

② [法]布尔迪厄.文化资本与社会炼金术.上海:上海人民出版社,1997.189.

③ [法]布尔迪厄.文化资本与社会炼金术.上海:上海人民出版社,1997.194.

(也许是误认)的权威。”[1]这种权威,按照“物以稀为贵”的价值原则,“为其拥有者带来明显的利润”[2]。所谓“客观的状态”,即“在物质和媒体方面被客观化的文化资本”,这种文化资本是以文化商品的面目展示于众的,其特征在于,“文化资本以其客观化的状态呈现出了一个自主连贯的世界所有的表象……这一世界是作为象征性方面和物质方面活跃的、有效的资本而存在的,它处于行动者所能显现的范围之内”。[3] 这一资本形式也是出版选题要重点考察的资本形式。大部分图书在日常状态下多以文化商品的形式出现,所以能够更迅速、更便捷地为消费者所购买。所谓“体制化状态”的文化资本,是指那种得到社会体制合法保障的文化资本,比如这种资本的拥有者的学术资格得到社会认可,而这种具有“学术资格和文化能力的证书起了很大的作用,这种证书赋予其拥有者一种文化的、约定俗成的、经久不变的、有合法保障的价值”[4]。比如成为中国科学院院士的资格,成为某一领域专家的资格,获得各项诺贝尔奖的资格,被尊称为文化大师的资格等,这些资格无一例外地都有着某种评定标准和进入门槛,而获得这些资格最重要的意义就是名称中所承认的能力、才华等,这些无疑是文化资本的重要表现内容。

事实上,不同状态的“文化资本”在经过一系列的转化机制后,才能成为种种可供利用的选题资本。这种转化的具体步骤为:文化资源作为文化资本进入出版领域后,即转化为具有潜在出版价值的出版文化资源;而这种出版文化资源一旦进入出版选题人的选择视域,就转化为具有潜在选题价值的出版选题资源;再进一步,当这些选题资源被确认为具有市场价值的资源后,就转化为具有价值创造能力的出版选题资本。

由于出版选题资本是从文化资本中转化而来的,所以出版选题资本也存在着自身的“具体化状态”“客观化状态”和“体制化状态”。在“具体化状态”层面,出版选题资本主要表现为出版选题人自身积存的选题势能、选题特色和选题品牌,这是通过以往有形的选题经验而得到的一种无形选题资本。比如三联书店以拥有出版高品质的学术选题而著称,商务印书馆以拥有出版高质量的辞书选题而著称,兰登书屋以出版畅销的文学选题而闻名于世,而培生公司则以出版

① [法]布尔迪厄.文化资本与社会炼金术.上海:上海人民出版社,1997.196.

② [法]布尔迪厄.文化资本与社会炼金术.上海:上海人民出版社,1997.196.

③ [法]布尔迪厄.文化资本与社会炼金术.上海:上海人民出版社,1997.199-200.

④ [法]布尔迪厄.文化资本与社会炼金术.上海:上海人民出版社,1997.200.

世界一流的教育图书选题而得到世人认可。这种“具体化状态”的选题资本,就其自身具有的象征力量和被世人认可的权威性而言,不仅能在出版市场竞争中占据有利位置,而且能够以其巨大的影响力垄断某一方面的选题资源,比如商务印书馆出版的《现代汉语词典》和《新华字典》就长期垄断着汉语辞书类选题,它的权威性使其他想涉足此选题的出版者望而却步。

在“客观化状态”层面,出版选题资本主要是以物态化形式展现出来的虚拟出版物商品。这一层面存在的意义在于:一方面,它以“预先假定了经济资本”的形式为出版选题的实现提供资本支持;另一方面,它又以“预先假定了文化资本”的形式为出版选题人提供了超越选题者个人意愿的选题法则。正如布尔迪厄所说:“行动者的力量的大小、获取利润的多少,是与他们所掌握的客观化的资本、以及具体化的资本的多少成正比的。”①显然,在具体的出版实践中,谁掌握的出版选题多,谁的选题质量高,谁就会在竞争中处于较有利的地位。我国的高等教育出版社、外语教学与研究出版社,它们出版的高等教育方面和外语学习方面的教材之所以可以一直占据出版市场的半壁江山,获得众多的忠实读者,很大一部分原因正是它们在各自的领域掌握的文化资本数量多、质量高,由此推动其图书选题在出版市场上独具特色。

在“体制化状态”层面,出版选题资本主要表现为与具有一定学术地位、学术资格和文化产品创造能力的个人、团体或组织在一些研究开发领域的合作。这些个人、团体和组织的学术地位、学术资格或创新能力既是他们在长期的学术研究中奋斗的结果,同时又得到了政府和社会的承认,成为一种体制化的存在。他们的科研成果或创作成果作为出版选题资本的主要形式,既突出了选题的学术权威性和高文化品位,又具有一定的资格认证性质。比如一些学术团体、组织或某些学术界、文化界的权威,他们组织编著的教材、教辅和其他出版物在许多出版单位都成为带有体制化特色的出版选题资本,这一现象在全球都具有普遍性。

总之,在市场体制下,文化资源进入出版选题领域后,就不再单纯作为选题资源起作用,而是发生了从资源到资本的转变。文化资源既是丰富的,又是稀有的,它对每一选题人都一视同仁,但又以资本的形式对选题人进行判别和选择。由此也可以看出,出版选题与选题人之间的关系是双向选择的关系,它们之间存在着一种相互体认、相互建构的过程,而这一过程正是通过“资本”的中介和纽带来完成的。

---

① [法]布尔迪厄.文化资本与社会炼金术.上海:上海人民出版社,1997.200.

三、选题资本"场"的建构与转换

"场"的概念也是从布尔迪厄思想中借来阐述出版选题体系的构造与转换的一个重要概念。布尔迪厄认为,社会空间分布着不同的场域,如文化场、政治场、宗教场、经济场等,"从分析角度看,一个场也许可以被定义为由不同的位置之间的客观关系构成的一个网络,或一个构造。由这些位置所产生的决定性力量已经强加到占据这些位置的占有者、行动者或体制之上,这些位置是由占据者在权力(或资本)的分布结构中目前的或潜在的境遇所界定的;对这些权力(或资本)的占有,也意味着对这个场的特殊利润的控制"①。这就明确无误地表示,"场"的构建实际上是对某种"权力"的宣示。因此,从"场"的逻辑来考察出版选题问题,实际上就是要关注某些"选题场"是如何被建构起来的,"选题场"与"选题场"之间的转换是如何发生的,是什么力量在推动着它们之间的转换。

出版选题的"场"在类型上属于布尔迪厄所说的"文化生产场"的一种。在"文化生产场"中,布尔迪厄考察了"文学场"的建构及其自主运动,这对我们分析"选题场"的建构及其转换很有启发。布尔迪厄认为,文学场与文化生产场中的其他"场"一样具有同源、服从和统治关系。这些关系表现在:一方面,文学场虽然属于文化生产场,但又以自身所具有的文学的特质和其他社会场区分开来,成为一个独立的世界,这使它和文化生产场中的其他场域之间既具有同源关系,又具有服从关系;另一方面,文学场也包含着一定的权力、利益和策略关系,通过这些关系的变形,文学场转化为政治场、经济场或其他资本场。更进一步说,"文学场是一个力量场,也是一个斗争场。这些斗争是为了改变或保持已确立的力量关系:每一个行动者都把他从以前的斗争中获取的力量(资本),交托给那些策略,而这些策略的运作方向取决于行动者在权力斗争中所占的地位,取决于他所拥有的特殊的资本"②。举例来说,"文革"中对所谓的"胡风反党集团"的批判就是由文学场转入政治场的例证。与此类比,如果我们将从事于出版选题活动的每一个出版单位或每一个选题人都作为一个特定的选题场来看待,那么我们将会发现出版选题场与文化生产场中的其他场域也存在着同源、服从和统治关系,这种关系主要呈现以下特征:

选题场与文化生产场的关系是一种同构共生关系,选题场在文化场中孕育,

① [法]布尔迪厄.文化资本与社会炼金术.上海:上海人民出版社,1997.142.

② [法]布尔迪厄.文化资本与社会炼金术.上海:上海人民出版社,1997.83.

在文化场里生发，同时又成为文化场的一个部分；

在纯粹的市场竞争条件下，选题场具有自己的运行逻辑，选什么，不选什么，如何选，选题场有着自身的逻辑运作规律；

选题场也是一个权力场，每个选题场都依仗自己的选题资本划分权力范围，并以此作为和其他选题场竞争的基础。

这些特征决定了选题场的建构从一开始就处于一个复杂的“关系”网络中，而其中的每一种“关系”所处的“权力”位置又在选题场的构建中起着关键作用。这种作用主要表现在以下几方面：

在同一选题场内，出版选题人、选题对象（文化资源）、选题的潜在消费者以及选题机制等要素构成一个复杂的关系网络。在这个关系网络中，出版选题人既是占有者又是行动者，占据着主动的位置，起着决定性作用；选题资源和选题的潜在消费者处于被选择和被塑造的位置，但又以自身具有的反向选择机制作用于出版选题人；选题机制是一种制度性建构，既是一种限制又是一种保障。出版选题场就是由这些不同的要素形成的合力与张力共同作用构建而成的。

在不同的选题场之间，出版选题人地位的高低主要取决于他们所拥有的选题资本数量的多少和选题质量的优劣。选题资本与选题场是不可分离的，选题资本的价值取决于选题场域的存在，正如布尔迪厄所说的“牌的价值取决于游戏的存在”一样。布尔迪厄认为：“一种资本总是在既定具体场域中灵验有效，既是斗争的武器，又是争夺的关键，使它的所有者能够在所考察的场域中对他人施加权力，运用影响，从而被视为实实在在的力量，而不是无足轻重的东西。”① 一个出版单位或一个选题人的选题资本与他们所在的选题场密切相关，而不同的选题场也决定了不同的选题人所拥有的选题资本的类型分别。在一个教育类出版选题场中，选题人所拥有的选题资本都与教育文化资源有关，而在一个文学类出版选题场中，选题人的选题资本自然要建立在对文学选题资源的积累上。反过来，选题者所拥有的选题资本既是支撑选题场成立的重心，又是不同选题场之间竞争的焦点所在。所以，在市场条件下，出版选题成为出版产业的核心竞争力。

不同的选题场之间存在着激烈的竞争，同一选题场内部也存在着激烈的竞争。竞争的胜负不仅仅取决于选题人所占有的选题资本数量的多少和结构的优

---

① [法]布尔迪厄，[美]华康德. 实践与反思——反思社会学引论. 北京：中央编译出版社，1998. 135－136.

劣,而且还取决于选题人所占有的资本的数量和结构能否在合适的机缘下被适时地安排开发出来,取决于选题人个人的社会活动能力如何以及对待选题活动本身的态度和性情如何。

为了避免恶性的选题竞争,不同的选题场之间有必要划分出一定的界线。界线的划分是为了标明差异性的存在,也是"被多少有些制度化地贴上'禁止入内'的标签"①,从而设法使自己区别于与自己接近的竞争对手。比如同样是新课标小学语文教材的编写,北师大版小学语文在选题设计中就对拼音教学内容作了新的设计,从对象形汉字的体认中引出拼音,在拼音教学中穿插识字教学,这种体例与以往小学语文教科书的编写有很大的不同。而仅此一点,就可以形成这本教材的选题特色,从而和其他版本的选题内容区别开来。

应当指出的是,在每一个选题场中,都活跃着自己的起着"原动力原则"的特殊选题资本。布尔迪厄认为:"场的原动力原则存在于其结构的形式之中,尤其是存在于彼此冲突的各种各样特殊力量之间的距离、差距和不对称性之中。在场中很活跃的力量(……)是那些界定特殊资本的力量……资本生成了一种权力来控制场,控制生产或再生产的物质化的、或具体化的工具,这种生产或再生产的分布构成了场的结构,资本还生成了一种权力来控制那些界定场的普通功能的规律性和规则,并且因此控制了在场中产生的利润。"②在选题场中,那种起着原动力作用的特殊选题资本决定着选题场的经济命脉和发展趋势。一个出版单位得到了一种特殊的选题资本,形成了一个围绕这一特殊选题资本进行生产和再生产的选题场之后,就会保持一种相当的稳定性。比如商务印书馆长期形成的高品质辞典类选题优势,人民教育出版社形成的中小学教材选题优势,都将作为各自出版社的一种特殊选题资本,在长时间内主导出版社的选题方向和经济方向。

选题场也是一个不断变化的场所,在市场条件下,选题场的变化是由竞争和冲突引起的。也就是说,由于竞争和冲突的存在,每一个选题场都将不断引入新的选题资本,从而改变原有选题场内选题资本的力量对比,特别是在引入新的具有界定作用的特殊选题资本时,将会从根本上改变选题场内的选题结构。我国出版社从改革开放以来,经过一个较长时期的市场调整和市场适应,不断地调整和改变着原有的选题结构,不断地引进新的选题资本和利益机制,不断地形成新

---

① [法]布尔迪厄.文化资本与社会炼金术.上海:上海人民出版社,1997.146.

② [法]布尔迪厄.文化资本与社会炼金术.上海:上海人民出版社,1997.147.

的选题结构和选题模式。国外众多出版机构通过并购、联合等市场手段，不断整合选题的资本市场，不断刷新畅销出版选题的世界销售纪录。所有这些都明白无误地昭示，选题结构的调整是出版产业结构调整的重要内容，利用选题结构的调整带动选题资本的形成，以各具特色的选题资本带动出版生产、出版分配、出版流通的全过程的发展，从而使选题资本尽可能地转化为经济资本和社会资本，必将从根本上推动出版产业进入良性循环发展的轨道。

其实，布尔迪厄所述的“场”的概念，和当前社会上流行的“气场”的说法非常相近。气场源自于梵语，是说任何物质的存在都有自己的气场伴生，气场的性质也因物质自身性质的不同而千差万别。实际上，世界上没有两个完全相同的气场，气场的性质和强弱可以随事物自身及周围环境的变化而不断变化。一个大的气场可以由若干个小气场按照特有的方式组合而成，相互之间处于一个动态的平衡状态，相邻气场与气场之间也是互相影响的，其主要表现形式是相互之间在不断地排斥，同时又不断地彼此吸引、彼此同化。对于出版选题活动来说，形成自身的文化气场也是十分重要的。

比如上海文艺出版社出版的大型图书《话说中国》，从选题构思到成书面市，共经历了 8 年时间，以其巨大的影响力形成了自身特有的气场。这是一部以当前历史学研究、考古学研究、社会学研究的最新成果为底蕴，采用人们最喜闻乐见的故事方式，配以大量精美文物照片编辑而成的新体裁中国通史类读物。全书共 16 卷，有 1500 余则故事，1500 位历史人物，3000 幅以上图片，7500 条历史文化百科知识。它的出版在社会上引起了极大的轰动，30 余家报纸杂志、10 余家广播电视、100 多家网站以及新华社、中新社等高端媒体竞相报道，美国《读者文摘》公司还购买了此书的英文版权。到 2011 年 10 月底，这套价格不菲的多卷本图书已经销售了 300 多万套。之所以能够集聚如此强大的气场，《话说中国》在选题上有这么几个特点：首先是文化底蕴方面，作为一部历史文化百科全书，这套书具有鲜明的中国传统文化特色，历史感十分淳厚；其次，这套书的整体设计由优秀装帧设计家领衔，古朴中透露着优雅，凝重中闪现着创意，读者很容易被它的装帧打动；第三，整套书由著名学者、专家孟世凯、许倬云、葛剑雄、陈高华等担任顾问，全力参与策划、编撰与审定，由享誉海内外的史学家李学勤担任总顾问，另有 30 余位来自全国各地的第一线历史学者撰写全书文字，将个人的学术造诣融于书中，倾力奉献，体现了“内容为王”的至上原则；第四，书中还插有《清明上河图》《兰亭序》《韩熙载夜宴图》等传统书画作品，并配以名家精心点评。综合以上几个方面，丰厚的文化底蕴、名家设计、大师手笔，使这套书有足够的魅力来吸引读者,形成自己持续而独有的气场。

四、选题场的多样性与模型建构

选题场具有多样性,这是由人类文化活动的多样性决定的。多元化的文化价值追求,多形态的文化样式表现,多层次的文化观念表达,多样性的文化欲求需要,决定了人类出版选题活动的丰富性、广博性和超时空性,由此也形成了选题场的复杂多样。

(一)选题场形成的多种机缘因素

选题场具有自己的运行逻辑,选题场的建构从一开始就处于一个复杂的关系网络中,同时它也是一个不断变化的场所。无论何种选题场,其最基本的构成要素都是一个个的选题,或者说选题资本,这是选题场的主体。因此,在考察影响选题场形成的诸多因素中,我们必须把选题作为重中之重进行研究,不仅要考察单一选题形成的庞大的气场,也要研究由选题群的聚合而形成的超级选题气场。

那么,选题场的形成是在什么样的时空机缘下,由什么样的因素在起着决定性的推动作用呢?

1. 时代因素

选题场是在一定的社会大环境或者时代背景下产生的,社会发展千变万化,作为文化思想的指向标,社会上的各种变化都会反映在各个时期、各个领域的出版选题中。比如鸦片战争后,涌进中国大门的传教士们带来了与中国文化截然不同的西方基督教文明。为了殖民统治的需要,也为了宣传其教义,传教士们出版了各种选题的基督教书籍。据统计,从1810到1867年,新教传教士的译述中,关于基督教的出版物就有687种,占总译述795种的86%。① 再比如,1919年"五四"运动以后,特别是1921年中国共产党成立后,中国萌发了新型的人民出版事业。马克思主义的著作开始被介绍到中国来,革命的出版机构开始建立,图书的内容开始向大众化、普及化的方向发展。抗日战争全面爆发后,各根据地、国统区纷纷掀起了抗战爱国出版的高潮,各类出版物层出不穷,为抗战时期的文化事业、为鼓舞抗战士气作出了巨大贡献。革命的出版事业经过长时期的艰苦斗争,经历了曲折、复杂的历程,终于取得了胜利。1949年10月新中国诞

① 潘玉田,陈永刚. 中西文献交流史. 北京:北京图书馆出版社,1999. 96.

生后，中国的出版事业开始进入一个崭新的历史时期。这些特色鲜明的社会大背景，催生了各个时期不同的选题，构建了各个时期具有特色的选题场。

改革开放以来，整体社会环境宽松了，出版业也开始不断深化改革，在诸多方面发生了重大变化。20 世纪 90 年代，图书选题领域越来越广，内容越来越丰富，品种日益齐全，许多大型选题也相继问世。90 年代下半期，随着社会的发展和进步，我国的出版业开始从盲目扩张转向提高图书的内在和外在质量，以更好地跟随时代步伐。90 年代哲学、社会科学类选题的比重有所上升，一大批力作受到读者的欢迎。特别值得一提的是，经济类选题的数量迅猛增长，从 1993 年到 1997 年每年都出版 6000 到 7000 种经济类图书，包括大量经济学著作和普及读物，还引进了许多国外的此类选题。一些出版经济类与经管选题的出版社逐步形成了自己的选题场。进入新世纪以来，出版业进入深层次改革时期，一些出版社不断调整选题方向，逐步形成富有特色的选题场。由此可以看出，时代发展与社会需要直接决定了选题的方向，直接影响着选题场的形成与变化。

2. 读者需求因素

除了社会背景外，读者的需求也在推动着场的演变。需求，是市场的动力；研究和把握人的需求，是以人为本的具体体现，也是选题工作的出发点和落脚点；任何一种选题场的诞生、发展、成熟，其关键因素就在于能否准确把握读者的需求，并积极健康地满足之。

需求的基本要素是什么？美国心理学家马斯洛认为是生理、安全、社交、自尊、自我实现等五个层面。出版选题活动围绕的不是“死”的文化资源，而是围绕活生生的“人”在选，因此要善于结合人们的感知世界、认识世界的规律，研究和掌握读者的需求。美国新闻传媒集团董事会主席默多克说：我掌管着巨大的传媒集团，但我对普通人的需求，一直保持着敏感。我从年轻的时候到现在，一直注意普通人想看什么，注意市场需要什么。虽然默多克集团的经营之道有许多为人所不齿的地方，但西方媒体包括图书选题善于捕捉读者的阅读需求，进而以合适的选题满足他们的需要，这是值得出版选题人认真研究的。

那么，出版选题人要关注读者的哪些需求呢？

关联需求。“关联”就是人们关心与自己有关的事情。人们对涉及和指向自己的信息最敏感，这些信息对他们来说具有关联性。也就是说，读者关心自己身边发生的事，特别是与自己生活有关的信息。还有一种关联需求乃是某种实质上的联系，即某种信息虽然发生的时间与地点和自己相隔千山万水，却能与自己引起共鸣，产生强烈的价值观认同感，这类选题自然会聚起“场”气。

实用需求。即“一看就懂,一学就会,一用就灵”。实用,是人的愿望之一,无论原理如何复杂,知识如何深奥,但在选题的把握上,要竭力简单化、“傻瓜”化。由此催生了许多实用类型的选题,以期最大限度地满足读者的实用性需求,如自助游类选题、烹饪类选题等。

求新需求。一般说来,人们都有喜欢新奇事物的特点。根据这一特点,很多选题也在不断求新求异,希望抓住更多人的眼球。近年来,原来枯燥的教育类应试图书就有了很大改变,纷纷在栏目设置、内容安排方面创新,给人以耳目一新的感觉。还有一些图书名字和内容十分新颖,能满足人性中的好奇心理。

想象需求。就是通过有意识或无意识的幻想而生发的需求。比如《明朝那些事儿》以及一些优秀的穿越类小说等,都站在一定的高度,超越时空的限制,满足了读者对另类文化的憧憬、对文化之根的探求心理。

3. 社会情绪因素

情绪是个体对外界刺激的主观的有意识的体验和感受,具有心理和生理反应的特征。何谓社会情绪?简单地说,社会情绪就是指人们对社会生活的各种情境的知觉,通过群体成员之间相互影响、相互作用而形成的较为复杂而又相对稳定的态度体验,这种知觉和体验对个体或全体产生指导性和动力性影响。通俗地说,当社会生活中个体的人的喜怒哀乐或恩怨情仇等七情六欲的表达,通过相互间的感染、传递汇集成为众多人的一种带共性的情绪特征时,就会演化成社会情绪。社会情绪有好有坏,坏的不可能被消灭,只能进行有效疏导、有效管理、适度控制。积极的社会情绪有助于社会进步和发展,消极的社会情绪就有必要进行疏导和淡化,否则将会阻碍社会发展。

选题场与社会情绪之间是相互影响的。对于选题来说,社会情绪是通过影响社会来影响选题场的。作为社会中存在的人,其个体情绪的产生和体验,不可能永远是绝对空间下的个体的人的一种心理展现,而必定受到社会情绪的影响和左右,而社会情绪的产生、表达和传递,又离不开个体的人。选题场一方面会受到社会情绪的左右,另一方面也会通过自身有意识的活动来影响社会情绪,疏导不良社会情绪,防止其对社会造成不良后果,同时促进积极社会情绪的产生,营造社会的良好氛围。因此,选题场是通过影响社会个人的情绪来影响社会情绪的。如“非典”后、地震后的恐慌时期,社会情绪被担忧、悲观、恐怖、慌张等所左右,这时,一些引导人们积极向前看、消除恐惧、乐观地生活、抵抗灾难的图书选题应时而生,既十分必要,又形成了一定的场域。

（二）多样性选题场的模型建构

模型是人们为了某种特定目的而对认识对象所作的一种简化的概括性的描述。出版选题场的模型主要是借助于具体图书选题的形成过程而进行的形象化描述，选题场的模型或者是依附于选题而存在，或者是依附于出版机构而存在，或者是通过具体的出版选题人而存在。建构选题场的模型有助于我们认识选题场的多样性，有助于出版选题人从文化选择的多样性入手构建出版选题场的聚合力或软实力。

1. “布老虎”选题场的模型建构

“布老虎丛书”是以虎头图案的显著标识而闻名的文学选题场，1993 年问世。此类选题场的建构在国外不乏先例，比如英国的企鹅出版公司以一枚企鹅图标配到橙白两色的图案封面，成为廉价纸皮书的著名标识。

“布老虎丛书”能够形成一个独特的选题场，主要是由如下特点决定的：

标识为上。布老虎的名字是土生土长的中国名字，是地地道道的中国货。作为一种在民间广泛流传的工艺品，它可以是儿童玩具，可以是室内摆设、馈赠礼品或个人收藏品。在功用上，它可以驱邪避灾，是平安吉祥之物，寄托了中国人对美满生活和美好事物的追求。这一标识本身具有的传播特性使丛书品牌很快得到推广。为了保护这一标识，出版社进行了商标注册，使之成为受法律保护的专有标识。

市场为上。不经市场考验的选题是不可能聚合为场域的。“布老虎丛书”充分运用商业操作模式，在作者选择上始终选择知名度高、创作水平高的作家进入场域，准确进行市场定位和市场运作，让市场来涵养丛书品牌的知名度。

题材为上。“布老虎丛书”以策划长篇爱情题材小说为主，并不断优化选题，特别是将系列选题扩大到散文随笔题材与儿童文学上，扩大了受众面。出版社孕育选题所走的路子与加拿大禾林出版社的选题思路有相似之处，不过禾林出版社现在走的是全球化之路，数字出版也跟了上来。

总的来说，“布老虎丛书”选题通过走市场道路，以布老虎标识凝聚作者，吸引读者，已在文学出版领域建构了具有一定势能的选题场，这个选题场的核心能量就是布老虎标识，也可以说这是一个标识型的选题模型。

2. “中国新文学大系丛书”选题的模型建构

“中国新文学大系丛书”选题是由现当代编辑家、出版家赵家璧（1908—1997）在 20 世纪 30 年代最早策划的，这是以一套书的选题特色为基础最终形成

一个“大系”类文学套书选题场的典型场域建构。这一选题场具有以下特征:

新文学、新结构、新模式。“中国新文学大系丛书”选题包含文学理论、文学作品、文学创作史料三个主要部分,这种选题结构开启了一种新的文学史建构模式。正如梁朝萧统(昭明太子)编选的《文选》以对文学特质的独特理解而历经大浪淘沙独存至今一样,新文学大系丛书选题对文学史的结构构成进行了独到的理解,使“大系”成为集文献史料、理论批评、作品集萃于一体的文学断代史表达形式。

名家林立的文学气场。选题场的建构也需要人气支撑,其中首要的是创作者的人气支撑。“中国新文学大系丛书”选题汇聚了蔡元培、鲁迅、郑振铎、周作人、郁达夫、洪深、阿英、郑伯奇、施蛰存等一大批学界及文学名家,由这些名家所汇聚的气场发散出去,必然会引起读者广泛关注,使这一选题场的效果持续放大。

历久弥新的场域建构。“中国新文学大系丛书”最初策划时就有连续编辑组稿出版的计划,所以将选题命名为“中国新文学大系”(第一个十年:1917—1927),计划每10年将中国文学盘点一次,梳理一遍。但此后遇日本入侵,国共内战,完美策划付之流水。这一选题直到20世纪80年代末才出版第二辑(1927—1937),90年代又出版了第三辑(1937—1949)和第四辑(1949—1976),2009年又出版了第五辑(1976—2000)。尽管由于时代变迁没有完成“大系”十年一辑的策划夙愿,但“大系”作为一个选题场已经得住历史的考验,站稳了自己的位置。

在中外出版史上,此种选题场的建构模式比比皆是。比如商务印书馆的“汉译世界学术名著”系列丛书选题,也形成此一领域极有影响的选题场域。

3. 中信出版社选题模型建构

以出版社某个方面的选题特色为主导,将这一特色充分做大做强,因而成就一种选题模式,并且使出版机构声誉鹊起,这样的模型建构极具现代意义。中信出版社应该是一个代表。

理念为魂。中信出版社提出“我们提供知识,以应对变化的世界”的出版理念,力求以高端优质的内容、多样化的内容展现形式服务读者。选题内容涉及财经、人文社科、时尚生活、图文虚构诸多领域。中信出版社特别重视营销环节在市场活动中的作用。

引进为径。中信出版社最大的特色在于把引进版图书选题做得有声有色,让引进版选题形成出版社的选题场域。2001年中信出版社引进《谁动了我的奶略》选题，经过一系列的市场运作，该选题在较长时间内雄踞销售排行榜前列，可以说是中信出版社的起点。之后，如《竞争论》《长尾理论》等一系列经济学、专业财经、管理经典、管理实务、商业文化、企业与企业家、职场励志类选题接连出世，赢得市场一片天。

断点做强。中信出版社不围绕某一系列丛书，而是围绕某种类型选题中的单一选题，舍得投放各种力量，使其在市场中表现出强劲势头，从而圈定这一场域。当然，这对出版人提出了很高要求，比如以单一选题捕捉市场、博得成功的高超能力等。其实与中信出版社做得一样成势的，国内出版社不乏其例，比如地处广西桂林的广西师范大学出版社，在人文社科类选题方面非常强势，以至于人们一度只闻其名，而不知出版社位于桂林。

4. 全媒体意识选题模型建构

全媒体意识选题模型是伴随新媒介的广泛应用以及对人们生活的全方位渗透与塑造的文化背景而形成的。图书出版作为基础型内容产业，在理论上可以为其他媒体提供基础内容特别是原创性内容服务，因此，在面对新媒体出版的选题策划过程中，具备全媒体意识并投入到全媒体选题策划中，则是传统出版人与新媒体出版人共同追求的目标。

媒介运营商中文在线在这方面作了初步的尝试。

操作模式。在内容来源方面主要以出版社积存的优质选题、知名作家的原创选题、网络原创作者点击率高的选题以及特别有挖掘潜力的博客、微博选题等为主；在发布媒介上主要以互联网、手机媒体、移动阅读终端等设备为主；在传通目的上主要是满足任何人在任何时间、任何地点，以任何方式获取任何内容的需求；最终目的是实现一种内容，多种渠道，同步出版。

实务分析。2008 年 12 月，中文在线联合长江文艺出版社以传统图书、互联网、手持阅读器、手机及贺岁电影推出《非诚勿扰》的五路传播格局，开创全媒体出版先河。该活动被评为“2008 中国出版业十大事件”之一，并在第三届中国数字出版博览会获创新作品奖。随后，中文在线陆续推出了《贫民窟的百万富翁》《见证奇迹的人生》《我的兄弟叫顺溜》《也该穷人发财了》《爱 · 盛开》《越狱》《曾有一个人，爱我如生命》《一个文人的地产江湖》《十月围城》《孔子》《精武风云》《美元是张纸》《李春天的春天》《建党伟业》等全媒体图书选题。

发展趋势。由于移动互联技术和云计算技术已成为数字出版的重要推动力，专用电子阅读器技术不断成熟，带动各类阅读终端销量不断增长，特别是以苹果公司的 ipad 为代表的平板电脑覆盖面不断扩大，以 iphone 为代表的智能手机迅速普及,一些大型公司纷纷推出出版云服务,这就必然带动数字时代全媒体出版方式的普及,从而使全媒体选题策划显得更加重要。当今,一些大型媒介公司在数字出版领域展开竞争,其服务开始向产业链上下游延伸。比如美国谷歌、苹果、亚马逊三巨头在数字出版领域加紧布局,不断推出新的产品和服务,让全球数字出版竞争更加激烈。

第二节　市场条件下当代中国的文化发展格局与出版选题的文化走向

从20世纪90年代开始,中国明显加快了市场经济改革与发展的步伐。伴随这一过程,当代中国文化从原来"大一统"的政治文化格局向主流文化、精英文化、大众文化多样分化的文化格局迅速转型。与此同时,中国出版体制的转轨运动和出版选题的整合运动也在不同层面、不同水平上展开。在市场作用下,出版选题人的选题活动所形成的文化选择"场",与当代社会文化的分化与转型形成了某种复杂的互动关系。一方面,各种选题"资本"的加盟,使得任何通过"市场门"进入出版选题"场"的文化类型、文化意义与文化内容,都必须经过"资本"的改造与完善,才能成为一种被"积累"的选题资本;另一方面,文化发展的自律性作用,也使得任何出版选题的形成必须以独特的价值选择为导向,以建构自身存在的场域。因此,探讨市场条件下中国当代文化发展格局的变革与出版选题文化走向的关系,显得紧迫而必要。

一、主流文化的嬗变与出版选题的主旋律策略

主流文化,在学界又被称为主导文化、官方文化或意识形态文化,是指一个社会中统治阶级所提倡的、代表国家文化意志的、体现国家在文化方面的根本利益和价值取向的、占主导地位的文化。比如,在中国长期的封建社会中,儒家文化成为国家的主流文化;在西方资本主义世界,占主导地位的则是反映资产阶级意识形态的文化。在当代中国社会,占主导地位的文化乃是以马列主义、毛泽东思想、邓小平理论、"三个代表"重要思想和科学发展观为指导的中国特色社会主义文化。主流文化贯彻了统治阶级的意识形态,而意识形态在控制和整合社

会民众思想意识方面发挥着强制性的作用。当代西方马克思主义代表人物之一的阿尔都塞说:“意识形态并不是供社会成员自由选择的,不管人们是否愿意,他们都得接受。谁不与一个社会的意识形态认同,谁就不可能进入这个社会,所以,意识形态是通过强制的、无意识的方式为社会成员所接受的。”①正因为如此,主流文化对社会文化的一切部门包括出版部门都起着指导、监督和控制作用。主流文化导向的变化也相应地引起社会文化的一切部门包括出版工作导向的变化。

改革开放前,因受阶级斗争和计划经济体制的话语权威支配,中国主流文化主要表现为“大一统”的政治文化,特别是“文革”期间,一切文化部门无不打上了强烈的时代政治的权力话语印记,包括出版部门都成为图解政治主题的工具。改革开放30多年来,随着国家工作重心的转移和经济体制的转型,中国主流文化发生了深刻的嬗变。这一变化从时间上可分为20世纪80年代、20世纪90年代和新世纪以来的10年三个阶段,每一阶段都配合一定的中心任务展开,但又融合交叉着复杂的变革环节。这种现状使得反映主流文化的出版选题活动,既要坚守意识形态的主流话语权,又要采取切实可行的建设性步骤对复杂的文化现象进行重构,从而使当前中国主流文化出版选题展示出社会主义核心价值体系的主导内容。

20世纪80年代主流文化的嬗变首先是从思想解放运动开始的,其实质在于主流文化果断地抛弃自身存在的“左”的、僵化教条的思维模式与思想轨迹,从而保持其先进性的灵魂和活力,维持其对所有文化领域的统领地位。然而,随着思想解放运动的深入和西方文化思想潮流的涌进,民间层面以及文化精英层面对传统形态下的社会政治经济体制发出了变革的呼声,一些文化精英人物“以思想解放运动为其主要的文化背景,对传统体制及其相应的意识形态进行了激烈的反抗与解构”②,从而导致了一种对主流意识形态的反叛。“这种带有反叛性的思想解放,是一种结构复杂的存在,它既有正确地否定教条主义、僵化体制的积极方面,也有消解社会主义的‘自我’,试图整个地将中国的政治、经济、文化翻个个儿的消极方面,这就逼使执政党和国家机器不得不作出反应,包括一些过激的反应。”③1981年对电影文学剧本《苦恋》的批判,1983年的反对

① 俞吾金.意识形态论.上海:上海人民出版社,1993.337.

② 蔡翔.日常生活的诗情消解.上海:学林出版社,1994.1.

③ 黄力之.中国话语:当代审美文化史论.北京:中央编译出版社,2001.281.

"精神污染",1986年的反对"资产阶级自由化",1989年采取特殊措施平息政治风波等,从某种程度上说都是"意识形态国家机器"奋起反击而发起的主流文化保卫战。从总的方面看,这是一种相当被动的消极保守态势。反映在出版活动和出版选题的操作上,出现主流文化出版选题变向快、导向不明的倾向,这与开放初期国家的总体改革思路尚在探索之中有很大关系。进入20世纪90年代,随着邓小平"南方谈话"的发表,改革开放新阶段的序幕重新拉开,市场体制开始在社会经济文化的各个层面全面推进,这就使得主流文化不可能再以旧的消极保守的模式来应对社会、经济、政治的变革,而必须以积极建设的姿态重树自身的话语权威。这方面的一个重要举措就是意识形态主管部门提出了"精神文明重在建设"的方针,在精神文化生产领域组织实施"五个一工程"评奖活动,并进一步提出在社会主义市场经济条件下重建主流文化的"弘扬主旋律,提倡多样化"的方针。这一方针以其创造性的姿态"为其他文化生态的发展提供了必要的空间和意识形态依据"①,反映了"意识形态国家机器"在驾驭复杂的文化局面时,已形成了较为成熟的、开放的、具有现代意义的经验体系。而对于出版选题工作来说,这一方针尤其具有指导意义。国家出版行政管理部门通过调整出版政策,实施"阶段性转移",使出版业从片面追求出版选题品种与数量增长的外延型发展道路,转向注重追求出版选题内容质量的内涵型发展道路,此后进一步提出图书出版的"精品"战略,从而确立了主流文化出版选题的基本运行体制。进入新世纪,全球化进程明显加快,国家的经济、政治、文化及社会生活等各个领域都深深地打上了全球化的印记,其进程无论从广度上还是从深度上看,都远远超过以往任何时代。在全球化的时代背景下,世界多元文化对中国主流文化形成了渗透与侵蚀之势,文化之间的交流、交融、交锋更加频繁,相激相荡之势更加激烈。文化的大发展大繁荣既面临机遇,又面临挑战。在这种多元文化背景下,中国主流文化如何引领和统摄国内多元文化发展?通过何种渠道去统摄和引领?出版选题人对此要保持清醒的认识。

从世情国情党情来说,以社会主义核心价值体系引导和整合全部出版选题,形成以主流文化出版物为主导的多元出版格局,对巩固和发展中国特色社会主义思想文化建设有着特别重要的意义。中国共产党一向高度重视文化发展,党的十六大以来,党把文化建设与经济建设、政治建设、社会建设、生态文明建设统筹起来,提出要提升中国文化软实力,推进社会主义文化大发展大繁荣。党的十

① 孟繁华.众神狂欢——当代中国的文化冲突问题.北京:今日中国出版社,1997.22.

七届六中全会专项讨论文化建设问题，指出要坚持中国特色社会主义文化发展道路，建设中国特色社会主义文化强国。这为包括主流文化出版在内的所有出版选题活动指明了方向，提供了思想遵循。

主流文化本身提供给出版者的选题资源主要分为两大类：一是马克思主义的经典著作以及党和国家领导人著作、著述；二是根据党的路线、方针、政策而确定的能够体现中国特色社会主义文化建设成就的精神内容。就前一种资源来说，由于其距离“政治场”最近，所以其“自由度”最小，它被紧紧掌控在国家主要意识形态出版部门，如人民出版社。这样做的优势是，一方面保证“意识形态国家机器”能够利用出版手段不断为思想建设领域注入和添加正统的、经典的主流文化思想资源；另一方面也有利于保证主流文化资源的权威性和严肃性。这类选题资源一般都通过国家意识形态部门或主要意识形态出版部门的运作来加以实施，其市场化的程度相对较低。而对于后一种主流文化资源来说，由于其在运作方向上须努力体现发展面向现代化、面向世界、面向未来的，民族的科学的大众的社会主义文化的要求，须促进全民族思想道德素质和科学文化素质的不断提高，须为我国经济发展和社会进步提供强有力的精神动力和智力支持，所以，就理论设定来说，从这类文化资源中所选取的出版内容虽然带有高度的政治意识形态特性，却可以不依靠意识形态的强制功能来实现其传通价值，而是通过一种能够与市场机制相对话、相渗透，并且在市场条件下搞好文化建设的文化策略来实现其传播目的。所以，党和国家所倡导的“弘扬主旋律，提倡多样化”方针，也成为主流意识形态出版部门在进行具体的选题活动时所遵行的一个基本方针。

在具体操作中，出版社一方面要按照主流文化建设规律的要求来组织主旋律出版物的选题，另一方面也要按照文化发展多样性的要求来组织具有市场影响力的主旋律出版物选题。特别重要的一点就是引入市场运作机制，运用市场的中介作用去组织和策划选题。这一点，在中央宣传部理论局面向社会大众编写的《理论热点面对面》一书中就有所体现。为了能够让理论与实际更好地结合起来，让艰涩难懂的理论更好地走近群众生活，此选题对广大干部群众普遍关心的热点难点问题，用最新素材进行理论阐述，用身边事例说明深刻道理，图文并茂、文字生动、通俗易懂、可读性强，具有很强的针对性和说服力。为了做好这一选题，很多理论大家、专家都投入到撰稿工作中，保证此选题成为高水平的理论读物，出版后受到了很多普通读者的喜爱，取得了很好的社会效益和经济效益。

尽管引入了市场化运作机制,但“主旋律”策略的主要目的还在于传播主流文化精神,绝不是运用市场机制去淡化、弱化和消解主流文化。文化有主流和支流之分,正如大江大河有主流和支流之分一样。主流文化和支流文化的关系是容纳和涵化的关系,不拒细流,方是江河本色,但如果不清除支流的污染,或者支流不自量力,企图超越主流或取代主流,则必然造成洪灾泛滥、社会动荡。从这方面看,主流文化与支流文化既有相互依存的一面,也有相互斗争的一面。因此,必须以马克思主义批判精神把握主流文化出版选题的走向,立足主流文化立场,包容和涵化对主流文化建设有益的支流文化选题,同时也要识别和批判那些对主流文化进行恶意攻击、歪曲、修正甚或取而代之的不良选题内容。在当前,尤其要以马克思主义文化立场批判性地选择、容纳那些对当前现实政治文化有较大影响的思潮流派,要从意识形态角度把握好此类选题的学术质量和政治导向。比如当代新儒学的某些论者无限度地张扬传统文化的现实功能,有人甚至提出要让“儒学取代马克思主义”,成为中国内地的“正统思想”,其理论根据是因为“儒学建立在天道上的基本精神具有神圣性、普遍性和永恒性”,而“马克思主义是一种意识形态……不是从神圣本源产生出来的普遍真理,因此马克思主义没有神圣性、普遍性和永恒性”。① 这种观点进而将中国革命和社会主义建设全部归为激进主义,完全无视中国革命和建设的历史与现实,无论在理论上还是在实践上都是站不住脚的。当代政治自由主义思潮的一些论者“曲解乌托邦,否定马克思主义中国化”,“美化改良,否定中国革命和道路选择”,“他们的研究兴趣不在于对自由主义的历史考辨,从来不作有关自由主义的纯学术探讨,而是热衷于影射史学,竭力将自由主义思潮引导到中国现实政治层面,以‘启发’自由化的社会行动。为此,他们可以随意地颠倒或歪曲历史,可以使用任何外来的和自己‘制造’的‘话语’和‘理论’。他们口口声声说要‘创新’,要‘开拓思路’,把不同意他们自由主义观点的人一概归入‘保守’和‘僵化’。他们似乎从来不去设想一下:他们的自由主义政治观点如若在当代中国付诸实施,将会产生怎样的动荡与混乱呢?”②从出版选题的角度讲,由于此类选题在思想文化界极具煽动性和蛊惑人心的作用,有时还以畅销书的面目展示于出版市场,因而对其负面影响要有充分估量。对于这类选题,要尽量将其还原到学术层面上加以认识,而不宜在现实政治的层面对其进行炒作,不能对社会现实政治造成负面影响。

---

① 郭太风.文化的主流和支流.上海:学林出版社,2002.25.

② 郭太风.文化的主流和支流.上海:学林出版社,2002.104-105.

然而,必须注意到,市场毕竟是具有巨大解构能量的另一种“权力”形态,它以经济的手段参与了对主流文化中的部分选题资源的开发和利用。比如,在合适的条件和机缘下,过去令人敬畏的领袖人物选题也成为大众出版关注的热点。比如,1993 年是毛泽东 100 周年诞辰,在此前后出版界兴起了有关毛泽东的出版选题热潮。据 1994 年《中国出版年鉴》的不完全统计,1993 年关于毛泽东的出版物共有 130 多种,其中除去一部分严肃探讨毛泽东思想的学术类选题外,传记类、揭秘类、传奇类选题占了较大比重,如《走下神坛的毛泽东》《领袖泪》《毛泽东的儿女们》《毛泽东的亲情、乡情、和友情》等。这说明,在市场力量的解构下,长期笼罩在领袖人物身上的神圣光环开始消失,市场以其世俗化的方式对领袖人物重新进行解读,从而赋予其特有的选题价值和意义。另外,在党、政部门举行重大会议和重要活动之时,诸如召开党的代表大会前后,出版界也会借势策划一些与会议内容相关的学习辅导类选题,以便培育和占有这块市场。这从另外一个方面说明,越来越多的出版选题人正在以市场的眼光对主流文化出版选题进行深入的认识,他们并不想放弃这一潜藏着巨大社会效益和经济效益的市场,而是更多地采取灵活多样的选题方式对主流文化出版资本进行再分配。

从整体上看,反映主流文化出版选题的资源、资本既处于国家意识形态部门的掌控和分配之中,又按照“弘扬主旋律,提倡多样化”的方针稳步向市场推进。特别是进入新世纪的头十年,主旋律选题的出版朝着更加理性、更加自信的方向迈进。这一方面是因为进入新世纪以来,我国经济持续增长,经济总量已跃居全球第二位,引起世人对“中国模式”“中国道路”的普遍关注;另一方面是因为中国是一个传统根基非常深厚的大国,伴随其经济的发展繁荣,必然带动其他方面特别是中华文明的全面复兴,势必引起全世界的广泛关注。因此,有关中国奇迹、中国崛起、中国震撼的图书选题成为热点,比如郑永年《中国模式:经验与困局》、潘维《人民共和国六十年与中国模式》、张维为《中国震撼》等。

2011 年是中国共产党建党 90 周年,很多主旋律出版物纷纷面市。统计显示,中央党史出版社推出的《中国共产党历史》(第二卷)自 2011 年 1 月面世以来到 10 月底已发行 100 多万套,同时带动《中国共产党历史》(第一卷)发行 80 万套,创党史出版物发行量之最;湖南教育出版社的《红色精神》(中小学读本)发行 80 多万册;新世界出版社的《历史的轨迹——中国共产党为什么能》发行 30 余万册。各类优秀主旋律出版物占据了各地畅销书排行榜首。然而,我们依然不能忽视另一种倾向,正如有论者指出:“高扬的主旋律虽然气势恢弘,并力图通过各种传媒深入人心,但在大众文化或域外文化的冲击下,它因其单调和苍白并不具有绝对优势。从某种意义上说,它仅仅成为一种姿态和意志而存在,并没有按文化生产的规律占取应有的文化份额。"①这一评价确实并不令人鼓舞,但却依然是不得不正视的现实。从主旋律出版物选题的实际操作情形看,很大一部分选题存在着受命而为、应景而作的成分,而没有真正考虑广大读者对主旋律选题的多方面、多层次的内在需求,从而总是给人留下一种"虚假的意识形态幻象"。所以,主流文化出版选题要进一步深入到中国特色社会主义文化建设当中,自觉维护"文化领导权"(葛兰西语),争取社会舆论的普遍赞同。这就必须对自身选题作出具有权威性的理论阐释和理论创新,就必须打通与广大群众的所思所想相契合的交流对话机制,将最广大群众的物质精神需求真正纳入到主流文化体系中,使主流文化出版选题所反映的内容都是广大人民群众物质精神文化需求的不可缺少的一部分,成为他们所思所想的真实再现。

二、精英文化的分化与精英文化出版选题的边缘化倾向

(一)精英文化与精英文化的分化

精英文化,又称高雅文化、严肃文化或知识分子文化。这种文化的特征可归纳为三个方面:一是具有强烈的人文导向作用;二是具有强烈的时代性和价值倾向性;三是具有强烈的超越性和现实批判作用。由于精英文化是被称为文化精英的知识分子创造的,所以对文化精英和知识分子的涵义也应有所限定。简言之,这里的所谓知识分子,"是指那些具备了检验自己和检视社会的超越品质,能够独立思考、定出与传统规范和习俗不同的标准的人,他们对知识、对国家和社会的前途具有强烈的使命感,甚至以他们自己定出的标准来批判现实社会"②。美国社会学家刘易斯·科塞说,知识分了是"希望提供道德标准和维护有意义的通用符号的人,他们'在一个社会内诱发、引导和塑造表达的倾向'"③。科塞甚至认为:"知识分子是理念的守护者和意识形态的源头,但是与中世纪的教士或近代的政治宣传家和狂热分子不同,他们还倾向于培养一种批判态度,对于他们的时代和环境所公认的观念和假设,他们经常详加审查,他们是'另有想法'的人,是精神太平生活中的捣乱分子。"④当代著名文化批评学家爱德华·

① 孟繁华.众神狂欢——当代中国的文化冲突问题.北京:今日中国出版社,1997.78.
② 陈立旭.市场逻辑与文化发展.杭州:浙江人民出版社,1999.76.
③ [美]刘易斯·科塞.理念人.北京:中央编译出版社,2001.3.
④ [美]刘易斯·科塞.理念人.北京:中央编译出版社,2001.4-5.

W. 萨义德也认为:“根据我的定义,知识分子既不是调解者,也不是建立共识者,而是这样一个人:他或她全身投注于批评意识,不愿接受简单的处方、现成的陈腔滥调,或迎合讨好、与人方便地肯定权势者或传统者的说法或作法。不只是被动地不愿意,而是主动地愿意在公众场合这么说。”①所有这些定义都规定了精英文化的品性与逻辑具有与知识分子的内在规定性相一致的品性和内涵,这种界定为研究精英文化出版选题的特征与走向提供了一个价值参照标准。

从出版选题对文化选择的历史过程看,出版选题活动从总体趋势上对精英文化坚持一种肯定性选择立场。也就是说,每个时代的文化精英的思想及著述,都能或早或晚地进入出版选题活动的视域。无论是柏拉图、亚里士多德的著述还是孔子、老子的思想,即使是被称为“异端邪说”的思想,如布鲁诺、达尔文、李贽、金圣叹等人的思想,还有那些一度被认为对人类精神伦理道德构成挑战的文学作品,如《查太莱夫人的情人》《洛丽塔》《金瓶梅》等,都会作为精英文化的主要内容或文化精英研究的主要论题或早或迟地进入出版选题活动的文化选择视域。出版史表明,能够以经典价值形态留传下来的出版选题,正是荟萃了一代又一代文化精英所毕生追求的、对民族精神具有铸模作用的理想信念与价值意义的选题,此一功能正是出版传播活动的本质功能。从这个层面来理解中国当代精英文化与出版选题之间的关系,则会自然遵从精英文化出版选题发展的内在规定性:一方面,精英文化作为“为民族和传统设限”(萨义德语)的文化形态,本身就是出版选题的重要内容;另一方面,现代出版大厦的建立比任何时代都更需要那些具有经典价值的精英文化选题的支撑,因为这是人类智慧之根本。

当代中国精英文化的发展可大体分为20世纪80年代和90年代至今两个阶段。80年代兴起的“文化热”将精英文化的地位推到了一个新高度,尽管各路精英介入文化研究和文化批判的视角不同,但大都持有较为一致的文化信念,并基本为主流文化所肯定,并与主流文化一起形成一种呈合唱状态的时代主调。“无论是普遍主体性话语、人的自由解放承诺还是学科自主性诉求、科学主义思潮都与当时的思想解放运动相默契。”②与此相一致,精英文化出版选题也呈现出五彩缤纷的壮丽景观,以“新启蒙”为切入点,以思想解放为实质,各路文化精英所急切表述的文化话语无不纳入出版选题的范围。80年代出版人开发的众多颇具影响的出版物选题,湖南人民出版社的“走向世界丛书”选题、四川人民

---

① [美]爱德华·W. 萨义德. 知识分子论. 北京:三联书店,2002.25.
② 陈立旭. 市场逻辑与文化发展. 杭州:浙江人民出版社,1999.78.

出版社的“走向未来丛书”选题,另外,上海译文出版社的“现代西方哲学译丛”选题、北京三联书店的“文化:中国与世界”系列丛书选题以及“学术文库”“新知文库”选题、上海三联书店的“猫头鹰文库”选题等,都是此一时期精英文化话语的标志性出版选题内容。然而,进入20世纪90年代之后,随着市场经济体制改革的全面展开,“知识分子不断启蒙的精神动力在迅猛的市场化浪潮中被无情地粉碎”①,“整个精英阶层的激荡和言辞热情已逐步得到平息,民众在商品化的社会中逐步找到了自己的身份和主体,不再听凭知识分子的启蒙和引导,80年代的‘圣言’已经很少再有听众”②。可以说,在改革开放后仅仅十余年的时间里,中国精英文化经历了从边缘到中心又从中心到边缘的位置转换。在这种转换中,精英文化内部也发生了严重分化,最突出的表现就是文化走向市场所导致的文化价值取向的多元化,一些文化精英从容不迫地走向市场,而另外的一批则坚守着精英文化的净土。20世纪90年代最为突出的文化话语便是关于人文精神的大讨论,这场大讨论的内容虽然在今天也还具有一定的现实意义,但其实质却是更加清晰地厘定了精英文化与市场文化的界限,阐明了它们之间的隔阂以及相互融合的种种可能性与尺度。另外,90年代精英文化还产生两种重要的思想流派,一是新保守主义文化思潮,二是后现代文化思潮。新保守主义思潮的基本内容可以概括为两个“放弃”:一是“放弃激进的批判精神,主张实行温和而稳定的话语实践”;二是“放弃对共同处境的忧患、焦虑和怀疑,转变为对个人境遇的关怀和思考;淡化对终极价值、目标信仰的追求和执着,而关注具体的局部问题及其解决”。③ 后现代主义旨在宣扬一种以“解构”为中心的价值观和话语策略,其实质在于颠覆人类生存的终极理念与价值目标,因而显示出一种虚妄性。但后现代主义所具有的寻求差异、多元化和相对性的意义品格,“对启蒙时代以来的经典知识谱系进行质疑,反对独断论,打破对终极真理的垄断性把握”④,则又显示出一定的现实意义。而从总体上说,无论是新保守主义还是后现代主义,都反映出分化后的精英文化开始向边缘滑落的事实。

进入新世纪以来,资本商业化的过度冲击、职业化体制的深层腐蚀、媒介娱乐化的过度泛化,使深受西方后知识分子理论影响的中国精英文化陷入困境。

---

① 陈立旭.市场逻辑与文化发展.杭州:浙江人民出版社,1999.83.

② 孟繁华.众神狂欢——当代中国的文化冲突问题.北京:今日中国出版社,1997.46-47.

③ 陈立旭.市场逻辑与文化发展.杭州:浙江人民出版社,1999.87.

④ 丁尔苏,程文超.后现代与中国文化建设.香港:中国社会科学季刊,1997(夏季卷).

中国市场经济体制的确立,主流意识形态对市场经济的接受,使文化精英们不得不面对市场逻辑的考验。特别是最近十年,伴随市场经济大潮诞生的大众文化,极大地刺激和满足了大众的感官欲求,改变了人们的生存状况。一些学者身处大众文化包围之中,深感以过去的启蒙手段改变现实与引领现实的不合实际,于是反而求诸己,开始从知识分子自身出发,理性地探讨精英文化的拯救途径,其中关于知识分子公共性的重建、培育知识分子的公共意识或公共知识分子理论,成为一个时期知识分子领域的重要讨论话题。这场大讨论是继上世纪 90 年代人文精神大讨论之后中国知识分子对精英文化进行拯救的又一大文化事件,但从声势及影响而论则远逊于前。精英文化到底该向何处走?精英文化能够实现自我拯救、自我振兴吗?这应该由精英文化自身的品格与禀性即其自身的逻辑规律来规定。但可以判定,这一振兴将在充分的文化自信与文化自觉的前提下实现,并最终能对中国特色社会主义文化建设做出独特贡献。

(二)精英文化的分化对出版选题活动的影响

市场条件下精英文化的分化对隶属于精英文化出版选题的文化选择产生了重大影响。

1. 精英文化出版选题在出版活动中被边缘化

从整体上说,精英文化边缘化的趋势,使得精英文化出版选题的文化选择活动也从出版活动的中心向边缘化方向位移。

从 20 世纪 90 年代初开始,精英文化话语渐趋沉寂,精英文化出版选题不仅不再像 80 年代那样成为社会上具有轰动效应的事件,而且原创型的人文社科类、学术类、科学技术类选题不同程度地出现了“出版难”的现象。这里面有出版体制的原因,但主要原因还在于社会转型、文化转型。一些出版社在面临“经济危机”的压力时,首先想到的就是砍去大规模的学术著作选题。而学术著作,从一般意义上说,代表的正是知识分子文化。当时,曾任全国政协副主席、中国科学院原院长卢嘉锡曾经口吟一首打油诗,专道科技图书的出版难、发行难现象。诗云:“绞干脑汁泪纷纷,出版无钱欲断魂。借问尊书何处卖,秀才遥指自家门。”一时间,学术著作出版难已成为社会问题。仅以人文社科领域的博士论文的选题出版在 20 世纪 80、90 年代的比较为例,从 1983 年到 1989 年的 7 年间,我国人文社科领域共授予 380 人博士学位,最早作为人文社科博士学位论文选题而被出版的是王富仁的博士论文《中国反封建思想革命的一面镜子——〈呐喊〉〈彷徨〉综论》,此书作者是国内培养的第一位中国现代文学专业的博士,其论文由北京师范大学出版社1986年出版。1987年山东大学出版社出版了《中国首批文学博士学位论文选集》,通过论文摘要的形式首次集中介绍了一批博士论文。1988年人文社科领域的博士学位论文选题出版达到高峰,两套收录了80年代人文社科领域的部分优秀博士论文的丛书受到社会关注:一套是中国社会科学出版社1988年开始出版的"中国社会科学博士论文文库",这套文库由当时的中国社会科学院院长胡绳主编,编委都是人文社科领域的权威学者。文库选题面向全国征集文稿,"所收博士学位论文,能代表当时中国社会科学博士学位论文的水平",而且全部出精装本。如获得国内第一批哲学博士学位的陈来的博士论文《朱熹哲学研究》、刘笑敢的博士论文《庄子哲学及其演变》等。另一套是上海人民出版社1988年开始出版的"人文研究"丛书,由"文化:中国与世界"丛书编委会编,主编和编委都是当时在学术界比较活跃的博士和硕士,如甘阳、刘小枫等。这套丛书收录了陈平原的博士论文《中国小说叙事模式的转变》、苏国勋的博士论文《理性化及其限制——韦伯思想引论》、杜小真的博士论文《一个绝望者的希望——萨特引论》、汪晖的博士论文《反抗绝望——鲁迅的精神结构与〈呐喊〉〈彷徨〉研究》等。此外,还有一些出版社陆续出版了一些博士论文,如北京出版社1988年出版了曹顺庆的博士论文《中西诗学比较》等。

一般而论,人文社科类博士论文无疑在学科专业领域成为精英文化的代表,在20世纪80年代的文化语境下,博士学位论文作为出版选题得到出版绝不仅仅是一次出版事件,它更多的是奠定了这一批博士在学术界的名声和地位,显示了社会对他们的认可。据统计,上述两套丛书的作者大多数在1991年获得了国务院授予的"做出突出贡献的中国博士学位获得者"的荣誉称号,并陆续成为各自学科的博士生导师和学术带头人。但到了20世纪90年代,情况发生了难以预料的转变。一方面,博士论文也出现了"出版难"的问题,相当多的博士论文因为出版社的经济原因无法出版;另一方面,依靠出版一本博士论文取得社会轰动效应的机会远远低于80年代。"中国社会科学博士论文文库"虽然仍以每年5~8本的速度出版,但已主要依靠"中国社会科学院出版资金"的资助来完成。"人文研究丛书"在90年代初因为经济上的困难以及其他种种原因而中止。这时期值得一提的是由哈佛大学燕京学院和三联书店共同负担出版资金的"三联·哈佛燕京学术丛书",这套丛书从1993年开始出版了一批高水平的博士论文,其中包括董小英的博士论文《再登巴比伦塔——巴赫金与对话理论》、白奚的博士论文《稷下学研究——中国古代的思想自由与百家争鸣》、周晓虹的博士论文《传统与变迁——江浙农民的社会心理及其近代以来的嬗变》、冯崇义的博士论文《罗素与中国——西方思想在中国的一次经历》、杨念群的博士论文《儒学地域化的近代形态——三大知识群体互动的比较研究》等。而从全国情况看,从1990年到1999年,全国人文社科领域共授予博士学位7352人,而其学位论文得到出版的不到十分之一。由于严肃学术类选题出现了"出版难",中国内地的一些博士论文开始蜂拥到台湾出版,台北文津出版社在20世纪90年代初策划出版"大陆地区博士论文丛刊"选题,主要出版内地文史类博士论文,到1996年已经出版了100部,如已经成为中国古典文学研究领域的知名学者王兆鹏、赵敏俐的博士论文《宋南渡词人群体研究》和《西汉诗歌研究》就是纳入这套丛书出版的。这多少反映出当时中国出版界的尴尬。

进入新世纪以来,国内出版社在与市场的搏击中大多积累起丰厚的资本,一些高校出版社更是依靠出版教材教辅赚足了利润。同时,在国家各种研究基金的资助下,高校和科研机构经费变得较为充足,人文社科领域的博士论文出版又向好的态势转变。据不完全统计,截至2009年,已经正式出版发行的博士论文已有3890篇。① 出版形式也开始变得多种多样:有按照授予单位出版的,如"南京大学博士文丛",自1999年至2009年已经出版了55种;有按照地域划分出版的,如"上海市社会科学博士文库",自1999年至2009年已经出版了80种;有按照学科专业出版的,如"财经博士论丛",自2000年至2009年已经出版了29种。但是,和每年博士毕业生的数量相比,博士论文出版的数量毕竟还很有限,仅占全部博士毕业生的5%。特别是经教育部和国务院学位委员会评选的全国优秀博士论文,其出版情况也不容乐观,自1999年至2007年,我国共评选优秀博士论文883篇,而正式出版的仅为229篇,占全部优秀论文的26%,这个比例还是很低的。②

2. 精英文化出版选题开始市场化运作

随着精英文化的分化以及一批文化精英向世俗化靠拢,精英文化出版选题的市场化运作开始启动,人文社科类、专业学术类出版选题在出现"出版难"危机的同时,通过世俗化与市场化的包装,打开了另外一种局面。

20世纪90年代出版界形成了几个较为突出的出版现象。一是伴随着"人文精神"大讨论而出现了陈寅恪、顾准出版热;二是伴随着"国学热"而出现了国学图书出版热;三是反映中国知识分子在"反右"运动中的历史命运的图书选题

---

① 国家图书馆馆藏目录检索,2009年7月18日.

② 蒋宇弘.博士学位论文出版现状及分析.北京:出版发行研究.2009(12).

大幅增加;四是在人文类图书选题的出版出现总体沉闷的同时,一些注重实用的社科类图书选题则顺应了时代需求而成为热门出版选题。

也许谁也不会料到,1993 年开启的"人文精神"讨论会将陈寅恪、顾准作为一种张扬"文化英雄"的出版资源开发出来,虽然此中也有历史的必然因素在内。对此,戴锦华指出了深藏在这种出版现象背后的精神实质:"尽管 90 年代公开或潜在的诸多思想、文化论争,展现并印证着当代思想界、知识界深刻分化乃至对立的现实;但迄今为止,多数重要论战的双方事实上仍在相当大程度上,分享着 80 年代所形成的社会共识与对知识分子功能角色的指认:一个特立独行的或曰具有独立人格与独立思想的知识分子,有勇气'说不',或有勇气坚持某种'不合作'的立场和姿态,进而实践着某种抵抗、颠覆、重建现实权力与秩序的使命。"①而陈寅恪、顾准正是在这个意义上成为现实文化精英的参照系。从 1993 年到 2010 年,有关陈寅恪的图书选题至少有 20 种,其中三联书店 1995 年出版的《陈寅恪的最后 20 年》《吴宓与陈寅恪》,上海文艺出版社 1996 年出版的《学人魂——陈寅恪传》,清华大学出版社 1993 年出版的《陈寅恪诗集》,上海古籍出版社 1997 年出版的《陈寅恪先生编年事辑》等选题,成了全国众多民营书店"售书排行榜"的上榜书目。有关顾准的图书选题也不少,比如贵州人民出版社 1994 年出版的《顾准文集》、经济日报出版社 1997 年出版的《顾准日记》、作家出版社 1998 年出版的《顾准寻思录》、上海文艺出版社 2000 年出版的《顾准全传——折下肋骨当火把》。从以上选题的题名可以看出,人们真正感兴趣的并不是陈寅恪、顾准的专业学问,而是他们为学与为人的方式。可以说,陈、顾二人是作为一种符号化的人物而进入 90 年代"人文精神"大讨论中的一个主题——关于知识分子的职能和定位的争论中的。"90 年代以来,知识分子尤其是人文知识分子面临现实的压抑,亟须重新论证自身社会存在的合法地位。正因为这样,陈寅恪、吴宓、顾准并不是因其专业意义受到大家的推崇,而是作为一些文化传统的最后继承者,一批精神营垒的最后固守者,一群知识尊严的最后葆有者,一种社会良知的最后代表者,成为当下知识分子抵抗世俗浪潮和妥协哲学的精神资源。"②这一精神资源在不断符号化过程中渗透了政治的、商业的、文化的因素,从而为其转化为出版选题资源准备了充足的条件。

而在"人文精神讨论"的另一个维度上,"国学热"同样带动了国学研究类图

---

① 戴锦华. 书写文化英雄——世纪之交的文化研究. 南京:江苏人民出版社,2000.7.
② 戴锦华. 书写文化英雄——世纪之交的文化研究. 南京:江苏人民出版社,2000.37.

书选题以及中国古典文献类图书选题的开发和策划热潮。“国学热”的一个重要背景即为学术界所概括的“80 年代重思想,90 年代重学术”以及“思想家淡出,学问家凸显”等种种说法。而“张扬纯学术研究,坚持政教分离,是国学热的一个重要品质”①。对于国学热以及国学图书选题出版热这一转向,有论者还从“重西学”与“重国学”的关系中进行概括:“80 年代对于西学的引进、介绍与研究显然超过了对于中国传统学术的探索、整理与出版;而 90 年代的学术转向的集中标志之一,就是学术界与出版界的重心从西学移向国学、从海外移向本土。”②这一转向在 1996 年达到高峰,其中除了中国古代著名文化典籍成为不少出版社的选题目标外,一批近现代国学研究者的代表作品也成为出版选题人的新宠。在中国古代典籍的研究与出版方面,有学者曾评论道:90 年代以来,出现了一种呼唤中华古老传统文明的热潮。先秦诸子学派、汉代儒学、魏晋玄学、隋唐达到高峰的佛学、宋明理学、明代心学、乾嘉小学等等,都被重新拿出来研究。传统的文学艺术及相关理论的研究热潮也有增无减。对中华传统文化评价之高,可以说是空前的,更不用说唐诗、宋词、元曲、明清小说的大量印刷和广泛流传。《唐诗鉴赏辞典》《宋词鉴赏辞典》等的发行,可能创造了书籍发行之最。如上海辞书出版社出版的《唐诗鉴赏辞典》,1985 年就发行了 80 万部,到 90 年代早就超过百万部,令目前一切所谓的畅销书都在它的面前“相形见绌”。③ 这确实道出了当时出版界的一些实况。这些选题,现今有不少已成为出版社的“压轴”选题,还在为出版社作着双效益的贡献。

除了上面所提到的词典类选题外,像季羡林先生任主编的《传世藏书》,以及很多出版社开发的古典今译选题,如“古代文史名著选译丛书”“中国历史名著全译丛书”及《白话二十五史》《白话史记》《资治通鉴今译》等,在学界及读者圈中也引起一定反响。在中国近现代国学著作的整理出版上,也出现了较有影响的选题,如三联书店出版的由钱钟书任主编并亲自选择书目的“中国近代学术丛书”,东方出版社的“民国学术经典”,上海东方出版社的“中国学术丛书”,2009 年贵州人民出版社的“国学解读丛书”,2011 年清华大学出版社的“清华国学丛书”等。2010 年新蕾出版社还出版了面向儿童的“国学小子丛书”,融知识性、科学性、艺术性、娱乐性和趣味性于一体。特别是自于丹的《论语心得》出版

---

① 王岳川. 中国镜像——90 年代文化研究. 北京:中央编译出版社,2001. 133.

② 金元浦,陶东风. 阐释中国的焦虑——转型时代的文化解读. 北京:中国国际广播出版社,1999. 219.

③ 童庆炳. “五四”时期的“反传统”与九十年代的“国学热”. 光明日报,2000 - 12 - 14.

后,“国学热”又掀起了一个新高潮,各种“心得”此起彼伏,不断涌现,极大地促进了国学类出版选题的开发。

就在对陈寅恪、顾准这些被标示为新时期的“文化英雄”以及对“国学”的大力宣扬中,一批反映1957年被打成“右派”的文化精英的历史命运的图书选题又悄然浮出水面。1995~1996年上海远东出版社推出了一套“火凤凰文库”丛书,选题包括张中晓的《无梦楼随笔》、邵燕祥的《沉船》、朱东润的《李方舟传》、沈从文的《从文家书》等一批写于20世纪50~70年代的再版书,以及蓝翎的《龙卷风》、于光远的《文革中的我》、贾植芳的《狱里狱外》、李锐的《大跃进亲历记》等回忆录形式的选题。1998年,经济日报出版社策划出版了一套三卷本的“思忆文丛”,选题包括《原上草》《六月雪》《荆棘路》三册,副标题为“记忆中的反右运动”。与此同时,北京十月文艺出版社出版了韦君宜的《思痛录》和周一良的《毕竟是书生》,中央编译出版社出版了戴煌的《九死一生——我的右派历程》,中国社会科学出版社出版了丛维熙的《走向混沌三部曲》,中国青年出版社出版了《第一个平反右派——温济泽自述》,中国电影出版社出版了一本史料集《乌“昼”啼——1957年“鸣放”期间杂文小品文选》,广东旅游出版社出版了一本史料研究书籍《禅机——1957:苦难的祭坛》,河南人民出版社出版了《1957年的夏季:从百家争鸣到两家相争》,等等。这一批“反右”图书选题之所以能在1998年前后稍成气候,除了政治环境有所宽松这一客观原因外,还在于它们切合了由于“人文精神大讨论”而引发的对中国知识分子何去何从的命运忧虑的关注。这些书籍展示的“是一个社会群体的历史创痛,是一次期待已久的关于历史的‘真实’讲述,也是一次通过重新讲述历史而为现实文化立场寻求合法性依据的尝试。在很大程度上,讲述1957年,对当代中国知识群体来说,是世纪末的‘自我救赎’”①。当然,更加不能否定的是,这些“反右”选题本身包含着极大的“商机”,即它们呼应了读者对“未曾触及的历史禁区和被禁人物的窥密和曝光的需求”②,从而潜在地具有了一定的市场价值。

进入新世纪,一些看似精英文化的出版选题在市场运作下,出现了一些新的现象。比如,余秋雨、易中天、于丹、王立群的图书,销量都达数百万册,实现了销售奇迹,而他们也被人们冠以“学术明星”“学术超男”和“学术超女”等称号。从2005年起,易中天开始在中央电视台“百家讲坛”节目里讲解历史,受到观众追

① 戴锦华.书写文化英雄——世纪之交的文化研究.南京:江苏人民出版社,2000.53.
② 戴锦华.书写文化英雄——世纪之交的文化研究.南京:江苏人民出版社,2000.52.

捧,从而带动其书的畅销。2006 年他开始创作《易中天品三国》,并以无底价的竞标方式招标出版,而上海文艺出版社以“55 万册首印,版税 14%,三年内保证该书发行不低于 20 万册”的条件中标。据当时的一个数据统计,截至 2007 年 5 月,在近 16 个月中,易中天所著的 6 本书已经为该出版社创造了将近亿元的产值。当然,由于这些学术明星是以教授、学者、学术人的面目出现的,一些读者很难接受这类选题的娱乐化成分,认为应该还学术以严肃、严谨的面目,这也是很正常的。

以上特殊文化现象所形成的特定出版选题热潮仅仅是 20 世纪 90 年代以来精英文化出版选题中最活跃的部分,实际上,除了这些为数不多的特点外,精英文化选题的出版从整体上依然处于低迷态势。除了学术明星化现象外,精英文化出版领域还出现了“卖书难,买书难”的状况。中小型学术书店在当当、卓越、京东商城等网络书店的逼压下纷纷倒闭或转型,学术图书销售逐渐萎缩,学术图书销售陷入低谷,无论是图书品种还是图书质量或数量,都呈下降态势。据业界调查,这些年我国每年出书超过 30 万种,但出版真正学术意义上的图书选题不到总数的 5%,而且图书质量良莠不齐,雷同出版和“跟风”现象比较严重,能留得住、叫得响、传得开的高质量精品图书选题越来越少。

受社会转型影响出现的另一种选题倾向是,精英文化选题的出版已从 20 世纪 80 年代重文、史、哲的倾向开始向 90 年代以来重经济学、法学、社会学、国际政治学、新闻传播学等实用学科转变。单就选题而言,内容涉及了法律、经济、金融、财会、贸易、企业管理、税务、新闻传播、社会、文化、思想、宗教等。如一些出版人策划的《西方文化宝库》《东方文化宝库》《马克思主义文艺宝库》《毛泽东思想宝库》《中国国情全书》《佛教大辞典》《禅宗大辞典》以及五花八门的法律、经济、金融、财会、贸易、企业管理、税务类的“全书”“宝典”等选题,且不说内容质量如何,单就选题本身来说,就显示了一种“急用先学”“急用先编”、去“虚”务“实”的走向。这个时期,从国外引进的经济学、法学、社会学、新闻传播学等实用学科选题有了较大的市场需求,显示了与社会发展需求相一致的路径。可以说,整个出版选题呈现一种“百科全书”式的纷繁局面,体现出一种浓重的工具理性、实用主义色彩。这虽然顺应了社会经济发展的需要,对于学科知识的普及、民众文化素质的提高都有所裨益,但出版人在选题过程中所暴露出的急功近利的选题心态则是显而易见的。

新世纪的头十年,精英文化出版选题的最大问题在于主题不集中,热点不突出,话语权不明显。主题分散,学人各以自己学术领域为专题,重学理建构,不重现实关联；重个性抒发，不重集体合唱，形不成全面性的热潮；传统厚重型的学术大家不再重现，精英文化话语权继续边缘化。然而，另一方面，一些学术领域也出现了一批较为纯粹的学术选题，其中包括一批对国外政治、法律、哲学等学术领域进行译介的选题。这类选题，由于著译者秉持的学术立场不同，选题本身所表现出的价值取向颇为复杂。

比如从个别学者型书业人士的眼光观察，2009 年国内一些出版社的学术类选题就极有代表性。① 下面详列如后。

北京三联书店：《继承与叛逆：现代科学为何出现于西方》（陈方正）、《美国的言论自由》（[美]卡尔文）、《日本的思想》（[日]丸山真男）、《启蒙札记》（陈乐民）等。

上海世纪集团：《战争与国家形成：春秋战国与近代早期欧洲之比较》（许田波）、《社会运动：1768—2004》（[美]蒂利）、《中国古代艺术与建筑中的“纪念碑性”》（巫鸿）、《经济理论与市场秩序：探寻良序市场经济运行的道德基础、文化环境与制度条件》（韦森）、《从礼仪化到世俗化：〈诗经〉的形成》（陈致）等。

商务印书馆：《理论之后》（[英]伊格尔顿）、《走近“西洋”和“东洋”：中日世界意识形成的比较研究》（钱国红）等。

中华书局：《从周边看中国》（复旦大学文史研究院）、《英雄祖先与弟兄民族：根基历史的文本与情境》（王明珂）等。

北京大学出版社：《隐藏的宪法：林肯如何重新铸定美国民主》（[美]弗莱彻）、《荷马的启示：从命运观到认识论》（陈中梅）、《罗马政制史》（[意]马尔蒂诺）、《东海西海之间：晚清使西日记中的文化观察、认证与选择》（尹德翔）等。

广西师范大学出版社：《儒教中国及其现代命运》（[美]列文森）、《抗议与忍耐的政治经济分析：东欧与拉美转型之比较》（[匈]格雷什科维奇）、《美国的迷惘：重寻托克维尔的足迹》（[法]莱维）。

社会科学文献出版社：《气候变化的政治》（[英]吉登斯）、《网络社会：跨文化的视角》（[美]卡斯特）、《抗日战争与中国知识分子：西南联合大学的抗战轨迹》（闻黎明）等。

人民（东方）出版社：《韦伯政治著作选》、《公与私的思想史》（[日]佐佐木毅）、《社会的法律》（[德]卢曼）。

中国人民大学出版社：《身份与暴力：命运的幻象》（[印]阿马蒂亚·森）、

① 刘苏里. 2009 图书出版报告. 南方周末. 2010－1－20.

《二十世纪初中国政治改革风潮：清末立宪运动史》（侯宜杰）等。

江苏人民出版社：《哈贝马斯：关键概念》（[英]埃德加）、《毁灭的种子：战争与革命中的国民党中国（1937—1949）》（[美]易劳逸）等。

法律出版社：《中国近代宪政史上的关键词》（王人博）、《让宪法远离法院》（[美]图什内特）等。

译林出版社：《历史主义的兴起》（[德]梅尼克）、《秩序与历史（卷二）：城邦的世界》（[美]沃格林）等。

新华出版社：《燃烧的多瑙河：匈牙利1956年事件真相》（侯凤菁）、《大博弈：全球政治觉醒对美国的挑战》（[美]布热津斯基等）等。

华东师范大学出版社：《荷尔德林后期诗歌》、《政治观念史稿（第5卷）：宗教与现代性的兴起》（[美]沃格林）等。

华夏出版社：《人应该如何生活：柏拉图〈王制〉释义》（[美]布鲁姆）、《古典诗文绎读·西学卷·现代编》（刘小枫）。

中央编译出版社：《马克思〈资本论〉传》（[英]惠恩）、《让民主造福中国：俞可平访谈录》（闫建）、《从群众到公民：中国的政治参与》（[德]舒耕德）等。

浙江大学出版社：《战前中国经济的增长》（[美]罗斯基）、《论美与德性观念的根源》（[英]哈奇森）。

新星出版社：《这才是美国：如何在一个危险的世界中坚守我们的价值》（[美]斯劳特）、《通往尊严的公共生活：全球正义和公民认同》（徐贲）等。

中国法制出版社：《从非常政治到日常政治：论现时代的政法及其他》（高全喜）、《自然法：理论与实践的反思》（[法]马里旦）等。

九州出版社：《五百年来谁著史》（韩毓海）。

2010年，学术选题出版的风格依旧。如历史政治、历史经济方面就曾出现了《重读近代史》《革命年代》《“中间地带”的革命：国际大背景下看中共成功之道》《找寻真实的国家记忆》《中国的世界秩序：传统中国的对外关系》《古代中国与其强邻：东亚历史上游牧力量的兴起》《舒立观察：中国十年之真问题》《三十年河东：权力市场经济的困境》《80年代：中国经济学人的光荣与梦想》等选题，法律政治方面如《法制现代化与宪政》《宪政讲堂》《民主是一种现代生活》《现代中国的立国之道》《自由与权利：宪政的中国言说》《让人民自由：民主的历史》《司法公正的路径选择：从体制到程序》等，民生现实方面如《转型期的社会公正：问题与前景》《中国的高校之殇》《大国医改》《民富论：关于发展与分配问题的探讨》等，海洋国际关系研究方面如《南海问题的大国因素：美日印俄与南海问题》《文明的转型与中国海权》《C型包围:内忧外患下的中国突围》等。

这些选题,部分地代表了精英文化选题内容,也可以看出选题在学术方面的纯粹性。但不可否认,这些选题关注的主题比较零乱,内容较为庞杂,价值观也很散漫。如何将零乱的主题集中到某一方面的关注点上,如何将庞杂的内容集中到与现实相关的问题上,如何将选题的价值观内涵集中到提升国家形象、维护国家利益上,这将是学术选题肩负的重要使命。

新世纪以来,我国的文化建设正在驶入新的轨道,中国特色社会主义文化建设已经开创了崭新的局面。文化,从根本上来说就是"人化"和"化人",精英文化既不可能永远躲在象牙塔中,不食人间烟火,也不可能永远落入庸俗的怪圈,成为实用主义的代名词。这就需要出版人能够勇于承担起文化传承的重任,坚持以重大现实问题为选题方向,加强对全局性、战略性、前瞻性问题选题的关注,摆脱庸俗的实用主义,多策划和出版高质量的文化精品图书。

3. 精英文化出版选题的内容质量受到关注

受学术文化泡沫化和学术腐败现象的影响,精英文化出版选题的内容质量及把关工作受到关注,如何从出版选题工作入手堵塞学术腐败漏洞,杜绝学术垃圾选题的出版,已成为出版工作所要关注的重要问题。

从20世纪90年代中叶甚至更早开始,纯粹的学术研究就再也经不起市场的诱惑了。"现代的学术活动早已不再是个体修养与自我求证式的精神活动,而成为一种与个人生活待遇、社会地位等相联系、相匹配的功利性知识生产、社会分工性职业。在知识大生产的格局中,科学研究变成一种既可养家糊口又可名利双收因而竞争激烈的职业。学人的职称、职务与学术成果,成了衡量其贡献大小、住房面积、工资待遇等的参照标准。换一句话说,就是一切学术成果都面临着到'学术市场'上换取'文化资本'进而换取物质待遇的无情考验与命运,市场化的逻辑贯穿了整个学术活动。"①在这一背景下,考察学术成果的量化指标——专著便成为种种利益转换的关键点了。正是在这个关键点上,学术腐败找到了得以藏匿的处所,出版界选题把关不严成为世人诟病的口实。20世纪90年代以来,尽管存在着极其严重的精英文化出版难问题,但这一整体上的出版难现象并没有阻挡局部的形形色色的学术出版热,比如在有各种各样的出版基金资助的名义下,少数出版社将书号视为一种可以相互交换的买卖,而选题的学术

① 张国功.出版界如果面对学术腐败——编辑群体的文化担当、职业规范与制度建设.出版广角,2002(6).

含量倒被放在次要位置;再者,经过改革开放以来市场机制带来的资本积累,一批出版社异军突起,开始开发学术类出版选题,一些大学出版社为了固化自身的出版特色和出版品位,更是将学术选题的出版放在首位。还拿博士论文出版来说,新世纪以来,一些大学为了学科建设开始加大资助出版本校的博士学位论文的力度,比如北京师范大学出版社就出版了"北京师范大学博士文库"。另外,还有一些博士因为提供了各种各样的基金资助得以在出版社轻而易举地出版自己的博士论文,这与20世纪90年代中期以前相比则有天壤之别。这种情况有可能使学术出版力量相对过剩于学术界所能提供的有效选题资源。好的选题成了抢手货,能够提供出版资助的选题也成了出版选题策划者角逐的对象,当这两方面还不能满足出版需求时,重复出版、抄袭出版便成为学术泡沫和学术腐败表现的手段。

对学术选题出版把关不严已成为当下学界剖析学术腐败的一个切入口。有论者尖锐指出:"负责学术专著出版的国内出版体制也扮演了'学界悲哀'的同谋者……要知道国外学者能在一家知名的学术出版社出本专著,就已经意味着很不寻常的学术成就了!国内学术出版社这种既不严谨也不负责的编审体制直接促使着'专著'激增,'专家'泛滥。在我看来,这场发生在'作者'、编者、读者之间的'欺骗丑剧'与'不负责游戏'('作者'对编者不负责、编者对读者不负责)值得每一个学界、出版界、文化界人士深思。"①

还有论者对《想象的异邦》的作者抄袭一事指出:"有关编辑应当为自己编辑中的失职向读者公开道歉。当你们在编辑同一作者两部相关主题著作时,应当对两部著作的异同进行检核。严格的学术评审制度是学术著作出版之命脉所在。"②这种出版现实对学术选题的文化选择提出了严峻的考验,实际上也对选题编辑的选题能力提出了严肃的质疑。

面对学术类选题出版而导致的学术腐败现象愈演愈烈之势,作为精英文化类出版选题的策划者,该如何正本清源,负起选题"把关者"的责任?一方面,出版人一定要认清自己的文化担当。出版人是文化建设的传播者和文化传承的选择者,同样要做到以科学的理论武装人,以高尚的精神塑造人,以正确的舆论引导人,以优秀的作品鼓舞人,以此推动文化的大发展大繁荣;另一方面,精英文化类出版选题的策划者面对学术腐败现象,要以出版良知拷问选择标准,在策划精

---

① 晨曦.学界"悲哀"何其多.中华读书报.2001-1-17.

② 曹树基.从王铭铭抄袭一事谈建立学术道歉制度.上海:社会科学报,2002-1-10.

英文化选题时,要做好相应的编辑审查工作,防止学术腐败;同时在确定作者时,不仅要考虑一些有声望的名家、有信誉的作者,同时也要鼓励虽然不出名但是非常有潜力的作者,这样既从源头杜绝了出版上的学术腐败,又能建立良好的作者关系;要抱着对读者负责的态度来进行文化选择,浮夸、浮躁的"大跃进"式选题方式是不可取的。在这里,学术编辑的资格认定制度也不失为一个好办法。比如,鉴于劣质辞书屡禁不止这一现实,辞书编撰界提出必须对辞书编纂者、出版者进行资格认定。有论者指出:"辞书具有标准、典范的规范作用,被称为'没有围墙的大学'。它的出版、编纂与精神文明建设和提高全民素质有着密切关系,这就决定了辞书的编纂者、出版者承担着重要的社会责任……为了维护辞书出版的权威性、严肃性,确保辞书出版质量,应当完善辞书出版的管理,尽快建立辞书编纂、出版资质审查制度,实行必要的辞书编纂者、出版者资格认定,辞书编辑持证上岗,从根本上堵塞劣质图书出版的渠道。"①这不失为一种良好的建议。

总的来说,当前精英文化出版选题必须与精英文化研究结合起来综合考察,特别是在学术研究方面要敢于杜绝不良学风,倡导优良学风。精英文化特别是学术类出版选题人更要提高自身的学术素养,对纷至沓来的学术信息予以科学、客观、合理的分析鉴别,这样才能够过滤、归纳、提炼,进而发掘出高质量、高品质的选题。

三、大众文化的勃兴与出版选题消费化理念的产生

20世纪80年代大众文化的兴起是中国文化发展史上的重要事件。尽管到目前为止,人们对大众文化一词的理解还不尽一致,但其基本内涵却正如有论者概括的:大众文化"是一种都市工业社会或大众消费社会的特殊产物,是大众消费社会中通过印刷媒介等大众传播媒介所承载、传递的文化产品,其明显的特征是它主要是为大众消费而制作出来的,因而它有着标准化和拟个性化的特色"②。作为一种全新的、消费性的文化,大众文化在中国的兴起有广泛的社会基础。概括起来说,20世纪70年代末开展的思想解放运动为其发展奠定了思想基础;80年代开始的改革开放运动及市场经济体制的建立为其发展奠定了经济基础;伴随着市场经济体制改革而进行的政治体制改革和民主政治的发展为

① 张国功.出版界如何面对学术腐败——编辑群体的文化担当、职业规范与制度建设.南宁:出版广角,2002(6).

② 杭之.一苇集.北京:三联书店,1991.141.

其奠定了一定的政治基础;而大众传媒的发展则为其提供了重要的技术支撑平台;最后,社会大众特别是市民阶层的扩大为其奠定了广泛的受众基础。在这样的背景下,大众文化以其不可阻挡之势一跃而成为中国人文化生活的主潮,并且以其特有的发展规律形成了自身特殊的生产消费模式。而深受文化潮流影响的出版选题活动更是以直接或间接的方式迎合并追随着大众文化的发展,参与并引导着大众文化的传播。可以说,在市场条件下,大众文化的兴起不仅给出版选题活动注入了新的文化资源,而且也给出版选题活动带来了新的思维方式和操作模式;出版选题活动在全力承载大众文化带来的丰富选题资源的同时,也在探索中逐步形成大众出版条件下的选题规律。

根据大众文化在中国的发展轨迹,大致可以将其划分为萌芽、扩张和快速发展三个阶段。20 世纪 80 年代是大众文化的孕育和萌芽阶段,这个阶段首先是从接触港台和海外的流行歌曲、言情武侠小说及电视剧、摇滚乐等文学艺术作品开始的。言情武侠小说的出版在 1984 ~ 1986 年达到了一个高峰,其中金庸、梁羽生的武侠小说出版了 10 余种,印数达 200 多万册;琼瑶的小说出版了 15 种以上。另外还有为数不少的侦探小说、黑幕小说充斥于出版市场。这些通俗的文学艺术形式以自发的姿态开启了中国人进入大众文化的初始之门。正如有论者评论:“对大陆年轻读者来说,早期传入的琼瑶、三毛等港台作品不仅提供了理想的爱情模式,还提供了由农业化社会向工业化社会过渡的理想状态:拥有工业文明带来的一切物质成果,也保留了农业社会的诗意和温情,对痛感文化专制时代物质贫困、精神匮乏、正步入商业社会的大陆青年来说,这类作品无疑具有义化模仿的意义。”①相应地,由港台传入的这种文学艺术样式对大陆大众出版选题的开发所具有的启蒙作用也是不言而喻的,只不过大陆出版界对大众文化出版选题的开发理念与同时期的主流文化和精英文化出版选题相比还不够明确,甚至还处于一种无秩序、无头脑的混乱状态。进入 90 年代之后,大众文化迅猛扩展,大众文化出版选题活动开始扩增,一批具有标志性的大众类出版选题浮出水面。进入新世纪以后,大众文化出版已经由非自觉状态向自觉状态转变,一种引领大众出版消费的时代已然到来。

毋庸置疑,市场条件下大众文化产品的生产和消费遵循的是市场规律,面向大众文化出版的选题活动也不例外。20 世纪 90 年代之后,出版选题人对大众文化出版选题的开发和生产更加理性、更加自觉,特别表现在原创性出版选题的

---

① 祈述裕.市场经济下的中国文学艺术.北京:北京大学出版社,1998.65.

开发与设计上。从选题的策划到宣传,从生产到销售,都运用了市场化的运作手段。20世纪90年代最为引人注目的大众文化出版现象有王朔现象、"废都"现象、"隐私热"现象等,它们以最直接的方式演示了大众文化出版选题的开发及生产过程。王朔从1984年发表小说《空中小姐》开始,几年间连续发表了《一半是火焰,一半是海水》《顽主》《橡皮人》《你不是个俗人》《过把瘾就死》等,同时他还作为个体文化人涉足影视。但在20世纪80年代,王朔并没有真正"热"起来。直到1992年,华艺出版社策划出版了四卷本100多万字的《王朔文集》,这一选题不仅开创了当代文学新人出版文集的先例,而且还将"王朔热"作为一种文化现象推了出来。同时,王朔的其他小说也成为出版社的热门选题。一位论者在评论王朔现象时认为,王朔的小说本身并不具备成为"畅销书"的最好条件,"他有意识地为北方城市青年写作,内容拘泥于自己的生活经历,限制了读者的范围;他过分偏重语言而忽略结构和故事,使小说失去了曲折与高潮的魅力;作品中他对一些社会最基本的价值观念和道德观念进行了嘲讽,违反了通俗文学'保守'的法则,以至于一开始就被人称为'痞子文学',引起了某些人的反感"①。但为什么王朔的小说会热起来呢?今天仅从出版的层面来看"王朔热"这一现象,除了一定程度上的文学因素之外,最重要的还是王朔及其作品与市场经济对接后所形成的种种经济性轰动行为。这些经济性行为不能仅仅被看做是由王朔个人造就的,而是由市场体制决定下的出版界、影视界共同造就的。就出版界来说,经历了20世纪80年代港台大众文化出版物的启蒙之后,大陆已经培育了一个阅读大众文化出版选题的潜在市场,开发本土原创性大众文化出版选题的机会已经成熟,而王朔的出现适逢其时。进一步说,"王朔热"作为一种文化现象,其意义就在于,"它呈现了百年来建立在统一的意义结构基础上的知识分子阶层和文化的分裂,它是代表新兴的市民阶层的商业文化和商业文化人力量的一次聚集和显示,以及这种新兴的文化力量向传统知识分子文化和代表政治权威文化人的一次强有力的挑战"②。更有论者认为:王朔是"自毛泽东时代以降最重要的出版现象,他象征着当代中国城市文化的来临"③。这些评论都较为真切地揭示出王朔出版热的文化本质。

继王朔之后,贾平凹的《废都》又一次掀起了大众文化选题的出版风暴。按

① 阎涛.浮出水面——从"王朔热"谈畅销书制度.光明日报.1992-10-15.
② 祈述裕.市场经济下的中国文学艺术.北京:北京大学出版社,1998.95.
③ 高波.王朔:大师还是痞子.北京:燕山出版社,1992.218.

以往的创作轨迹看，贾平凹属于严肃文学作品创作者之列，这里我们姑且不论贾平凹创作倾向为何转变，单就《废都》出版前后出版界为其营造的舆论氛围看，就显示出大众文化出版追求市场效应的机制所发挥的独特作用。《废都》出版前，媒体就将稿件归属以及稿酬多少炒得沸沸扬扬；1993 年北京出版社正式出版《废都》时，又以“当代金瓶梅”的广告语言刺激大众的阅读心理和购买欲望。这里虽然不能以“无法抵御文化市场的巨大诱惑，去创作迎合读者口味的作品”去概括贾平凹写作《废都》的真实动因，但《废都》一书贯穿的“性”因素，无疑正是最具卖点、最具商业意义的大众消费元素。而出版社在考虑这一选题时，除了贾平凹本人作为知名作家的影响力外，作品本身的商业价值才是最具说服力的东西。此书正版印行 100 多万册，盗版则有 1000 多万册。也许我们可以这样说，贾平凹只不过是大众文化用以介入当代社会生活的道具，而当大众文化真正入主大众生活之后，贾平凹本人的名人效应倒在其次了。

上述情况在 1998 年出现的“隐私热”出版选题中得到了验证。这一年新世界出版社策划出版了《北京青年报》记者安顿的《绝对隐私——当代中国人情感口述实录》一书，初版印数 17 万册，到 1999 年 6 月已是第 22 次印刷，印数达 32 万册。之后，冠以“口述实录”“自述”“真实报告”“采访实录”“内心独白”“真实袒露”之名大曝“隐私”之故事，一时间成为众多出版社及报刊电台电视栏目的热门选题和炒作话题。“隐私”从法律的角度讲是一种非常个人化的东西，但从人类社会学的角度讲，却又是大众文化的一部分。在中国的社会背景下，政治隐私一直讳莫如深，文体娱乐明星隐私则相对开放，而普通人自曝隐私于大众文化市场，其目的并不是要过一次五分钟的“明星瘾”，而是出版传媒以诱发、买卖与披露的形式，尝试了一种新的大众生活方式的构建。现在，当论坛、博客、微博伴随互联网大行其道时，充斥其中的大部分内容还是隐私类型。这种内容的流行无疑是以文化消费的刺激为核心的。

进入新世纪以来，大众图书市场持续走热，大众文化出版选题更趋繁荣，其中“以畅销书驱动增长”已成为图书市场的一个重要特征。各种热门选题比如养生类、青春小说类、盗墓小说类、国学类、经管类等不断形成阅读关注点。特别是养生保健类图书选题，经常以走火入魔的形式招引读者。近年来参与养生类选题出版的出版社多达 300 多家，一些选题如《求医不如求己》《不生病的智慧》《把吃出来的病吃回去》《人体经络使用手册》《40 岁登上健康快车》等选题纷纷杀入图书销售排行榜，与早已成为市场热点的文学类、财经类、励志类图书相比毫不逊色。然而，这类选题质量良莠不齐，各种负面新闻不断。比如养生图书，

2010年的“张悟本事件”,导致了读者对养生类选题产生了巨大的不信任,多位“养生大师”身份遭到质疑,新闻出版总署也出台了多项措施,重点规范养生保健类图书的出版。

从更为宽泛的角度说,20世纪90年代以降,大众文化出版选题的开发与策划愈来愈呈现一种消费化趋势,持守消费理念与引领消费时尚已成为不言自明之义。不单是直接的大众文化出版如此,就是民俗文化、主流文化、精英文化也在市场体制的作用下,或融入大众文化之中,或向大众文化消费的方向趋近。

民俗文化,按照钟敬文的划分,包括了文化形态中的中层文化和下层文化。钟敬文将中华民族传统文化划分为上、中、下三层,上层文化主要是封建地主阶级创造和享用的文化,中层文化主要是市民文化,下层文化是由广大农民及其他劳动人民所创造和传承的文化。① 传统民俗文化的经济基础是自然经济,在市场经济条件下,民俗文化赖以生存的经济基础日益萎缩,处于中层的市民文化直接转化为大众文化,而处于下层的农民文化则在商业文明的冲击下显得无所适从。从中国古代近代出版史看,传统民俗文化所提供的出版选题资源一直借助商品机制进行生产,唐代传奇、宋元话本、明清小说以及清末民初的都市小说,都是以中下层民众特别是市民阶层为主要消费对象的。在现代市场条件下,民俗文化所提供的选题资源也只有纳入消费逻辑的轨道进行生产,才能扩大其影响。事实上,从20世纪80年代中期至今,一些通俗文学刊物如《故事会》《读者》等,一直保持着较大的市场发行量。到90年代,全民致富的欲望与对现实无可奈何的非理性情绪同时存在于民间,不但以构筑发财梦为主要内容的海外文学一时之间成为畅销出版选题的主要类型,如《北京人在纽约》《曼哈顿的中国女人》等,就是民间兴起的“气功热”和“易经热”也促成各种各样的气功选题与《易经》选题成为出版新时尚。事实上,近年来纯粹从民俗文化的角度策划的出版选题根本成不了畅销选题,而只有对其进行商业化包装和改造之后,民俗文化才成为一种消费品。从文化生态平衡的角度而言,大众文化将民俗文化纳入市场发展轨道,有利于民俗文化的延传和更新;但是,民俗文化本身所具有的鲜活性和批判特色,却被大众文化遮盖了,而这将不利于民俗文化的真正发展。这一悖论也许是市场经济本身不能解决的。

与民俗文化相同,主流文化与精英文化出版选题也同样存在着向大众消费靠近的趋势。20世纪80年代,主流文化和精英文化还能从各自的立场出发对

① 钟敬文.钟敬文民俗学论集.上海:上海文艺出版社,1998.275.

大众文化的负面影响进行规训和劝导，然而进入90年代之后，主流文化通过主旋律策略不仅承认了大众文化的强势存在，而且这种策略还成为主流文化意识形态发挥作用的主导型策略；精英文化在丧失了原有的号召力后出现了大分流与大逆转，其中一部分资源流入大众文化的领地之内。在对主流文化出版选题的开发和策划中，一些政治事件甚或一些社会事件都变成了文化消费行为，而这些政治事件甚或社会事件凭借种种商业化的大众消费行为进一步扩大了影响，达到了以往所不能达到的传播目的。像毛泽东诞辰100周年纪念活动、美国轰炸中国驻南斯拉夫大使馆事件、美国9.11事件、顾城事件、英王妃戴安娜事件、“非典”事件，以及北京申奥成功、中国载人航空取得成功、2008年奥运会和2010年上海世博会的成功举办等，既是一次次政治活动或社会事件，又是一次次商业活动和大众文化事件。在市场经济条件下，这些政治活动和社会事件无一不与商业行为连在一起，并转换为供大众消费的文化行为。这些政治活动和社会事件几乎都带动了各自领域内的出版选题热。

在另一个维度上，中国传统经典向来都是文化精英者的阅读专利，然而从20世纪80年代中后期开始，文化经典的消费化、商品化现象普遍起来。文化经典消费化、商业化的本质在于：“在商业动机和消费欲望的驱动下，按照现代或后现代文化工业与大众文化的逻辑，利用现代传播媒介（尤其是电子传媒），对历史上的文化经典进行戏拟、拼贴、翻译、改写，由富有感官刺激与商业气息的平面图像、空洞能指，消解经典文本的深度意义与艺术韵味，拆除经典的神圣性与权威性，从而使之成为商品社会中的消费品。”①比如以蔡志忠漫画为代表的古籍今译热，在20世纪90年代就成为较为引人注目的文化消费现象。1990年三联书店引进台湾蔡志忠古籍漫画系列25种，在出版文化界骤然刮起以“漫画”“连环画”形式出版文学经典作品的选题策划旋风。1990~1991年，较有影响的选题就有国际文化出版公司的《三国志》，二十一世纪出版社的《〈史记〉故事精选连环画》《〈资治通鉴〉连环画》，人民美术出版社的《中国古典文学名著连环画》《中国历史连环画》《中国神话传说故事连环画》，浙江少儿出版社的《绘本中国通史》等。一些单本白话漫画选题，如《孙子兵法》《三十六计》《菜根谭》也极为畅销。随后，古籍今译热已成蔓延之势，像《四书全译》（湖南人民出版社）、《白话史记》《白话易经》（岳麓书社）、“中国历代名著全译丛书”（贵州人民出版社）、《白话容斋随笔》（中州古籍出版社）等选题，都被纳入市场化、商业化的运

① 陶东风.文化经典在百年中国的命运.文艺理论研究.1995(3).

行机制,经过一番商业制作和运作之后,重新兜售给读者。与此同时,明清乃至清末民初一些文人的闲适小品重又被开发出来,成为大众在闲暇时间的文化消费品。所有这些,从积极的方面讲,都具有某种文化普及与提高的意义,正如哈贝马斯所言:“市场根据自己的需要,调整文化商品的内容,从而从心理上增强各个阶层民众的获取能力。”①

然而,这只是问题的一个方面。大众出版作为大众文化的一部分,是与社会的变革密切联系在一起的。美国学者丹尼尔·贝尔在论述资本主义文化变革时写道:“实际上,讲究实惠的享乐主义代替了作为社会现实和中产阶级生活方式的新教伦理观,心理学的幸福说代替了清教精神。”“目前的文化(享乐文化)也取得了至高无上的统治地位,它不再作为表达的象征或道德含义,而是作为生活方式来指导一切。”②现时期中国大众文化的现状与此有相类似的地方。仅从出版的角度观察,如果说中国的《读者》杂志表达的正是“心理学的幸福”这一实质内容的话,那么,近几年渐趋流行的心理疗救类、成功励志类选题何尝不是这一内容的扩展与延伸。所谓“心理学的幸福”即是“享受”,不仅仅是物质的享受,还是更高一级的精神的享受,文化的享受;而“享受”又总与消费连为一体。从20世纪90年代初开始,国内开始出现众多的豪华休闲类杂志,如《时尚》等;一些出版社策划引进了一些国外大众畅销类图书选题,如《学习的革命》《哈利·波特》等,对某一阶层的读者消费起到一种指向作用。《时尚》创刊号的“主编寄语”云:“时尚不是盲目的消费,当然更不是荒唐的挥霍;时尚是价值的实现,是修养的外化,是消费领域足以折射人的素质的全方位的关照。”“作为旅游消费杂志,《时尚》将反映海内外最新潮流,引导人们在吃、住、行、游、购、娱这现代旅游‘六要素’中的种种文明消费,成为实用指南。”《学习的革命》一书的宣传广告云:“《学习的革命》是每一个人迈向21世纪的护照。”这种颇具心理暗示意味的广告语表明,对选题内容的消费本身并不重要,重要的是消费之外的东西,即选题内容这个“能指”所指代的符码意义。“在这些大众出版物的行列中……它们长期以来满足了那些‘有晋升希望的阶级’的文化需求。”“各种杂志、百科全书、袖珍手册等旨在‘提高文化修养’的庞杂材料所满足的,就是这样一种与越来越激烈的社会竞争相关的需求。这一切文化实体之所以被‘消费’,是因为其内容并不是为了满足自主实践的需要,而是满足一种社会流动性的修辞,满足针对另

① [德]哈贝马斯.公共领域的结构转型.上海:学林出版社,1999.192.

② [美]丹尼尔·贝尔.资本主义文化矛盾.北京:三联书店,1992.122-123.

一种文化外目标、或者干脆就只针对社会地位编码要素这种目标的需求。因此这里发生了颠倒,本来意义上的文化内容在此将只不过是内涵的、次要的功能。”①如果从这些选题本身产生的实际效果看,这些结论并不过分。

新世纪大众图书选题需要密切关注网络流行选题。网络选题能否流行,能否成为一种文化现象,既有偶然因素,也有必然成分。从偶然性上讲,此一选题的某一部分内容或某一文化元素被出版编辑发现并放大,使其从同类选题中凸显出来;从必然性上讲,此一选题与大文化背景下的某种阅读情调相契合,使其或早或迟成为阅读流行色。像《悟空传》《杜拉拉升职记》《明朝那些事儿》《藏地密码》《鬼吹灯》《步步惊心》等选题,像中文在线、盛大文学旗下诸多网站等等,集聚了大批网络文学写手,一些知名作家也成为其签约作家,其对大众出版选题的引领力量不可小视。

总体而言,大众文化出版选题为大众的娱乐消遣和教育普及提供了一个相对开放的文化空间,为我国出版产业的发展开辟了一个最具活力的市场,为国家意识形态的传播和民主政治建设开创了一条新的途径。然而,由于中国大众文化的兴起深受西方大众文化消费观念的影响,再加上它本身固有的过度商业性、娱乐性和世俗性等从消极方面对大众文化消费进行有缺陷的引导,也使大众文化出版选题产生了诸多问题。这些问题,主要表现在以下几个方面:

选题的“黄色文化”化。“黄色文化”即与性描写、性暴露、性泛化有关的文化产品。由于“性”本身与大众文化有着天然的亲密关系,所以在大众文化出版选题中占有较大比重,特别是在文学艺术类的出版选题上。除上面分析过的《废都》外,还有一些选题只从命名上就可看出一二来,如《丰乳肥臀》《妻妾成群》《说吧,我是你的情人》《只想跟你玩亲亲》《情夫太完美》《裸奔》《我这里一丝不挂》等等。其中有些作品虽然属于严肃的文学创作,比如莫言、苏童的作品,但这种命名上的吊诡究竟是作者的真实意图,还是作者与选题编辑的合谋却不得而知,而命名本身所导致的选题庸俗化倾向却是显而易见的。

选题的“黑色文化”化。“黑色文化”即指充斥了凶杀、暴力、黑社会与地痞流氓等内容的文化产品。这类选题最早在20世纪80年代中期从国外流入后,一段时间几成泛滥之势,后经国家文化管理与出版行政管理部门的“扫黄打非”工作的治理后,其气焰才有所收敛,但当今在网络出版选题方面这些内容屡禁不止。

① [法]让·波德利亚. 消费社会. 南京:南京大学出版社,2001. 110 - 111.

选题的“灰色文化”化。“灰色文化”指充满了消极失落感、虚无感、幻灭感，鼓吹自我麻醉、自我超脱的文化产品。这类选题虽然对大众生活不会构成实质性危害,并且多为个人色彩浓厚的文艺创作,但其宣扬的低迷、颓废的情绪却会对社会正常、健康、向上的精神生活产生消极影响。

选题的“白色文化”化。“白色文化”指含有神秘主义倾向和封建迷信色彩的文化。一大批宣扬伪科学的图书选题,诸如某些“气功”类、“解密”类等,打着形形色色的旗号进行招摇撞骗,一些散发着封建迷信色彩的图书选题在某些出版人的意识里不时沉渣泛起,严重干扰了科学思想的普及。

要解决这些问题,必须从根本上坚持“二为”方向,注重选题的社会效益、经济效益双赢。选题策划工作既要遵循文化发展规律,重视社会效益,又要遵循市场经济规律,重视市场效益。

从根本上说,大众文化作为当前文化格局中占重要地位的文化形态,为出版文化提供了取之不尽的选题资源,出版人要想在当代出版工作中做出贡献,就必须学会正确运用大众文化选题资源,将其放到全球化文化发展的高视点上进行认识,实现大众文化的“化”人功能。

第三节 市场功能的局限性与出版文化选择的超越性

如前所述,市场逻辑的强大功能使当前中国文化呈现多样化的发展格局,从文化生态的观点讲,主流文化、精英文化与大众文化以及民俗文化等应该协调发展,共同维护人类精神文化生态的平衡和稳定。虽然市场机制的运作能够有效配置选题资源,实现选题的立体开发,但是,绝对化地依靠市场调节不可能实现文化生态的平衡发展。

一、市场失灵与出版选题的生态失衡

在市场条件下,市场逻辑只刺激与其内涵品格相一致的大众文化出版选题的开发和生产,并竭力将主流文化与精英文化出版选题的开发生产也纳入大众化、市场化的轨道上。这种结果,如果只是定位于对广大群众一般性的知识普及或者大众化的宣传上,是值得出版社组织力量进行大力开发的。但并不是所有

的主流文化与精英文化资源都可以直接转换为可供大众消费的选题资源，因为文化发展有其自身的规律，有着自己内在的规定性，主流文化与精英文化也不例外。如果一味关注大众类选题的开发，或者进行过于低质量的大众类选题的转换，而不考察主流文化、精英文化选题自身的发展规律，就会使反映整个社会文化的出版选题的开发和生产出现失衡现象。这种结果是市场失灵造成的，而市场本身却解决不了自身的问题。

市场失灵是指市场无法有效率地分配商品和劳务的情况，也通常被用于描述市场力量无法满足公共利益的状况。它具体是指对于非公共物品而言由于市场垄断和价格扭曲，或对于公共物品而言由于信息不对称和其他原因，导致资源配置无效或低效，从而不能实现资源配置的理想化状态。市场失灵反映了市场逻辑天然的局限性。从经济学的观点看，市场手段作为配置各种资源的最佳手段，虽然具有不可替代的现实功能，但由于它遵循着利润最大化的原则，往往只从单一的利益维度出发去调节生产规模和占有市场份额，其发展趋势不是造成垄断性生产经营，就是造成生产过剩的经营。垄断性生产经营是规模经营的极端形式，但垄断本身却天然存在着盲目生产的一面，同样造成资源的浪费。在出版选题的文化选择与资源开发上，市场逻辑的充分运作，使得大众文化出版选题的开发和生产处于一种有利的地位，可以利用规模经营的手段安排生产和消费，而主流文化与精英文化出版选题的开发和生产却处于一种相对不利的地位。在现实操作中可以看到，主流文化与精英文化出版选题为了吸引大众的注意力，必须对自身的某些品格进行大众化改造，而这种方式又是以牺牲主流文化和精英文化原有的品格和内涵为代价的，这就使得大众文化出版选题的开发生产从总体上处于占优的地位。2008 年开卷读者调查报告显示，读者用于购书上的时间和花费持续几年都有所增长。读者在书店购买图书时的目的性、针对性更强，即“翻看的少了，购买的多了”。从读者阅读类型选择上看，休闲阅读是当下阅读的主流，读者最喜欢的五大选题类型分别是小说、财经管理类、历史地理类、生活娱乐类、散文，其中还体现出了较强的男女性别差异——女性读者爱读情爱小说选题，男性读者爱读历史选题。2010 年开卷读者调查报告显示，小说、生活娱乐类选题仍然牢牢占据前两位。2010 年卓越网的畅销书选题排行榜排在前 5 位的是：《1988：我想和这个世界谈谈》《幸福了吗？》《独唱团（第 1 辑）》《好妈妈胜过好老师》《五天学会绘画》（第 22 版）；当当网畅销书选题排行榜排在前 5 位的是《蔡康永的说话之道》《尘曲（一段时光深处的拾荒之旅）》《侯卫东官场笔记 4》《包容的智慧Ⅱ　修好这颗心》《橙：陪安东尼度过漫长岁月 2》。再综合其他各个图书网的排行榜可以看出,畅销的图书大都属于小说、休闲图书、实用类图书,而最能反映精英文化、主流文化的出版选题却寥寥无几。我们当然不能由此断言主流文化、精英文化作为图书选题资源没有受到应有的重视,但至少可以说,它们进入市场大多是有先在条件的,比如政策扶持和资金资助等。假若没有这些先在条件,不论选题的人文价值或科学价值多高,都有可能被束之高阁,难以问世。现今依然存在的种种学术著作"出版难"问题就是明证。当前,我国的图书出版市场正进一步放开,教材出版由少数出版社垄断的局面正在被打破,虽然出版市场发育还不完备,但从文化发展的主客观方面讲,主流文化、精英文化、大众文化出版选题必须从整体上得到均衡发展的趋势不可阻挡。近些年一些精英类、主流类选题受到关注,比如根据北发图书网排行榜2011年5~6月的数据看,综合类图书排行第一的是上海人民出版社的《中国震撼:一个"文明型国家"的崛起》,人民出版社的《精神的升华:中国共产党的精气神》也名列前十,这两个选题毫无疑问都是主流文化类选题。

但是,不同的文化格局,却存在着一些相同的问题,最突出的问题便是原创性选题匮乏,选题低水平重复与跟风现象严重。就大众出版选题来说,一套中国古典"四大名著",竟有几十、上百个版本;一本《明朝那些事儿》出炉,各种"那些事儿"之选题纷纷跟风。就主流文化出版而言,最热的选题便是各种名目的会议报告的学习辅导材料。而精英文化选题又主要集中在为数不多的有影响力的学者所能提供的有限的选题资源上。这几年,国内有影响的图书选题不少是从国外引进的,吃"引进饭"已经成为一些出版社的生存之道。比如,日本作家村上春树的《1Q84》在2010年各大书店和图书网站卖得热火朝天;日本作家黑柳彻子的《窗边的小豆豆》至今仍是很多中国家长首选的少儿读物。开卷2009上半年图书市场监测报告显示,畅销书前500名中,有92本是引进类图书……所有这些,都暴露了我国开发原创性选题质量和品格不高的缺陷。

市场条件下出版选题的失衡情况不单在不同文化形态间存在,而在同一文化形态内部也同样存在。从资源与资本配置方面说,出版业本身与每家出版单位的出版资本都是有限的,如果某一方面的选题资源所占资本的份额过高,那么其他部分所占资本的份额必然降低;如果出版资本都向收益多、回报大的选题集中,那么,那些收益小、回报低的选题出版面世的机会就小。原创性出版选题由于具有一定的投资风险,所以容易被出版社规避。

精英文化出版选题与市场逻辑之间存在着某种天然的不相容关系。一方面,精英文化选题所构建的出版物世界总是以高度抽象的文本形式与语言符码出现的，从出版消费的角度看，一般消费者因为与精英文化出版选题所要求的知识积累和理论水平存在着较大差距，所以进入精英文化出版物的“知识壁垒”较高。而要打破这一壁垒，就需要用相对较长的时间对这种差距进行弥补。而单凭出版行业或某一个出版单位是不可能投入大量成本来承担这些知识普及与提高的任务的。另一方面，优秀的精英文化出版选题代表着“人类的良心”，是全人类可以共同享用的精神文化遗产，因而具有共同消费的“公共物品”性质；但这种共同消费本身却使“私人生产者”有可能收不回生产这种“公共物品”所消耗的高额成本。比如编纂《中国大百科全书》这一选题所花费的成本高达几千万或上亿元，而购买者多是代表文化共享领域的图书馆等公共文化事业单位，而真正的消费者个人却能以免费的方式在图书馆阅读相关内容，出版单位却不能通过市场手段要求消费者个人为此支付出版费用，因而“大部头”图书的个人购买率很低。因此，这类具有“公共物品”性质的出版选题及其消费上的不可排他性，使得具有“私人性质”的出版单位也不愿单独斥巨资开发此类选题，从而造成市场机制在此类出版选题运作面前的失灵。

由此可知，在充分利用市场手段发展出版产业的同时，也要对市场的局限性有着清醒的认识。正如一位西方经济学家指出：“市场可以是我们驾驭的一匹好马。但是马无论怎么好，其能量总有个局限……如果越过这个局限，市场机制的作用必然会蹒跚不前。”①在出版产业领域，市场机制无法真正实现选题资源的最佳配置，无法为全社会读者建立一个真正共享的“公共领域”，无法对大众文化选题的某些缺陷及负面影响有所克服。在当代中国，当一些装潢精美、内容新潮的图书杂志正在引领书刊消费时尚之时，在同一片蓝天下还有很多贫困学生读不起书；当一些卡通漫画正在逐渐成为大批儿童乃至成年人的精神食粮之时，他们未必意识到对人生意义与价值的探求正在离他们远去。关于这一点，日本就是一个很好的例子：日本的动漫产业十分发达，是世界第一大动漫强国，而且其动画的模式具有鲜明的民族特色，虽然不如美国动画特效那么炫目，但是凭着剧情的创新和民族趣味性，其动漫在全球具有很重要的地位，拥有广大的收看人群。日本动漫中有一个显著的特点就是对强者的崇拜，大部分主人公多拥有一般人没有的强大实力，而且有些作品中的主人公就是神话中或人们心目中的神，远比现实生活中的一些经济、体育等领域的精英乃至古代的武士要强大，这满足了许多日本人对强大力量的崇拜心理，如《海贼王》《蔷薇少女》《吸血鬼骑

① ［美］费尔德斯坦．转变中的美国经济（下卷）．北京：商务印书馆．1990．738．

士》等。同时这也从侧面反映了许多日本人特别是青少年,对现实生活感到无聊,渴望有动漫作品中人物那样强大的力量、刺激的生活、与众不同的经历。长期以来,日本动漫中的浅层次的意义表述方式,销蚀了大部分人追求有深度的人生意义的目标,将一些国民变成了只知强权不知道义为何物的感性人。如果说在经济学领域存在“劣币驱逐良币”的格雷欣法则,那么在文化生产与出版选题领域同样存在着以劣质选题驱逐优质选题的“格雷欣法则”。这在日本动漫出版中表现得尤为明显。美国学者麦克唐纳就曾指出:“优秀的艺术同平庸的艺术竞争,严肃的思想同商业化的俗套程式竞争,胜者只能属于一方。在文化流通中和货币流通中一样,似乎也存在着格雷欣法则,低劣的东西驱逐了优秀的东西,因为前者更容易被理解和令人愉快。”①当然,难以应对的不是存在不存在格雷欣法则,而是如何面对它,克服它。

二、出版政策对市场机制的调控功能

市场机制在主流文化、精英文化出版选题面前的运作失灵,使得社会管理体制必须从其他角度对其不足进行调控。其中的首要问题便是对精英文化、主流文化出版选题的认识问题。主流文化虽然是以政治意识形态为主导的文化,但对它的认识既不能扩大化,又不能庸俗化。主流文化是维系一个国家的政体所在,其理论构成是复杂而严肃的。尽管主流文化在国家政治运动的过程中会以这样那样的面貌出现,但附着在主流文化“基体”上的理论基础却是人类政治文明长期发展进化的结果。因此,从因果律的角度理解,主流文化出版选题就既不是对某种政治意图的简单宣示,也不是一种庸俗化的学习贯彻,而是从精神实质上弄清它对国家乃至全人类的政治文明有何贡献。精英文化从根本上说是对人类至真、至善、至美精神的传承,优秀的精英文化出版物是全人类的文化遗产和共同财富,相对于私人财产而言,精英文化出版选题所构建的正是一个具有全人类共享功能的精神世界。虽然市场机制的自发运作在某些方面导致了精英文化边缘化乃至精英文化、主流文化选题出版方面的危机,但市场本身是没有过错的。针对市场的缺陷,需要以适当的出版政策进行调控,需要政府进行有效的干预。正如美国的一些经济学家所言:“市场经济之需要干预,在很大程度上不仅是因为社会使其肩负国家的目标,而即使市场作用得以充分发挥,这个目标还是

---

① 周宪.中国当代审美文化研究.北京:北京大学出版社,1997.43.

无法实现。”①“国家干预经济最有说服力的理由便是，如果没有国家，人们就不能卓有成效地互相协作，实现他们的共同利益，尤其是不能为自己提供某些特定的公共物品。”②真正有价值的主流文化、精英文化选题得不到出版，其责任不在市场机制本身，而是由于国家干预、调控机制不健全。比如像《中国大百科全书》这样惠及全民的鸿篇巨制，其选题立项难度之大可想而知，如果国家有关部门不进行有效干预，就难以取得理想效果。

实际上，在计划经济体制下，我国的出版工作包括选题工作一直处于国家意识形态管理部门的严格审查和管理之下。改革开放之后，尽管出版体制的市场转型在循序渐进地进行，但对重点选题的规划和审查却一直没有放松，比如实施重大选题出版备案制度等，这就保证了出版选题的正确方向。然而，正如市场并非灵丹妙药一样，政府干预也不是万能的。就出版选题而言，哪些选题该由政府干预出版，干预的内容和程度如何确定，仍然是一个有待讨论的问题。比如就中小学教材来说，政府部门可以通过限价措施对其进行干预，因为教材出版在我国是一个有利可图的特种选题领域。然而对那些微利或无利的图书选题，政府应该通过什么样的管理机制或扶持计划对其进行科学的开发与生产，同时又不妨碍这些选题对真善美的自由抒写，同样需要认真对待。更为关键的是，一套行之有效且在选题遴选上科学合理、持之久远的出版资助制度，比某种临时的政策措施更能发挥长久效力。资金资助是必要的，但有了钱并不代表能将好的选题开发出来。所以，选题的论证机制、决策机制都必须进行改革和完善。

三、出版文化对市场逻辑的超越功能

出版文化自身具有强大的超越功能，它对市场逻辑的某些缺陷和失灵具有纠正作用。人类出版史已经表明，出版选题对人类文化的选择遵循的是文化自身的发展规律，无论是古代还是现代，当民间文化、主流文化、精英文化和大众文化以出版选题的方式被开发、被生产、被消费、被接受时，那凝聚在选题中的将不再仅仅是某一种文化形态或文化类型，而是一种与出版连为一体的出版精神和出版文化。出版文化对市场逻辑的超越功能主要表现为三个方面：

第一，出版文化是以符合人性发展的价值理念为导向的，而不是以利润为导向。市场逻辑以利润最大化为内在追求动力，任何选题都要放到利润的天平上

---

① ［美］埃尔肯.新模型经济.上海：上海译文出版社，1990.81.

② 陈立旭.市场逻辑与文化发展.杭州：浙江人民出版社，1999.204.

进行衡量,这虽然与市场体制下的出版产业发展的要求并不背离,但市场带来的局限性却无法由市场本身去克服。出版文化是一种功能性文化,它的基本功能就是维护人类文化的连续性和进步性,当它的基本功能与其他功能发生矛盾的时候,它的基本功能会最终发挥一种决定性作用。当然,这种决定性作用是从人类文化发展的全局性意义上来进行界定的。因为出版选题对文化的选择本质上是一种价值选择,这种价值选择可能会因社会的动荡而发生局部性或暂时性的迷惘,但从长远的观点看,却是向着最符合人自身全面发展的方向前进的,它最终将受到价值选择的决定性影响。这一点,就连美国出版家小赫伯特·S.贝利也认为:图书出版商,即使他们想回避,也回避不了图书应担负的社会使命,回避不了他们既是出版商又是公民的形象,回避不了人们对他们作为悠久而光荣的传统的参与者的期望……任何出版领域中有水平的编辑都必须关心图书的风格和内容,他们是不会满足于把利润作为衡量他的才能的唯一标准的。①

第二,出版选题的开发是以文化建设为本位的,而不是以商业利益为本位。我国近现代出版业的开拓者张元济在进入商务印书馆之初就说:“吾辈当以扶助教育为己任。”商务印书馆之所以有今天之声誉,是与传承“扶助教育”这一出版本位有关系的。人民出版家邹韬奋曾举例说:我们这一群的工作者所共同努力的是进步的文化事业,所谓进步的文化事业是要能够适应进步时代的需要,是要推动国家民族走上进步的大道。我们在上海开始的时候,就力避“鸳鸯蝴蝶派”的颓唐作风,而努力于引人向上的精神食粮;在抗战建国的伟大时代中,我们也力避破坏团结的作风,而努力于巩固团结坚持抗战及积极建设的文化工作。② 也就是说,出版选题的文化选择不仅要以先进文化为指导,更要以文化建设为本位。在这一点上,正如小赫伯特·S.贝利认为的:“杰出的出版社是杰出的书造就的。”③英国的出版家斯坦利·昂温也认为:“如果赚钱是你的首要目的,那就不要从事出版业。出版业的报偿远不只是金钱。”④由此断定出版选题乃至出版业的中心工作就是首先要造就“杰出的书”,而不是首先要“赚钱”。

第三,从根本上说,出版选题的文化选择与市场逻辑的关系不是对立的,而是兼容的。一方面,市场条件下的选题策划要考虑到市场的需求,尊重市场,研

① [美]小赫伯特·S.贝利.图书出版的艺术和科学.北京:中国书籍出版社,1995.20.

② 邹韬奋.事业管理与职业修养.北京:三联书店,1998.89.

③ [美]小赫伯特·S.贝利.图书出版的艺术和科学.北京:中国书籍出版社,1995.18.

④ [英]斯坦利·昂温.出版概论.北京:中国书籍出版社,1991.202.

究市场，从市场的需求和规律出发进行选题策划是一条重要的原则。出版物是通过市场来满足人们精神文化生活的需求的，只有那些尊重市场需求的选题才能行销四方、历久弥盛，获得社会效益和经济效益的双丰收。另一方面，这种市场需求又是以各种文化元素为其基本内涵的。图书作为精神产品，不同于一般的物质产品，它是一个社会精神文明的标志，是人类文明的成果，它的属性首先是文化。针对文化与图书的这种本体与载体的关系，选题过程中必须将市场与文化一并考虑。传统文化是振奋民族精神的根基，现代文化既是对传统文化的延续、继承和超越，又是对外来文化的吸收、消化和借鉴，而未来文化则是世界各国相互交融、包涵、运用又彼此独立的文化。不论是传统文化、现代文化，还是未来文化，选题人都要注意与市场需求适当地结合。而当市场逻辑成为金钱观念的"看门狗"而拒绝真正有价值的出版选题时，出版文化就会运行其超越机制，从文化传播的内在规律出发瓦解市场逻辑的负面作用。当然，出版文化对市场逻辑的超越是在肯定了选题的正面价值，即社会效益基础上的超越，是对优秀选题所存在的低市场效益的超越。这种超越性品质所显示的正是出版文化的内核与灵魂。

本章小结

社会经济的转型与市场体制的建立，为出版选题市场机制的形成提供了条件。各种文化资源在进入出版市场后，都将通过市场机制转换为出版选题资本，并以此构成出版产业的核心竞争力。这一理论建构将廓清种种对出版选题在市场竞争中所起作用的模糊认识，从而更加坚定以选题开发作为出版产业发展龙头的信念。

市场体制为各种出版选题得以孕育的文化母体重新划分了领地和边界。主流文化、精英文化、大众文化的发展格局不仅是社会大转型的结果，也是造成某些附着其上的事物发生变化的叠加因素，出版选题正是这样。在市场条件下，出版选题的开发机制既要遵循市场规律，又要遵循文化规律。一方面，文化的多元化格局不仅给出版选题的策划与组织带来了明确的分界线，而且也以各不相同的价值选择规定了出版选题的品质内涵；另一方面，"资本"的推动，使得任何文化类型在进入出版选题"场域"时，都必须经过"资本"的改造与检验，才能得到市场的认可。需要明确的是，市场化——经济变革之因是基础，是前提，"文化"

化——文化变革之因是结果,是纽带,出版选题的变化则是经济变革与文化变革两种因素叠加一体同时作用的结果。然而,出版选题活动作为出版文化变革中最为活跃的因素,有着与生俱来的独立品格和超越品格,它的独立性即它的文化本位性,它的超越性即它的灵魂提升功能,都始终与人的全面发展紧密联系着。

思考题

1. 在市场逻辑下,文化资源、文化资本是如何转化为选题资源、选题资本的?
2. 文化的多元化格局是如何影响出版选题的市场选择的?
3. 如何理解市场功能的局限性与出版文化选择的超越性?

第四章

4

选题策划与思维创新

出版人的选题活动本质上是一种知识创新活动。选题策划作为一种高智慧的创造性思维劳动，具有自身独特的过程和特点；在网络时代和知识经济条件下，选题策划的思维创新功能尤为重要。探索选题策划与思维创新之间的规律，乃出版选题学研究的题中应有之义。

第一节 为什么要进行选题策划

人类的出版选题活动源远流长，但是迄今为止，还没有一个时代能像当代出版传媒这样重视选题的策划与组织。这里面的因素颇为复杂，概括起来有以下三点：其一，这是当今信息社会和知识经济时代快速发展的需要；其二，这是现代出版产业快速发展的需要；其三，这是契合读者接受心理的需要。

一、信息社会、知识经济时代的必然要求

毋庸置疑，我们今天所处的社会是早已被信息包围的社会，我们的时代是以新媒体引领潮流的知识经济时代。这样的时代是人类在经历了石器时代、农业经济时代、工业经济时代以及相应的社会形态变迁之后，正在迎来的一个崭新的时代。关于这个时代的特征，人们已经用各种各样的词汇对其进行描述，诸如“知识经济”“智力经济”“信息经济”“后工业经济”“高技术经济”等等。这种社会经济形态从几个方面影响我们对包括出版产业在内的整个传媒产业的思考：一是现代社会的信息量骤然增大，出现了所谓的“信息爆炸”和“知识爆炸”的现象；二是大众传播媒介增多，一些新媒介如手机移动传媒、网络传媒的优势正在强化，由此衍生的即时通讯、维基百科、论坛社区、博客、微博、社交网络、内容分享网站等迅速壮大；三是传媒业自身融入了信息社会和知识经济当中，成为这个新经济形态的一个极其重要的组成部分；四是以建构和传播文化信息和知识学术内容为主旨的图书、杂志出版业可能从传统的核心媒体地位中游离出来，成为一种边缘媒体。① 这种情况表明，为了应对出版产业生存环境与生态条件的变化，就必须加强出版选题的策划与组织，使出版选题能在密集的信息丛林中展示

① 戴安娜·克兰.文化生产：媒体与都市艺术.南京：译林出版社，2001.6－7.

其现代魅力，成为引领内容产业发展的核心力量。

1. “信息爆炸”与信息的有序化解决之道

信息是对客观世界中各种事物的变化和特征的反映，是客观事物之间相互作用和联系的表征以及经过传播后的再现。现代社会的信息量究竟有多大？它以何种速度增长？它将给人类生活的这个世界带来怎么样的影响？对此人们还无法预测。有人统计，在社会庞大的信息量中，其中只就自然科学知识的信息量来说，每年全世界出版科技期刊十多万种，发表学术论文500万篇左右，出版图书60万种以上。有论者指出，19世纪科学技术成果的数量每隔50年翻一番；1950年以后，每隔10年翻一番；1970年以后，则是每隔5年翻一番；进入新世纪以来，则是一年翻一番。这说明信息增长的速度极大地加快了。原西德科学家哈根·拜因豪分析，今天一个科学家即使一天不间断工作24小时，也只能阅读自己专业出版物的很小一部分，大约5%。我国已故著名科学家钱学森曾说，20世纪三四十年代他在美国读博士学位时，只要是有关他自己专业的出版物，不管是哪一国出版的，他可以有把握地说，他都看过。而在今天这样的信息社会，别说是看，连用肩背都背不动。这些大概就是对“信息爆炸”的形象说法。

“信息爆炸”和媒介传播的多样化是紧密联系在一起的，各种各样的传媒为信息的流通和传播创造了前所未有的便捷条件。特别是当今网络媒体的崛起，更是为信息海洋的形成推波助澜。然而，信息本身是分散的，是无头脑、无秩序、没有行动能力的，而信息社会从本质上又要求信息的条理化和秩序化，否则，人们将被淹没在信息的汪洋大海中而无所适从。正如美国信息研究所编写的《知识经济:21世纪的信息本质》一书所指出的:“今天我们所面对的最大挑战之一就是把信息转化为知识。”①因此，如何赋予信息以观念和思想，使其成为有头脑、有条理、有秩序的信息——知识，实现信息价值，是对当下出版编辑工作的一大挑战。出版编辑的职业选题活动，就是通过对有益信息的筛选和对有害信息的删汰，将那些本来无序的符号信息导入有序的文化价值系统中，使其成为对人类有用的知识体系的一部分。

就传媒与信息内容的关系而言，加拿大传播学家马歇尔·麦克鲁汉曾提出一个著名的观点:“媒介即信息”。这一观点力求从媒介参与塑造人类生活的角度来对传媒进行新的解释。然而，一个清楚的事实是，媒介虽然能够选择信息，

---

① 李京文.知识经济与决策科学.北京:社会科学文献出版社,2002.60.

但不能代替信息。不同的媒介可以选择相同的信息内容,但它们对信息内容的处理方式千差万别。这就形成了媒介与媒介之间的区别。出版传媒在悠久的发展历史中形成了其自身独特的选题方式,如果套用麦克鲁汉的话,那也可以说:出版即知识和思想。当然,知识和思想不一定都会用出版媒介的形式公之于众,但是,通过出版媒介公之于众的,一定是某种知识和思想。出版媒介之所以以传播知识与思想为己任,原因就在于出版选题的策划与组织不是对原有文化信息的简单排列组合,而是以一种全新的眼光来看待信息和组织信息。实际上,对广博浩瀚的信息世界进行梳理、选择和加工的过程,本身就是对知识与思想世界的追寻、提炼和铸造过程,是一个价值增值过程,这也是图书作为信息载体的突出特征。

今日之出版界,出版人组织和策划出版选题所涉及的文化领域之广、学科门类之多、知识层次之复杂、读者需求量之大之专,都是前所未有的。这既是信息社会、知识经济时代带给全人类的丰厚财产,同时也给信息与知识的组织者、出版者带来前所未有的机遇和挑战。谁能在信息与知识的流动中抓住一些关键的部分,留住一些有用的部分,谁就能为这个时代、这个社会做出自己的成就。如果当代出版人没有将这些事情做好,那么,这个社会留给我们的将不再是文明的传承与精神的抚慰,而只能是文化的断点与空白。这是人类发展史所不能允许的,也是书籍出版史所不能允许的。

2. 知识的进化与优化及其生存之路径

出版是面向知识和思想的活动,然而,随着知识经济时代的到来,知识本身的“进化”和“优化”对出版选题的研究和开发提出了更高的要求。

知识是一个被人们广泛使用且具有丰富内涵的概念。人类在不同的成长阶段,都创造了不同内涵与形态的知识及其与之相适应的社会体系。在工业社会,知识的内涵包括了社会科学、自然科学在内的百科知识以及各行各业、各种门类的专业技能知识,知识的形态主要以广泛使用的语言、文字、图形、数字、公式、符号为主,知识发布的形式主要是图书、杂志、报纸等。这个阶段对出版选题策划的要求虽然不高,但却是一个以“启蒙”为关键词的重要阶段。这个阶段具有标杆意义的出版选题很多,比如前工业时代法国狄德罗和达朗贝尔等人开发编著的《百科全书》选题;工业发展时代英、美出现的袖珍纸皮书选题,像“企鹅”丛书;工业现代化时代出现的各学科图书选题的繁荣;等等。20 世纪 90 年代,伴随着社会、经济、文化的全面转型,知识经济又成为一个具有全球意义的重要话题。有论者指出,如果将 20 世纪 70 年代称为“政治中国”,80 年代称为“文化中国”,90 年代称为“经济中国”,那么,21 世纪的中国呈现在世人面前的将是一个“知识中国”形象。① 作为一种全新的社会经济形态,知识经济以知识和信息的生产、分配、传播和使用为基础,以具有创新能力的人力资源为依托,以高新科技产业与智业的发展为支柱,将极大地改变社会产业结构和人们的生产、生活方式。这一全新的“经济—文化”转型,意味着“知识价值”的空前重要性,意味着“知识话语”的生产和再生产将成为社会经济文化快速发展的必要前提,意味着对个体创新能力和知识资源的开发将成为推进社会经济文化高速发展的真正动力。在这一背景下,出版业作为一种传统的知识产业,不仅以丰富的知识资源参与到知识经济的构建之中,而且还是最易受到知识经济影响的领域之一。

在知识经济时代,知识的内涵主要包括哲学、科学、技术、教育、人文、艺术、经济、管理、咨询等众多学科体系和学科群,知识的存在形态除了语言、文字、图形、数字、公式、符号外,还有图像、声音、计算机程序等符号体系和符号工具,知识的发布形式除了传统的书、报、刊外,还新增了音像出版物、电子出版物、网络出版物及手机出版物等。知识经济时代的出版虽然到今天为止还没有出现一部被公认为具有标杆意义的出版物,但是可以预见的是,知识自身的整合优化机制,必将催生和产生出与这个时代的知识成果相适配的、对人类文明产生重大影响的出版选题。

根据世界经济合作与发展组织的划分,人类迄今创造的知识可以分为四类:知道是什么的知识(know what),即事实知识;知道为什么的知识(know why),即原理知识;知道怎样做的知识(know how),即技能知识;知道是谁的知识(know who),即人力知识。现代科学体系一般又将知识分为自然科学、社会科学、人文科学三大类。知识类型的划分实际上也是对出版选题类型的划分。随着知识在数量上的不断增长和在质量上的不断优化,现代科技知识呈现出既高度分化又高度整合的明显趋势。在这两种趋势下,一方面,学科不断分化,新兴学科不断涌现,另一方面,交叉学科层出不穷,综合性边缘学科越来越多。知识的迅猛发展对出版选题也提出了新的要求,一方面要全面、客观、准确地反映知识进化的全部内容和知识优化的复杂进程,另一方面又要实事求是地分析和判断知识的进化和优化对人类社会的发展所起的关键性作用。

当今时代,知识被称为最重要的社会财富。应该说,知识经济的到来从根本

① 王岳川.中国镜像——90 年代文化研究.北京:中央编译出版社,2001.20－21.

上引起了生产力的革命性变化,并最终引起财富的转移。著名未来学家阿·托夫勒说:"知识的变化是引起大规模力量转移的原因或部分原因。当代经济方面最重要的事情是一种创造财富的新体系的崛起,这种体系不再是以肌肉(体力)为基础,而是以头脑(脑力)为基础。"①这就是说,知识经济意味着社会经济的发展将取决于对智力资源的占有、配置,知识的生产、分配、使用、消费将成为社会最重要的发展因素。知识不仅是财富的体现,而且是权力的象征。当然,正是在对知识进行生产、分配、使用、消费的过程中,知识和出版产生了直接的联系。出版作为"以知识为基础的职业"之一,一方面在选题上要受到知识扩展与传播逻辑的规约,另一方面,出版选题作为生产、传播和扩展知识的中介之一,又有着自己的运行逻辑,即"获得、操纵、组织和传播关于知识的知识"②的逻辑。在这种情况下,知识的传播、扩展逻辑与出版选题的运思逻辑必须达到某种内在的平衡,因为,就知识本身来说,"知识从来就不是一种可以被轻而易举地进行交换的、没有争议的'媒介'"③,而出版这个以知识为基础的职业也"不应该被看作是对知识的获取、整理、系统化或以某种其他方式中立地对知识发生作用并因而将那种知识传播给各种公众的被动的中介"④。在当今,出版选题人所要做的就是以一种智慧化的"头脑"管理好这些"以头脑为基础"的知识,这种管理除了发挥主动性进行优选、优化之外,不会有其他更有效的办法。

从人类知识与出版文明发展的历程来看,与生物界所遵循的"物竞天择,适者生存"的自然法则不同,人类知识的出版经历的是一条充满睿智的人工选择之路。这条路径如果以一句话来概括,那就是"理性选择,美者优存"。所谓"理性选择",就是对出版选题所进行的合乎人性、合乎人的内在精神需求的选择;所谓"美者优存",就是指经过人的理性选择而成为出版选题的知识,不仅是合乎人类文化发展规律的,而且在其本性上也是有助于开垦人的生命内涵、提升人的生存质量、优化人的生存境界的,是鉴于真、止于善、达于美的。无论从中国的孔子、老庄始,还是从西方的苏格拉底、柏拉图、亚里士多德始,人类知识的进化与出版选题的优化无不经过人工智慧的选择,而且也只有经过人的智慧化选择,人类的知识才能够层层叠加,生生不息,亘古绵延,薪火相传。

---

① [美]阿·托夫勒.力量的转移.北京:新华出版社,1997.7.
② [加]尼科·斯特尔.知识社会.上海:上海译文出版社,1998.275.
③ [加]尼科·斯特尔.知识社会.上海:上海译文出版社,1998.280.
④ [加]尼科·斯特尔.知识社会.上海:上海译文出版社,1998.280.

3. 媒介融合使出版选题发生思维转型

当今,信息、知识与思想已经和各种传媒融为一体。比如报纸、电视、电台是各种新闻与娱乐文化信息的传播通道,而出版则是各种知识与思想文化的传播通道。具体到分门别类的知识与单个出版机构而言,比如我国的人民文学出版社是出版和传播古今中外各种文学作品的基地,人民教育出版社则是出版教材的重镇。在国外也是如此,当我们提到培生集团、汤姆森公司和麦格劳—希尔集团时,我们知道它们是世界上三大教育出版巨头。培生和麦格劳—希尔都志在提供从小到老的全套教育解决方案,而汤姆森则钟情于高端选题市场,它的四大业务——法律、财经、科技、医疗在国际上享有盛名。这种局面的形成一方面是出版社进行品牌战略、品牌经营的结果,另一方面也是出版社在信息社会条件下有意调整经营思路和选题思维的结果。

由于信息社会的到来,传媒与知识信息的这种高度融合、互为存在的态势,使得传媒本身具有了高知识的特征。所谓高知识,主要是以创意、策划、设计等行为体现出来的一种智慧化存在方式。现在,不仅平面媒体在搞选题策划、版式设计,电视、电台、网络甚至手机也在进行栏目策划、频道和节目设计。可以看出,社会信息和知识越丰富,媒介的传播活动就越具有策略性,创意和策划的重要性就越突出。可以说,我们今天不是没有优秀的导演、优秀的编辑、优秀的节目主持人、优秀的记者、优秀的出版商,我们缺乏的恰恰是能够高瞻远瞩、高屋建瓴地对传媒全局进行系统策划设计的著名报人、大制片人、出版大家、策划大家。

进一步说,信息社会的到来,使知识和思想通过处于核心媒体的报纸、电视、网络、手机等"热媒介",更容易也更便捷地被大众所了解、吸纳和接受。这就从产业生存的角度对处于被"边缘化"了的出版媒体提出了新的要求。从根本上改变传统出版那种坐等书稿上门的选题思路,通过更加主动的策划设计将合适的知识内容通过合适的传通渠道送达合适的读者手中,已成为知识与出版传媒融合发展的新走向,这一走向已经和正在释放出它的独特魅力。

二、现代出版产业运作的内在要求

当前,我国出版业已经走上了产业发展之路。出版产业与出版事业相比,虽然只有一字之差,但对出版人选题活动的影响却甚为巨大。组织和策划出版选题之所以成为当今出版社的头等大事,与出版社实施产业化运作的内在要求是密切相关的。

(一)现代出版产业的本质特征

出版产业是文化产业的组成部分,在西方发达国家,文化产业是国民经济的支柱产业之一。在全球化背景下,出版产业的发展表现出如下特征:

1. 更注重"内容为王"

出版产业在最抽象的意义上,可以定义为内容产业,换句话说,就是以出版的方式生产文化内容。与越来越趋向于"人文关怀"的一般社会经济活动相比,出版产业本身就是以强调人文活动见长的一种特殊经济活动,是建立在经济—文化一体化基础上的文化符号的生产与交换,是利用高品位的优质出版产品参与全球大众生活的文化产业。现在有不少媒体都在追求"内容为王",但唯独出版媒体能将"内容为王"发挥到极致。一家出版社策划出来一个有创意的选题,既可以提供给电影、电视媒体改编为影视作品,又可以提供给数字媒体制作成数字出版物;可以提供给网络媒体在互联网上进行传播,还可以出售给手机运营商或者手持阅读器运营商以供手机用户或手持阅读器用户进行下载与阅读,当然同时还可以出售海外版权。因此,在现代市场条件下提出"内容为王"的传播理念,实际上是对传统出版选题者的一次产业化启蒙。

2. 建立在"数字化"技术平台上

国际大型出版企业充分运用高新科技手段,将出版活动建立在"数字化"技术基础之上。大型出版集团利用"数字化"技术平台,可以实现低成本复制、多媒体界面传播、个性化和互动式服务。高新科技是带动现代产业经济实现快速转型的驱动器,当然也是带动现代出版产业实现快速转型的助推器。现代高新科技对出版人的选题活动究竟有多大影响?究竟在哪些方面产生影响?其效果如何?这些问题虽然还没有人进行深入调研,但有一点可以肯定,那就是全球互联网实现了知识与信息的世界性共享。互联网所提供的选题信息和资源不知要比以前多出几百、几千、几万倍,这就给现代出版人策划和组织选题提供了便利的条件。近几年不少畅销选题有都是从网络发掘出来,如《明朝那些事儿》《藏地密码》《杜拉拉升职记》等,说明新媒体所起的作用越来越明显。

3. 具有"规模经济"的特征

大型出版集团利用市场手段优化出版资源,以资产为纽带,重组出版资本,在优质出版物的生产、制作和销售上加大投入,不断提高优质选题的市场集中度。有了规模经济的优势,有了雄厚资本的支持,大型出版集团更舍得花大本钱、下大功夫进一步挖掘优质选题,并将这些优质选题培育成优质出版物,实现企业的良性循环发展。像中国出版集团发起组织的"中国文库"大型选题，就充分体现了"规模经济"的优势。集团旗下的人民文学出版社以"经典重组"和"开拓原创"为重点，形成既有规模效应又有重点图书引领的选题格局。它们策划的《茅盾文学奖获奖作品全集》《中国当代长篇小说藏本》两套丛书的选题，就较好地体现了"经典重组"这一原则，展示了一个具有品牌效益大社的出版实力；出版社策划的一些原创文学作品选题，也能较好地代表我国当代文学创作的实力和水平。

现代出版产业的三大特征在国外出版集团的产业发展上表现得更为充分。世界三大教育出版巨头培生集团、汤姆森公司、麦格劳—希尔集团无一不是借助于全球化的市场开拓、高新科技支撑的内容服务、重组和并购带来的规模效益发展壮大的。现代出版的产业化转型对出版选题理念的改变是不言而喻的，它给出版企业带来的最有价值的启示是：出版选题必须具有引领本土乃至全球书业的市场优势，必须和高新技术的支持紧密结合，必须通过规模化的经营方式实现利润的最大化。

（二）选题策划在出版产业链中处于核心地位

出版产业的运作离不开以选题的策划与组织为核心的整个出版策划。与报刊业、广播电视业和网络通讯业相比，图书出版不具备直接经营广告的优势，这就使得图书出版企业几乎把全部力量都放在对直接选题资源的经营上。出版产业要做大做强，就必须具备一定的经济实力和经营实力，这种实力的获得可以通过市场融资的手段，也可以通过并购、重组的方式来达到，但这只是问题的一个方面；问题的关键是，重组出版资本的目的是为了开发、经营新的出版产品，扩大优质出版物的市场份额，以获取最佳的社会效益和利润回报。而从出版资本到出版效益的相互生成过程中，出版选题的策划和组织将发挥关键作用。如果将出版资本和出版市场以及出版产品比作产生出版效益硬件的话，那么，出版策划就是产生出版效益的智力软件。实际上，以出版选题为核心的出版策划就是出版资本、出版产品、出版市场、出版效益之间"在市场经济背景下相互碰撞、融合、渗透而催生的一种智慧之花和互动的智慧结晶，是在出版经济文化一体化发展过程中，出版文化与出版经济高层次建构的需要"①。在实务操作中，选题策划在出版产业链中的关系可如下图所示：

① 阎现章.试论中国当代出版理念与出版思想体系的建设和发展.河南大学学报(社会科学版)，2001(5).

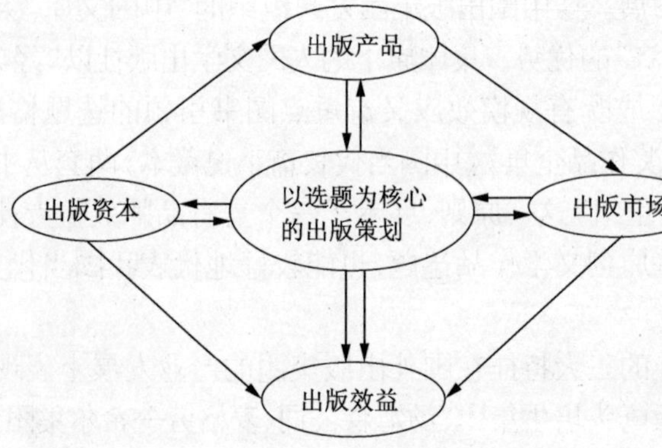

在此图中,出版资本、出版产品、出版市场、出版效益的相互碰撞、渗透、融合形成了一个出版产业链,而以选题为核心的出版策划在这个链条中处于中心位置。一方面,从出版资本到出版效益的循环互动需要出版策划来提供高知识的智慧动力资源;另一方面,以选题为核心的高品质的出版策划又推动了出版资本与出版效益之间的高效转化生成。

如果说选题策划在出版产业链中居于核心地位,那么选题策划的灵魂无疑是创新。对出版者而言,策划选题既要满足需求,也要创造需求,这两方面并不矛盾。满足需求就是通过对图书市场信息的调查,根据读者阅读的现实需要进行选题定位。创造需求就是通过对各种选题资源和选题信息的分析,发现潜藏在纷繁复杂的阅读信息背后的规律性的东西,从而不断开发新选题,塑造新读者,捕捉新动向,引领新市场。可以说,满足读者的需求是策划选题的基本功能,而策划选题又不能仅仅限于满足读者的基本需求,还要具有开发读者新需求的功能。

三、读者的阅读期待与接受需求

如果从接受理论和读者阅读的维度来审视出版选题的策划与组织在出版传播中的意义,那么,契合读者的阅读期待与接受需求则是其现实要求。

1. 接受理论与读者的接受心理

接受理论或曰接受美学主要是由德国美学家伊瑟尔和姚斯创立的。伊瑟尔认为出版文本是一个充满着各种潜在因素而期待着读者在阅读过程中加以填充的意义结构。伊瑟尔在解释文本特点时创造了“隐含读者”的概念,他认为这一概念有两方面的含义:一是指文本结构本身包含的、允许读者以不同方式进行解释的可能性结构;二是指读者通过自己的阅读能够使文本的意义得以具体化。

姚斯的理论主要是从解读文学史开始的,他认为文学作品从根本上就是为读者而创作的,不同时代的文学解释,总是在该时代读者的"期待视野"中进行,文学作品只包含着意义的"潜势",每一时代的读者都要凭借自己的"期待视野"而使作品的意义现实化。所以,文学史就是读者的接受史。

从文化传播的意义讲,接受理论充分关注读者在出版传播中的主体作用。传统的出版传播中,出版者只注重作者和作品的存在意义,相对忽视了读者的作用。传统出版观认为,出版物是记录、储存知识的物质载体,读者是出版传播的被动接受者,作品是作者的思想表达,作者与作品是第一位的,出版传播是从作者、作品向读者进行的线性传播过程。即使在市场条件下,一些出版者进行市场调研也只是从纯粹的经济利益出发,根本不在乎读者对出版选题的真实阅读感受与意见反馈。这就导致了出版物与读者的分离,造成了传而不通的被动结果。而接受理论的传播观认为,出版文本只是一种图文符号系统,它有待于读者的阅读和阐释,并只有在读者的阅读和阐释中才能获得生命。出版文本永远处于一种待读状态,永远在期待着新的视界融合。事实上,任何出版文本都是为读者出版的,出版文本注定为读者而存在,忽视读者对出版文本的选择、接受和反馈,就意味着出版行为的无意义化。出版传播的目的就是将出版文本作为个体读者能够接受的图文符号系统,通过读者的阅读体验进行新的意义阐释和意义传播。

完整的文本接受是通过文本选择、文本阅读和阐释、文本交流三个阶段实现的。所谓文本选择就是读者根据自己的阅读记忆和阐释需求而对出版文本进行甄别和取舍的过程;文本阅读和阐释就是通过对文本图文符号的识读和解码,并调动自己全身心的生命体验,对文本重新进行编码和阐释;文本交流是指在对出版文本重新编码和阐释的基础上,与作者的创作目的和传播者的先在意图进行积极的对话和意见反馈。其中文本选择是基础,文本阅读和阐释是重心,文本交流是目的。文本选择是选择出版载体与图文符号相统一的过程,文本阅读与阐释是脱离出版物质载体而进入到文本的意义世界的过程,而文本交流则是对文本意义世界的升华过程。

出版传播是"一对一"的交流,而不是"面对面"的交流,所以,出版传播必须通过文本接受与阐释的中介才能实现意义的传通。从传播的层面看,对出版文本的释读包含着多元涵义:其一是对作者意图的释读。正如史勒格尔所说:"真正的读者必须是作者的延伸。"①读者对作者的理解并不以作者的意图为准,而

① [匈]阿诺德·豪泽尔.艺术社会学.上海:学林出版社,1987.166.

是在自己的期待视野中重建自己的意义世界;相反,作者只有在读者身上才能发现自己的存在和自己的思想。其二是对出版传播者意图的释读。由于出版者在出版过程中已经越来越多地参与到对作品本身所体现的社会意义的建构过程中,所以出版者的传播意图会以间接的潜移默化的方式融入到读者的阅读行为中。而出版者的传播意图是否能够实现,关键就在于阅读者是否能够通过有形的物质载体而进入到无形的对精神文化的交流状态中。其三是对文本意义的释读。从接受理论来看,读者对出版文本释读的同时,也是在赋予自身生命意义的新的过程。如果说读者对作者意图的寻找是一种人际传通的话,那么读者对作品意义的寻找则是一种人内传通,只不过这种传通是通过出版文本的中介来进行的。正如法国学者马塞尔·普鲁斯特所说:"为了返回我自身,我非常审慎地想到我的书本;但如果因此说我是想到那些阅读我的书本的人们——我的读者的话,那是根本不正确的。因为在我看来,他们并非我的读者,倒不如说他们是他们自己的亲身读者。我的书本不过是某种放大镜之类,通过我的书本,我交给他们得以阅读他们自身的手段。"①这可以理解为,释读文本的过程就是读者本人体验自身生命意义的过程。

2. 接受理论对选题策划的重要启示

接受理论将我们从长期忽视读者阅读状况的状态中拉了回来,而将出版文本与读者的接受行为作为一个整体来看待。这种理论对出版选题人的重要启示是:选题的策划与组织过程不是一味地"寻找作者"和"创造作品"的过程,而是将作者、作品、读者通盘考虑,进而从读者的接受心理中"发现作者"和"创造作品"的过程。接受理论为从读者层面出发进行出版选题策划提供了理论依据,不过,真正将读者的接受心理纳入选题实践,还必须对读者的阅读层次构成及接受心理进行周密的市场调查,根据读者的阅读需求进行策划。

从市场角度讲,策划出版选题首先要考虑市场的供求变化,当然,市场的供求变化正是由读者的阅读与消费取向构成的。一方面,"出版社作为市场中的企业同任何其他企业一样具有同一目的:赢利。一个出版社的产品即图书要面对无数同类书籍的竞争,读者可以自由地在它们中间进行选择";另一方面,"出版社总是想要根据图书贸易的道德原则,并通过自己的选题计划来传播一定的内容、思想和哲学,它们与那些纯粹的经济目的具有同样的重要性,如果我们将少数例外情况排除在外的话;但这种传播的实现却又完全依赖于对市场活动精

---

① 周庆山.文献传播学.北京:书目文献出版社,1997.104.

确的分析，并以此为根据采取相应的行动并作出反应"。① 这就是说，选题策划既要尊重读者的选择，又要引领读者的选择，选题策划人在策划之前就要根据读者阅读兴趣的转变及时地调整策划方略，但这种调整又不是一味迁就人的品性中潜存的某些不良阅读嗜好。选题策划的目的之一就是将美的东西传播给读者，将不符合人性的东西拒绝在出版大门之外，最终达到"美而传""传而通"的和谐境界。

出版史的例证也表明，那些摸准读者接受心理的图书选题往往能够成为时代所认可的畅销书和常销书。近年来风靡于国内市场的读史类图书选题，如《万历十五年》《品三国》《正说清朝十二帝》《明朝那些事儿》等，就是一改过去传统历史类选题表达形式单一、内容枯燥无味状况，而采取灵活的表达形式，吸引了众多读者的喜爱。从根本上说，选题内容是最为关键的因素，读者想读什么，不想读什么，虽然没有统一的标准，但可以通过分层法较为明确地标示出来。明星、名人类选题广有市场，但也不是每个人都爱看这类书，所以必须根据读者的接受心理对其进行分门别类的研究。比如三联书店董秀玉策划的《我们仨》，不事张扬就畅销30余万册，关键是抓住了一部分知识型读者的心理，即想了解钱钟书先生、杨绛先生和他们的女儿钱瑗一家三口曾经有过的欢乐和苦难，特别是在女儿和钱先生先后辞世后，杨绛先生独立支撑的内情与感受。不仅内容上是如此，就是选题的形式制作上也要充分顾及读者的接受趣味和审美需求，在细节上满足他们的心理欲求。另外，诸如开本的大小、纸张的色彩、书眉页脚的变化、图书定价的高低等等，都要考虑到读者接受情况的千差万别，要充分尊重读者的自主性选择。特别是在当今社会变动加剧、社会转型加速的情形下，任何选题都要抛弃那种简单肤浅的、零散无序的、杂乱无章的知识与信息传递，而要给读者提供具有高屋建瓴的视角、厚积薄发的解释、见地独特的思考的知识与信息，这种知识与信息将不再是平面的量的增加和积累，而是立体的质的变化和提高。

第二节　知识经济时代出版选题策划的宗旨

知识经济时代的到来对人类的出版选题活动有哪些影响？为什么会产生这些影响？其中影响最为深刻的部分集中在何处？对这些问题的探究必须深入到

① ［德］霍尔格·贝姆等. 未来的出版家. 北京：商务印书馆，1999.6－7.

知识经济与出版选题最为本质的关联上。而知识经济与选题策划所同时体现出来的高智慧特征正是将二者联结在一起的纽带和桥梁。

一、知识经济的本质特征

知识经济就是建立在高新科技知识和信息的生产、分配与使用之上的新型经济,其本质就是以物质经济为依托的高智慧、高创意、高知识经济。与以往经济形态相比较,知识经济发生的最为根本的变化表现在以下几方面:

其一,人类正从对"人自身"和"物自体"的依赖转向对"知识价值"的依赖。"知识"作为人类认识客观世界的主观产物,对人类的整体进化和发展起着重要作用,但是,在以往的经济形态中,知识总是依附在其他生产要素之上,从来没有像今天这样作为一种独立的生产要素为人们所认识。工业经济的推动力量是蒸汽机技术和电子技术,知识经济的推动力量则是电子计算机技术和信息革命。特别是知识经济所引发的学习型社会观念的确立,将从根本上带动各类知识选题在出版传媒领域找到自己的位置。

其二,对知识的研究与开发是企业的核心竞争力之一。对知识的研究和开发已成为改变现代企业命运、增加企业效益的重要手段,成为企业的核心竞争力之一。从当今世界众多顶尖级企业的经营发展趋势可以看到,企业对研究和开发部门的投资已经达到相当大的规模,其研发成果已经成为企业利润的主要增长点。也就是说,以研发为核心的生产要素已经取代了传统的土地、资本和劳动力等生产要素,成为经济增长的最主要因素。特别是在知识产品生产领域,以脑力劳动为主的研发部门已经从其他生产形态中分离出来,并占有重要地位。从这一视点来看待出版产业,理应将选题策划提高到研发的应有水平上。这其中既包括对大型出版选题项目的研发,如国家图书出版规划重点项目,也包括对国民素质进行开发教育的特别选题项目,如一些大型公益图书项目,当然更包括那些各个选题门类的精品项目。

其三,以研发为依托,知识经济在本原上成为一种智力产业。智力产业从本质上讲是人类知识的总汇和智慧的结晶,是形成知识经济的基础性产业,也可以称之为现代社会的第一生产力。出版业无疑是知识经济的形态之一,同时也是智力产业的形态之一。以出版选题的策划与设计为核心的出版劳动既离不开知识,又要创新知识,其中发挥好选题者的智力则是关键中的关键。

二、知识经济条件下选题策划的"研发"功能

出版企业进入市场,其竞争力主要体现在出版产品即出版物上。而出版物是否具有竞争力,关键就看选题是否有竞争力。所以,有论者认为:"在知识经济背景下,选题策划是出版业最具知识经济特征的智力活动,应该把它作为出版企业可持续发展的一种重要战略资源和能力(即核心竞争力)来看待和管理。"①实际上,就是要从研发(R&D)的高度来看待选题策划。而出版企业的选题策划与一般企业及其他知识产业的研发过程相比,有着鲜明的特征。

特征之一,出版企业的选题策划和一般企业及其他知识产业的研发工作虽然都是以知识和智力为基础而进行的创造性思维劳动,但比较起来,选题策划本身所投入的成本甚小,既不需要厂房、实验仪器和原材料,也不需投入过多资金,它所需的只是出版选题人运用知识和创新知识的智慧及对出版物市场需求的把握能力。所以,从理论上说,选题策划的投资风险相对不大,进入出版市场的门槛不高。

特征之二,与一般企业产品的研发程序不同,选题策划的主要工作只是对出版物的内容和形式进行规划和设计,其策划成果不需进行反复实验和生产调试。"选题策划从本质上说是对知识进行智力的整合与加工,它可以直接为企业创造利润,其设计和生产过程较为简单,运作时间及形成利润的过程较之其他行业也较短。"②而一般企业产品的研发却是智力实践与应用实践密切结合的过程,其成功与否最终取决于应用实践方面的结果,其研发产出利润的周期相对较长。

特征之三,一般企业产品特别是一些高新科技产品的更新换代间隔越来越短,如电子通讯产品;相应地,其研发部门面临知识更新与产品创新的任务也越来越重。选题策划所形成的出版物产品的修订和重版比较容易,有的选题被策划出版之后,还能穿越历史的隧道成为古人与今人共享的出版文化精品。这正是选题策划不同于一般企业产品研发的魅力所在。

当然,出版物投放市场之后也有畅销、常销和滞销之分,其中滞销出版物占有相当的比例,这从另一方面反映了选题策划的市场盲目性和随意性缺点。这种缺点的造成不外下述几种原因:

其一,由于选题策划本身所投入的可见成本甚少,与一般企业产品及一些高

① 赵劲.中国出版理论与实务.北京:中国书籍出版社,2000.5.

② 赵劲.中国出版理论与实务.北京:中国书籍出版社,2000.7.

新科技产品的研发投入相比可以达到忽略不计的地步,所以对选题的市场风险往往估计不足。

其二,与一般企业产品研发人员所具有的专业素质相比,选题策划人一般不具有自己所不熟悉的专业领域的知识水平,即便是他熟知的专业学科,他对这个学科内某些专题的认识也不一定会那么全面和深入,从而使其在对整个或某些学科领域内的选题进行策划时会出现盲目性和片面性。

其三,由于知识本身更新换代的速度加快,某些选题的策划也会落后于时代的需求,不可避免地遭到淘汰的命运。

选题策划的这种投资的低风险性、产出效益的直接性和产品寿命周期的不等性,给选题策划人带来了机遇,也带来了挑战,而其基本宗旨却是围绕知识创新展开的。选题策划者本人也许并不是知识创新的主角,知识创新的主角理应是那些在各个专业知识领域有所贡献的专家学者,但是选题策划人却以自己特有的方式参与了知识的创新过程,并成为维系知识创新的纽带和桥梁。进一步说,选题策划人的参与过程就是以“知识”作用于“知识”的智力劳动过程,前一个“知识”是指出版人专有的出版专业知识和个人人文素养,包括出版理念、出版信息、个人信念与价值观等等,后一个“知识”是指时代涌现出来的新知识、新思想或历史所遗留的精神文化成果。出版选题人的选题策划也不外从两个方面进行,一是将时代涌现的新思想、新知识及时以出版选题的形式纳入到出版文化的版图之中,从而获得一种“优先发表权”的资格,此举在知识经济时代无论是对出版社来说还是对知识生产者本人来说,都是非常重要的;二是以新的出版理念和出版思想对历史遗存的文化知识和思想观念不断进行新的认识和新的诠释,以期策划出符合时代需求的新选题。

三、选题策划的高智慧创新本质

选题策划过程中最重要的资源就是选题策划人的智力资源,这与知识经济运行过程中各种产业的资源配置方式是一致的。选题策划人的智力资源价值不仅体现在对出版资源的优化配置及使用上,而且还体现在通过策划人的智力开发而使一些非稀缺的选题文化资源得到合理利用上。所谓非稀缺的选题资源,主要是指那些不具有版权约束力和垄断性的选题资源,这一资源正是选题策划人施展智慧的场所。比如唐诗、宋词,通过诸如《唐诗鉴赏辞典》和《宋词鉴赏辞典》的选题策划又使其大放异彩。而对一些稀缺选题资源来说,比如一些具有版权约束力的作家的作品,一些科学家的研究成果,因为它是唯一的,所以容易成为众多选题人策划出版的对象,特别是一些名作家、名科学家的作品更是这样。但这些选题最终又只能被一家出版社出版,所以常常存在一些非智力的策划因素作用其中。比如《哈利・波特》一书最终被人民文学出版社一家合法出版,而其他出版社的策划编辑纵然本领再大,也只能望"题"兴叹。人民文学出版社之所以能拿到《哈利・波特》的版权,其中关键一条是能满足 J. K. 罗琳的代理人要求的 50 万册的销量,这在当时的国内出版界来说需要冒很大的风险。因此,对一个具体的选题策划成功与否的评价,除却选题策划本身所占有的非智力策划因素之外,最重要的就是判定此一选题策划所体现的智慧含量如何,实际上也是判定在策划过程中所投入的智力资本和策划本身所蕴含的智力因素如何。而选题策划的智慧含量的多少则取决于以下几方面的因素:

一是选题策划过程中所投入的智力资本与生产该选题所投入的物力资本的最佳比例。而其最佳比例显然依据于此一选题所产生的社会效益与经济效益如何。比如某出版社策划的《大学人文读本》选题,策划者针对大学生人文精神的缺失这一令人忧虑的社会现象,经过精心思索,拿出了一个高质量的编写方案,以《人与自我》《人与国家》《人与世界》三卷本的形式推出。这个选题的出版,直接带动了"大学语文"教学向"大学人文"教学内容的转型,产生了十分可观的社会效益和可观的经济效益。

二是选题策划人智力素质的高低。在知识经济条件下,由于智力资本的作用已经超越物力资本的作用而居于主要地位,所以高素质的选题策划者对出版产业的经济增长有着决定性的影响。一般而言,选题策划者接受的教育水平越高,选题经验越丰富,其在策划过程中所投入的运思质量与思考强度也越高,选题本身所包含的策划成分与知识含量就越大。当然,选题策划者所接受的教育水平的高低自然由其持续不断的学习过程来保证,因为在知识经济社会里,树立终身学习的观念已成为必然之势。现在有的出版社设立了首席策划的岗位,一些民营书商的背后大多隐藏着一个甚至一批选题策划的高手,很多图书都在版权页上标示了策划者的身份,这些拥有高智慧的选题策划者因此也成了出版社竞聘的对象。这些都说明,智力因素已经上升为影响出版业发展的关键因素。

三是策划过程所投入的智力劳动者数量的多少,也是衡量一个出版社乃至一个国家出版选题策划整体水平高低的标志之一。一个出版社所拥有的高素质选题策划人才越多,其选题策划整体实力就愈强,其选题所包含的整体策划技术含量与策划水平就愈高,产业效益就愈大。扩大到整个国家的出版行业也是如此。

总之,以高质量、高起点的选题策划作为现代出版活动的"龙头"工程,以选题策划人的智力资源作为出版业配置资源的主导方向,这一新的出版理念将为出版产业的优化升级、出版产品的增值增效提供强大的精神动力和智慧支持。然而,从思维科学的角度讲,选题策划又是一种创造性思维劳动,出版选题是思维智慧的结晶,而探讨这种创造性思维劳动的过程和特征,则又是非常必要的。

第三节　选题策划作为创造性思维劳动的过程和特点

正如知识与思想的创造是由科学家、艺术家、思想家等各类专家学者通过艰苦复杂的创造性思维劳动才能产生一样,出版人的选题策划无疑也是一种创造性思维劳动。一般来说,知识与思想的生产可分为创造性脑力劳动过程和成果复制过程两个环节,前一个环节是由各类思想家、知识分子直接创造的,后一环节则是由各种媒介的生产传播者以及其他社会传播组织和个人来进行的。出版人的选题策划从表面上看是一种间接性的知识与思想生产过程,属于复制环节,但实质上,选题策划者的某些策划和设计已经从深层次上直接介入了知识与思想的生产创造,显示出选题策划者卓越的创造智慧。

一、选题策划是一种创造性思维劳动

思维是"人脑对客观事物的本质属性和事物之间内在联系的规律性所作出的概括与反映"①。选题策划作为一种创造性思维劳动,其本质特征是人脑的自反射活动。恩格斯在《反杜林论》中写道:思维和意识都是人脑的产物。② 现代神经生理学等科学已经证实,人脑就是一个信息加工处理器官。也就是说,人脑既是思维劳动的工具,又是思维劳动的对象,而思维劳动本身所要解决的问题则

① 朱智贤,林崇德.思维发展心理学.北京:北京师范大学出版社,1991.7.
② [德]恩格斯.反杜林论.北京:人民出版社,1993.35.

并不是思维劳动的对象。"这种人脑自反射劳动过程是人类对于客观世界所能够观察到的现象和所提出的问题进行分析、归纳、综合、逻辑推理与判断等思维劳动过程……思维劳动的对象不是客观世界所呈现的现象和问题,也不像物质生产劳动的对象是物质世界那样,思维劳动对象则是人脑本身,人脑的思维和反射过程就是脑力劳动过程。"①概括地说,思维就是人脑这种高度发达的物质,为了达到某种目的,对外界输入的有关信息进行分析、综合、碰撞、加工,从而产生对某一事物的认识和寻找达到某种目的的精神活动。思维的基础是人脑这种高度发达的物质,思维的动力是某种目的,思维的材料是来自外界的各种信息,思维的本质就是人脑这一主体依据一定的模式对信息进行的整合加工。因此,人脑对某一特定选题问题的思维劳动过程也是一种复杂的创造性思维过程。

作为选题策划的思维创造劳动,一方面需要大脑将其获取的关于某一特定选题问题的知识和信息从大脑储存库里提取出来,并加以反复思考,以便找出现有知识信息与选题意向中的出版选题之间所含的因果逻辑关系,从而确定选题的可行性。另一方面,大脑的劳动具有自身的规律性,这种规律性将影响人的智力的发挥与思维的创造。实验表明,一个人的创造性思维往往是在大脑皮层高度兴奋集中的状态下出现的,当选题策划人对某一选题的注意力处于高度集中的状态时,他就会调动思维的一切力量——抽象思维、形象思维或灵感思维,运用分析、综合、推理、判断、情感、直觉、顿悟等手段,来推动选题策划的完成。

思维,按其目的性,又可分为应用性思维和创造性思维。应用性思维是运用前人或别人的思维成果解决实际问题的思维。创造性思维是指人脑为了认识尚未解决的问题,依据已有的知识和多种灵活的思维模式对外在世界提供的信息进行加工、改造、碰撞、升华,从而提出对某一领域新的认识和解决某一问题新的思路。创造性思维又称超常性思维或突破性思维,它突破的是原有的思维模式,是对已有的知识、信息、经验和素材等要素,在大脑思维反应场中超序激活以后,提出新的方案或程序,并创造出新的思维成果的活动。选题策划在本质上之所以是一种创新性思维,不仅在于它所要解决的问题是关于人类的思想与知识的创新问题,还在于它关注的领域是直面人类精神世界的独特的创造领域。在这两个方面,任何重复、抄袭、欺骗、炒作不仅是没有意义的,也是完全没有必要的。具体地说,选题策划的创造性思维劳动过程主要展示在三个阶段。

① 夏先良.知识论.北京:对外经济贸易大学出版社,2000.82.

(一) 选题信息的获取

1. 选题的硬件信息与软件信息

选题策划不是空穴来风,凭空想象,而是选题策划人通过对外界信息的掌握而产生的构思和形成的设想。信息是成功策划的基础,没有信息,策划就会成无米之炊,无源之水。著名出版人戴文葆说:选题的构成靠什么?靠信息,学术进展的信息,著译者的研究课题及其实况,各种读者的需要,各类读物以往的出版情况,图书市场动态,思想政治导向,本出版社出书的总体要求,再加上编辑的智慧和学识,联系著、译者的社会活动能力,其中,导向是选题的灵魂。以上种种要素的综合思考形成了选题。① 这里对选题信息的概括虽然还不够全面,但已经突出了信息对选题构成的独特意义。在一个信息社会里,信息对社会的发展起着基础性的支持作用,是不可缺少的资源和财富。美国前总统卡特在1979年的美国图书馆和情报工作会议上说:“情报像我们呼吸的空气一样,是国家资源。精确而有用的情报对国家和个人来说,如同氧气对我们的健康和幸福那样必要。”②这里所说的情报指的就是特殊的信息。信息对策划还有导向作用,并决定着策划的质量和水平。明代思想家张岱在《四书遇·学思章》中说:“有智慧而无闻见,如明眼人在大暗中举足坑堑。”这里说的“闻见”,当然也是指信息而言的。而对出版选题人的选题活动来说,信息更是一种有着明确要求和具体目的的资源,这种资源按其用途可分为软件信息和硬件信息两部分。软件信息主要是与选题的实质内容有关的信息——诸如各种学术文化信息、读者需求信息、著译者信息、国内外出版信息等,这类信息的特点是极具流动性和变动性,不易寻找,不易把握,但却正是选题构成的内核部分。硬件信息主要是与选题的成功实现有关的信息——诸如国家意识形态所规定的方针、政策等约束性信息,出版社的文化建构目标与人、财、物等支持系统信息等。就这两部分的关系来看,选题信息的软件和硬件部分都是自成体系的,都具有自我构建的能力和机制,两者之间是一种相互寻找、相互碰撞、相互配置、相互确认的过程。也就是说,软件信息必须找到与之相适配的硬件资源,才能完成其归属感;而硬件信息只有找到与之相匹配的软件资源,才能获得其灵魂。单有软件信息或单有硬件信息都是不全面的,都不能构成一个完整选题所要求的条件、机缘和形成机制。所以,选题信息是软件信息与硬件信息的整合体。

---

① 戴文葆.关于选题的一次漫谈.出版发行研究,1999(1).

② 覃礼刚.现代全能策划.北京:中国经济出版社,2001.161.

2. 选题软件信息的特征

然而,就具体操作而言,选题的硬件信息部分相对地说是一个常量,也就是说硬件部分在一个有限制的条件下是稳定的,变化不大的。所以,出版选题人对选题的硬件信息部分一般都比较清楚。而选题软件信息的特征却较为丰富,突出地表现在以下几个方面:

(1) 广泛的知识性。选题软件信息与一般信息一样具有存在的广泛性。然而,与普通信息不同的是,选题软件信息一般都与某种知识形态有着密切的联系,因而也是知识化的信息。它广泛地存在于各种知识形态之中,并以一定的载体如语言、文字、图像、符号、纸张、磁带、磁盘、软盘、互联网等呈现在人们面前,从而使选题人对它的认识成为可能。

(2) 可传递性与可共享性。信息与知识在非垄断条件下具有可传递性和可分享性。任何信息都是从信源出发,经过信道传递,最后被信宿接受、处理和应用。没有传递就没有信息,就没有出版选题的引进和输出。由于信息在传递过程中能够同时为众多的使用者所共享,所以选题的同化与模仿、选题的重复与抄袭都是选题信息在传递过程中产生共享效应所导致的。其中具有创造性的同化和模仿有利于知识的广泛传播与交流,而重复和抄袭则造成了出版资源的浪费。

(3) 可开发性与可塑造性。所有的选题软件信息都应具有可开发性的品格,否则就成为死信息、无意义的信息。所谓可开发性,是指信息作为一种资源,具有取之不尽、用之弥增的特性,是可以不断地被开发的。同一条信息,由于选题者的智力水平不同,开发角度不同,可以从中发掘出不同的知识效用,开发出不同的选题。如面向大、中、小学生的教辅选题,五花八门,各不相同。对知识信息资源的开发,根本目的在于将其中蕴含的有价值的信息知识分析、提炼出来,以选题的形式,通过一定的出版载体传递给接受者,使其在人们的工作、学习和生活中发挥应有的作用。选题信息的可塑性,是指信息本身具有的扩充与压缩功能。选题信息的扩充,是指最初用于某一知识领域的选题信息,随着时间的推移而逐渐失去光彩,但对于另一领域而言,又是新的选题信息。比如达尔文的《物种起源》对于宣扬进化论的知识来说,已经被世人所熟知而成为旧信息,但其作为一种人文科学资源所具有的意义,则是一种新信息。某些选题信息本身具有积累和增长知识的效应,尤其是一些经典著作选题,随着时代的变化及读者的不同,则会产生常读常新的效果。这就是软件信息的扩充过程。选题信息的压缩是指信息在流通、使用过程中,通过综合、归纳、概括、提炼、浓缩等手段,使原始一次选题信息变成二次信息和三次信息,使原有选题不断衍生出新选题。

(4) 不确定性与时效性。信息本身是无目的的,因而是不确定的,它必须通过选题人有意识、有目的的开发利用才能实现其价值。如果选题人同样是以一种无目的的态度对待选题信息,就有可能使有价值的选题从眼皮底下溜走。同时,某些选题信息具有很强的时效性,从产生、接收到利用的时间间隔很短,过了一定的期限,其效用就会减少,甚至完全消失,变成毫无价值的信息,如某些时政类信息就是这样。

(5) 效益性与增值性。一方面,知识信息具有潜在的社会效益与经济效益,这是出版人开发选题所要达到的根本目的所在。没有效益的知识信息是没有任何开发价值的。另一方面,知识信息的能量一旦被出版选题人释放出来,就会产生更大的社会效益和经济效益,这就是选题信息的增值性。

3. 获取选题信息的能力和渠道

选题人寻求知识信息的过程,实际上也是一个继续学习和终身学习的过程,是培养创造性选题智慧和素质的过程。选题人的学习可分为两方面,一是普通知识的学习,二是选题知识的学习。由于普通知识以及选题知识本身都具有一定的可学习性和可传承性,所以选题人可以通过学习继承和利用其他选题人已开发出来的选题,并加以创造性的思考,构成新的选题信息源。如上海书店出版社 1986 年策划的"中国近代文学大系"显然是继承和学习了赵家璧在 20 世纪 30 年代开创的"中国新文学大系"的选题经验,辽宁教育出版社推出的"新世纪万有文库"选题也是借鉴和学习了商务印书馆在 20 世纪二三十年代间开发的"万有文库"的选题经验。这可以称为一种纵向学习型获取选题信息的通道,其继承部分大于创造部分。而选题信息的获取更需要创造性地学习和开发,而不能只是墨守成规。

那么,如何正确获取选题信息呢?

一部出版史就是一部不断获取新的选题信息以填充出版选题空白的历史。因此,出版选题人首先需要将自己培养成一个具有较高信息素质的人。因为,"具有较高信息素质的人,是一个有能力觉察信息需求的时机并且有检索、评价以及高效地利用所需信息的人,是一个知道如何学习的人。他们知道了如何学习的原因在于:他们掌握了知识的组织机理,知晓如何发现信息以及利用信息,他们是有能力终身学习的人,是有能力为所有任务与决策提供信息支持的人"①。而一个出版选题人的"较高信息素质",参照美国图书馆协会(ACRL)制

① 这是美国图书馆协会 1989 年报告里的一段话,引自严丽.信息素质析义.情报资料工作,2003(2).

定的“高等教育信息素质标准”，必须具备下列几方面的能力：

其一，具备明确信息需求的内容与范围的能力。

其二，具备高效地获取所需信息的能力，比如通过合适的调查方法或信息检索系统快速获取信息。

其三，能客观审慎地评估信息和信息源，并将其纳入信息库和评价系统。此项的具体指标包括：具有从获取信息中提炼信息主题的能力；整合主题概念以形成新的概念的能力；能通过对新旧知识的比较而确定信息的增加值的能力；能确定新的知识对个人价值体系的影响，并使其融合于个人的价值体系中的能力；能通过与个人、领域、专家及其他人员的交流，对信息的理解与解释的有效性加以判断的能力；等等。

其四，有效地利用信息以完成特定任务的能力。

其五，获取和使用信息要符合道德与法律规范。

所有这些，都是选题人在信息社会和知识经济时代应该必备的基本信息素质。只有当这些基本素质内化于选题人的日常行为规范中时，他才能成为一个对选题信息具有特别敏感性的人。原苏联著名编辑伏尤科娃说：“一个把自己的职业当作自己使命的编辑，会经常关心自己的工作，他们身上就像带着一个敏感的仪器，专门捕捉他所感兴趣的人的信息。报纸或杂志上的一篇文章，一本书，电台上或电视上的一篇讲话，同朋友的一次谈话，偶然与同路人的一次谈话，都可以成为寻找自己的作者‘足迹’的线索。”①伏尤科娃所说的“敏感的仪器”，实际上就是选题人所应具备的信息素质。

一般来说，选题人获取选题信息的渠道主要有以下几种：

建立选题信息网络。主要通过图书商情调查和建立信息网络使得选题信息的获取和反馈渠道畅通。此一手段由于成本较高，所以主要为一些有实力的大出版公司所运用。

留心采集。主要针对一般中小型出版社与选题策划人而言。要对选题信息保持一种高度的注意力和广泛兴趣，不放过任何渠道传递的任何有用的信息，真正达到“明察秋毫”“见微知著”“说者无心，听者有意”的视听境界。特别要注意通过如下途径采集信息：① 通过广播、影视、报刊、互联网络等传播媒介来筛选和获取选题信息。大众传媒传递着世界上最新的信息，往往是出版选题策划者收集信息的主要来源地。特别是一些出版专业报刊，更是集中了出版业界的最

---

① ［苏］塔·波·伏尤科娃．八十五次喜与忧．北京：中国书籍出版社，1990.2.

新信息动态。② 从出版物市场中寻求选题信息。创造性的学习和模仿也是一种竞争手段,从已有的出版物选题中获取新的具有扩充意义的选题信息,也是一种常见的信息寻求方式。③ 在生活中观察和捕捉选题信息。生活是信息的发源地,很多生活信息本身就是选题信息。④ 在日常的闲聊对话中获取选题信息。真正的对话和闲聊是大脑之间智慧的撞击,是各自拥有的信息的大交流、大汇聚,有心者往往可以获取有价值的选题信息。三联书店出版的《复杂》一书的选题,就是该书编辑在与一位曾在英国读书的同学闲谈时发现的,中科院的领导在读了该书后,曾多次在学术会议上提到这本书所介绍的新型思维方法。

版权引进。对国外有价值的选题信息,最好的手段就是早发现,早购买,早引进。

事实上,选题信息的获取,具有牵一发而动全局的功效。明人顾宪成写于东林书院的那副对联——"风声雨声读书声,声声入耳;家事国事天下事,事事关心",正是选题策划者在采集选题信息时应备的心态。

(二) 选题创意的产生

选题创意就是选题策划人通过大脑的创造性思维劳动所得到的具有新思想、新观念、新形式的选题意向或意图。选题创意正如马克思所说是在"头脑"中、"表象"中"观念地存在着"的东西:"劳动过程结束时得到的结果,在这个过程开始时就已经在劳动者的想象中存在着,即已经观念地存在着。"①选题创意不等于选题策划,它只是选题策划的构思阶段,但选题创意的过程却贯通于选题策划的全过程,是选题策划的核心、灵魂和精髓。

选题创意是选题策划人创造性脑力劳动的成果,这种成果的获得是与选题策划人在出版领域所展示的非凡的智力优势与卓越的思维技巧分不开的。选题人的创造性思维能力除了先天因素外,最重要的就是后天的勤奋努力。选题策划中的信息采集过程就是一个充分学习和形成思维能力的过程。在大脑对所收集信息保持高度注意、高度兴奋、高度集中的情况下,通过感性思维、理性思维与非理性思维的综合交叉过程,最终萌发出创意的火花。

1. 感性思维阶段

感性思维就是在对选题信息进行直观审视之后,由大脑形象思维与心理感性认识相契合而生成的一种综合思维方式。所谓"灵机一动,计上心来",就是

---

① 马克思恩格斯选集(第2卷).北京:人民出版社,1995.178.

对“脑”“心”结合的形象概括。感性思维对选题信息的把握还处于一种初级阶段，这个阶段，大脑对所采集的分散的信息进行加工、存储、整合，在此过程中会产生某种启迪、感念或思想的闪光点，这些就是所谓的“点子”。从总体上说，“点子”是创意的产物，但“点子”只是创意的初始产物，它还有待于提升到高一层的境界——理性思维的境界。比如《大学人文读本》的策划，就是广西师范大学出版社的一位编辑从有关大学生缺乏精神与道德底线，屡屡做出杀人、自杀、吸毒、卖淫、伤害动物园动物等令人瞠目结舌乃至匪夷所思的事件报道中，直觉感悟到大学生人文精神的缺失，从而萌生出编辑一本有关大学生人文阅读材料的想法。然而，这只是一种感性思维，是事实和现象对思维器官的一次直接撞击，如果从图书选题方面考虑，它还有待于上升到更高的思维形态。

2. 理性思维阶段

理性思维是在大脑对选题信息进行分类归纳处理后，由大脑逻辑思维与心理理性认识相结合而对其进行思考的一种思维形式。这种思维形式主要运用概念、判断、推理等逻辑手段来进行，因而能够在感性思维的基础上，对感觉信息进行综合的思考分析和加工判断，经过去粗取精、去伪存真、由此及彼、由表及里的认识过程，实现对选题信息的本质的认识，并确立选题信息的最终走向和文化归属。理性思维是产生选题创意的关键阶段，一切有关选题的内外在因素只有经过理性思维的审视，才能决定其发挥作用的大小。再拿《大学人文读本》的策划过程为例，策划者通过对中国大学生教育中重书本而轻实践、重理工科而轻文科现象的深入分析，从历史和现实相结合的角度，归纳出人文知识与人文精神内涵的不同，概括出人文教育在大学教育中的重要性，领悟到撷取前贤的睿智思考编选一套青年知识分子读物的必要性。这个阶段正是理性思维的过程，是《大学人文读本》创意形成的关键时期。

3. 非理性思维的发生

非理性思维是在感性思维与理性思维的基础上而生成的一种颇具神秘意义而又超越了感性思维与理性思维的思维方式，主要表现形式是灵感思维和直觉思维。灵感思维与直觉思维产生的生理心理机制，迄今为止还是一个谜；然而对其本质的认识，无论是自然科学家还是人文科学家，都趋于相对一致的结论，即它是一种典型的创造性思维方式。灵感与直觉的创造同样离不开信息，选题创意的形成是灵感思维和直觉思维对选题信息在大脑高级神经系统中反复建构的结果。这种类型的思维形式，主要是在直觉、灵感、想象、情感、意志、个性等非逻辑思维的启迪下产生的，因而统称为非理性思维。在心理基础方面，不少专家认为非理性思维主要发生在潜意识领域,是显意识和潜意识交互作用的结果,因而也是产生创意的关键心理基础。

在非理性思维的作用下,选题创意的产生具有如下特点:

第一,突发性。就是在出其不意的刹那间,一直萦绕在心头的选题创意问题得到突然解决。其理论基础在于信息同构与大脑神经系统功能结构的建构①之间发生整合而引起的一种大脑潜思维活动。"这种潜思维活动,实质是信源和信宿之间发生精约同构关系,就是指两件事物在深层内容(信息真髓)构造上有某种少而精的共同性,以此为基础呈现的信息真髓跃迁现象,是同潜意识和显意识交融过程中而显现的脑电能量的跃迁现象协同进行的。"②这种突发性创意的获得,既有"一夜腊寒随漏尽,十分春色破朝来"的诗意体验,也有"踏破铁鞋无觅处,得来全不费工夫"的经验感喟。

第二,独创性。是指选题创意的独特性以及个性色彩。成功的原创性选题之所以有魅力,能传播久远,原因就在于其与其他选题不雷同,不重复,不撞车,不模仿。唐人李翱说:"创意造言,皆不相师。"即是说创意本身讲求的就是标新立异、别出心裁、出人意料、匠心独运。选题人通过自己独特的非理性思维活动,创造出别具一格的选题内容与选题样式,正是原创性选题的写照。

第三,新颖性。创意贵在"新",新颖乃创意的本质所在。面对日新月异、瞬息万变的大千世界,面对不断涌现出来的新事物、新观念、新学说、新思想、新理论、新认识、新生活、新人物、新情况、新问题……选题人在灵感思维的作用下,正应该创造出"言前人所未言,发前人所未发"的选题。清人李渔说:"人惟求旧,物惟求新,新也者,天下事物之美称也。"③出版选题活动作为反映、记载、积累"天下万物美称"的专业行为,不但要符合社会文化发展规律,而且也要揭示社会文化发展的"新"方向、"新"趋势。

总的来说,以灵感、直觉为代表的创造性思维以其独特的创新作用,在选题创意的创造性思维过程中居于重要位置。然而,灵感的到来实乃"长期积累,偶

---

① "信息同构"是指当前知觉到的关于客观事物的信息与大脑中原来储存的经验信息之间的一种整合过程。"脑神经系统功能结构的建构"是指客观事物的信息作用于个体的感观,使之产生知觉后,即形成强弱程度不同的电流,刺激脑细胞的大分子,从而发生电位变化和化学变化,并引起神经系统功能结构的变化。于是脑细胞的某一分子就与某一信息产生暂时或固定的联系,成为某一信息的载体和确定的信号,这就完成了某一脑细胞分子的功能结构的建构。见何克抗.创造性思维理论——DC模型的建构与论证.北京:北京师范大学出版社,2000.43.

② 钱学森.关于思维科学.上海:上海人民出版社,1986.363.

③ 李渔.闲情偶记.

然得之”的结果,并不受选题人的主观意图所左右。选题人可以通过一定的机制诱发灵感的到来,但关键要有一个准备和孕育的过程,在一个思绪驰骋、“神与物游”的忘我境界中,通过启迪、跃迁、顿悟等程序,使选题创意在思想的灵光中常变常新。

(三) 选题策划的完成

选题创意的产生并不等于选题策划的完成,选题创意只是为选题策划指出了一条新路,而创意本身正确与否,还需要进行理性的再思考。由于思维个体之间的知识结构和文化积累不同,所以人们进行创造性思维的成果也不同。有的选题策划人的知识结构和文化积累很浅,他为了策划一个选题苦苦思索,也可能出现灵感,获得“点子”,但这种灵感或点子,也许从根本上就是错的。而那些具有高知识、高智慧的选题策划人,一般不必求助于非理性的灵感思维和直觉思维,也同样可以策划出高质量的出版选题。然而,所有通过苦苦思索得到灵感创意,都有一个冷静下来再思索、再完善的过程。事实上,无论是点子的出新还是灵感的突发,都离不开感性思维、理性思维和非理性思维三者的共同作用。从感性上升到理性,从形象转换到抽象,从理性进入到非理性,从抽象又回到形象,无论是概念、判断、推理还是情感、想象、联想,它们的综合作用促成了选题创意的创造性生成。一个成功的选题创意绝不可能是任何一方单方面作用的结果,一个成功的选题创意要想得到顺利实施,还必须与人类的社会文化、经济政治、军事外交、宗教艺术等的发展相参照。因此,选题创意还应该是一个科学、艺术的创意。惟其是科学的,才符合社会和时代的需要;惟其是艺术的,才能以美的形式容纳博大的思想内容与深邃的时代精神。因此,选题策划的完成就是在选题创意的基础上对选题进行深入分析、深入求证的过程。只有将创意纳入到选题策划的具体环节、具体操作程序中,创意才能产生更大的效益,发挥出更大的作用。选题策划将综合各方面因素对选题创意进行反复思考、反复研究,使创意得以规范化、条理化、科学化、客观化、合理化、现实化,最终使其达到促进文化发展和增加产业效益的双重目的。

二、选题策划创造性思维活动运作的具体条件

创造性思维在不同的领域有不同的特点。在科学领域,创造性思维的目的就是产生对某一未被认知领域的新认识;在艺术创造领域,创造性思维的目的就是创造某种特殊的审美感受以及有普遍意义的新的艺术形象。在这些领域,思

维者受外界条件的限制较少,因此相对而言,思维的自由度比较大。而编辑家、出版家的选题策划,则要较多地受到外界条件的制约,思维必须是多维的,其中的关键是要寻找多维思考的一个最佳交汇点。

这种多维思维,主要落脚点是看这个选题的实施是否能取得优良的社会效益和经济效益。追求社会效益和经济效益的统一,是选题策划这一创造性思维的出发点和目标。选题策划就是要寻找可能实现巨大社会效益和巨大经济效益的交汇点。这就是选题策划这一创造性思维和科学发现、艺术创作等创造性思维的不同之处。

选题策划这一创造性思维活动的特殊性规定,使得这种思维活动的具体运作就必须以是否满足社会需要、是否具有可以承受的经济能力、是否具有现实可行性三个基本条件为前提。

(一) 社会需要

人类的社会需要是推动出版产业发展的根本动力,人的社会需要既受社会思潮的推动,又受市场需求的影响,因而是多方面、多目的、多层次的。对于具体的选题策划人而言,就只能研究开发他本人熟悉的专业及其相关专业领域内读者的社会需要。比如一个教育专业的选题策划人,就要研究中国教育的现状、改革的前景、改革的进程、发达国家教育改革的情况、国内教育问题的热点,以及政府机关、专家学者、普通学生家长关注的问题等等,接着还要研究现在图书市场上有关教育的热点选题有哪些,是什么人写的,哪家出版社出版的,内容及装帧设计有什么特点,市场销售方式及销售量怎么样等等。收集了这两方面的信息后,再思考本人所在的出版社要不要涉足这个领域,如果市场上没有这类选题,策划者打算如何策划这类选题;如果市场上已经有了,还能不能策划出比已有选题更好、更有特色的选题。然后还要思考如何定位读者,选题的主题、主要内容、题名是什么,这个选题主要宣示什么观点,对读者起什么作用,可能产生什么样的社会效果,产生这种效果是否有利于科学的发展、文明的进步、教育的改革,是不是还有一定的负面影响,等等。

(二) 出版社的经济承受力

策划选题是一种创造性的精神活动,这种精神活动最终所体现出来的物质性的精神产品需要被投放到市场上销售,因此,这一过程需要经济投入。选题策划出来了,作者也找到了,首要的问题就是有无资金投入来保证这个选题的前期运行。特别是一些重大选题和重要选题,从选题策划到图书出版要几年甚至十几年时间。组稿、编写、审定、制版、印刷、装订，都需要资金投入。出版社有没有、能不能保证资金按时按量投入？如果出版社资金不足，能否拉到外面资金介入，或者向银行贷款？先期投入是必需的，否则就不能保障选题的实际运作。作为选题策划人员，必须对实施选题所产生的各个方面的经济投入有所了解，如组稿阶段的投入，版式设计阶段的投入，印制装订阶段的投入，广告宣传阶段的投入等等。例如，一本书的印量为10000本，各阶段的投入各是多少，是分期投入还是一次性投入，等等。在研究投入的同时还要研究产出。产出是由什么决定的？售出图书的总码洋是总产出，总产出减去总投入再减去要交的税，就是一本新生产图书的利润。选题策划人必须搞清发行销售情况，懂得这类书在本出版社的销售渠道的总体情况，如给书店和书商的折扣等。在这种折扣下，售出多少本书，才可以收回总投入，即可以保本；预计可比保本售数多销售多少本；出版社最后税后利润是多少；等等。对上述情况，在策划选题前，策划人员必须有充分估计，做到心中有数。在这个基础上再进行创造性思维，比如这个选题在实施过程中，如何在保证质量、创出特色的前提下，尽量减少投入。现在是高投入、高产出、高风险的时代，没有高投入，不可能有高产出。怎样才能有高产出？决定产出的是销售册数和销售折扣。当然，决定销售册数多少和销售折扣高低的是图书选题的内容、形式、质量，如果内容、形式、质量很差，再低的销售折扣，书店或书商也不愿进货。但在内容、形式俱佳，图书本身又很有特色，读者又非常需要的前提下，就要在销售册数和销售折扣上动一番脑筋，进行创造性思维。为了销售册数，适当降低销售折扣是必要的，但这种降低要有个度，超过这个度，虽然多销了册数，但是出版社拿到的利润，可能和不降折扣、销售册数较少时获得的利润相等。每一选题的销售数量、销售折扣都是不同的，选题策划者必须根据选题的情况，具体情况具体分析，提出合适的销售策略和要达到的目标。

要想达到高产出、高销售，还必须拓宽销售渠道。现在一般出版社的销售渠道是两个，一个是国营主渠道，通过全国新华书店系统进行销售，一个是民营批发商渠道，即通过民营批发商，将书批发到各民营书店，甚至发到用书单位和个人。除了这两个渠道，还有一些其他渠道，比如通过某种行政渠道来宣传、推广、促销，通过一些社群渠道、社团机构渠道或者通过网上渠道进行销售。为了使这些销售渠道畅通，就要采取一定的销售策略调动销售者的积极性，比如是否把某些团体、学会的负责人吸收到某个选题的编委会中，是否把某些行政官员聘为编委会顾问等，这些措施在国外图书营销中都很常见，并都属于选题策划中常见的营销手段。

由此可知，选题策划的创造性思维不仅仅体现于选题内容本身，还体现于投入产出等多方面的环节。在降低投入、扩大产出方面有创造性思维,才是好选题产生好效益的根本。

(三)现实可行性

策划再好,还是纸上谈兵。这纸上谈兵是否可行,决定着这个选题策划是成功还是失败。反过来说,选题策划这种创造性思维不是天马行空,它必须在可行性或创造可行性条件的前提下进行。这些可行性主要涉及四个方面:

1. 有没有合适的作者

选题一旦定下来,就要寻找作者。有创造性的选题,还必须找到高水平的能领会贯彻选题意图的编者和作者。选题再好,若没有合适的作者去写,那只能束之高阁,没有实施的可能,那么策划这个选题就是纯粹的精神游戏,是对创造性思维的浪费。另外,即使有合适的作者来写,不同的作者由于风格不同、文笔不同、知识背景不同,同一选题的表现形式也将会有所差异。选题人在寻找作者时也要充分考虑作者的不同写作风格,确定最适合此选题的作者。因此,在选题策划中,作者是一个重要因素。作者的问题,是可行性的首要问题。

2. 出版时间是否可行

许多图书的出版时间与销售档期很重要。全年的展销会、订书会,全国及地域性专业会、学术会,以及每年上半年征订上市发行占有率(60%)的规律,都需要在策划中通盘考虑。① 我国中小学一般都在9月份开学,因此中小学教辅教参在每年七八月前出版发行最合适。如果错过了这个时间出版,销量就可能会很小,很有可能成为废纸一堆。因此,有相当一批书的选题策划必须考虑出版时间。失去了时效性,这个选题内容策划得再好,也失去了价值。

3. 市场变化情况如何

在策划选题时,选题人要做好充足的市场调查,掌握足够多的市场信息,洞察最准确的市场需求,做好这些对于选题的成功十分重要。选题人还要明确本选题在市场中的位置,具体问题具体分析,在不同的情况下作出不同的选择。在市场上同类选题较多的情况下,选题人要思考如何才能在大同小异的选题中标新立异,吸引读者的注意力,杀出重围。在市场上同类选题还较少的情况下,选题人则要考虑如何提升选题质量,营造本选题的市场进入壁垒,取得丰厚而又长久的收益。同时,还要充分注意市场变化情况,如果市场上读者的阅读口味和社

---

① 王国晨.选题策划方法技巧刍议.科技与出版,2000(2).

会热点有较大的变动,选题人就要根据市场的变化不断调整选题以适应市场。

总之,选题策划这一创造性思维的特殊性在于,它要在一定的外在条件下进行创造,它要在促进社会文明进步、保证出版社经济效益和现实可行性三个方面进行创新。这种创造和创新虽然有一定难度,但很有价值。

第四节 选题策划中运用创造性思维的基本模式

模式研究是总结思维规律的基本方法。在具体的出版活动中,选题策划作为一种创造性思维劳动是如何进行的?它通过人自身的哪些机能和机制在起作用?对这些问题的探索将会帮助我们进一步了解选题策划思维的复杂性和多样性特征。

一、创造性思维的基本方法

创造性劳动是人类生存和发展的动力,创造与创新是人类社会不断走向文明的推动力。创造性思维的根本目的就是通过人脑积极能动的思维活动,试图发现客观事物的发展趋势和运动规律。选题策划作为一种创造性思维活动,其主旨也是通过人脑的主观能动作用发现和总结出版选题活动的一般思维模式与复杂思维规律。在选题创意的生成过程中,我们已经明确起主要作用的思维形式是感性思维、理性思维与非理性思维,这是从心理学、神经生理学与哲学认识论相结合的角度而言的。因为选题策划本身是与策划者个人的心理、生理因素以及哲学观、审美观密切结合在一起的。实际上,在感性思维中起主导作用的是形象思维,在理性思维中起主导作用的是逻辑思维,在非理性思维中起主导作用的是直觉思维,这三种思维形式就是在选题策划的创造性思维过程中起主要作用的思维形式。由于选题策划既是对出版物精神内容的一种设想和策划,又是对出版物外观形态的一种设想和策划,所以选题策划的创造性思维不仅具有高度的抽象性与创造性,还具有高度的形象性与创造性,而形象思维与逻辑思维以及直觉思维的高度融合正是选题策划达到目的的关键步骤之一。

我们要对形象思维与逻辑思维持一种全新的理解。在这里,"逻辑思维"不是那种干巴巴的与具体事物完全无关的抽象思维,而是一种本身即携带了丰富感性信息内容的理性思维。逻辑思维对选题材料信息的加工特点是沿着一维的时间轴进行的,它主要依据原有的知识概念对选题的形成过程进行逻辑分析和理论推理,其本身不可能实现思维突变和思维跃迁。但逻辑思维对选题策划的创造性思维目标起着指引、控制和调节作用。而"形象思维"也不是传统的那种只具有事物形象与外在直观的低级感性思维,而是也须依靠言语概念的帮助与支持而使"表象"获得一种高度概括力与抽象力的理性思维。可以说,形象思维与逻辑思维一样包含着浓重的理性思维成分。但形象思维对选题信息材料的加工方法通常包括分析、综合、抽象、概括、比较、分类和想象等心理机制,而其中起主要作用的机制就是想象思维。直觉思维也须在形象思维与逻辑思维的支持和帮助下,才能进入一种直觉创造与生成的境界。直觉思维对选题材料与选题信息所呈现的心理加工特征是整体把握、直观透视、空间整合与快速判断,其中的整体把握是对选题材料信息所包含的内容本质的全局性把握,快速判断并不是一种毫无根据的主观臆断,而是建立在丰富的选题实践经验与长期的知识积累基础之上的判断。这三种思维形式构成了创造性思维方法的主体。除此之外,还有几种思维形式也参与了创造性思维对选题材料信息的加工创造。

1. 发散思维

根据思维目标指向的不同,可将思维划分为发散思维与聚合思维两类,其中发散思维对创造性思维有着不可或缺的指向作用。发散思维没有自己特定的思维材料和特定的思维加工手段、方法,所以并非人类的基本思维形式,它只是从思维的目标指向这一要求出发,对人类的思维过程进行指引。① 发散思维又称求异思维、逆向思维和多向思维,表现在选题活动中,主要围绕选题材料信息进行多侧面、多方向、多角度、多层次、多途径、多方式的发散,务必造成对传统求同思维模式的变迁,不循常规,不守旧法,不落俗套,要平中见异,同中求异,异中寻异。比如,同样是辞典类选题,商务印书馆的《新华字典》和中华书局的《中华字典》对语词的解释方式与强调的重点就不相同;同样是中小学相同年级新课标教材,不同出版社的编选观念、编选内容也各有千秋。即使是同一出版社,出版的关于同一主题的图书也不尽相同,如外语教学与研究出版社策划了许多英语教学读物,《走遍美国》《新概念英语》《英语口语教程》《英语听力教程》《随大山访问加拿大》等,都是从英语教学这一原点出发,向各个方向不断发散形成的,向上发散为大学英语读物,向下发散为中小学、低幼英语读物,横向发散为美式、英式英语,向外发散为网络读物和电子读物等。这种发散性思维,为出版社开发

① 何克抗.创造性思维理论——DC模型的建构与论证.北京:北京师范大学出版社,2000.195.

选题提供了极为便捷的途径。

2. 联想思维

联想思维是将已有的知识信息与思维对象联系起来，根据两者之间的关系生成一种新的创造性想象的思维活动。联想思维是想象思维的一个重要方面，主要分为类似联想、相关联想、对比联想、因果联想等形式。在选题策划中，类似联想就是从某些选题材料信息想到与之在性质上、意义上具有相似之处的选题的想象。比如由《大学人文读本》选题想到《大学人文教程》选题，再由《大学人文教程》选题想到“大学人文丛刊”选题。相关联想就是对某些选题材料信息与某种选题在逻辑内容上具有的某种关联进行想象，比如从《大学人文读本》想到《大学心理读本》《大学哲学读本》等。对比联想就是对性质上完全对立、功能上截然相反的选题材料与某种选题之间的想象，比如由《大成功》想到《大败局》《大溃败》等选题。这些图书，都是选题人运用联想思维，充分发挥想象力和创造力的结果。因果联想就是从已经掌握的选题材料信息与某些选题的因果关系中获得新的选题构造的想象，比如得知某人正在研究某一专题，就请他写有关这一专题的选题。运用联想思维能够加快选题“表象”的整合与构形，从而有利于再造想象与创造想象的生成。

3. 辩证思维

辩证思维就是能够运用唯物辩证法的观点来看待选题现象与选题材料信息所确定的选题意向与选题目标，特别是要从选题的社会效益与经济效益、长远效益与眼前效益等对立关系上来审视选题的现实可行性。运用辩证思维时，既要搞好市场调查，实事求是，又要分清主次轻重；既要从选题的有利因素中看到不利因素，又要从选题的不利因素中看到有利因素，从而保证对选题认识的全面性、深刻性。比如，有的出版社在处于低谷时喜欢出一些“短（出版周期短）、平（内容平庸低俗）、快（赚钱快）”的选题，认为可以使出版社在短期内赢得较大利润，然后再步入正轨。从辩证的观点看，这种做法非常不可取。因为策划这些选题从长远看会败坏出版社的名誉，高素质的作者会拒绝将好选题提供给出版社，久而久之，出版社还是要倒闭关门。

4. 横向思维、纵向思维与逆向思维

横向思维指运用发散思维和联想思维对同一层面上处于平行、并列关系的各选题因素进行横向搜索，尽量不遗漏任何因素，然后对这些因素进行分析、比较、综合，以确定哪些因素是可选择、可替代的，哪些因素是必须出现的、不可选择和不可代替的。比如在选题策划的作者策划层面上，适合创作某一选题的作者可能有很多，横向思维就要求将这些作者全部列举出来，然后通过分析、比较和综合，以判定和选择哪些作者是唯一和不可替代的,哪些作者是可替代和可选择的。纵向思维是指运用发散思维和联想思维对某一层面上的各选题因素进行纵向挖掘,从而以新理念、新视角、新方向对某个关键选题因素或某些必备选题因素进行分析、综合、抽象、概括,并希图从中发现与这些选题因素有关的新属性或新品格。比如围绕某一学术问题的选题,就需要通过联想和想象,对这一学术问题进行向上和向下的纵向挖掘,将出版史上对这一学术问题的所有相关选题都罗列出来,从中得出是否值得重新策划的新结论。逆向思维就是采取对立的、完全相反的思路对某一选题问题进行探索的创造性思维方式。比如众多选题都将思考点放在企业的成功创业这一可选因子上,偏有人从创业失败的思路对企业经营进行总结思考,比如江苏人民出版社推出了《大败局》,这就是逆向思维法。

从本质上讲,横向思维、纵向思维和逆向思维都没有自己的思维材料信息,它们的思维信息内容来自于形象思维、逻辑思维和直觉思维的信息材料和信息内容,但它们却是解决复杂选题问题所必须运用的思维加工策略。事实上,选题策划的创造性思维正是对上述几种思维形式进行整合运用的结果。

二、选题策划的简单创造性思维模式

选题策划的简单创造性思维模式是一种线性直观反应模式,选题策划人的思维入口或者通过现实社会的直接需求进行对应策划,或者在已有选题的基础上进行深加工。其思维加工过程首先通过发散思维和联想思维确定选题方向和目标,调动和提取思维加工材料和知识信息,然后通过再造想象和简单创造想象,或者简单直觉判断,以确立新的选题。其加工思路如下图:

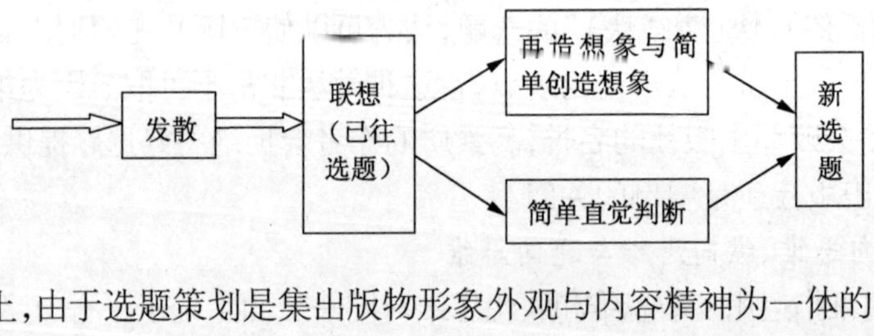

实际上,由于选题策划是集出版物形象外观与内容精神为一体的策划,所以对选题策划的创造性思维也包括出版物的外观构形与内容构造两个部分。这就很容易造成一种印象,即出版物的外观构形是运用再造想象和创造想象的思维方法,而内容构造是运用直觉判断的方式。其实,外观构形与内容构造都可发生再造想象、创造想象以及直觉断定的现象,只不过这里的创造想象与直觉判断都比较随意、比较直接，给人一种简单化的感觉。比如在对已有选题进行重新策划的过程中，面对浩如烟海的出版物世界，何者值得进行重新策划和二次开发，往往是策划人在对出版物市场进行印象式了解之后凭想象和直觉确定的。这类选题的内容精神虽然变化不多，但都会以一种新包装、新形象展示于人。其中对以往选题的形象思维是再造想象和创造想象的基础，而对已往选题的现实价值大小的判断是简单直觉思维的基础。正如美国出版人杰夫·赫曼所言："其实，你的选题策划并不一定处处都要显得与众不同。如果你可以就某一特定主题进行独特和出众的表述，那么，你就不必顾虑在市场上是否有相似的创意存在。"①总之，这类选题策划再造想象的成分较大，而创造成分较小，是一种简单的创造思维模式。下面提供两个简单案例供参考。

【案例一】《狼图腾》选题

这是人民文学出版社2004年推出的一个文学类畅销选题。

思维入口：此小说原稿由名作家张抗抗推介给长江文艺出版社。出版社经过认真分析认为，这种有思想深度、有丰厚历史文化底蕴的选题还是有很大市场需求的，于是通过项目合作制方式开始选题出版运作。

思维创新点：把"内容为王"做实做好。《狼图腾》真正吸引读者的是内容，作品看似写狼这种动物，但主要还是通过写狼而达到多向度的意义解读。正如此书策划编辑安波舜所说：这是世界上迄今为止唯一一部描绘、研究蒙古草原狼的"旷世奇书"。本书由几十个有机连贯的"狼故事"一气呵成，情节紧张激烈而又新奇神秘。读者可从书中每一篇章、每个细节中攫取强烈的阅读快感，令人欲罢不能。那些精灵一般的蒙古草原狼随时从书中呼啸而出：狼的每一次侦察、布阵、伏击、奇袭的高超技术，狼对气象、地形的巧妙利用，狼的视死如归和不屈不挠，狼族中的友爱亲情，狼与草原万物的关系，倔强可爱的小狼在失去自由后艰难的成长过程……无不使我们联想到人类，进而思考人类历史中那些迄今悬置未解的一个个疑问：当年区区十几万蒙古骑兵为什么能够横扫欧亚大陆？中华民族今日辽阔疆土由来的深层原因是什么？历史上究竟是华夏文明征服了游牧民族，

① ［美］杰夫·赫曼．选题策划（第二版）．石家庄：河北教育出版社，2005．10．

还是游牧民族一次次为汉民族输血才使中华文明得以延续？为什么中国马背上的民族，从古至今不崇拜马图腾而信奉狼图腾？中华文明从未中断的原因，是否在于中国还存在着一个从未中断的狼图腾文化？……

总体评价：主要运用了求新求异思维形式，着力打造原创类畅销图书。

【案例二】《时间简史》选题

这是湖南科技出版社1992年以"第一推动丛书"的形式推出的一个科普类选题。

思维入口：该书作者霍金是一位传奇式的英雄，身患重病，除了大脑能正常工作之外，肢体运动能力几乎全部丧失；然而，他在疾病面前没有垮掉，而是坐在轮椅上揭示宇宙创生的伟大秘密。这些使这个选题和论述"尖端物理"的专著有了迥然不同的差异。

思维创新点：作者文笔优美，该选题具备一种审美的力量。丛书首次将科学人文的概念引入国内，从而使该选题成为人文气息和科学精神交相呼应的特别文本，而不仅仅是本专业书，由此形成了"弘扬科学之美，体现思想之美"的人文基调。

总体评价："第一推动丛书"以物理学家霍金经典著作《时间简史》为龙头，包括《时间简史续篇》《果壳中的宇宙》《细胞生命的礼赞》《时空本性》《黑洞与时间弯曲——爱因斯坦的幽灵》《宇宙的琴弦》等二十余部科普作品。该丛书以求新求异思维为原点，以推动科学与人文相结合为思维核心，最终促使此选题成为国内一流的科普图书品牌。"第一推动丛书"的品牌进入成熟期之后，出版社对品牌进行立体开发和深度开发，推出《科学的历程》《潜科学丛书》《守望家园》《黑洞》《时间旅行》《混沌——对科学和社会的冲击》等图书。

三、选题策划的复杂创造性思维模式

选题策划的复杂创造性思维模式常常表现在对原创性选题的研发上。这类思维不仅要对选题的外观形象进行创新设计，更要对选题的内容进行创新策划，因此，它们既有明确的思维创造目标，又有周密的计划安排。一些大型选题项目更是通过长期的酝酿和准备，等待时机成熟才能实施。一般来说，原创性选题策划的成果具有较大的创新性，因而必须引入更为复杂的思维加工策略，比如先前所讲的横向思维、纵向思维与逆向思维方式等。总体的思维加工策略确定后，形象思维、逻辑思维、直觉思维就会引入各自需要加工的思维材料，其中形象思维主要运用创造想象思维的手段构造新的选题形象，直觉思维主要运用复杂直觉判断的手段确认新选题的新质属性和价值存在，而逻辑思维主要用来引入以往的选题材料或知识信息，并以概念、判断、推理的思维方式控制、调节形象思维和直觉思维的方向和目标，并对形象思维与直觉思维的创造性成果进行验证。选题策划的复杂创造性思维模式可图示如下：

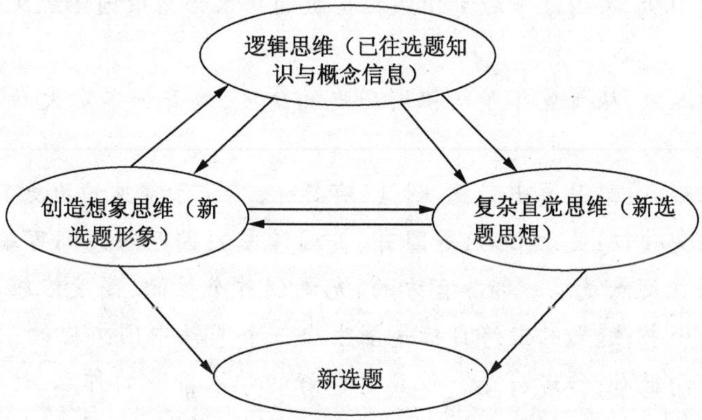

在此图中，创造想象思维是形象思维的高级阶段，复杂直觉思维是一般直觉思维的高级阶段，而逻辑思维主要是以言语概念为信息表达方式的基础存在形式，它既为形象思维提供抽象的表象形式和明确的表象符号形式，又为直觉思维提供便于判断的价值信息，而形象思维和直觉思维反过来又为逻辑思维提供新的表象符号和新的价值符号，所以这三者之间是一种相互缠绕、相互依赖的环状结构。但逻辑思维本身既不会直接产生新的选题形象，也不会直接产生新的选题思想，它只能依靠已有的选题信息和选题知识进行推理判断。换言之，单靠逻辑思维本身不能直接完成对新选题的创造性策划。而形象思维则可以通过创造性想象去设想具有新质的选题，直觉思维可以通过复杂直觉判断去确定新选题的价值存在，因而都可以完成新选题的思维加工创造。

如果说在“简单思维模式”中，发散思维和联想思维对思维方向起着关键性作用，那么在“复杂思维模式”中，除了运用发散思维和联想思维的方法外，还需运用横向思维、纵向思维和逆向思维方式,以便明确规定发散思维、联想思维的方向。通过对选题材料信息的横向搜索和逆向反证,并按照某种新观点、新理念、新方向对某一层面上的选题元素进行分析与综合,以发现与该元素相关的新的选题因子与新选题因子的本质属性。但按照什么样的新观点、新理念、新方法对该选题元素进行分析综合,就要通过以纵向挖掘为核心的复杂的直觉判断来进行。纵向挖掘主要解决该选题元素与其他元素相比较而形成的价值意义问题,而未来的价值意义却大多依靠直觉思维进行推断。下面提供两个选题案例供参考。

【案例一】《中国读本》选题

这是1998年由辽宁教育出版社出版的一本介绍中国传统文化的通俗读本。

思维入口:从青少年了解祖国历史的角度,编著一本走大众市场的通俗读物。

思维难点:编著要出新意,耐读,有趣味,不同于常见的历史教材。

思维突破口:关于书名,美国有《美国读本》,因而联想到可编一本《中国读本》;立足点是编一部非官方的、充满创作个性的、高度浓缩我国五千年文明的小书;选题的最终目标是催生出一个阐释中国文化的"定本",使它能够走向世界;作者应是一位具有很好的学术素养的作家,他还需要有优美的文笔、独立的创作人格、自在的创作激情以及对祖国无限的热爱;制作要精美。

总体评价:此选题要在内容形式上创出新意,难度极大,所以动用了求同思维、求异思维、横向思维、理性思维等全方位的思维方法。首先是找准了作者苏叔阳,苏叔阳学历史出身,专业功底极为扎实。在此之前,他写过《我们的母亲叫中国》,获作协优秀儿童文学奖、中华图书奖、"五个一工程"奖,有着很好的创作基础。其次是在后期的出版制作上,出版社把每一个细节都做到精致,封面设计采取了招标的方式,在20多件设计稿中,确定了设计方案。1998年,在没有造势宣传的情况下,《中国读本》出版后,迅速得到了读者的认可,在1998年至2000年间,《中国读本》在大陆共发行了1000多万册,创下了同类书发行的天量。此后,《中国读本》又被译为英、德、俄、韩等国文字,广泛被国外读者接受。

【案例二】《提问 2010》选题

这是红旗出版社 2010 年出版的一本时政类图书。出版后一年内连续印刷十多次，成为年度十分热销的时政图书。

思维入口：时政图书选题总是给人一副说教面孔，如何摆脱居高临下的说教面孔，让时政热点自然而然地走近读者、亲近读者、感染读者、打动读者，让读者愿意为时政选题图书"买单"，主动成为时政选题图书的消费者，成为此选题的思维入口。

思维突破点：要达到上述目的，策划者首先想到的是以"提问"的方式作为突破口，将时政热点与读者阅读关注点较为完美地结合起来。同时，策划者注意到央视二套经济栏目里有一档"提问"当下社会经济发展热点问题的节目，就萌生与央视合作出版此选题的计划。经与央视协商，达成出版协议。在热点问题选择上，充分考虑民生感受，围绕广大人民群众关心但实际上又十分闹心，渴盼解决而实际上又有解决难度的问题。在问题解答人的选择上，尽量让权威人士来解疑释惑，但在行文上，力避官样文章、官话套话，多用简短、明了的语言，既吃透政策，讲清因果，又提出方案，寄予希望。

总体评价：从创造想象思维切入，再伴以理性思维、联想思维，还活跃着直觉创造性思维。根据选题本身的特点进行换位思考，真正从读者需要的角度来设计选题，证明了只要真正为读者着想，就会取得应有的收获的道理。

本章小结

出版选题是思维智慧的结晶，这一论断不仅已被历史悠久的出版实践所证实，而且还将在当今知识经济时代继续得到证实。在知识经济条件下，以技术与战略研发为核心的知识产业发展模式带给出版业的绝对不是旁观和简单的模仿，而是从根本上建立能够推动当代出版产业向前发展的战略研发中心，其当务之急就是将出版选题的策划与组织提高到研发的应有水平上，以高质量、高起点的选题策划作为现代出版产业的"龙头"，将选题策划人的智力资源作为出版产业的主要资源或曰资本进行配置,从而为出版产业的优化升级、出版产品的增值增效提供必备的智慧支持。从思维科学的维度讲,选题策划作为一项创造性思维劳动有着自身独特的过程和特点,这些过程和特点既反映了思维科学的一般特征,又反映了文化出版产业的特殊性。选题策划作为一项复杂的思维创造劳动是分阶段进行的。本章的目的就是要集中探讨信息时代进行选题策划的必要性,选题策划在出版产业链中的位置,选题思维劳动的主要特点以及对选题策划人的智力要求。选题创意是选题思维劳动的重心,其成果是选题策划人通过感性思维、理性思维和非理性思维等综合作用而创造出来的具有新质的出版选题。选题策划的完成阶段是将选题创意纳入选题策划的具体环节、具体操作程序的阶段,是在更高一级的理性思考中对创意进行"灵魂拷问"的阶段,是从各出版社的实际出发对选题创意进行反复思考、反复研究,使创意得以规范化、科学化、现实化的阶段。本章对选题策划的基本思维方法进行了分析,并结合出版策划的特点对形象思维、逻辑思维和直觉思维的内涵进行了新的界定,总结了选题策划的简单创造性思维模式与复杂创造性思维模式的加工思路与结构流程。

思考题

1. 现时代选题策划为什么会在出版活动中占据重要位置?
2. 出版选题的研发与一般商品的研发有什么不同?
3. 选题策划作为一种创造性思维劳动的过程是怎样的?有什么特点?

第五章

5

出版选题及其策划的组织与管理

出版选题及其策划的组织与管理主要涉及两方面的内容:一是对选题本位的组织与管理,侧重于选题本身的计划与规划;二是对策划本位的组织与管理,侧重于具体选题的策划。

从管理学的意义讲,“组织”是按照一定的宗旨和系统建立起来的集体,其使命“取决于外界社会对组织的要求,即确认本组织是为适应何种社会需求而存在的”①。目前我国出版选题策划的组织机构分为三种类型:第一种是以出版社的“编辑室”为核心体制的传统型组织结构,其中心任务是制订选题计划、策划具体选题、编辑加工文稿。第二种是游离于“编辑室”之外,而在出版社内具有某种独立存在地位的“策划编辑部”,其主要功能就是策划选题并组织实施。第三种是存在于出版社之外但最终必须通过出版社才能达到出版目的的各种策划编辑加工机构,如一些社团编委会、各种学术团体编委会、民营图书工作室等。其中,社团、学团编辑组织或是受正规出版社的委托组织策划与编创某些选题,或是为了本社团、学团的舆论宣传或学术传播目的而对一些选题进行策划与组织;民营图书工作室策划的选题目前在出版物市场上所占的比例很大,它们成为一支不可小视的出版力量。

就当前的出版现实来说,第一种类型依然是现今我国出版机构中选题策划与组织的主导类型,它的工作机制延续的是出版行政部门规定的“三级论证制”。这既是对出版传统的继承,又适应了市场的需求。第二种类型目前已经日趋成熟,其工作机制主要是“市场论证制”,其存在方式已被业界认可。第三种类型的存在状态较为复杂,只能根据具体情况进行具体分析,其中一些社团编委会只是为了完成某一选题的策划组稿工作而临时成立的,当这一选题出版完成后,此机构便不复存在;而民营图书工作室主要以市场效益的高低、好坏来决定其存在状态,再加上它们自身没有出版权,所以其存在具

① 许庆瑞.管理学.北京:高等教育出版社,1997.295.

有较大的自主性和临时性。本章主要对正规出版社的选题组织架构进行分析和探讨，以期从管理学的范畴对出版选题的组织与策划工作进行多方位的研究。

第一节　出版选题的组织与策划：现代出版流程中的宏观编辑业务

出版选题的组织与策划是出版选题学的核心问题。以前的一些编辑理论认为，出版选题属于微观编辑业务，是编辑工作流水线上的第一道工序，其在逻辑意义上是与组稿、审读、加工、设计、校对、印装、宣传、销售等工序相等同的。这种观点到现在为止虽然还不失其在一定程度上的指导意义，但实质上反映的还是旧的对编辑工作的技术规范和经验的总结；在现代出版条件下，这种观点对出版业的整体运作和发展而言已经具有很大的滞后性和局限性。实际上，对出版选题的组织与策划问题进行研究，是发展现代出版产业面临的一项宏观业务课题。

一、出版选题的组织与策划在文化传播和建设中的重要作用

出版选题的组织与策划在当前出版传播和当代人类文化建设中起着重要作用。在选题活动中，选择什么样的文化，谁来选，以何种标准和目的选，这一系列问题看似并不复杂，实乃关乎一个民族、一个国家的前途和命运。大家都公认这样一个事实，即中华文化之所以绵延长存五千年而血脉不断，其中一个最重要的因素就是中国出版将中华的文化“元典”及其他有价值的著作较为完好地选择、保存了下来。试想，如果没有孔子以“述而不作，信而好古”的选题原则编述“六经”，如果没有司马迁以“究天人之际，通古今之变，成一家之言”的选题主旨编创《史记》，如果没有司马光以“专取关国家兴衰、系民生休戚”的选题标准编纂《资治通鉴》，如果没有萧统以“事出于沈思，义归乎翰藻”的选择标准编辑《文选》……一直到清代，如果没有纪昀以“以实心励实行，以实学求实用”①的经世

① 纪昀. 阅微草堂笔记·姑妄听之二.

价值观编纂《四库全书》,那么,中华文化何以能存续到今天？何能以今日之面目展示于世人？“正因为孔子的选择标准是系统全面而正确的,所以他删定的六经,涵括了中华民族古代文化的精华,成为中华民族精神文明的极其重要的理论基石。”①在中国近现代出版史上,翻译出版成为思想启蒙与文化革命的一个重要组成部分。“欲求超胜,必须会通;会通之前,必先翻译。”②而对翻译内容的选择又是起决定作用的一环。严复为什么要在戊戌变法前期选择翻译《天演论》？而《天演论》的出版对危机深重的中华民族又起到什么警醒作用呢？对此,贺麟曾评论道:“严氏选择原书,是认定先后缓急和时势之需要而翻译,故每译一书都含有极深远的用意。”③鲁迅先生曾对《天演论》的出版回忆道:“我也知道了中国有一部书叫《天演论》。星期日跑到城南去买了来,白纸石印的一厚本,价五百文正。翻开一看,是写得很好的字……哦！原来世界上竟还有一个赫胥黎坐在书房里那么想,而且想得那么新鲜？一口气读下去,‘物竞’‘天择’也出来了。”④由此可知,《天演论》一书的翻译出版对当时的中国社会和中国思想界影响之巨大。同样,陈望道1920年8月翻译出版的《共产党宣言》,给中国人提供了第一部传播马克思主义原著的全译本。毛泽东曾回忆道:“我第二次到北京期间……我热心地搜寻那时候能找到的为数不多的用中文写的共产主义书籍。有三本书特别深地铭刻在我的心中,建立起我对马克思主义的信仰……这三本书是:《共产党宣言》,陈望道译,这是用中文出版的第一本马克思主义的书;《阶级斗争》,考茨基著;《社会主义史》,柯卡普著。”⑤鲁迅先生也认为陈望道的翻译“对中国做了一件好事”⑥。在今天看来,翻译出版《共产党宣言》,不啻普罗米修斯盗取的天火,这既是新思想的火种,也是新文化的火种。

以上出版史实表明,出版选题的内容设定与选择,对文化发展至关重要。设定选题内容,实际上就是设定出版的文化走向。因此,出版工作是意识形态领域的重要部门。我国对出版选题工作有着种种具体的规定,比如国家实施重大选题申报制度等,从根本上保证出版工作成为国家文化发展战略的重要组成部分。

---

① 张如法,杨清莲.编辑的选择与组构.开封:河南大学出版社,1998.62.

② 徐光启集(下).上海:上海古籍出版社,1984.374.

③ 张静庐.中国近代出版史料二编.上海:群联出版社,1954.107.

④ 鲁迅全集(第2卷).北京:人民文学出版社,1973.405－406.

⑤ [美]斯诺.西行漫记.北京:解放军文艺出版社,2002.116.

⑥ 沈鹏年于1961年、1962年访问周作人的记录,转引自邓明以.陈望道传.上海:复旦大学出版社,1995.40.

出版什么作品，不出版什么作品，是否有利于社会进步，是否有利于繁荣文化，决定权在我们出版行业，这是我们的责任，我们要把关。今日中国的出版界，大力倡导出好书、出精品图书，正是激励出版编辑组织与策划真正有价值的选题，并以之塑造当代中国人的精神世界，引领先进文化的前进方向。这就对新时代出版人提出了更高的要求，即不仅要做好出版工作流程中的种种微观编辑事务，更要从宏观上把握先进文化的前进方向，做到放眼世界，统揽今古，通过自己的出版活动和优秀的选题推动当今人类文化的对话、交流、传播和融合。

二、组织与策划出版选题的双效益原则

在市场经济条件下，如何正确处理好出版选题活动中的经济效益与社会效益的关系，已成为悬在出版编辑头上的一把达摩克利斯剑。

所谓出版选题的社会效益，主要是指选题出版发行后可能产生的影响人的精神世界与指导人的社会实践活动的社会效果。所谓出版选题的经济效益，一指选题出版发行后给出版社带来的直接经济收益，二指选题出版发行后给社会带来的直接的或间接的经济效益。因为出版选题是出版工作的龙头，所以选题策划人在组织与策划出版选题时必须预先估量到某选题在出版发行后可能产生的社会效益和经济效益。对于一个具体的出版社来说，出版选题的社会效益与经济效益之间会形成一种张力，其主要表现形式如下：

（1）某选题的社会效益可能很好，但给出版社带来的经济收益不一定很好。比如学术著作选题，因为潜在读者少而直接收益也少。

（2）某选题的社会效益可能不好，但给出版社带来的经济收益却很好。比如宣扬色情、暴力，迎合一些读者不健康趣味的选题，因潜在读者多而收益可能较好。

（3）某选题的社会效益可能很好，给社会带来的经济效益可能也很好，但给出版社带来的经济收益却不一定很好。比如李四光著的《中国地质学》，当年出版社只印了2000册，赔了钱。但此选题成书之后，宣布了“中国贫油论”的破产，为我国找到石油起到了重要的理论指导作用，从而产生了不可估量的社会效益和经济效益。

（4）某选题的社会效益、经济效益都很好，达到了“双效益”的统一。比如《十万个为什么》一书的选题创意，历经四十余年依然能够吸引大量少年儿童读者，给出版社赢得了巨大的社会效益和经济回报。

从本质上说,出版选题的社会效益与经济效益本是一个统一体,出版领域之所以会出现社会效益与经济效益两分的情况,主要在于今天的出版社已成为自负盈亏的经济主体,每个出版社都有自身的经济利益和市场利益,从而要求出版选题本身应潜在地具有较好的经济效益,否则,出版社和出版选题人在出版业界就没有立足之地。鲁迅先生在当年就一贯主张将出版物的内容质量放在第一位,但同时也强调图书选题对出版社经济收益的重要性,并以"不折本"作为最低收益限度。他认为:"出版家虽然大抵是'传播文化'的,而'折本'却是'传播文化'的致命伤。"①但是,出版选题在未成为正式出版物之前还只是一种策划、规划、设计、预谋、创意、构想等主观性的东西,它的社会效益与经济效益是否能够实现,必须等到选题成为客观出版物之后才能见分晓,这就使得出版选题人在确定某一选题正式进入生产程序之前,必须从文化建设与市场需求的角度反复进行衡量,艰难地进行选择。这种选择是道义与恶行之间的选择,是理想、信念、真理与迷惘、堕落、谬误之间的选择,是不同价值观之间的选择,是人格高下之间的选择,是对出版选题人综合素质与技能的一种考验。英国出版家斯坦利·昂温曾这样说:

为社会提供它的需求,迎合各个时期最恶劣的偏见,也许是发财致富的最佳捷径,这对出版行业来说也是一样;然而在这条狭路上行走是不光彩的。有些人欣然与先驱者一起走在新辟的大道上,为了克服冷漠、无知和偏见而热情地伸出援救之手,特别是为真理之灯的长明不熄而呕心沥血;为了他们,出版业提供了多么激动人心的冒险活动!这条路未必会像前面那条路一样是通往支付酬金的窗口,但它能够带来一种金钱买不到的满足感。②

在实际操作中,我国出版界对"双效益"的追求存在着诸多误区,其中最大的误区就是将"双效益"目标作为出版经营管理的量化指标分解到各个出版选题上。由于"社会效益"目标是软指标,经济目标是硬指标,就使得出版社将实现"社会效益"的目标锁定在少数几种可能获得各种奖项的选题上,将实现经济收益的目标锁定在一些可能畅销的选题上,从而在出版社内部人为地造成了社会效益与经济效益的分离。从根本上说,"双效益"目标是一个原则问题,不能够代替出版社具体的经营管理。正像美国出版家小赫伯特·S. 贝利所说:"经营管理好的出版社能够更成功地多出好书,而出版了很多好书的出版社都会由

---

① 鲁迅全集(第6卷). 北京:人民文学出版社,1961. 399.

② [英]斯坦利·昂温. 出版概论. 北京:书海出版社,1988. 254.

于经营不善而倒闭。"①每一个值得出版的选题都内在地包含着社会效益和经济效益的有机统一，而选题策划者在确定某一选题后应更多地从经营管理方面对其进行统筹和安排，从而将出版选题的组织与策划建立在宏观的出版产业经营的界面上。

三、组织与策划出版选题的决策管理功能分析

选题策划是否具有决策管理功能，为什么会具有决策管理功能，主要由策划本身的性质和选题策划在现代出版流程中的地位决定。策划简单地说就是出谋划策。美国《哈佛企业管理通书》认为，"策划……是针对未来要发生的事情做出当前的决策。换言之，策划是找出事物的因果关系，衡量未来可采取的措施，作为目前决策的依据"②。关于决策，美国著名学者、诺贝尔经济学奖获得者西蒙有一句名言，即"管理就是决策"③。那么，在现代出版条件下，也可以这样理解，选题策划本质上就是决策，选题决策的功能本质上就是管理。

选题决策是整个出版工作流程的基础，是出版决策中最重要的决策。选题出错，一错再错。"假如这决策在编辑方面和经济方面都是好的，其他方面的决定就毋须挑剔了。假如这个决定很糟糕，最好的设计加上高效率的生产和强有力的推销都无济于事。"④由此可见选题决策在出版流程中所居地位的重要性。选题的这种重要地位，决定了选题策划必须是统领全局的，是具有整体性的。这种整体性，根本不同于传统出版流程中出版选题所具有的单一性的程序功能。传统出版流程将出版选题作为出版编辑的第一个环节，选题被设计出来之后，出版选题的任务就告结束。现代出版条件下的选题策划从根本上说是一种整体策划或曰全程策划，出版选题从收集整合选题信息、设计选题的关键内容开始，到该选题成为正式出版物在市场上流通销售止，都包含着策划设计的步骤和成分。诸如装帧设计、宣传策划、销售策划等等，都是选题的整体策划化解到出版流程各个环节的具体实施步骤。由于策划本身具有特定的目的性、前瞻性、现实可操作性及一定的调适性等特征，所以，选题策划可以从宏观上对出版流程的全过程进行跟踪监控，随时掌握选题的进展情况，并根据市场和环境的变化对决策本身

① [美]小赫伯特·S.贝利.图书出版的艺术和科学.北京:中国书籍出版社,1995.7.
② 覃礼刚.现代全能策划.北京:中国经济出版社,2001.23.
③ 李忠尚.现代决策论:软科学与科学决策研究.北京:中国青年出版社,1995.106.
④ [美]小赫伯特·S.贝利.图书出版的艺术和科学.北京:中国书籍出版社,1995.83.

进行调整。

具体到出版社的管理层面,选题策划的决策管理功能是由出版社或某一选题的主要负责人领导实施的。他们或者是出版社的社长、总编,或者是策划编辑个人,或者是出版社的选题会议组成人员——本书统称为出版选题人。在传播学中,"选题人"被称为"守门人"或"把关人",根据这种理论,参与出版文化传播的出版人都不可避免地要以各种标准对他所要传送的信息、知识和思想进行筛选与过滤,从而将不符合时代和社会要求的选题淘汰掉。传播学的集大成者施拉姆认为,在信息网络中到处都有把关人,比如出版编辑,"他们确定哪些作家的作品应该出版,他们的原稿中有哪些部分应该删除"①。"把关人"理论作为对文化及信息传播的一种控制理论,实际上已潜移默化到出版选题人的内在世界中了。有学者指出:"我国现阶段的编辑策划之所以特别引起重视,是由于党和国家倡导的社会主义精神文明建设促使科学发展,编辑自觉意识提高,使编辑在文化生产组织中由'工具人'转变为'决策人'的人格变革,而引起的'角色'移位。"②可以说,由对职业行为的自觉认可到对文化信息的自由选择、自主决策、自我管理,正是出版选题人在选题策划中实施宏观决策管理的一种体现。

西方发达国家的出版界对策划编辑有一个新称谓,即项目负责人。这一概念从商业企业引入出版业,其主要目的就在于加强选题策划的决策管理功能。对出版企业而言,选题也是经营项目,出版编辑策划选题,犹如企业立项,在项目被批准实施的全过程中,策划编辑如同项目经理一样是要负全程责任的。在一个完整的出版流程中,策划编辑可以不亲自完成如审稿、加工、校对等具体的编辑业务,也可以不从事具体的宣传销售等营销业务,但各个环节业务的进行必须贯彻以选题为中心的管理理念,并置于策划编辑的监督之下。我国一些出版社尝试开展的策划编辑制改革就是朝这个方向努力的一部分。

上述内容说明,出版选题的组织与策划已不仅仅是当代出版编辑的一项微观编辑业务,而是在更高层面上对现代出版传播活动进行整体把握,并对具体的编辑出版行为进行战略性调控与指导的宏观业务。对这一范畴的重新认识,将会促使当代出版编辑立足于文化出版传播的全局来对选题工作进行新的定位和设计,从而将出版选题开发带入一个更加广阔的人文空间与文化视野中。

---

① [美]威尔伯·施拉姆,威廉·波特.传播学概论.北京:新华出版社,1984.161.

② 王振铎,赵运通.编辑学原理论.北京:中国书籍出版社,1997.193.

第二节 出版社“三级策划制”的选题结构及其功能定位

所谓“三级策划制”，就是由出版社的社长或总编辑、编辑室主任、编辑对某一选题或出版社的总体选题规划进行三个不同层次把关的出版“准入”制度。这一制度从出版社选题决策的“三级论证制”转化而来，即首先由编辑个人提出选题方案，然后交由编辑室主任审核批准并上报总编辑，再经出版社选题论证会讨论，最后由社长或总编辑决策。这种传统的选题报批制度，主要目的是通过层层把关的方式，将能够体现双效益相统一的选题选出来，将不能体现双效益的选题删除掉，从而反映出自下而上的组织特点。如今，一家出版单位每年少则出版几十种图书，多则出版几百上千种图书，这就预先要有明确的出版选题计划或选题规划。一般来说，出版社的选题计划或规划首先由社长和总编辑综合各个编辑部所提交的选题方案后提出，然后返回到各编辑室讨论，在此基础上进行修改补充，然后确定下来。这一过程又反映出一种自上而下的组织特点。在市场条件下，选题策划不仅仅是编辑的职责，而是从总编辑到编辑室主任又到编辑个人的多层次结构所构成的职责系统，其中每一层次由于所处的地位不同，承担的职责不同，所以对选题进行思考的角度不同，策划选题时面对的审核重点也不同。所以，“三级策划制”是与“三级论证制”同步交叉进行的选题方式。

一、宏观构架——总编辑层面选题策划的内涵与特点

总编辑作为出版社的策划主体进入选题策划系统不仅是一种业务要求，也是一种制度要求。新闻出版管理部门在《出版社总编辑岗位规范》中提出了对总编辑“工作能力”的全面要求，其中一条便是：“有较强的组织、活动能力和选题决策能力，能组织制定和实施重点、大型、成套图书编辑出版规划，对书刊稿件的质量能宏观上予以全面、准确的分析与判断。”在对总编辑的“主要职责”规定中，还提出了承担重大选题策划的责任。因此，总编辑实际上就是出版社的首席策划人，是出版社的总策划，“他的工作能力、工作态度和工作成绩，直接影响甚至决定了该出版社出书的方向、质量和效益，乃至整个出版社发展的总体水平、

规模和前景”①。总编辑策划是站在出版社全局的高度根据出版社的特点而进行的宏观策划,其策划的内涵主要体现在以下几个方面:

(一) 总编辑层面选题策划的主要内容

1. 制定出版社的选题总体思路或总体选题战略

选题总体思路是引导选题编辑进行具体选题开发与设计的行动纲领,它一般由总编辑提出,经总编会或社委会讨论,形成初步意见,然后征求全社编辑、出版、发行营销人员的意见,再经总编会或社委会讨论通过,最后确定下来。从过程来看,出版社的选题总体思路和总体规划的制定体现了集体智慧的作用,但其中起主要作用的无疑是总编辑个人的策划能力和学识水平。总编辑必须从出版社的整体利益出发,在对社内选题状况、人才结构、作者情况以及社外选题走向、读者分布情况、市场趋势进行全面分析把握的基础上,提出能够反映本社选题特色的选题思路。这些特色理应包含如下因素:① 该出版社的办社宗旨与专业分工;② 该出版社已形成的出版特色与品牌特色,使其保持一定的持续性和稳定性;③ 选题结构的合理安排,掌握好各类选题的分配比例,包括数量和质量比例,近期效益与长远效益比例,精品选题与一般选题的比例,学术类选题与实用类选题的比例等;④ 出版社的出版能力与营销能力,包括所采取的营销方式对某些选题开发的有利条件和不利条件;⑤ 社会需求和读者需求状况,主要市场竞争力量与新选题的市场进入壁垒等,必要时要进行市场调查和读者调查。比如商务印书馆制定了“做大做强工具书和社科学术名著,不断开拓新领域,不断扩大品种数”的选题思路,三联书店成立了学术出版中心、文化出版中心、大众出版中心和旅行出版中心,形成了学术普及类、文化读物类、知识读物类、图文艺术类、旅行类等板块的选题结构,都是社长、总编辑在宏观层面上确立的关于本出版社的总体选题思路和发展方向。

2. 根据选题总体思路制订出版社的长期、中期、短期选题计划

美国出版家小赫伯特·S. 贝利认为:“从某种意义上说,计划和管理是同义语。管理就是控制,而管理的日常工作则是制定将对未来起控制作用的决策。决策在有持久效力的总体政策的框架中作出,而政策的逐步实施也是一种计划。”②在这里,我们可以将贝利所称的“总体政策”理解为我们所说的“选题总体思路”,而“政策的逐步实施”就是制订计划和实施计划的过程。可以说,选题

---

① 《出版发行研究》杂志社等.精品图书的策划与创意.北京:中国书籍出版社,2000.200.

② [美]小赫伯特·S. 贝利.图书出版的艺术和科学.北京:中国书籍出版社,1995.196.

总体思路实际上是一个战略问题，而选题计划则是一个战术问题。选题总体思路确立之后，出版社的全体人员都应围绕这个选题思路创造性地开展工作。特别是编辑和销售部门，在根据这个选题总体思路策划出一个个具体的选题后，总编办公会便根据总体选题思路对其分门别类地进行论证，并以此制订出版社的长期、中期或短期选题计划。

长期的选题计划一般为5～10年的选题规划，有的可达20年以上，是出版社较为长远的奋斗目标。出版社的长期选题计划包括了中短期选题计划，但就具体项目来说主要是指实施完成所需时间较长的重点选题项目。重点选题项目在学术价值和社会效益上都有着非同一般的意义，大多是出版社的原创之作、扛鼎之作，是出版社大型的投资项目。如对百科全书的编纂，对大型文献的编纂出版，对著名社会科学家著作全集的编纂出版，对大型工具书如字典、辞典的编纂出版、对大型丛书、系列书的编辑出版等。像张元济策划编纂的《百衲本二十四史》、中华书局编纂出版的《辞海》、上海人民出版社编撰的《中华文化通志》和《中国通史》等，都历经岁月的磨炼而后成。长期选题计划还要对选题的结构、品种、数量进行确定和调节，但有时，长期选题计划只表现为一定的选题意向，这种意向对具体选题的形成起着指导作用。

中期选题计划一般为2～5年的选题规划，也是长期选题计划的实施阶段。中长期选题计划都应该偏重于选题的滚动式开发，以便优化选题，形成规模效益。中长期选题计划在执行了一段时间之后，要及时总结成效，并根据效果好坏对计划适时做出调整和修正。比如三年计划，在执行了一年之后，便应根据具体情况对剩余两年的选题计划进行调整和修改，撤销长远计划中的过时选题，补充新开发的有生命力的选题。

短期选题计划一般指年度选题计划。年度选题计划既是一年选题计划的执行阶段，又是中长期选题计划的起始阶段。因为无论是中期选题计划还是长期选题计划，都要通过一年年连续不断的奋斗才能完成使命。年度选题计划有着非常明确的目标，是具体的、可操作性极强的计划，需要在年度内见出成效。

总的来说，不论是长期选题计划还是中短期选题计划，都是塑造出版社选题特色的重要步骤。但所有这些计划，都是包括总编辑在内的所有选题人的一种主观设想，因此选题计划在实施阶段还要根据社会及市场需求的变化不断进行调整，需要随时补充顺应时代主潮和符合读者需要的选题。

3. 根据出版社的市场定位与出版理念确定选题的方向与特色

出版社的市场定位是关系到出版社生存目标的大问题，要做出比较符合实际的市场定位必须对出版市场进行分析、调查和预测,要探究它的过去、现在及未来的发展趋势,以此来对出版社整体发展方向进行决策。

出版业是文化与商业的统一体,出版社的市场定位实际上是出版社出版理念的反映。出版理念是贯穿出版机构的行为准则、哲学纲领、处世信念,是最能代表一个出版机构外在形象的内在精髓,是出版机构活的灵魂。① 一个出版社的市场定位必须从它的主要领导人特别是社长、总编辑的出版理念中获取智力支持与精神动力,才能形成自身的核心价值理念。比如中信出版社确立的"我们提供知识,以应对变化的世界,为主流人群和知识工作者提供阅读内容和咨询服务"的选题定位,无疑与社长、总编辑层面的出版理念密切相关。

4. 注重形成独家选题品牌

总编辑不仅要从制定选题总体思路与总体选题计划入手,引导全社编辑开发选题,形成特色,而且还要加强对已有选题的经营管理,通过优化组合等手段,使之向系列化、体系化的方向发展,最终形成独家选题品牌。正如其他企业在激烈的市场竞争中要靠优质的产品品牌取胜一样,出版社在找到市场定位之后,也要靠优质的出版物品牌来显示和巩固自己的出版特色。比如复旦大学出版社为了改变各自为战、多方位组稿所造成的选题杂乱现象,就从以往出书的优势项目入手,经过仔细的考察与论证,打出了"复旦博学"系列教材的品牌,以复旦校训——"博学而笃志,切问而近思"的开头两个字为品牌,意在秉承中国传统治学之道,又切合21世纪培养复合型人才的需求。出版社选择了那些具有原创性、高质量且又具有常销潜能的选题予以出版,其中包括"法学系列""大学文科通用系列""新闻与传播学研究生核心课程系列""大学管理系列""广告系列""专业英语系列""研究生英语系列""医学基础系列""公共卫生系列""MPH(公共卫生硕士)系列"等十大类。这一品牌有独特的标识、商标,自2001年问世以来取得了每种教材的年发行量平均超过万册的销售业绩,有的品种已超过了10万册,到今天仍然一直在出版。"复旦博学"的品牌效应既充实了原有系列选题的品牌内涵,又推动了更多选题板块的滚动开发,如通过品牌的延伸功能,开发"复旦博闻"英语辅导系列,"复旦博雅"人文精品系列等,实现了选题品牌的可持续开发。另外,优秀的品牌也能引起整个行业的连锁效应,继"复旦博学"之后,武汉大学、交通大学等高校出版社也着手依托各自在法律、信息技术等领域的学科优势,希冀在几年内创立更多的中国高校教材出版名牌。

---

① 于友先.现代出版产业发展论.苏州:苏州大学出版社,2003.91-92.

5. 注重建立选题策划的创新机制和创新体系

最为关键的是,总编辑要在全社建立一种选题策划的创新机制和创新体系,保证高品位原创性选题源源不断地研发出来。出版特色的保持在于创新,出版品牌的生命也在于创新。由于市场竞争的加剧,新的图书选题品牌不断出现,品牌的更新期相对缩短,一种品牌只有不断增添新的选题内涵才能持续吸引读者,才能延长选题品牌的生命周期,否则,就会在市场竞争中失去原有的优势。因此,总编辑要推动出版社不断尝试各种具有创新功能的选题机制,建立一套行之有效的创新体系,从而使创新选题的开发不断成为出版社新的经济增长点,使选题创新机制与创新体系成为激发全社策划活力的驱动器。

(二)总编辑层面选题策划的特点

从上可知,总编辑层面的选题策划既是对全社总体选题思路、选题计划的策划,也是对全社"选题策划者"的策划,这一策划层面具有如下特点:

1. 导向性

"导向是选题的灵魂。"①总编辑的岗位规范要求总编辑"认真贯彻党的宣传出版方针,自觉维护党和国家的利益,坚持社会主义的出版方向",因此,总编辑的首要职责就是保证本社选题思路、选题计划以及每一选题导向正确、内容科学,将本社的选题规划纳入到国家文化建设的总体规划中,纳入到中国特色社会主义文化建设的宏大体系中。

2. 全局性

总编辑的职责要求他必须站在全局的高度,从社内、社外的具体情况出发,对全社的总体选题规划和编辑所做的单个选题策划做出通盘考虑,对所开发的选题资源进行综合性合理配置。特别是一些选题结构复杂的大型出版社,总编辑更要从全局利益出发,对不同种类、不同风格、不同效益的选题进行协调和平衡。

3. 决策性

由于选题思路、选题计划和选题策划还只是一种观念性的东西,是否将它们付诸实践必须进行科学的决断,这就使得总编辑的决策功能显得尤为重要。"决策失误,一误再误",总编辑必须运用他的创造性思维能力进行科学决策,以降低风险,减少失误。

---

① 戴文葆. 关于选题的一次漫谈. 出版发行研究. 1999(1).

4. 系统性

单个的选题策划也许是零乱的、主题分散的策划,总编辑必须将这些零乱的、主题分散的选题进行整合、归类,使之趋于系统化。所以,将出版社的整个选题活动作为一个系统工程来看待,是总编辑策划不同于一般编辑策划的突出特点。

特别需要强调的是,在转企改制的大背景下,很多出版社对总编辑的岗位职责产生模糊认识,认为设立或是不设立总编辑岗位对出版社业务影响不大,这显然是不正确的。总编辑岗位不是转型改制所要改掉的目标,相反,总编辑的岗位职责只能加强,不能削弱。因为总编辑岗位是经过出版实践证明对编辑工作起着根本性作用的岗位,而不是可有可无的岗位。即使从管理层中撤掉这一岗位,这一岗位的工作职责还必须有人担负。

二、中观构型——编辑室主任层面选题策划的内涵与特点

编辑室是出版社的基本单位,是管理出版业务的职能部门。编辑室的主要业务就是编辑工作,而选题则是编辑业务之基础。编辑室的设置因出版社专业分工的不同而不同,一般有三种类型:一是按学科专业分类,二是按图书类型分类,三是按读者层次分类。

(一) 编辑室主任层面选题策划的主要内容

作为出版社的基本建制单位,编辑室主任肩负着重要的管理职能,上要对社长、总编辑负责,下要组织、领导全室的编辑工作。因此,编辑室主任处于一个承上启下、不可或缺的桥梁地位,这一层面的选题策划内涵主要包括以下内容:

1. 根据出版社总体选题思路确定各编辑室自己的选题范围和出书规模

出版社的总体选题思路确定之后,各编辑室都要以出版社总体选题思路为指导,结合本室的专业学科特点、出书类型以及读者类型,策划出相应的选题范围和出书规模,以供总编辑制订全社总体选题计划作参考决策。编辑室选题范围和出书规模的确定直接影响到全社选题计划的形成,每一编辑室都要根据本社具体情况量力而行,不可使范围和规模过大,以致超出出版社的总体承受能力,也不可使其过小,使工作出现被动的局面。

2. 根据出版社的出版定位确定本编辑室的选题特色和选题结构

出版定位反映的是出版社总决策者的出版理念和出版精神,优秀的出版理念与高尚的出版精神是催生独具特色的出版选题的不可缺少的条件。出版室主

任作为编辑室的首席策划者，必须充分发挥每个编辑的优势，将每个编辑较为分散的力量集结起来，形成合力，集中开发精品选题、特色选题、系列选题。另外，编辑室主任还要对本室内各个编辑的选题策划进行统一部署和协调规划，即对单品种选题进行结构优化，从编辑室的角度将其分清主次、重点，使其从总体上反映出本编辑室的选题特色，实现最佳效益。

3. 注重“长效”选题与“短效”选题的均衡开发

编辑室主任层面的策划既担负着中长期选题计划的策划任务，也担负着短期选题策划及其执行任务，因此，要特别重视那些对读者产生正面引导和震撼作用的热点选题、畅销选题的开发，重视能够反映时代文化精神的“短效”选题的开发。这里所谓的“短效”即选题内容健康向上并可速成、在短期内能为出版社带来巨大经济回报的选题。将“短效”选题与“长效”选题结合起来，均衡开发，才能实现出版社的滚动发展。能否抓住投入少、收益大的“短效”选题，是与编辑室主任平时有无这方面的策划经验密切相关的。

4. 注重发挥编辑室成员的作用

编辑室主任层面的策划不仅仅是一种个人策划，还是一种面对编辑室全体成员进行的策划。编辑室成员是一个复杂的集合体，尽管全室成员的专业知识基本相同或相近，但由于个性、兴趣、阅历、胆识的不同，他们思考选题的角度、深入的程度等都会不同。编辑室主任要尽可能地对本室成员的上述特征进行综合评估，以便于挖掘每个成员不同方面的不同潜力。

综上所述，编辑室主任层面的策划处于出版社总体选题策划与编辑个人选题策划的中间位置，对出版社总体选题计划起着中观构型的关键作用，对编辑个人选题策划具有指向作用。单独一个编辑的选题策划出了问题也许还可以利用出版社的集体力量分担损失和采取补救措施，但如果一个编辑室的选题策划出了问题，将会给整个出版社造成毁灭性的打击。

（二）编辑室主任层面选题策划的特点

综合以上内容，可以看出编辑室主任层面的策划具有以下特点：

1. 局部性

由于部室策划只承担出版社专业分工范围内若干学科或学科中若干层面中的选题任务，所以每一编辑室都只能担当全社选题计划中的部分选题设计，编辑室主任的选题策划也只是围绕本室的分工范围进行战略思考，对于出版社的全局来说只能是一种局部性的策划。

2. 规模性

依靠集体力量和集体智慧,编辑室主任可以带动全室成员对具有系列规模效应的选题进行多方位、多层面的策划,甚至可以跨编辑室策划,使其选题开发呈现出一定的系列性和规模性。而编辑个人显然不具备这样的力量和条件。

3. 品牌性

一般来说,反映出版社的重点选题、标志性选题、特色选题都要依靠编辑室这一中间策划力量来完成,而这些选题一旦成书投放到市场取得成效后,就会成为出版社的品牌出版物。品牌是特色的集中表现,也是编辑室风格的集中体现。

4. 协调性

由于处于一个中间层次,所以编辑室主任层面的选题策划天然地具有一种协调性。这种协调性主要表现在:代表本室工作与社领导进行协调;当出现跨室选题现象时,要与其他编辑室主任进行协调;对本室内的选题进行统筹协调。

三、微观构型——编辑层面选题策划的内涵与特点

编辑层面的选题策划是最基础的策划,也是通常所指的以编辑个体作为策划主体、以单个选题作为策划客体的全程策划。在这个层面上,当前的编辑实践与理论探讨对其认识并不统一,较有代表性的观点是:选题策划 = 选题设想 + 组稿。这显然是对选题策划的一种肤浅的认识。对策划编辑个人而言,选题策划具有项目经营的意义,其本质是将选题作为出版大系统中的一个子系统进行有目的、有预见性的运作,并希求取得最佳效益的规划与设想。因此,对选题策划应持一种整体论的观点,即作为一个整体系统来看待。编辑层面的策划主要是对具体的选题细节的策划。

1. 对选题构成要素的策划

选题构成要素主要包括:书名、主题内容、作者、读者、效益预测等。

选题构成要素是选题策划的关键内容。在书名策划方面,最重要的是要激发读者潜意识中的“欲读情结”,一本书的书名就是一本书的亮点,读者往往会直接根据书名来断定是否需要这类图书。对书名的基本要求是符合内容、简洁易懂,切忌穿凿附会、题不对文。有的选题编辑为了制造轰动效应,故意夸大和扭曲书名应有的作用,将一些文学艺术类的选题书名搞得“非性不题”,不忍目睹,诸如《丰乳肥臀》《大浴女》《拯救乳房》等。这类名称虽然可以刺激读者潜意识中的阅读欲望,并且也可以涵盖图书的部分内容,但从根本上讲,作为对严肃

作者作品的书名包装,已背离了选题的命名旨趣。

选题内容的策划具有相当的复杂性,有的选题内容是可以策划的,有的选题内容却是不能策划或是不能随意策划的。一些原创性的自然科学与文学艺术类选题,编辑策划的范围和力度就很有限,比如鲁迅的小说《阿Q正传》,虽然孙伏园对《阿Q正传》的问世起到一种外因上的督促作用,但对《阿Q正传》的主题内容部分,编辑的策划却是有限的。而对已有选题或已有知识进行二度策划或组合策划,以创出新选题,在这方面,策划编辑却可以发挥巨大作用,如一些"文集""选集"类选题。对选题内容策划的关键是出新,或是发现新的科学原理和塑造出新的文学艺术形象,或是用新观点、新理念、新角度、新形式对已有知识和已有选题进行新的阐释和新的组合。

在作者策划方面,难度最大的是为所策划选题挑选合适的作者或编创者。作者定得准,可以收到事半功倍之效。而困扰策划编辑的常常是要在名人、名作者与普通作者、无名作者之间作出选择。名作者有一定的知名度和市场号召力,可以降低市场风险,但名作者的创作成本相对较高,况且有时并非创作某一选题的最佳人选。选择一般作者或无名作者进入图书市场的风险相对较大,但如果某一选题非他莫属,则编辑和出版社自然要承担起培养新作者的义务。像丁玲、巴金、施蛰存等近现代名作家,其处女作或成名作都是经叶圣陶先生之手选择发表出来的;而美国著名编辑珀金斯也发现了像菲茨杰拉德、海明威和沃尔夫这样的著名作家。长篇历史小说《曾国藩》《杨度》的作者唐浩明在发表《曾国藩》之前连一篇短篇小说也没有写过,如果不是时任《芙蓉》杂志编辑的朱树诚建议他将一个中篇小说《曾国藩出山》的题材改为长篇,也许就不会成就唐浩明现已取得的文学事业。可见,策划作者重在发现、引导和鼓励。

关于读者策划,在选题创立阶段,需要进行市场调查和目标预测,在选题创立之后进入生产阶段,还需要进行宣传和发行方面的布置和安排。就前一阶段来说,主要是正确地预设阅读对象,划定读者群或潜在的读者群,选题的主要目的与方向就是围绕目标读者群而定。如一套少儿百科全书必须以少年儿童的生活与学习为中心,必须考虑到少年儿童的接受心理与接受环境;而反映女性婚恋爱情的小说,则必须善于抓住女性情爱心理,就像加拿大禾林出版公司策划出版的浪漫爱情小说那样。

最后,就效益预测来说,则是追求社会效益与经济效益的最佳结合。每一选题的生产成果都是一种新产品,投放市场后都有各自的社会效益与经济效益。但如何实现社会效益与经济效益的最佳结合,却是最难谋划的,其中起关键作用的还在于策划人的选题理念与出版社的出版定位如何。这个问题解决了,其余一切俱可迎刃而解。

2. 对组稿、编校过程的策划

策划编辑在选题作为一个项目被选题论证会通过之后,接下来还要对组稿和编校过程进行策划和控制。组稿是选题策划中的关键一环。“有了好选题,关键在运作”,而组稿和编校是保证选题质量的重要运作程序。在确定作者之后,编辑和作者之间有必要对选题的结构、语言、文风等内容及其他形式要素进行沟通,和作者约定交稿时间,并签订出版合同。在这方面,编辑一方面代表出版社的利益,对出版社负责;另一方面还要代表作者的利益,对作者负责。按照一般的图书运作惯例,出版社提出选题和大体设想后交由作者去编写,稿子完成后再由作者交出版社审阅,出版社管两头,中间的编写工作基本由作者独立完成。但对有些选题来说,这种组稿方式行不通。比如,国家“九五”规划重点图书选题《甘肃藏敦煌文献》,这一选题的主旨是要对甘肃全省收藏的敦煌汉文文献做系统完整的刊布和介绍、研究,全面展现甘藏敦煌文献的面貌和整理研究成果。因此,对敦煌文献的鉴定、整理和拍摄洗印是本选题编纂工作的基础和关键。要完成这些工作,必须要有组织地集中进行,必须有必要的设备和资金,还要做大量的组织协调工作。显然,仅靠聘请的专家学者(即作者)的个人力量是不可能完成的,只能由出版社出面组织作者和有关单位共同完成。这样,出版社就成立了一个由多位专家学者和本社编辑共同组成的“整理编辑工作组”,具体实施本书的编纂计划,并按照“文献普查、鉴定整理、拍摄洗印、研究撰稿、编辑审定”五个步骤,分阶段进行编纂工作。其中包括编纂体例的制订、工作程序的确定、与方方面面的联络等,都由策划编辑代表出版社一方负责,以此妥善解决了编纂责任主体的运作机制的问题。出版社一方掌握了更大的主动权,保证了稿件质量,保证了成书时间,实现了选题主旨。又比如山东画报出版社策划的《老照片》丛书选题,对编辑加工方面就提出了明确的要求,具体为:以专栏为构架,同时采用图文结合的形式,编发独立成篇的文章;适当加大丛书的文字量,图文比例规定为1:4,以文字带动丛书的可读性;文字内容以事实为根据,以纪实为灵魂,该带传奇色彩就带传奇色彩,该注重趣味就注重趣味,该具知识性就严谨起来,思想该尖锐的就尖锐起来,以此来提高文稿的耐读性;文稿体裁要根据照片内容力求多样化,传记、散文、随笔、考据、说明均可;文章字数不设限,长由数千言,短则几十字,量体而变,不拘一格。这些要求实际上就是对文稿加工工作的一个目标策划,具体而明确。

作者所写稿件到底如何，策划编辑必须通过认真审读才能把握。有人认为策划编辑或组稿编辑只要能拿到稿件，工作就告完成，审稿不审稿与他们无关；或者认为审稿只是责任编辑的工作。这种观点同样值得商榷。一方面，从策划编辑作为策划主体一方来说，策划意图是否能实现，其主要体现物就是稿件本身，如果策划编辑不审稿，何以得知稿件质量是否符合策划意图呢？如果稿件本身就没有达到策划目的，那么此一策划就没有什么意义。所以策划编辑对稿件进行审读是决定稿件是否进入编辑程序的第一道门槛。另一方面，策划编辑只有在审读文稿之后，才能根据文稿内容帮助作者策划或亲自撰写出文稿的辅文。辅文的内容包括封面文字、内容提要、导读导购语言、序言、后记、作者介绍以及扉页的文字设计等。辅文的撰写也是一门极具创意的学问，辅文写得好，能在短时间内激发读者的购买欲，有效地扩大图书的销量。至于文稿编校的工作，也须策划编辑事先安排妥当，诸如文风的前后一致，内容的繁简要求，形式的整齐划一，都需要在编校过程中得到体现。

3. 对装帧、印制过程的策划

现代图书越来越重视形式美的要求，书的外观（包括封面与开本大小）与内文设计（包括版式、字体字号、纸张、印色）成为选题创意的一个不可分割的组成部分。因此，策划编辑在选题创意的过程中，就要尽可能地将用以包装图书形式美的要素考虑进去，使之与选题内容成为一个相互融合的整体。

也许策划编辑本人并不是装帧设计者，或者说不具备装帧设计者所要求的诸多条件，但策划编辑至少要对书籍装帧艺术的本质与基本方法有所了解，有所参悟，要对各种类型图书的基本“性格”了然于心。诸如辞书类选题装帧严整规则，儿童类选题装帧天真烂漫，古文类选题装帧博大厚重，科技类选题装帧简约沉静，文学类选题装帧活泼多姿。至于开本的大小，版式的简易，字体的风貌，纸张的品格，则更要服从选题本身的客观要求与策划者的主观意图。

书籍的装帧是一种整体设计，并且已经参与到当前的市场竞争中来。很多出版社都在对已有选题进行二次开发，其中起关键作用的成分是重新装帧设计。可以说，今后的选题竞争，不仅仅是选题创意与选题内容的竞争，更是外观形态与材料构成的竞争。比如山东画报出版社在策划《老照片》丛书时，就将其设计为大 32 开本，4 个印张，内页用 70 克米黄胶版纸，4 封用 157 克铜版纸。特别是用纸设计，成为该丛书的一大特色。而其最初灵感却是策划者在草拟丛书设想的时候，偶然在家中翻到一本外文书，里面有一些历史图片，印在微微泛黄的纸上，给人一种沧桑而厚重的感觉。《老照片》丛书的用纸设计便在这一瞬间确定了下来。《老照片》畅销之后,米黄纸也随之走红,在各种书籍中被大量使用。

《哈利·波特》一书的中文简体字版在上市前更是对开本、封面设计、版式设计、插图、用纸、印装进行了精心的整体制作策划。《哈利·波特》的开本是在比较了众多的少儿文学书籍的开本之后,最后决定设计成小16开的异型开本,这种开本当时在书店很罕见,能够吸引读者的注意力。封面设计采用了美国版的颇具神秘感和形式感的封面,并对其色调、字体设计、内封设计做了与中国读者的审美趣味相契合的精心调整。在版式设计上,策划者从字体的选择和行距的确定都进行了反复斟酌比较,既希望减少一些印张降低价格,让读者愿意买,买得起,又防止版面排得过密影响阅读,同时还精心设计了页脚、页眉,整个版式给人疏朗、大方、活泼之感。《哈利·波特》的插图是在先聘请国内画家进行创作但不合意的情况下,又走了引进国外插图的路子。整书所用纸张是策划人员专门为出版《哈利·波特》设计生产的独特的淡绿色书写纸,既显得优雅可爱,又不易被盗版;封面制作采用进口铜版纸和先印后压纹的工艺,使得封面的彩图颇具立体感。在印装上,出版社寻找了一家质量可靠的印刷厂,并派策划部主任和责任印制员到印刷厂监督印刷。如此精心的制作策划为后续的促销和销售提供了质量有保障的产品。可见,对选题的制作策划已成为出版界打开市场、创造效益的重要手段。这就要求策划编辑要不断尝试以各种新理念、新方法、新材料包装自己策划的选题,不断借鉴国内国外流行的装帧设计风格,把握创新趋势,引领图书新潮。

4. 对宣传促销过程的策划

既然选题策划是一个整体意义上的系统工程,那么对这一系统中的宣传促销过程的策划则是实现出版效益的关键环节。现代图书营销实践证明,一本图书是否有严密周到的宣传促销计划,是否将这些计划一一付诸行动,对图书的销售业绩影响至巨。传统流行的那种"酒香不怕巷子深"的观念,使许多好书"养在深闺人未识",从而达不到选题人最初策划这一选题的目的。宣传就是为了让读者认识到选题的教育意义和审美意义,告知那些潜在读者关于此一选题的所有出版信息,以期将潜在的目标读者群转换成真正的图书消费者。就宣传促销策划步骤来说,一般分为出版前、出版中、出版后三个阶段。出版前的宣传策划主要围绕选题本身进行借势和造势宣传。比如,《哈利·波特》一书的中文简体字版在出版前就对宣传造势进行了周密的策划,在版权尚未明确落入人民文学出版社的情况下,有关书业媒体对其版权归属就议论纷纷,《中华读书报》还用了"激战正酣"的字眼来渲染"版权大战"的激烈程度。但人民文学出版社因势利导，并没有将秘密过早公开，而是巧借各种媒介对此持续关注之势，引起社会各界的广泛注意，进而引发人们阅读的欲望和强烈的兴趣。等到正式签发版权引进协议后，《哈利·波特》选题策划部又为此举行了隆重的专题新闻发布会，正式向媒体发布关于《哈利·波特》的众多新闻内容，并以这些内容持续吸引社会的关注，培养目标读者群。在选题付诸实施进行生产的过程中，在合适的媒体上发布图书制作与生产进度的有关新闻，以此来保持读者的阅读欲和注意力。而真正的宣传促销策划却是在图书出版上市之后。诸如刊登新书发布广告、新书目录、新书介绍，开展新书首发式、赠书仪式、作者签名售书活动和图书研讨会、座谈会，发表图书评论，举行读书活动等等。还就《哈利·波特》来讲，这本书的策划者在图书上市后，对促销做了周密的设计，主要有以下手段：① 全国同时首发。通过召开首发消息的新闻发布会，向全国宣布《哈利·波特》将定于某一时间在全国各大中城市同时开始销售，唤起社会和广大读者的期待心理。② 广告招贴宣传。策划者为《哈利·波特》设计了三条广告词：一是"哈利·波特——跳出书包的小魔法师"；二是"哈利·波特——我们身边的小骑士"；三是"哈利·波特——世界儿童的好朋友"。彩色招贴、巨型彩喷广告牌以及异形书签都使用了这三条广告语，得到了社会的认可。③ 撷英手册导读。策划者挑选第一册中比较精彩的两个章节，印制成小巧便携的撷英手册，大量发给各地销售商，请他们放在书店显眼位置，让读者自由抽取，享受先睹之快感，并产生通读全书的欲读情结，促成读者的购买行为。④ 赠送精致礼物。如制作有哈利·波特形象的魔笔、即时贴、"火焰杯"、贺年卡、笔筒、T 恤衫等一些精致可爱的小礼品，营造了小读者日常生活中的哈利·波特时尚，广泛地传递着选题的信息。⑤ 首发仪式创新。聘请儿童演员按照图书封面上的形象，装扮成哈利·波特模样，活跃全场氛围。首发式上，王府井新华书店两小时售出 1500 册，创下书店首发最高纪录。⑥ 后续新闻不断。首发式后继续在各地媒体发布有关哈利·波特的新闻报道百余篇，并在中央电视台等各大媒体发布首发式的现场画面，充分实现首发效益的最大化。⑦ 召开研讨会。针对社会舆论提出的疑问对销售造成的负面影响，出版社在北京、上海、长沙等地策划召集由儿童文学专家、文学评论家、教育学家、中学特级教师等人士出席的研讨会，对作品的文化内容及对少年儿童想象力的培养进行研讨，会后将专家们对作品的高度肯定性意见发表于媒体，从而打消了一部分读者的疑虑。⑧ 多元品种互动。出版关于哈利·波特的明信片、画报、立体画册、填色书等，形成了与主打产品的互动效应。另外还促成中影公司引进美国好莱坞大片《哈利·波特与魔法石》，并与中影公司一起联合制作电影海报,形成图书与电影的互动局面。所有这些策划措施真正有力地推动了《哈利·波特》的销售,而人民文学出版社关于宣传促销的最终结论是:出版不息,促销不止。这种理念实乃指导宣传促销策划的不变信条。

第三节 策划编辑制的内涵设定与运行模式分析

策划编辑制是西方发达国家普遍推行的一种编辑出版模式,是与市场经济体制相适配的一种出版编辑机制。策划编辑的概念在20世纪80年代后期从国外引入我国出版界,在90年代初试行,这一时段正是我国出版业从计划经济体制向市场经济体制迈进的关键时期。随着我国文化体制改革的逐渐深入,编辑策划制逐渐显示出它应有的优势。很多出版单位都以设立策划编辑部作为出版社机构改革的龙头和重心,并使出版社焕发出新的活力。因此,有必要对策划编辑制进行科学的总结和理性的认识,特别是要对其内涵设定与运行模式进行重新定位。

一、策划编辑制的内涵设定

实行策划编辑制实际上是在贯彻一种新的出版理念,这一新理念的本质就是以选题的研发为核心的出版全程策划。

新时期新形势下,对策划编辑制的内涵设定主要包含两方面的内容:一是对策划编辑范围的界定,二是对策划编辑制度的规定。作为一种以策划为高起点的编辑出版理念,策划编辑制实际上是围绕出版选题的研发工作而形成的一整套新的出版体制和出版机制,就其策划范围言,必然包括选题策划、创作策划、制作策划、宣传策划和营销策划等的全程策划;就其制度改革来说,必然包括人事制度、分配制度、激励制度、评价制度等的全面改革。

策划编辑制是在社长、总编辑领导下,围绕出版社总体选题规划对全体编辑进行合理分工的一种工作体制。这种体制的建立,目的是为了实现总体选题思路所确立的选题目标,其内部分工要根据最大限度地发挥每个选题编辑积极性与创造性的原则进行,是一种既有分工又有协作的制度。比如某出版社运行的策划编辑制,将出版社现有的编辑分成策划编辑和加工编辑两大部门,从机构上予以分离设置、分别管理。策划编辑分为高级策划编辑、策划编辑和助理策划编辑三个层次,通过公开竞聘上岗,并严格按照策划编辑管理考核细则进行绩效考核。比如在选题质量指标上规定,策划选题成功率应不低于60%,新书出版一年内销售率不低于初次印数的70%,重印率不低于50%,其中再版率不低于20%。这对策划编辑的工作能力提出了很高的要求。

策划编辑制是围绕一个个选题进行的项目实施工程,这是推行策划编辑制的实质所在。根据出版学原理,出版是包括编辑、设计、生产、销售在内的复杂的系统工程。一个选题从策划到销售,中间经过诸多环节。策划编辑制既然作为一种制度在起作用,策划编辑就必须与文字编辑、美术编辑和其他相关部门密切配合,形成一个高效率的工作机制,这是完成选题效益的最直接的保证。这也是制度本身必须关注和解决的实质问题,否则,就突出不了策划制的高效率作用。

策划编辑制是带有管理功能的新型选题体制。它的管理功能是选题策划作为现代出版流程中的宏观编辑业务所应有的一种基本职能。这种管理功能应体现在如下几个方面:① 策划前期的事务管理,如对市场调研、信息采集、选题设计等的管理;② 策划中期的编务管理,如对作者策划、稿件策划(包括稿件审读)、版式策划等的管理;③ 生产过程策划管理,如对纸张策划、印刷策划等的管理;④ 宣传推销策划管理,如对宣传策划、销售策划的管理等。策划编辑制的管理功能重点在效益管理,目的就是力争各策划环节都能高效运行,节约成本,获取最好的社会效益与经济效益。

二、策划编辑制的运行模式分析

1. 国外情况分析

在英美出版机构,策划编辑一般被称为组稿编辑(Acquisition Editor),他们在编辑部经理的领导下,负责发掘选题与出版图书,发掘、发展作者并与之沟通,开发适合市场需求的作品,并不断修订仍能赚钱的选题。[①] 在美国,出版社为了取得某一作品的出版权,就必须与作者签订购买合同,负责这项工作的部门就是组稿部(Acquisitions Department)。组稿部一般都非常重视构建自己的"组稿战略计划模式"(Acquisition Planning Strategy Model)。这种模式实际上是出版社选

① 伊恩·麦高文.国际出版原则与实践.北京:中国书籍出版社,2001.37.

题定位、图书印数和出版时间三方面因素的综合体现。组稿部的战略计划模式确定之后,就会围绕下列工序展开工作①:

(1) 建立作者储备库,积累有可能在今后为出版社提出供稿建议的可靠作者的信息档案。

(2) 促进作者提出选题建议,利用信息档案加强与作者沟通,鼓励他们提出选题建议。

(3) 初读写作建议书,挑选适用的选题。(其中有80%的选题建议可能是不适用的。)

(4) 向作者进行问卷调查,就第一次筛选后留下的选题与作者进行进一步的沟通,弄清作者的写作意图,确认其能否接受这一选题。

(5) 调查选题的竞争力,必要时还需调查作者的其他著作。

(6) 分析作者提交建议的可信性,如果作者信誉不存在问题,可将选题大纲交由同学科专家进行审阅。

(7) 查证书稿的特色是否鲜明,是否吸引读者,图书馆是否购买过同类选题的图书,被借阅情况如何。

(8) 核实是否符合出版战略方向,弄清是否属于打算填补战略计划模式的缺口项目。

(9) 注意按正常的法律程序进行。

(10) 评估经济学上的可行性,提交生产、销售和财务部门进行社内评估。

(11) 修改写作建议,与作者商谈,使选题编辑的评估建议有助于改善最后的结果。

(12) 提交选题建议,经编辑部经理允许后,与作者确立出版合同关系。

(13) 与作者进行合同谈判,取得作者授权。保证出版社不仅有权出版和销售该选题,同时,还在分享受益的基础上,控制该书的邻接权,包括其他版本、改编和摘用权,其他文本的翻译权,其他媒体的使用权等。

(14) 随时监督作者的写作进度,及时拿到书稿。

(15) 在原稿付印前,组稿编辑还可以进行为提高选题质量的必要的原则性修改。

从上述内容可以看出,英美国家出版社的组稿部所承担的工作,主要是围绕选题及选题各要素而进行的业务性工作,并由这些工作程序构成组稿部具体的

---

① 魏龙泉.美国出版社的组织和营销.北京:中国经济出版社,2000.104-112.

运行模式。

2. 国内情况分析

在我国,策划编辑制的运行模式因出版社机构设置的不同而不同。大体说来,有以下几种:

(1) 撤消原编辑部,设立策划编辑与审读加工部,将选题研发与文稿加工彻底分开,选题研发部既负责全社的选题规划与策划工作,又负责单项选题的全程策划。

(2) 在编辑室设立策划部,室主任为主要策划编辑,其他人员为助理策划编辑,并将策划编辑与文稿加工编辑适当分离。

(3) 随机设定策划编辑,即谁策划出选题,谁就负责该选题从创意生产到销售的全程运作。

目前,策划编辑制还只在我国部分出版单位推行,一些运作良好的出版社与传统的编辑生产方式相比,取得了较好的社会效益和经济效益。也有一些运作不好的出版社,由于各种原因重又回到了原来的运作模式。但从总体趋势来看,实行或不实行策划编辑制似乎并不是问题的中心,重要的是要加强编辑的选题策划意识,以高质量、高水准的选题策划带动全社选题工作向良性循环的方向发展,以此带动高品质、高效益的出版物的流通和传播。

三、设立策划编辑制的几个关键问题

由于策划编辑制是一种与市场条件相配套的编辑生产方式,所以在运行过程中需要处理好以下关键问题。

1. 明确策划编辑制的目标与权限归属

作为一种常设的编辑机构形式,有必要明确策划编辑制的管理目标以及权限归属。与原有编辑室相比,策划编辑制最大的不同就是加强了出版社的选题策划意识、选题经营意识和选题管理意识。这不仅是一种观念的转变,更是附加在编辑职业上的一种新的职责。然而,新设立的策划编辑部门与原有的编辑室一样,虽然可以赋予其更加灵活的运作方式和操作权限,但无疑,这些权限与原有编辑室一样必须归属在出版社的集体领导之下,比如选题的决策权,编委会除了要进行常规的选题论证和“三审”程序外,仍要严格恪守社会效益第一、经济效益与社会效益协同发展的原则。

2. 明确策划编辑的职能与权限分工

策划编辑的职能就是策划出版选题,这是策划编辑制赋予策划编辑的一个基本职能,并使其与传统的文稿加工编辑区别开来。在一些完全实行策划编辑制的出版社里,策划编辑部门就是全社出版选题研发工作的承担者,策划编辑不仅要策划出本年度的选题,还要负责下年度的选题,甚至要思考中长期的选题规划。对单个选题的策划工作而言,策划编辑并不是设计出一个选题创意就完事大吉,审读和取舍稿件也是其基本的工作任务,他必须对作者、稿件本身、宣传与营销都要作出相应的策划。这就是说,选题创意再好,如果没有合适的作者创作出合适的稿件,策划的目的就很难实现。而要实现这些任务,给予一定的权限也是必要的,比如策划室人员的组合权,选题的提出和论证权,制度许可范围内有关出版合同的签订权,图书成本预算决算的协商与监督权,图书发行的参与权,限额内费用开支的自主权,奖金的分配权等。① 当然,出版社所给予的权力是为了更好更活地搞好选题工作服务的,而不是赋予策划编辑的一种特权和个人利益优先权,策划编辑在使用这些权力时应充分发挥出版社各部门的协调作用,特别是要加强与文稿加工编辑的合作,以确保稿件的质量不出问题。

3. 策划编辑制不是加强选题策划工作的唯一方式

应该看到,策划编辑制在拓展出版社选题开发思路、强化全体编辑的选题策划意识方面发挥了应有的作用,然而,目前我国出版社的主导选题机制还是围绕以编辑室的机构建制为核心的"三级论证制"。从出版责任讲,每个编辑室、每个编辑都有选题策划的任务和义务,而充分发挥全体编辑的选题策划作用,还应该根据不同出版社的不同特点,实行不同的编辑策划模式。

特别需要强调的是,借鉴国外先进的管理经验也许比单纯借鉴某种选题策划模式更见效果。特别是在我国,正确对待策划编辑的权限归属似乎已被看作策划编辑制能否成功的关键,这是对策划编辑制本义的扭曲。事实上,策划编辑制的核心在于强调既分工又协作的团队关系,而其核心的核心则是社长、总编辑层面的正确领导,其中包括对编辑个人的利益分配。正如德国资深出版家霍尔格·贝姆等人在《未来的出版家》一书中所说:"为了充分发挥内外勤的所有职员的能力来帮助产品取得最佳的成果,他们都需要明确的指示。这些指示来源于出版社的领导,它们遵循和服从于出版社的计划、出版社的指导思想和企业精神。""在现代管理学中,人们需要的已不再是统治权术或与职员保持距离,而是

① 卞恩才,苏毅. 编辑工作的重大改革. 中国出版,1995(7).

灵活性、放权和点子财富。领导的威信也主要取决于他在这些方面的特点和能力。”“出版社领导人有责任对企业的短期、中期和长期目标做出明确的表述。它们可以包括的内容非常广泛:扩大成功的计划或巩固有问题的计划,改善支付能力,确定企业的工作重点,准备和实施变革等。”①霍尔格·贝姆等人所说的这些方面,对我们完善策划编辑制无疑具有重要的启示和指导意义。

第四节　出版社选题策划机制与组织结构关系分析

社会经济结构的变革,事业体制向企业体制的过渡与转型,不可避免地涉及出版社的机构改革,从而也影响到选题策划组织与机制的调整。这些调整如果顺时而动,顺势而发,就会促使出版社出好选题,获大利润;如果行动迟缓,调整不当,则可能会影响全局,造成难以弥补的损失。

一、选题“机制”概念分析

所谓“机制”,其希腊文的原意是指机器的构造和运作原理,即一部机器在运转过程中各个零部件形成的相互联系、互为因果的联结关系和运转方式。后来许多学科都借用这一术语,以指一定机体或组织内各构成要素之间相互联系、相互作用的制约关系及其功能。同理,在出版选题活动中,选题策划机制就是指选题策划机体或组织内各构成要素之间相互联系、相互作用的制约关系及其功能,其外在表征为选题策划组织部门的设置、各策划部门之间以及策划部门与其他编辑部门之间的关系,其内在功能为选题策划流程的设计。出版选题策划与选题策划机制之间有着密切的联系,一方面,选题策划部门的设置以及策划流程的管理要根据一定类型的选题目标的需要而确定,另一方面,选题策划部门的设置与策划流程的管理又能够制约选题策划的目标与方向。选题策划机制作用于出版选题活动的全过程,因此,重视选题策划机制的形成与作用,是保证选题策划活动能够规范运行的重要因素。我国出版社选题策划活动目前普遍缺乏相

① [德]霍尔格·贝姆.未来的出版家.北京:商务印书馆,1998.35-37.

对稳定的策划组织机制,特别缺乏各个层级的选题研发部门,从而影响了出版选题的科学性、规范性和可持续性的研发与生产。

我国自20世纪90年代初开始尝试运作策划编辑制的模式以来,既没有对策划编辑部门的设置进行统一的调整和定位,也没有理顺编辑策划部门与其他职能部门之间的关系,再加上没有形成一套行之有效的对策划编辑部门绩效进行客观评价的价值体系,因此,本来是为了解决出版选题活动深层次机制问题的策划编辑制却因为表层次的权益分配关系屡屡陷入僵局。一些出版社虽然单独设立了策划编辑与策划编辑部门,却没有及时对出版社其他职能机构特别是编辑机构进行配套改革,新机制与旧体制同时运作,从而使新的策划编辑部门与原有的编辑室不可避免地发生一些矛盾冲突。一些出版社对策划编辑部撤了建,建了撤,不是从选题建设的需要入手,而是以各种权益的平衡分配为界,从而失去了设置这一部门的意义。另外,在运行过程中,策划编辑部门也没有摆正自身利益与出版社全局利益的关系,要么其策划的选题与全社总体选题思路和选题规划不一致,要么将自身权益凌驾于全社其他部门权益之上,造成出版社内部各职能部门之间的不协调,最终也不利于发挥自身的策划功能。总体而言,策划编辑制在很长一段时期内并没有使出版社形成一种具有良性导向作用的稳定的选题策划机制,而要在出版社乃至出版系统形成一种具有活力的选题策划机制,就必须从出版社编辑部门职能的实质性转变入手,结合现实要求而对编辑部门乃至其他部门(如销售部门)的组织结构做出配套的改革和调整,这样才能从根本上扭转出版社选题策划的被动局面,以积极的心态满足市场经济与社会发展对出版物产品的多样化、多品种、高品位、高质量的需求。

二、选题策划机制与编辑组织结构的关系

出版选题及其策划,作为现代出版传播活动的起源环节和关键步骤,必须在出版社的编辑组织机构和编辑制度的保障下才能顺利运行。无论是实行策划编辑制还是实行传统的三级策划制,出版社的所有编辑都不能脱离或架空编辑的基本职业规范与职业责任,相反,要在编辑基本职业规范与职业责任的约束下明确各自的责任义务、利益分配和权力归属。这样就为出版社调整编辑组织结构,形成新的选题策划机制打下了制度基础。结合当前我国出版选题策划机制内化于出版社编辑组织结构的现实,一般而言,采取何种组织结构,不采取何种组织结构,主要取决于该组织结构是否能充分发挥编辑室所有成员的选题积极性和

能动性，不宜搞“一刀切”。下面仅就几种典型的组织结构进行归纳分析。

1. 直线式结构

这一结构主要出现在那些十几人到二十几人的小型出版社内，编辑人员少，部门也少，信息沟通便捷，责权明确，决策快速。这种组织形式适合于选题规模小、选题类型单一的出版社。国外有很多特小型出版社，只有三五个人，主要负责选题策划与决策，而将其他工作外包给社外公司。但此种形式由于组织复杂度低，容易使决策流于直感判断，选题管理不够规范和科学。

2. 科室结构

此一结构一般存在两种类型，一是具有选题策划职能的传统编辑室结构，二是独立于传统编辑室的策划编辑部(室)结构。这两种结构都适用于组织复杂度高、分工细的出版部门。其中策划编辑室的主要内涵与特征前已述及，实施这种结构形式具有管理正规、层级职权明确的特点，但难以处理策划编辑室与其他编辑室以及其他职能部门相互协调、相互制约的关系。而传统编辑室结构则使选题策划权平均分配到每个编辑身上，选题方向分散，选题决策的集权度高，不易充分发挥全体编辑的集团作战能力，不易策划出重大选题项目。

3. 重点选题开发组结构

根据全社总体选题思路和规划进行重点选题开发，形成具有实体或半实体性质的重点选题开发组结构。这种结构适合于开发出版社的特色选题和重大选题，可以在全社范围内抽调对该类选题策划能力较强的编辑组成，其工作重心主要根据出版社当年确定的双效益目标进行，以选题创意为核心进行出版全程策划，包括与其他职能部门的协调。这种组织结构弹性大，复杂程度低，运作效率较高，但有时不够规范。

4. 圆桌会议式结构

这是国外一些中、小型出版常有的一种对选题话题及各项出版事务进行讨论的组织形式，是各部门之间进行协调合作的一种定期对话制度。“这种圆桌会议是确保工作顺利进行的创造性操作中心，是发动积极性的起搏器，它可以充分调动人们的主人公精神，充分展开对有关选题和出版社本身的各种设想的讨论。”①圆桌会议最理想的境界是达到一种“头脑风暴”(Brain-storming)效果，召开会议时间、地点、人员要合适，会议期间不能被外界过多干扰；会议上要详细地介绍亟待解决的问题，每个参加人员都要发表解决问题的建议，也可以对他人的

① [德]霍尔格·贝姆.未来的出版家.北京：商务印书馆，1998.33.

建议进行补充和发展,但不允许发表谴责和批评意见;会议发言要详细记录,会后进行逐一评价。“头脑风暴”形式可以在互相的对话和探讨中激发解决问题的某种灵感,提出解决办法,对一些特别复杂的选题问题的解决是有帮助的,但并不适合解决所有问题。

5. 事业部式结构

这一结构主要按选题类型将一个大的出版实体(出版社)划分为若干个相对独立的经济实体,即事业部,使之成为出版社的二级创益中心、利润中心、责任中心或经营中心,实行独立核算,半独立经营。这种组织的优点在于,最高决策人(社长、总编辑)可以不受日常事务纠缠,专心致力于出版社的选题总体思路和整体发展规划的谋划和运筹。每一个事业部都按选题专业类型划分为不同的经营实体,选题策划与生产运作的专业程度较高,有利于形成规模效益和品牌效应。但事业部之间的横向联系困难加大,由于各个事业部各自为政,易产生本位主义,不利于统一的调度决策。

6. 项目组结构

所谓项目组结构,就是将具体选题作为出版社的经营项目进行立项,在出版社内成立项目组建制。项目组成员可以打破部门界限,在全社范围内的不同职能部门之间进行组合,其成员可以包括策划组稿人、责任编辑、责任校对、项目责任出版人和责任发行人等。项目组不一定是实体形式,可以依附于某个编辑室,也可以独立操作,但其选题报批程序与审稿程序必须经过三级论证制与三审制。项目结束后,项目组自动解散。这种组织结构机制更加灵活,效率也高,更适应现代出版条件,但是如果不纳入出版社正常的管理程序,容易造成权力失控。

事实上,任何一种组织结构都有利有弊。出版社在设置相应的策划编辑组织形式时,只能根据自身的特点而定,既可以选择利大而弊小的组织结构类型,也可以同时选择两种或两种以上的组织结构类型进行运行和操作,而不可简单照搬某种模式或某种组织类型。如某大学出版社根据自身是一家综合性大学出版社、学科多、专业跨度大、不便于实行专职化编辑分流策划模式的特点,摸索出一套由三种策划形式相结合的编辑策划机制。第一种是编辑全员参与制,出版社按照学科将全体编辑人员归入人文社会科学、自然科学、教育心理、外语四个编辑室,每个编辑都有策划选题的任务;第二种是项目组制,以具体的选题项目为中心进行组织管理;第三种是重点选题开发组制。后两种形式是在编辑全员策划不变的情况下,对一些跨学科的、已经成为出版社发展支柱的重点选题和一些重要的临时项目,抽调部分策划、组稿能力较强的编辑组成项目组,或吸收到重点选题开发组中。其中重点选题开发组是社长、总编在选题策划方面的助手，在选题实施过程中在各部门之间起协调作用。重点选题开发组、项目组与编辑室的关系是跨编辑室参与任务与专业归口的关系；重点选题开发组与编辑室还存在选题策划与文字加工的工作关系。这三种形式之间既有分工又形成一种互补局面，从整体上增强了出版社的选题策划能力。① 某文学出版社根据自身专业分工集中于文学类选题的开发和出版的特点，设置了当代文学编辑室、外国文学编辑室、现代文学编辑室、古典文学编辑室、文化读物编辑室、教材出版中心、少儿读物编辑室等编辑室，每个编辑室都对应于某一类型文学的选题策划与出版操作。另外又专门设置了一个策划室，是全社的策划宣传机构。策划室下设两个科：策划科，负责重大选题及其营销方式的策划；市场科，负责图书信息收集和书刊宣传。而国内另外一家大学出版社则调整了经营思路，成立了法律、经济与管理、人文、外语与音像、教育培训五个出版事业部，每个事业部都具有选题策划职能。可以说，在市场条件下，所有出版社都在逐步调整自身的选题策划模式，以便形成适合出版社发展的、操作灵活的选题策划机制。

本章小结

如果将选题的研发工作提到出版社工作的重要日程上来，那么对选题组织结构的研究与重视就顺理成章。在新旧体制转换之际，虽然不少有远见的出版人已经意识到建立规范的选题策划机制的重要性，并尝试着手运行策划编辑制等新形式，但在与传统模式的对撞中却备受争论和非议。究其原因有二：一是持传统观念的人过分看重出版权益的平衡性，不允许有超权益现象的存在；二是持改革观念的人没有从长远的、发展的眼光对新机制的内涵进行设定，从而使新机制在运行开始之初就面临着失去长效生命力的危机。随着出版体制改革的深化，出版人对选题组织形式存在的必要性与重要性的认识越来越清晰，对选题组织机构所应承担的规范选题开发的职责越来越明确，同时也对不同的出版社实行不同的选题组织方式给予支持和理解，因此，对选题的策划与组织的机制问题进行研究就成为本章题中应有之义。

然而需要明确的是，对选题组织方式及其结构进行考察，实际上是从管理学

① 阮光页. 三种形式并举：编辑策划模式的新尝试. 大学出版，1999(3).

的角度对选题策划机制进行的研究和探索。与计划体制下命令式的选题机制不同,市场体制下出版社的选题机制呈现出以三级策划结构为主体的多样化的结构模式。三级策划体制主要对应于出版社的三级行政结构,即总编辑、编辑室主任和编辑三级,每一级都有相应层次的策划内容和策划目标,这些策划内容与策划目标最后通过多样化的组织方式汇集在一起,从而形成一个个具体的选题目标和选题方案。实践证明,策划编辑制并不适合所有出版社,而出版社选择何种选题组织形式,主要看其是否能从根本上调动全社编辑的选题积极性,是否能够形成一个具有长久生命力的选题策划机制。

思考题

1. 如何理解选题策划的双效益原则?
2. 如何理解总编辑、编辑室主任、编辑三个层面的选题分工与结构特点?
3. 如何正确把握出版社选题策划机制与组织结构的关系?

第六章

6

类型出版选题的组织与策划

图书选题类型是一个重要概念。对图书选题类型进行理论及实践上的分析与总结,可以更好地把握选题的内容特点,更有针对性地组织和策划选题。当然,详尽地对图书选题进行归类是难以做到的,特别是在以数字出版为基础的新媒体出版时代。但是,只要"内容为王"在文化产业发展中还占据中心位置,那么,以"思想为魂"的选题原则就必然因选题本身的思想分类而使出版选题呈现不同的类别。

第一节 对图书选题的类型分析及策划原理的思考

在浩渺的知识海洋里,图书扮演着重要的角色。其中每一本书都可以按照一定的知识内容归属于一定的图书类别。可以说,类型划分既是对知识的一种分类,也为人们更好更快地利用图书、掌握知识提供了便利。出版选题依附图书而生,自然也要依附于图书的类型来进行分类。但是,在实际的选题过程中,还存在着对出版业发展有重要影响的类别划分,以及一些起关键作用的选题原理。对这些问题进行研究,有助于我们全面把握出版选题的组织与策划。

一、图书选题的类型分析

(一)图书选题的类型与图书分类的关系

图书选题的类型划分与图书分类既有区别又有联系。对图书进行分类是图书学或图书馆学研究的专门学问,其目的是为了从本质上认识某种图书所包含的具体内容,以便于管理和使用。对图书选题进行分类是编辑出版学研究的内容,其目的是为了从本质上认识某一选题对出版活动的意义,以便于决策和生产。图书类型与选题类型又有着天然的一致性:一方面,图书类型作为出版实践所客观形成的分类形态,对选题分类有着不言而喻的指导意义;另一方面,出版选题得到生产后必然从属于图书的某一类型,以便于人们认识和阅读。所以,选题分类与图书分类的不同,是从它们各自的作用与目的来区分的。选题分类的直接目的是为了出版，为了将选题策划人的主观意图和设想以出版物的形式展示出来。而从“出版”的目的看，对选题类型的划分还必然涉及著作者的著述方式与类别、出版者的出版编辑意图、消费者的阅读需求等因素。如果将这些因素综合起来，选题分类将呈现一种多向度、多品格、多层面的交叉整合状态。

从出版社的角度讲，如果对西方发达国家的图书出版业进行考察，可以看出，它们的出版社一般分为商业出版社和非商业出版社，其选题类型就可简单分为一般商业图书选题与非商业图书选题。比如美国的兰登书屋、西蒙与舒斯特公司等都是出版一般图书选题的商业出版社，而一些大学出版社以及一些政府出版机构和社团出版机构，都是以出版非营利性图书选题为目的的非商业出版机构。我国的出版社是以社会效益与经济效益的统一为目标追求的出版机构，所有的出版选题都应将社会效益放在第一位，经济效益与社会效益协调发展。因此，从出版对选题的要求来看，既不能将选题的商业目的绝对化，也不能将其社会目的片面化，而是将两者统一起来，共同形成对选题策划的制约作用。在这一原则的指导下，虽然选题开发部门也希望某种选题会像西方某些畅销书品种那样达到几百万、上千万册的销量，但这只是选题策划者一厢情愿的事，因为我国现阶段的出版选题品类以及决定选题品类运行机制的那些深层次的市场推动力量，决定了我国现阶段的出版选题不可能出现像西方某些畅销选题那样的销售规模。但这并不意味我国图书出版目前就不存在商业目的与非商业目的的分层，实际上，这种分层还是比较明显的，只不过不像西方出版社那样界限分明。

从作者的角度讲，历来都将图书内容的形成方式分为著作、编撰、翻译、注释几种。图书内容的形成方式与选题类别的形成有着密切联系。比如著作，张舜徽在《广校雠略》中说：“名世间出，智察幽隐，记彼先知，以诱后觉，此之为著作。”即是说，所谓著作，就是具有创新意义的作品。孔子自称“述而不作”，其中，“述”就是传承、阐述，“作”就是创新、开拓。司马迁在《史记·太史公自序》里说：“余所谓述故事，整齐其世传，非所谓作也。”即强调是用已有的材料进行“述”，而非“作”。朱熹对“述而不作”的解释是：“述，传旧而已；作，则创始也。”从某种意义上说，孔子、司马迁都可称为我国古代的大编辑家、大选题家，他们所“述”的都是对已有材料内容的编辑加工，但他们对编辑加工的方式进行了创新和策划。而“作”则是从内容上对选题进行的设计和创新。因此，“述而不作”的“述”，也就是今天所谓的编撰或编辑。张舜徽说：“前有所因，自为义例，归一家言，此之谓编述。”“盖编述之业，实寓有笔削之意，既删群籍之要以成吾书，则原书皆可土苴视之……”而现今我们对编撰的理解则主要偏向于对资料多、篇幅大的作品的编辑加工。翻译也是一种重要的著作类型,如果要将翻译的作品以出版方式公之于众,那么对翻译作品的选择本身就是出版选题的研究对象。综合起来,不同的著作方式要求有不同的选题运作形式。就著作来说,由于其深入到作品的思想创新与形式创新上,所以其依靠作者独特创造的比例就大,而编辑策划对作者创作内容的策划则具有较大的局限性。而编撰方式则不然,编辑可以在此一领域尽情发挥他的创造性思维力量,可以对原有选题资源进行大胆设想和策划。而对翻译选题,则主要依照时代的文化需求与出版社的出版定位而定,这在出版翻译史上已得到确证。所以,从作者的角度讲,出版选题似可划分为著作选题、编撰选题、翻译选题等类型。

从读者的情况看,出版社开发选题应该按照那些潜在读者的口味来确定选题的市场定位。不同的读者具有不同的阅读兴趣、需求和观念,不同的社会人口特征和购买消费习惯也会形成各不相同的消费群体,出版商必须将读者进行较为精确的分类,以便在制订选题计划时做到有的放矢。德国的霍尔格·贝姆等资深出版家将读者类别划分为"大众化读者群体""异质性目标群体"和"特殊兴趣读者群"三类。"大众化读者群体"的阅读意向主要集中于普及性知识读物,如政治性普及读物、地理书籍以及文学作品;另外,大众化读者群还可以划分出更小的、更具专业化色彩的可以明确定义出的次群体。"异质性目标群体"是指按照读者的不同兴趣、需求或者隶属于某种社会团体而将社会上的读者区分开来,出版社可以据此进行市场定位,如对文艺、旅游、美术、休闲、体育等阅读爱好者进行分类,那么围绕此一选题类型的出版社也就应运而生。"特殊兴趣读者群"则是一个完全同质性的目标群体,比如使用同一教科书的某个年级的学生或对某种专业书籍有需求的某类职业人等。另外,根据读者的年龄大小还可将读者分类为低幼读者、少儿读者、中青年读者、老年读者几类,他们分别对应着低幼读物、少儿读物、中青年读物、老年读物等类型。原则上,任何选题都要对位于相应的读者,但有的选题只能被选题本身所规定的年龄段的读者所接受,有的选题却可以被所有年龄段的读者所接受,比如某些学术类选题可以被专业范围内的不同年龄的读者所认可,金庸的武侠小说也可以被不同年龄段的读者所认同,而一些少儿读物却一般只能成为少年儿童关注的对象,这其中既体现出读者的分层性,也体现出选题的对应性。

最后,再回到按知识(学科)类别而对图书进行分类,进而对它们所对应的出版选题进行归类的思考上。现代知识的发展既呈现出分支发展的趋势,又呈现出整合发展的趋势。一方面,知识的更新老化速度越来越快,分支学科越来越多;另一方面,边缘学科、横断交叉学科层出不穷,学科的整合性越来越明显。从大的学科范围讲,可以将出版选题划分为人文科学、社会科学、自然科学三大部类。从更细的方面看,现代的知识门类有多少,其对应的选题品类就有多少,举其大者如通常所分:重要学习文献(内含马列著作、毛泽东著作、邓小平著作等),哲学,社会科学(内含政治、法律、军事、经济等类),文化教育(包括体育),语言文字,文学艺术,历史地理,自然科学(包括数理科学、化学、天文学、生物科学、医学、卫生、农业、工业、交通运输、航空航天、计算机技术与应用、环境科学、安全科学等类别),综合类(包括百科全书类、工具书类等)等。其中每一品类都可往下继续细分,如文学类就可分为外国文学与中国文学,外国文学又可按洲别和国别细分,中国文学又可按年代分为古典和近代、现代、当代等,古典文学又可按朝代细分为先秦至唐宋元明清文学,现当代文学也可按文学团体、作品主题区分为文学研究会文学、创造社文学、反思文学、寻根文学等等。如此细分,品类繁杂,其优点是能够认清每一学科品类的细微之处,将选题策划深入到精而又精、小而又小的地步,其缺点则使选题者容易忘却读者目标和出版目标,而只将目光集中于某一小的品类上。所以,按知识类别对图书进行的分类,给我们对选题分类以很大的启示和借鉴意义,但其繁盛和复杂却不利于对选题策划作出按照出版活动规律进行操作的目标指令和效益考核。

(二) 图书选题的类型

从上面的论述可知,对图书选题的类型考察是一个整合概念。综合上述因素,在现代图书出版条件下,从不同角度、不同层次、不同目的出发,可以将图书选题概括为如下类别:

1. 一般大众类图书选题

这一概括既包含了为了一般商业目的而出版的图书选题,也包含了为了知识普及而面向一般大众的图书选题。其中的商业性或大众性与时下所谈的“大众文化”中的大众不是同一层面上的意义,但显然,又包含了供大量阅读、大批复制的选题意图。这一较为模糊的概念涵盖了所有综合性出版机构的选题取向,这种选题取向在西方通常以“小说类”与“非小说类”区别开来,在我国则多指与大众日常生活、个性趣味、休闲内容相关的选题,诸如小说、传记、艺术、旅游、少儿、科普、保健、文化、娱乐、心理励志等类型。

2. 专业与学术类图书选题

专业选题是指为了某一专业领域或某种职业目标而出版的图书选题,它对应的是具有某种明确需求目标的读者群体。学术选题是指面对一个阅读范围较小的学术圈而策划出版的图书选题。学术选题虽然读者较少，但一般相对固定，可以在策划选题时就大概预测出读者群的大小，以帮助出版决策。一般而言，专业与职业出版选题在西方主要包括财经、法律、科学技术与医学类选题，这几类职业在西方都是较为热门的“白领”职业，且必须经过入门考试才能取得，如财经类的经济师、会计师、审计师职业级别考试，法律类的法官、律师职业考试，科技类的工程师资格考试、计算机类级别考试，医学类的医师资格考试等等。有些专业选题尽管与职业、行业关系不密切，但作为职业、行业的基础知识，也是必须学习和进修的。从这一点上看，专业可化为职业，职业以专业为基础。而学术类选题则主要关注人文社会科学与自然科学中的基础理论与尖端技术部分，从人文底蕴和实践应用两方面解决人类面临的生存困境和各种问题。诸如文学理论、史学理论、哲学理论以及社会学、经济学、政治学、心理学等文科类传统基础学科，数学、物理学、化学、天文学、环境科学、生命科学、计算机科学等基础领域以及一些新兴学科都可以成为学术研讨的对象，从而纳入学术选题的范围。

3. 教育图书选题

这类选题主要面向各级各类的学校教育。教科书在其中占有重要位置，此外还包括与教科书配套编写的教学参考书、学生辅导用书等。从出版意图看，教育类出版所要面对的是既具有不同级别又具有同质特色的模式化、标准化阅读需求，它因读者面巨大而成为众多出版社的选题目标，但其市场准入有一定的限制，包括国家政策限制、出版社自身资源限制、资本限制等多重制约因素。

4. 古籍类图书选题

将古典文献专门列为一类，意在说明对古典文献的开发使用与一个民族的文化传统血脉相连。古典文献是一个民族的文化之根，生命之源，古典文献记录着我们民族过去的生命轨迹，潜藏着民族文化未来更新变革的契机，因此，对古典文献选题的开发利用是复兴中华文化的重要举措。从出版特征看，古典文献选题似可化解到一般图书选题、专业或学术选题以及教育类选题当中，比如《唐诗三百首》、四大古典名著都被当作一般读物看待，而对《诗经》《文心雕龙》《二十四史》以及古代思想史、哲学史、学术史等的研究则可归入学术的范畴。对某些单篇文言文诗词、文章的阅读与学习则可纳入从基础义务教育到高等教育的不同级别的教学用书中。

开发古典文献选题是一项规模浩大的工程，需要包括出版界在内的不同学术团体坚持不懈的参与与努力。出版界必须从这一认识高度出发，才能领悟到开发与整理古籍的使命和价值。

5. 翻译与引进类选题

从文化发展的另一个维度看，翻译类选题出版也是促进一个民族文化更新、变革的重要因素。优秀的外国文化能够加快本民族文化血脉的流速，能够为本民族文化添加具有新质的内容。我国的近代史、现代史已经证明了这一点。从出版的角度看，翻译类或引进版选题重在选择，重在培育，特别是在当今全球化条件下，更要重视域外文明的目标指向与锋芒所在。

二、类型图书选题的策划原理

对图书选题进行归类是为了寻找类型选题所共有的策划规律和特性，以便于在选题开发和策划运作中认识其差异性，把握其共同性。那么，在同一类型或不同类型的选题之间是否存在某种共同的原理性的东西呢？虽然从理论上较难归纳，但从出版实践看，还是存在一定的原理性内容的。

所谓原理，通常是指某一领域、部门或事物中具有普遍意义的基本规律，或从事某一社会活动所要遵循的基本准则。选题策划作为人类特有的一种社会活动，自然要遵循一定的社会文化准则、出版准则，这是毋庸置疑的，而且人类的选题策划活动在漫长的出版实践过程中也形成了某种带有普遍规律性的东西。这些带有规律性的东西我们姑且称谓出版选题的策划原理，总结起来，有如下几种：

1. 优化创新原理

面对某一品类图书的选题策划，在总体上起决定作用的理论要素就是优化创新。无论对选题策划者个人也好，还是对某个出版单位乃至一个国家的出版业发展，优化选题与创新选题都是一个内容。优化本身就含有优选、优创、优存的意义，达尔文曾揭示出自然世界的发展规律是自然选择，优胜劣汰，“适者生存”，那么，人类文化世界的发展规律却是在保存人类文化多样性的基础上倡导“优者美存”的情怀；文化发展在继承传统的同时也不停地追求一种求新求变的规律，“苟日新，日日新，又日新”，正是人类对自身文化命运乃至未来走向的一种最中肯的表述。一个有素养的合格的选题策划者或者选题决策者，在事关出版业发展大计的选题问题上，必然要以最优质的选题作为其策划和决策对象，必然要剔除那些过时的、跟不上时代要求的选题，必然要将自己管理的选题调整到一种最优化的结构，最优状态的存在。优化也是创新，创新不仅是一切领域的发展主题,更是文化知识领域乃至图书出版领域的发展主题。选题创新是选题策划最核心、最关键的内容,作为一种原理性的东西,选题创新要求首创和独创,赵家璧策划的《中国新文学大系》选题是首创,中国青年出版社的黄伊策划的"三红一创"选题是独创,它们都代表了选题创新的某种高度。所以,准确地说,选题的优化创新是在特定的历史条件和特定文化背景下对特定品类选题的优化创新,脱离了特定的条件、背景和特定的选题类型,选题的优化创新就容易沦为不可知论和幼稚的想象。

2. 高品位原理

在面对具体的选题类型时,选题策划贯穿着一种高品位的内在要求。所谓高品位,一是指选题策划人对所策划选题投入了高素质的创造性思维劳动;二是指选题本身具有独特的人文价值和科学意义。选题策划本身就是一种集高智慧、高知识、高经济于一体的创造性活动,当一个选题所含的高智慧、高知识、高经济的比重愈大时,这个选题的品位就愈高;反之,其品位就愈低。当然,这里所说的选题品位主要就策划活动本身而言,并不是说策划含量少或没经策划的选题其品位就低。就其根本来讲,品位是一个综合概念,单凭策划并不能解决品位高低问题,而只有将高智慧、高知识、高经济整合起来考虑时,才能显示出一个选题策划品位的高低。辽宁美术出版社2007年出版的《世界摄影史》被认为是中国摄影理论界和摄影教育界的一件大事,在全国摄影专业群体中间引起了广泛的反响。这本书固然是一本小众图书,相对来说很专业,但是它的高品位、高质量,对选题策划的内在高品位要求有很大的借鉴意义。

3. 系统化原理

选题策划本身又贯穿着一种系统性要求,而在针对某一品类的知识内容进行有目的的策划时,这种系统化要求就更强烈。正像每一学科都在追求自身的系统完整性一样,出版以选题策划的方式参与了学科系统的完整性建构。比如中国历史著作选题,必然追求从《史记》《汉书》到民国史、新中国历史的系统选题出版,而一些丛书、全书、全集类选题无不在追求一种体系性建构。说到底,选题的系统性策划既是对出版社综合实力的考察,也是对策划者能力的考验。

4. 特色化原理

大型综合类的出版社常常以系统化的选题在出版市场中赢得声誉和地位,而一些中小型的出版社却往往以特色化选题在出版市场中站稳脚跟。实际上,特色化不仅是中小型出版社的追求目标,同时也是大型出版社的追求目标,因为系统化本身又是特色化的一种表现。比如同样是教育类出版社,安徽教育出版社之所以出类拔萃，能激起读者的崇敬之情，原因就在于他们在出版教育类选题的同时，还策划了一批高质量的学术著作选题，如《宗白华全集》《朱光潜全集》以及一大批美学文艺理论著作，在美学学科方面形成了自己的选题特色。又如广西师范大学出版社能在众多大学出版社中脱颖而出，是与他们对已有选题进行二次开发和深度挖掘的特色分不开的。特色化原理实际上就是一种取胜原理，在选题策划与选题决策中起着重要的作用。

5. 大众化原理

从出版传播的角度讲，每一选题都在实现一种“大众化”的梦想。不论是一般大众图书选题还是专业学术选题，追求自身传播的大众化效果是一种内在冲动。也就是说，每一选题都在自身读者的范围内力求实现效益最佳化。

6. 时效原理

每一选题都有自己的最佳面世时间，这一点虽为选题策划者所掌握，但并没有引起足够重视。教科书及教辅类选题有着严格的时间限制，一些大众时政类、时尚类选题更是与时事政治、时尚风潮密切相关，就连一些专业职业类、学术类选题也与专业职业形势的热冷、与某种学术流派的发展有着紧密联系。西方出版人认为，出版就是将合适的图书在合适的时间送达合适的读者手中，如果该选题没有在合适的时间内运作成功，那么其余的一切都将成为空话。

以上所述，实乃进行具体品类的选题策划时所要遵行的基本准则。选题准则也许不止这些，关键是要融会贯通，交互运用，以保证选题策划的科学性和成功率。

第二节　综合与创新——一般大众类图书选题的组织与策划

一般大众类图书概念源自欧美书业的提法，主要是从商业性质上考虑的，因而在欧美又称一般商业图书类型。它们区别于不以赢利为目的大学出版以及由政府资助的社团出版等类型。在我国，一般大众类图书主要是从知识内容及读者的接受情况来与其他类型区别开来的，但无疑，它也遵从着市场规律，既服务于大众的求知目的，也包含着出版社的赢利目的。

一、一般大众类图书选题的特征

一般大众类图书选题具有三个明显的特征:一是知识普及性;二是商业性;三是大众化。这些特征使得任何一家出版社在进入大众出版领域时,较少存在准入障碍。然而,这并不意味着大众出版选题就没有市场风险,事实上,越是容易进入的市场领域,其潜藏的风险和不确定性就越大。因为"大众"本身就是一个捉摸不定的松散集合体,大众口味与兴趣的变化不可能都被选题策划者准确地捕捉到,选题策划者只有依靠经常性的市场调研才能做出趋于科学的推断,并且和某种充满神秘意味的直觉判断相结合,才能对某一大众类选题做出生产与否的正确决策。如果以全球视野来观照大众出版,可以用"两高一低"来概括之,"两高"即高预付款率和高退货率,"一低"即低门槛。商机中潜伏着危机,风险中又潜伏着商机,正是大众出版的真实情况。

"一般大众类图书选题"具体包括哪些种类,也是不易准确概括的。书业界对大众出版内涵的认定是,大众出版一般是与人们的日常生活、休闲阅读以及文化体验相关的出版。如果继续往深层次考察,那么所谓的大众日常生活,不仅是对大众的吃穿住行、婚丧嫁娶方面的概括,也是对由此而产生的日常精神、心理行为的概括;而大众的休闲阅读不仅是指在身体休闲时间内的阅读状态,也指在心理、精神休闲时间内的阅读状态;相应地,大众文化体验既包含着对大众文化的体验,也包含着对"非大众文化"的体验。这里所说的"大众文化"也就是通过"文化工业"制造出来的文化形态,而"非大众文化"是指没有被纳入"文化工业"系列但又与人们的日常知识行为密切相关的文化形态。概而言之,在市场条件下,虽然包括图书出版在内的文化生产都已进入了市场化的轨道,但市场本身并不能改变文化形态的性质,当然也改变不了大众对文化进行体验的性质。那么,就一般原创型大众出版选题来讲,可以依照一般商业出版的划分方法将其分为"文学类"选题与"非文学类"选题两大块,"文学类"选题代表了人们通过出版物进行精神休闲的重要方面,而"非文学类"选题则涵盖了人们日常精神需求的其他重要方面,诸如艺术、旅游、保健、科普、理财、少儿、励志、厨艺等。下面针对这两大类的选题策划进行论述。

二、文学类选题的组织与策划

首先需要说明的是,此处所指的"文学"即通常所指的"狭义文学","狭义文学才是指今日通行的文学,即包含情感、虚构和想象等综合因素的语言艺术行为和作品,如诗、小说、散文等”①。文学作为“显现在话语蕴藉中的审美意识形态”②,与人们的日常生活与心灵世界密切相关。人类心灵的休憩常常与文学作品为伴,并从文学作品中得到生理与心理意义上的审美体验。所以,文学类选题自古及今都是出版史上的重头工程。

(一) 原创类文学选题的组织与策划

考察文学类选题的组织与策划,最好从选题策划人对文学作品的认识及其策划意图开始。就原创性的文学作品来说,无论是小说、诗歌、散文,还是随笔、传记等其他体裁,其原生态是与作者的创作思想、创作观念、创作意图、创作手法分不开的。在这方面,选题人的策划具有非常大的局限性,或者说是无法策划的。但作者所享有的原创权并不妨碍选题策划人对其作品的认识,特别是从思想深度、艺术感染力等深层次问题上对其进行评价,以决定是否将其纳入出版社的选题范围和选题计划。因此,选题人的策划意图又是非常明显的。微而言之,对于原创性文学选题,选题编辑的策划力具有如下特征:

1. 在思想内容与艺术个性方面的策划

在文学选题的思想内容与艺术个性方面,选题人的策划力是有限的,选题人不能代替也代替不了作者的创作思想与创作意图,但可以在出版层面上对作品进行意义评价和价值评价,并通过对新人新作的正确选择而给文坛带来新的内容、新的观念、新的形象、新的气象。

就拿鲁迅先生创作《阿 Q 正传》来说,其思想内容与艺术形象早就定形于作者的创作意识中,时任《晨报副刊》编辑的孙伏园是无法就这些内容进行策划的。但是这丝毫不影响孙伏园对《阿 Q 正传》的深层次思想内涵及社会意义进行认识,并在此基础上完成对《阿 Q 正传》的编辑加工和连载发表。当时的事实就证明孙伏园对《阿 Q 正传》的价值判断是正确的,对其策划是成功的。

无独有偶,美国文学编辑大师珀金斯在策划选题和发现作者方面也有着不同寻常的洞察力,并导引了美国文学创作阅读风潮的一次“改革运动”。美国作家 A. 斯科特·伯格在《天才的编辑》一书说:在这场似乎是单枪匹马的改革运动中,他逐步地把斯克里布纳公司(指珀金斯任职的出版社)书目上那些老朽之作,换上了那些他认为很可能会持久不衰的新书。从菲茨杰拉德开始,继而对每一个他接受的新作家,珀金斯一步步地改变着传统概念中的编辑作用。他寻求

---

① 童庆炳. 文学理论教程. 北京:高等教育出版社,2000. 50.

② 童庆炳. 文学理论教程. 北京:高等教育出版社,2000. 75.

的作家,不光是些“保险”的作家——风格上恪守传统的,内容上平庸无奇的;而是以新的声音倾述出战后世界新道德标准的人。他作为编辑,所做的不仅仅是反映当代的规范,而且以出版新的才华之作,有意识地影响和改变这些规范。①

对文学选题的策划很大程度上是对作家和作品的选择。比如在我国,且不说近现代我国出版界一批编辑大家如鲁迅、茅盾、孙伏园、叶圣陶在文学选题及其编辑出版方面对中国近现代文学所做的众人皆知的巨大贡献,单说当代文学编辑出版中就出现不少颇具独特眼光的策划编辑与文学选题,如“文革”前我国当代文学编辑黄伊策划编辑的“三红一创”选题,“文革”后的伤痕文学、反思文学、寻根文学、新写实小说、新历史小说等等,都离不开文学编辑对当代文学风尚的引领和把握。从表面上看,编辑策划主要是对文学内容进行选择把关,而其背后隐藏的还是对具体选题的价值判断。比如“伤痕文学”鼻祖——短篇小说《班主任》的发表就离不开《人民文学》编辑崔道怡等人的选择和把关。崔道怡初读这篇小说时,“当即被它所传达的事件吸引,被它所抒发的情绪感动。仅用‘耳目一新’来表述还不够,可以说用得上‘催人泪下’了”。然而这篇小说在终审阶段却出现了问题,负责终审的副主编认为所写事件太尖锐,属于暴露文学,因此不敢拍板。最后小说被作为“把握不准的稿件”送达主编张光年裁决。张光年看完作品后明确认为:“小说题材抓得好,不仅是个教育问题,而且是个社会问题,抓到了有普遍意义的东西。如果处理得更尖锐,会引起人们的注意,以文学促进关于教育问题的讨论……写矛盾尖锐好,不疼不痒不好。不要怕尖锐,但是要准确。这篇其实还不够尖锐,抓住了有普遍意义的社会问题,但没有通过故事情节尖锐地展开,没有把造成这个矛盾的背景、原因充分地写出来,写现象多,深入开掘不够。”②经过主编决策,编辑部统一了对《班主任》的看法,经过作者修改后,在1977年11月号以头条位置推出,并在全国取得了“空前绝后的巨大反响”。而这篇小说的“横空出世”,“对作家刘心武的突飞猛进,起了决定性的推动作用,对文学发展的拨乱反正,对思想解放的觉醒启蒙,起了关键性的促进作用”③。由此可见编辑选择与把关的实质所在。

从另一方面说,对原创性文学选题的策划,是无意中的有意,是“无心插柳柳

① [美]A.斯科特·伯格.天才的编辑.西安:陕西人民出版社,1987.52-53.

② 崔道怡.早春的记忆——复刊时期的《人民文学》//靳大成.生机——新时期著名人文期刊素描.北京:中国文联出版社,2003.7-13.

③ 崔道怡.早春的记忆——复刊时期的《人民文学》//靳大成.生机——新时期著名人文期刊素描.北京:中国文联出版社,2003.7-13.

成荫"的策划。一般而言，具有重大价值的原创性文学选题不是选题编辑刻意策划就能追求到的，它必须等待内在机缘的到来与外部条件的成熟才肯降临人间。但是，这种机缘和条件是给有准备的选题人预留的，其中的纽带和桥梁就是发现。也就是说，"发现"应该成为文学选题编辑的重要职能。一个文学编辑如果没有一双善于发现的眼睛，很多精美之作就会流失掉，很多具有天分的文学作者也许就永无出头之日了。当然，这里的"发现"就是选择真正有前途的作者、能够为文学事业增添无限光彩的作者。就像珀金斯发现菲茨杰拉德、海明威、沃尔夫等作家，叶圣陶发现丁玲、巴金、施蛰存等作家一样。编辑不仅以策划优质选题为快乐，更以发现好作者为快乐。邹韬奋形容收到好稿"便快乐得好像哥伦布发现新大陆似的"。而"发现"又建立在"选择"的基础上。关于"文稿选择"，邹韬奋写道：我对于文稿选择，不管是老前辈来的，或是幼后辈来的，不管是名人来的，或是"无名英雄"来的，只须是好的我都要竭诚欢迎，不好的我也不顾一切地不用。在这方面，我只知道周刊（指《生活周刊》）的内容应该怎样有精彩，不知道什么叫做情面，不知道什么叫做恩怨，不知道其他的一切。① 就是说，发现作者是通过选择文稿实现的，而选择文稿又只是单纯地以文稿为基础，不以"人情稿"敷衍塞责。只有这样，才能从汗牛充栋的来稿中发现奇葩，才能从千千万万个文学爱好者中发现奇才。

现阶段，我国当代文学创作虽然也出现了一些反映时代精神的力作，但也存在着主题混乱、主调不明、格调不高、精品缺乏的现象。原因虽然是多方面的，但文学出版界对文学与当代社会转型的深层次关系缺乏深度思考和深入把握，缺乏引导创新之术，恐怕也是较为关键的原因。如果仅仅从浅表层面上认识文学作品的"反映"作用，或者仅仅从感性上肯定文学作品对读者的感官欲望所起的引导功能，从而制造出诸如"身体写作""美女写作""下半身写作""神童写作"的营销手段，营造出"反腐题材""历史题材""宫廷题材"等蹩脚的电视文学脚本，或者只专心于在小说题目命名上下功夫，只能归因于选题者的失职和失败。正如珀金斯所说："出版当然不能依照出版者个人的兴趣而定。他对自己的职业负有义务，要求他出版的作品在文学界看来是有文学价值的，而且对当代文明进行了恰当的抨击。"②而这正是一个称职的出版选题人必备的选题人文素质。

2. 在内容结构和艺术组织方面的策划

在原创性文学选题的内容结构与艺术组织方面，选题编辑可以对其进行全

---

① 邹韬奋. 经历. 北京：三联书店，1979. 71－72.

② [美]A. 斯科特·伯格. 天才的编辑. 西安：陕西人民出版社，1987. 137.

局或局部策划,但这种策划必须以协商的形式与作者同时进行,并须最终取得作者的允可。

像前述刘心武的小说《班主任》,身为主编的张光年就对作者提出明确的修改计划,作者在表示同意后对作品进行了修改。珀金斯在编辑沃尔夫的小说《啊,失去的》时,建议沃尔夫删去大量的“偏离中心主题的情节”,并花费大量时间和沃尔夫一起进行删改。对此沃尔夫评论道:我们大段大段地进行删砍,我的心在流血。但是,要么它成为死稿,要么我就吞下苦果。虽然我俩都不愿删掉这么多,但我们在工作结束时将会有一本长度适中、容易阅读的书。这样,纵然我们删去了一些好的素材,但我们得到了材料的前后统一。珀金斯是个很不错的人,他可能是美国最好的图书编辑。我对他大有信心,常服从于他的判断。① 沃尔夫的这部长篇小说一共被删除了9万字,珀金斯对小说的叙事结构重新进行了组织,将大段大段的叙事部分从书的一处移到了另一处。在删除文稿方面,“每一节的删除通常都先由珀金斯提出,经过他和沃尔夫共同讨论,争斗一番,然后才删去。书稿中的每一部分删除都是经过双方同意的”②。由此可知,原创性文学选题的编辑加工也是一种策划性很强的工作,但这种工作不是由选题人盲目随便地进行的,而是在忠实于原作的基础上与作者一起完成的。并且编辑的工作就是加工,而不是创作。对此,珀金斯明确地说:编辑不要对书稿添枝加叶。最多他就像一个女仆那样为作者服务。千万不要觉得自己了不起,因为编辑至多是出点力气,而不是创作。一个作家的上乘之作,是完完全全出自他本人的。如果你有一个马克·吐温,切勿把他变成一个莎士比亚;也不要把一个莎士比亚变成马克·吐温。因为一个编辑最终能够从一个作者身上发掘的,只能是作者本身所固有的。③

在这里,编辑所起的作用就像“保健医生”和“裁缝”,其主目的就是为了发掘作品的深度思想,加强作品的艺术感染力。

3. 在营销方面的策划

在营销方面,选题者可以选择多种方式进行宣传促销,其中最有特色的方式便是品牌营销。品牌不仅是企业、产品、服务的标识,更是一种反映企业综合实力和经营水平的无形资产,在商战中具有举足轻重的地位和作用。

---

① [美]A. 斯科特·伯格. 天才的编辑. 西安:陕西人民出版社,1987.182.
② [美]A. 斯科特·伯格. 天才的编辑. 西安:陕西人民出版社,1987.182.
③ [美]A. 斯科特·伯格. 天才的编辑. 西安:陕西人民出版社,1987.5.

对于一个企业而言，唯有运用品牌，操作品牌，才能赢得市场。所谓品牌营销，就是通过市场营销，运用各种营销策略，使客户形成对企业品牌和产品的认知过程，是企业通过利用消费者的品牌需求，创造品牌价值，最终形成品牌效益的营销策略和过程。从高层次上来讲，就是把企业的形象、知名度、良好的信誉等展示给消费者或者顾客，从而在顾客和消费者的心目中形成对企业产品或者服务的品牌形象，企业要想不断获得和保持竞争优势，就必须构建高品位的品牌营销理念。

春风文艺出版社在1993年推出“布老虎丛书”选题品牌，起始以出版婚恋爱情小说为主，后来发展到“小布老虎丛书”（以出版高质量原创型儿童文学作品为主）及“布老虎散文”“布老虎中篇小说”“布老虎丛书·随笔系列”等选题类型。

品牌营销关键是要划定选题主题，如兰登书屋的斯凯瑞“金色童书”系列风靡世界四十余年，陪伴了一代又一代人的快乐成长，是美国家庭书架和美国国家图书馆的必藏书，直到今天依然畅销。儿童成长图书一直以来就是图书市场的主力，美国资本主义经济起步较早，发展较快，人们生活水平较高，在儿童教育方面开始得也较早。兰登书屋的“金色童书”系列之所以能取得持久的销售成绩，很大一部分原因就在于图书主题选得好。“金色童书”分为很多辑，每辑分别向儿童介绍了社会生活的方方面面，如《轱辘轱辘转》介绍了四百余种车型，还精心设计了丰富的细节，充满了天马行空般的奇妙想象，交错并行的故事线索和游戏性吸引着孩子参与其中，还可以培养孩子的观察力和想象力。《会讲故事的单词书》介绍了1200多个单词，都与日常生活情景联系在一起，让儿童可以看图画学词语。《忙忙碌碌镇》介绍了数十种职业，涵盖日常生活的方方面面，将密切相关的工作连缀成为一个整体，绚丽的图画和丰富的细节引导儿童投入观察中，图画中可爱的动物形象也为孩子带来了无穷乐趣。

（二）非原创类文学选题的组织与策划

对非原创型文学作品按照一定的目的进行策划整合和编创加工，使之成为具有新质内涵的“选本”“选集”“别集”“丛集”“专集”“文集”“大系”之类的总结性文本，常常成为策划编辑利用出版手段积累、保存和传播已有文学遗产和文学选题的重要手段。古人所编《文选》《玉台新咏》《文苑英华》《艺文类聚》《唐诗三百首》《古文观止》等，都是文学编撰类选题的经典。在现代出版史上，最为著名的当属20世纪30年代时任上海良友图书公司的编辑赵家璧策划出版的《中国新文学大系》。下面不妨根据赵家璧的回忆将其归纳为一个较为完整的选题策划案例。

【案例】"中国新文学大系(1917—1927)"选题策划

1. 策划起因

第一,有编辑成套图书的实践经验——1933年创编"良友文学丛书";第二,有编辑成套图书的爱好兴趣——"喜爱成套的文学书,早在大学读书时代已心向往之,把将来也编成几套文学丛书作为自己一生的奋斗目标"①;第三,有形成这一选题的外因——当时尊孔读经的复古逆流在全国各地泛滥,否定"五四"新文学革命、否定白话文成就的言论重又浮起,翻印古书盛行,从客观形势上有对新文学革命成绩做总结的需要;第四,有形成这一选题的内因——先在编辑头脑中酝酿形成一个出版理想,然后各方请教,奔走联系,发动和组织作家们拿起笔来,为实现这个出版计划而共同努力,从无到有,创造出一套具有特色的丛书来。

2. 构思酝酿过程

构思机缘——当时选题策划人赵家壁能够接触到各种西方进口图书,特别是成套的文学丛书,如"哈佛大学古典文学丛书""万人丛书""近代丛书"等,这些丛书对选题思路的形成深有启发。正如赵家壁所说,不但作品、书名、作者开阔了眼界,单单那些丛书的编排、扉页、封面装帧、整体设计和大小开本等,都保持统一的规格,便被这种排列整齐美观、内容丰富多彩的成套书迷住了。② 他看到日本的成套书中有专出新作品的,也有整理编选旧作的,名目繁多,称丛书、大系、集成或文库之类,范围很广,涉及文学、艺术等各个部门。其中有一套整理编选近现代文学创作的大套丛书,都不是新创作,而是已有定评的旧作的汇编,引起了他很大的兴趣,于是就想,"五四"新文学运动以来,现代文学史上已有定评的文艺作品,屈指算来,为数也不少,这些书都是纸面平装本,分散在各处,极难觅齐,如果能把它们择优编选,统一规格,印成一套装帧美观、设计新颖的精装本,可取名为"五四以来文学名著百种"之类,那不是克期可成的工程吗?③

---

① 赵家壁.编辑忆旧.北京:三联书店,1984.158.

② 赵家壁.编辑忆旧.北京:三联书店,1984.26.

③ 赵家壁.编辑忆旧.北京:三联书店,1984.161.

构思难点——由于当时成名的著作都被出版社在版权页上写明“版权所有，翻印必究”，这条法律给编选“名著百种”带来困难。如何突破这条法律条文成为此一选题策划付诸实践的瓶颈。

信息搜集与资料来源——第一，多次分别去当时上海有名的几所大图书馆，对“五四”以来出版的现代文艺书和文艺期刊进行广泛的搜查，查卡片、闯书库、翻阅旧期刊；第二，阿英的藏书与《中国新文学运动史资料》；第三，刘半农的《初期白话诗稿》；第四，施蛰存的编辑经验。

构思形成——经过调查，逐渐发现“五四”时期长篇小说很少，短篇小说、散文、诗、戏剧和理论文章部分都已收入个人的集子或合集里，极大部分散见在当时的文艺期刊或报纸副刊中。由此形成一种新想法——如果能改用编选各个单篇合成一集的方式，那就不存在侵害他人版权的法律问题了①，就可以将“五四”以来的文学创作分编成小说集、散文集、诗歌集、戏剧集、理论集等等。阿英的藏书解决了编辑这套大书的资料来源问题。刘半农的《初期白话诗稿》为其分集编选提供了先例。通过和施蛰存的交流，决定采纳他的建议，专设理论文章集和史料集。这一切找到了突破“版权所有，翻印必究”的办法。对这样一项大工程，逐渐形成了较为明确的选题思路和编辑意图，这就是：物色每一方面的权威人士来担任主编，由权威对各部类择优拔萃，再在书前写一较长的序言，论述该一部门的发展历史，对被选入的作家和作品进行评价。每个文艺团体有一篇历史，每个重要作家附一段小传，再把这一部门未入选作品编一详目附于书后，说明出处，好让读者自己查阅，借此可以了解这一部门十多年来的收获。②

确定选题名称——对于这样一套包括理论、作品、史料的大丛书，设想不用丛书之名，而学习日本出版成套书中所用的“大系”二字。这两个字颇有新意：既表示选稿范围、出版规模、动员人力之“大”，而按成套书的规划，又是一个有“系统”的整体，是按一个具体的编辑意图有意识地进行组稿而完成的，与一般把许多单行本杂凑在一起的丛书文库等有显著的区别。③ 因此将选题名称定为“中国新文学大系(1917—1927)”。

---

① 赵家璧. 编辑忆旧. 北京：三联书店，1984. 163.
② 赵家璧. 编辑忆旧. 北京：三联书店，1984. 164.
③ 赵家璧. 编辑忆旧. 北京：三联书店，1984. 168－169.

3. 遴选编选人及组稿

网罗智囊人物——郑伯奇:既是良师益友,又是编辑工作中的好参谋;阿英:提出编选目的是为了抢救文献、整理文献、出版文献;施蛰存:在选题结构方面出谋划策,提出增添理论集和史料集;郑振铎:提议将理论集分为"建设理论集"与"文学争论集",除承担"文学争论集"编选工作外,还提议请胡适担当"建设理论集"的编选工作;茅盾:决定"大系"的时间分界,建议小说集和散文集的分册、分工与合适编选人。上述各人的出谋划策对编选人的遴选起了决定性作用。

4. 确定编选人及稿件内容

全书总序:蔡元培。

《建设理论集》,胡适编选并作导言,共51篇,主要为倡导新文学运动与探讨如何建设新文学的文论。

《文学争论集》,郑振铎编选并作导言,收文107篇,选入关于新文学运动开端与林琴南、学衡派、国故派、甲寅派的论争,文学研究会与创造社对旧文学的批评,以及围绕白话诗运动、小说革新与戏剧改良的讨论。

《小说一集》,茅盾编选并作导言,主要选文学研究会作家作品29家58篇。

《小说二集》,鲁迅编选并作导言,主要选《新青年》、新潮社、浅草社、沉钟社、莽原社、未名社及其他"乡土"小说33家62篇。

《小说三集》,郑伯奇编选并作导言,主要收创造社作家作品19家37篇。

《散文一集》,周作人编选并作导言,收徐志摩、梁遇春、郁达夫、陈西滢等17家作品71篇。

《散文二集》,郁达夫编选并作导言,收鲁迅、周作人、冰心、林语堂、丰子恺、朱自清等16家作品148篇。

《诗集》,朱自清编选并作导言,采用编年法选诗人59家,诗作390首。

《戏剧集》,洪深编选并作导言,收话剧18家18部作品。

《史料索引集》,阿英编选并作导言,收入有关研究论著、主要刊物、社团发刊词、宣言、简章等文献以及作家小传、创作、翻译、杂志编目以及资料索引。

5. 印装及成本策划

印装设计——预计布面精装,32 开本,印刷用进口米色毛道林纸。

成本预测——每集约 50 万字,稿酬和编辑费略高,广告费也较高,定价每册 2 元,十卷一套 20 元。估计售 2000 部即不亏本,再版即有盈余。

6. 宣传促销策划

发售预约,征求订户——1935 年 3 月开始发售预约,为了让读者对这套书心中有个概貌,编《大系样本》一册,厚四十余页,其中内容包括:①《编辑中国新文学大系缘起》,说明整理编辑第一个十年间文学理论和各类文艺作品的重要意义,分别介绍十大类分卷内容,为什么每集前都有长篇导言,而且还有万言总序等;② 用两个版面,印蔡元培《总序节要》手迹,10 位编选者的《编选感想》各占一页,并将手迹制成锌版,上印近影一幅,下加该集内容简介;③ 设计书影,制订预约办法,分发预约单;④ 请文艺界知名人士冰心、叶圣陶、林语堂为大系出版作正面评价宣传。

改变装帧,一版再版——1935 年 5 月《小说一集》出版后反映良好。1936 年 2 月,最后一集《史料索引集》完成。因初版很快订出,又再版精装本 2000 部;为了适应学生读者,1935 年 9 月,加印白报纸纸面精装普及本 2000 部,每套售价 10 元,预约 7 元;同时编印《大系三版本样本》,厚 60 页,内容除分别介绍 10 个集子的内容外,又加了《舆论界之好评摘录》;还用 25 页篇幅,将 9 卷的全部目录(《史料索引集》除外)编入,供预约者参考。

至此,赵家璧为编辑“中国新文学大系”选题所作的全程策划可谓周到严密,成为现代编辑出版史上一个成功的选题策划案例。当然,“中国新文学大系”出版后的意义已远远超过一个孤立的选题策划的意义,它虽然是以资料汇集的面目出现的,但通过理论集、作品集、史料集组合而成的完整而周密的选题结构,为后来建构文学史的结构模式提供了可以借鉴的范式。

三、非文学类选题的组织与策划

一般大众出版的非文学类选题涵盖的知识品种与选题范围极其广泛,举凡日常生活、休闲娱乐、文化知识普及、修身保健等都属此范围。从出版目的看,一般大众出版面向最为广大的读者对象，为他们提供日常生活与休闲娱乐中所需的文化普及类知识营养；但从另一方面看，一般大众的概念极为驳杂混乱，从咿呀学语的低幼儿童到八九十岁的耄耋老人，从大批涌进城市的农民务工者到大大小小公司里的"白领"打工族，从充满青春激情的莘莘学子到洋溢着卫国自豪感的普通士兵，他们各自的年龄不同、地位不同、身份不同、兴趣爱好不同、生活经历与生存状态不同，从而造成对一般大众文化内容的多层次、多角度、多主题、多趣味需求。这些复杂的情况使非文学类一般大众图书的选题策划成为一个最富挑战性的选题领域。

（一）日常生活展现出来的选题世界

人们的日常生活所包含的基本内容就是吃、穿、住、行、用、休闲、保健，而由此延伸开来便是一个充分展示现代人物质生活世界和精神生活世界的万花筒。如何将日常生活中生发的物质欲求与精神欲求转化为选题创意与选题需求，则是对各个出版社与选题策划人知识智慧的大考验。

1. 关于"吃"

民以食为天，食文化代表了中国文化最为独特的一面。现在，对大部分国民来说，"吃"字表达的已不是一种简单的饥餐渴饮的直接物质需求，而是具有浓厚文化底蕴的精神享受。由此展开的有关"吃"的图书选题就冲破了原来仅仅是菜肴菜谱之类的直接图示和学做说明，而是和"艺术""文化""爱情"奇妙地结合到了一起。某出版社推出的《吃的艺术》直接将"吃"从一般现实境界提高到了艺术境界；某出版社的《肚大能容》选题乍一看怪异，其实讲述的是现实生活中以及历史上的美食事件；另外一家出版社的《食的故事》和《笑傲食林》，主题集中于品尝与鉴赏；另外像《食相报告》《文人的食谱》《左烧烤右煨汤》《品味传奇：名人与美食的前世今生》等将美食经验与人生阅历结合起来，令人在品美味、嚼美文、流连岁月与市井风情之间平添几许世道沧桑的味道。最为奇妙的是将美食与爱情联系起来，给美食者一些浪漫温馨的情调，如《情欲料理之食物恋》《抓住爱情的滋味》《礼拜三的糕饼课》等，将情欲、女人心事和爱情故事杂入食文化中，将食文化选题向深处开挖了一个层次。

2. 关于"穿"

就"穿衣"主题的文化层面而言，出版选题界早已将穿与时尚连在一起，开发出年复一年的时尚出版潮流。有传授服饰搭配基本道理的《服饰搭配》《服饰造型讲座》《红色范思哲　灰色阿玛尼：跟大师学色彩搭配》等，有普及服饰品牌发展知识的《环球奢侈品丛书——服饰》等，还有各种服饰编织类教学图书，更是应了近几年DIY的风潮。此类选题，读者对象多专注于女性群体。

3. 关于"住"

就"住"的方面讲，当今人们的家居生活不仅成为一种新的文化品类，而且成为一种新的产业品类。住房不仅成为与老百姓息息相关之话题，有关家庭装修的图书也成为购房者装修时的必备读物。此类选题实用大于欣赏，有一定的销量。

4. 关于"行"

"行"的概念在现代中国人心中发生了太大的变化，更是一个复杂而又充满意趣的选题领域。首先是人们代步工具已发生了巨大的变化，小轿车作为一部分百姓的日常生活品已经成为一种现实，随之而动的大众类汽车图书选题成为新的选题开发点，诸如汽车机械的快速维修、轿车保养、随车手册、汽车欣赏、汽车地图等都深受汽车消费一族喜爱。而"行"的另一方面表现在"旅游"上，随着普通百姓物质生活质量的提升和休闲时间的增多，观光旅游成为引领生活品质发展进步的一个重要标志。旅游业的大发展一方面扩大了中国境内旅游图书的市场需求，另一方面也刺激着境外旅游图书市场的启动。几年来旅游图书市场一直较为火爆，图书选题主题不断翻新，概括起来，主要有以下几种：

（1）资讯类选题。主要根据旅游者不同的需求而提供必要的资讯服务，这类选题不再局限于以前的那种景点罗列、风景介绍的编排模式，而是将旅行中吃、穿、住、用等全方位信息诸如地图、路线、交通、门票、饮食、住宿、气候、购物都包含进去，最大限度地满足旅游者特别是自助出游者的信息需求。如某出版社推出的"中国最美的88个旅游地"丛书，某出版社推出的《藏地牛皮书》，某出版社的《北京民俗文化旅游指南》，某出版社的《图行天下：中国旅游地图册》等，都将中国境内游的信息资讯传达得淋漓尽致。另外，自助游近几年蔚然成风，很多人都开始推崇这种自由自在、无拘无束、带有某些浪漫色彩的旅游方式，因此，一些出版社也乘兴策划了一系列"背包客"选题，如《背包十年》《搭车去柏林》等选题，不仅受到广大"驴友"的狂热追捧，也带动了更多人加入到自助游的队伍中去。

（2）文化游选题。这类选题的着力点在于挖掘旅游景点及旅游本身的深层文化内涵，使其通过旅游这一载体而得以传达。如某出版社策划的"走马黄河"系列，就是通过"走"的形式达到与博大厚重的黄河文化进行历史层面、文化层面、精神层面对话的目的，其中的《枕黄记》《自巴颜喀拉》颇具社会学、民俗学的价值。某出版社策划的“行者物语”丛书或以英国作家劳伦斯的生活轨迹为主题,或以某一地域独特的旅游风情为主题,精心撷取浸润其中的精神文化意蕴,使其散发出不同于一般旅游图书的高雅气息。某出版社开发的“乡土中国”系列将“老村、古镇、旧宅、败祠、发黄的祖谱”纳入“引发人们对乡土中国思索”的视野,虽不是旅游选题,但胜似旅游选题。某出版社的《中国古镇游》《中国古镇图鉴》等选题不仅介绍诸多古镇风情文化,而且其本身就起着开拓新的旅游市场的作用。某出版社从台湾引进的“博物馆之旅”丛书,以美国、英国、西班牙、意大利、法国、俄罗斯、匈牙利、捷克、奥地利、瑞士等国家的博物馆为线索,将参观博物馆的旅游须知,包括地图、住宿、交通、开馆时间以及各个博物馆的历史背景、建筑风貌、著名典藏品等,都作了详尽的介绍,实际上具有带领读者进行了一次纸上博物馆旅游的功能。

(3) 概念游选题。主题鲜明的旅游,往往与现实的旅游消费联系在一起,如生态旅游、时尚旅游、休闲旅游、双休日旅游、美食游等。某出版社的《时尚旅游》选题以“玩转北京海”“上海酒吧雪月风花”“逍遥重庆”“七情六欲释放香港”“抓狂台北”等主题串联,选题颇具新意。某出版社推出的“中国旅游名胜诗画”系列,分为山、水、洞、园、居、寺、观、陵八大主题,通过名胜来历、神话传说、趣闻掌故、景观审美、诗词鉴赏、导游消遣等内容,全面介绍了景点的自然与人文内涵。

(4) 另类游选题。所谓“另类”,即独抒个性、与众不同。另类游选题注重讲述者个人的亲历亲为以及某种颇具私人色彩的旅游体验,其主要目的不在于提供旅游信息,而在于传述一种旅游理念和个性体验。如某出版社策划的“酷驴”丛书,旨在倡导一种“不走寻常路,只爱陌生人”的旅游理念,由出版社向社会招聘30名文笔好、素质高的自助游爱好者(名为“酷驴”)为作者,并出资相助,意在获取第一手鲜活资料。某社推出的《藏地牛皮书》《新疆盛宴》等选题也体现出很强的个性化特色,是作者通过真实行走和体验而形成的原创性作品,不易被模仿。某书店推出的“梁望峰旅游书系列”从题目设计来看就颇具私人化,其中的《东京游游荡荡》《香港周日游游荡荡》等选题从行文的随便中透出丝丝个性。

(5) 探险游选题。此类选题是为喜好探险的旅游爱好者准备的,以“非常之境,非常体验”为题材,给读者带来惊险刺激的阅读感受。如某出版社推出的《极地跨越》(南、北美洲篇),依托于中央电视台的同名栏目,全方位介绍了南极、北极和美洲大陆的地理历史、风土人情、民族信仰和社会现状。某出版社推出的《中国徒步穿越》以“所有线路均为探险者亲历的惊险刺激线路”为主题，选有“25 条生死险路、30 条心跳绝道”，详述了徒步地域的人文、历史、地理方面的相关资讯。可以说，这些旅游选题概念的产生既是对人们现实旅游生活的真实反映，也是对旅游市场开发的一种参与。旅游市场的开发带动了旅游图书选题的风格多样化，而旅游图书选题的多品种化反过来又刺激了旅游消费，促进了旅游市场的开发。

5. 关于“用”

主要是针对一般大众的家居用度与购物需求而策划的一些生活指导类选题，以实用为首要目标，如昆仑出版社推出的《家庭购物指南》、中国科技大学出版社的《家用电脑 300 问》、浙江科技出版社的《家用物品巧收藏》等选题，不仅让人们了解了更多的生活起居方面的常识，也大大提升了人们的生活质量。

6. 关于“休闲”

就“休闲”类选题看，其内容虽然较为庞杂，但也可梳理归纳为两个方面：一是传统方式下有目的修身养性选题，如《钓鱼》《品茶》《养花》《宠物》等选题内容；二是通过现代观念下的娱乐活动生发出休闲选题，包括观剧、观影、听音乐会等的审美欣赏类选题，如《一生要看的 300 部电影》《世界电影博览》等。

7. 关于“保健”

“保健”选题包括家庭医疗卫生、个人运动养生、健身、健脑、养心与营养健康等多方面的内容。随着大众生活条件的不断改善，人们的保健意识不断加强，再加上现代社会竞争的加剧以及脑力劳动强度的增大，人们在享受着高度物质文明的同时也在承受着巨大的心理压力，久而久之又容易产生各种类型的身体疾病与心理疾病，因此健康问题已受到全社会的普遍关注。2002 年 8 月，某出版社推出著名的心血管病权威专家洪昭光教授等人合著的《登上健康快车》一书，旨在培养人们建立一种新的健康观和生活观，从而引领了健康类图书选题的畅销，诸如《让健康伴随着您》《洪昭光健康忠告》《求医不如求己》《人体使用手册》《从头到脚说健康》等，这些图书几乎成了家庭必备的保健类书籍。但是，不可忽视的是，面对巨大的经济利益，一些出版商随意炮制伪健康养生书籍，甚至招聘一批“枪手”一两个月就拼凑一本书，为吸引眼球广泛征集奇谈怪论。这种鱼目混珠的现象引发了读者大量的投诉，在所有的书籍投诉中，养生保健类书籍占了一半。其中影响最大的莫过于张悟本的《把吃出来的病吃回去》，不但引发了众多读者的一致声讨，也促使新闻出版管理部门于 2010 年 10 月下发了规范养生保健类图书出版的指令。2011 年 7 月，新闻出版管理部门又公布了《别让不懂营养学的医生害了你》《特效穴位使用手册》等24种编校质量不合格的养生保健类图书,要求出版单位将其全部收回销毁,同时向社会公布了包括科学出版社、人民卫生出版社、中国中医药出版社在内的53家具备养生保健类出版资质的出版单位名单。

(二) 一般文化知识普及类选题的策划

一方面,吃、穿、住、行、用、休闲、保健代表了人们日常生活中最主要的物质需求部分,而由此引发的精神需求成为一般大众出版选题开发的重要领域。另一方面,一般大众日常生活中的精神需求还包括一般文化知识的普及,以及素质修养与新的科学观念、新的经济观念的培养等等,这也是非文学类一般大众出版选题的重要组成部分。一般文化知识的普及包含众多内容和主题,大到文、史、哲及自然科学知识的普及,小到某些学科常识与专题知识的普及,都内含着极其丰富的选题资源。从本质上说,一般文化知识的普及承载了维护人的精神生存的基本维度,是引导人们向善求美、提升自我人格境界的基础性支撑力量,这一本质潜隐着一种对出版选题人的内在的要求,或者说是一个内在的尺度,即必须以人的自由全面发展作为目的,从文化知识的源头上开辟出纯真鲜活的精神之泉。

在这方面,最为突出的就是各类经典名著的从不间断的出版。经典名著之所以被称为"经典",有两个关键因素:一是内容风格的通俗,二是精神价值的永恒。经典的存在价值在于它对人的生存价值起着引导作用,从某种意义上说,名著出版已不是一般意义上的类型选题出版,而是大众出版选题的典型代表。

如果说经典名著规定了一般大众图书选题的意义指向,那么,出版选题人对非经典类的大众图书选题的研发也自然遵从了这一意义的追求和理念寻觅,这一简单的出版事实使非文学类的大众出版选题从繁芜丛杂的意义世界中确立了存在的坐标。如上海少年儿童出版社曾推出的《十万个为什么》及"365夜系列""五千年系列"等选题,都是对几代少年儿童深有影响的一般文化普及类选题,其中所选学科门类之多、主题之多都是在同类选题中首屈一指的。这几种选题从出版至今,经过不断的修订、增编,已经成为少年儿童读物中的精品。

而对成人读者而言,重视人文精神关怀在日常生活中形成科学的健康观与健康的科学观同等重要。在这方面,北京大学出版社策划的"人文社会科学是什么"丛书就具有较为典型的意义。

北京大学出版社在2002年策划推出的"人文社会科学是什么"丛书,成功地实现了“小众学术”与大众阅读的对接，找到了精英文化与出版市场的结合点，对于普及人文社会科学、树立人文精神的选题策划来说，具有较强的指向作用。这套丛书在策划时深入领悟了出版和阅读在本质上是一种互动与交流的需求的实质，并由此体认到学术由于其严谨的表述方式和强理性的知识要求自然是小范围活动，但是关心学术、崇尚学术、阅读学术的人群却是一个大范围，所以学术著作需要走出“象牙塔”，通向大众，用通俗易懂的表达和形象化的感知方式将科学知识介绍给大众。同时，策划者经过一定范围的市场调查得知，目前科普出版的结构不尽合理，其表现是自然科学比例偏大，受读者欢迎的人文社会科学的普及性读物很难找到，大多数人文社科的基础常识只是作为陪衬出现在综合性的科普读物中。而人文科普与自然科普同等重要，科学精神与人文精神在人的全面发展中也是同等重要，缺一不可。这一理念为策划这套丛书奠定了创意基础。丛书将读者定位于高中生、大学生、人文社会科学爱好者，策划出《历史学是什么》《社会学是什么》《文学是什么》《美学是什么》《伦理学是什么》等14种介绍人文社会科学具体学科门类的选题，并选择国内一流学者及当前学术界的领军人物如葛剑雄、梁小民、何怀宏、周宪等组成强大的作者阵容，编创出一套高质量的人文社会科学普及型著作。这套丛书不仅普及了专业相关知识，而且培养了普通读者心中蕴藏的专业兴趣，是具有标杆意义的选题策划。

在大众生活的另一面，随着社会发展速度的不断加快，不同层面的当代人心理上发生了极大的变化。一方面，时代的发展、全球经济文化的交融使当代人积极投身社会，立志创业，谋求发展，越来越多的人为使自己适应竞争激烈的社会而对自己提出了更高的要求：另一方面，不少人在谋求自身发展的过程中又充满着不稳定因素，在升学、求职、升迁等诸多方面，都面临激烈的竞争，由此导致精神压力过大，抑郁、焦虑等心理生理问题凸显。这就需要人们既要不断迎接挑战，又要适时地排解焦虑，缓解心理不适。因此，青春励志、人生自助类选题逐渐成为一般大众图书选题的重点与热点，如《不抱怨的世界》《做最好的自己》《挑战人性的弱点——出人头地的捷径》《曾国藩成大事的99个方略》《羊皮卷——最伟大的励志丛书》《哈佛女孩刘亦婷》《人脉存折》《职场动物进化手册》等等。这些选题中不少是从国外引进的，或是与西方文化背景有关，但自助与励志本身所包含的重智谋、重攻略、提倡自我修养的内容与中华传统文化重“内省”与“预谋”的价值观有某种相通的地方，而这正是这类选题能够生存的肥沃土壤。还有，与近年来中国经济快速增长相适应，财富观念也渐次进入普通百姓的生活“词典”中，一批财富启蒙类选题以通俗的传道方式与严肃的经济学著作区别开来,成为普通百姓的阅读对象。这类选题有《致加西亚的信》《杰克·韦尔奇自传》《从优秀到卓越》《富爸爸、穷爸爸》《谁动了我的奶酪》等等。另外,时政热点与名人明星成为普通人生活闲暇之余津津乐道的话题,因而这类选题具有相当大的市场开发潜力。这些选题内容共同代表了非文学类大众选题出版的重要方面。

总体而言,一般大众类选题涵盖的文学类与非文学类的划分界限只是相对的,实际上这两大板块涵盖的内容与专业学术类以及教育类选题时有交叉。但从总的方面看,一般大众类选题的组织与策划具有自身的特点,它的选题生发点和创意生成一般都是对日常大众的生活体验与精神活动的解读。但由此也必须认识到,一般大众本身具有阅读取向的易变性和高模糊性,这决定了一般大众选题领域是高风险与高机遇同在、畅销书与滞销书共生的领域,特别是滞销书的高存货率与高退货率一直是制约一般大众选题研发的瓶颈。因此,如何从高起点的选题策划入手,有效地化解一般大众选题的高风险存在,就成为检验选题策划者综合能力的试金石。

第三节 博学与明辨——专业书籍与学术类选题的组织与策划

专业学术类选题代表了人类知识中最为精华的部分,是包括自然科学、社会科学、人文科学、工程技术等学科在内的高端科学技术与学术文化的最普遍的展示方式。搞好专业学术类的选题策划,必须从专业书籍与学术类选题对人类社会发展所起的巨大作用的高度来认真进行策划与整理。因为从某一方面讲,专业学术类选题的水平反映了一个国家科学技术与学术文化的发达程度,必须引起出版界的重视。

一、专业书籍与学术类选题的一般特征

何谓专业?《现代汉语词典》中有三个义项:一是高等学校的一个系,或中等专业学校里根据科学分工或生产部门的分工把学业分成的门类,如专业课;二是产业部门中根据产品生产的不同过程而分成的各业务部分,如专业化;三是专

门从事某种工作或职业的，如专业户。就图书类别而言，专业书籍一般与上述义项都有直接的关联，即指学科专业、业务专业或职业行业。根据国际出版界通行的认定标准，专业书籍一般包括财经、法律、科技与医学四大类，其中科技类包含的小类很多，诸如化工、机械、电学、电子、航空、建筑等工程学科以及物理、化学、数学、生物学、计算机科学等基础学科和应用学科。一般而言，学科专业与学术研究有着较为亲密的关系，学术是指“有系统、较专门的学问”，而“学问”又可以归纳到不同的学科门类中。鉴于这种近义甚至同义的关系，为了论述方便，本书将“专业书籍”的学科专业部分并入学术选题部分，而将专业业务与职业书籍独归一类。因此，本节所言的“专业书籍与学术类选题的组织与策划”，实际上就是“专业职业图书与专业学术图书选题的组织与策划”。

专业职业与专业学术类选题策划具有三个明显的特征：一是潜在读者群相对较为固定，每一选题的读者都是专业、行业、职业内的读者，因而在选题策划上可以较准确地进行市场定位；二是每一选题的作者都是某专业领域内的研究人员，而作者的科研水平与科研成果以及写作能力如何，都可以在专业范围内得到较好的评估，从而可以较为方便地针对作者进行策划设计；三是专业学术类选题的细分率高，每一学科门类都可细分为若干专题，若干专题又可以继续细分为若干分专题。因此，专业学术类选题对选题策划者的专业素质与学术素质的要求较高。

二、专业职业类选题的组织与策划

国际出版界认定的财经、法律、科技与医学四大专业选题类型，从业人员多、对社会影响重大，因而成为某些专业出版社开展选题业务的首要目标。另外还有其他一些职业行业，如商业策划、项目管理、保险精算、证券基金、国际商务、海关报关、矿业权评估、外销、出版、导游等等，因从业人员相对较少，对出版界的选题业务影响较小，但也并不是无利可图。这些职业行业本身不同于一般职业行业，即进入这些职业行业必须进行有效的资格认定，进行资格认定通常的办法就是考试。在国内，像律师、会计师、工程师、公务员考试以及研究生考试等，都对专业职业类选题产生了较大的拉动作用。因此，专业业务与职业行业类选题又可简单分为两类，一类是指进入某一职业行业所需的资格考试用书选题，另一类是指某一专业业务与职业行业本身所包含的基础知识与基本技能用书选题。这两部分内容可以相互转换，但从选题的角度看，它们的组织方式与策划重点是不一样的,因为前一类着重于资格考试,后一类着重于知识普及。

1. 资格考试类选题

各种类型的考试用书因为具有明确的市场需求而成为专业出版社或具有某一职业考试用书出版能力的出版社的选题对象。而考试用书的策划要点无疑包含下述内容:第一,吃透考试大纲,严格按照大纲标准进行选题策划。无论是研究生考试、公务员考试、会计师资格考试还是医师、律师、教师资格考试,都有自己的专业大纲。围绕着考试大纲,就可以编写各类考试用书。第二,突出编写特色,务求权威实用。第三,创品牌,以品牌效应带动选题策划的持续滚动发展。比如一些考研图书选题已成业内品牌,像新东方的四六级英语考试系列图书、GRE 考试系列图书就深受广大英语学习者的喜爱;像世界图书出版公司出版的《历年考研英语真题解析及复习思路》,被考研学子称为"黄宝书",自推出以来就一直畅销不衰。

近年来,国家司法统一考试、财会系列资格考试、医药系列资格考试、计算机系列水平考试、建筑工程系列资格考试等等,成为众多出版社或考试组织机构指定的出版社的选题策划对象,竞争十分激烈。就会计资格考试用书而言,全国会计专业技术资格考试制度自 1992 年实行以来,每年都要组织考试,每次考试报名人数都在百万以上。如此庞大的考试队伍所蕴藏的潜在出版利润,吸引众多出版社进入该领域的选题策划与出版生产。

2. 专业职业知识普及类选题

专业业务与职业培训的出版选题主要表现在更大范围的基础知识普及类图书策划上。这类选题不同于一般大众类的知识普及选题,因为一般大众类的读者对象从理论上说包括所有人,而专业职业基础知识普及选题的读者对象只能是专业职业领域内的潜在读者。专业、职业知识普及类的选题内容策划要把握好一个适当的"度",即既要有一定的理论学术深度,又要有一定的专业大众普及性。如机械工业出版社 1997 年推出的《机械工程手册》《电机工程手册(第二版)》的选题组织与策划工作就充分体现了这一点。这两部手册都是综合性工程手册,它们立足于一个大门类工程技术的全局,以提供相对稳定的基本知识和为读者拓宽知识领域、获取综合配套知识服务为主要宗旨,适用面极广。其读者对象包括该工程领域中从事各种工作的工程师和有关的工科大学师生,也包括科研和其他工程技术人员,既可帮助读者扩大专业知识面,开拓思路,提高综合处理问题的能力,同时又可为读者在日常技术工作中解疑、备查、求精、深造提供钥匙。这样的宗旨和服务目的使出版社在确定选题内容时,将以荟萃基本知识为主,并将综合性作为其首要目标,即不是对所包含的诸多分支专业和学科的机械压缩和简单叠加,而是从整个工程技术的角度,深入揭示专业之间以及专业本身各环节间的内在联系,为技术融合创造条件。出版社为出版手册专门成立了编辑委员会、分卷编辑委员会和篇编写组,明确了各组织层次的职责与工作内容,确立了手册编写的质量标准,并用时7年,动用500多个单位、3000多位专家(其中两院院士28人,博导80人,教授、研究员和教授级高工1000多人)。虽是工程专业普及类选题,但各方面的策划井然有序,一点都不马虎,保证了该选题的高质量出版。

三、专业学术类选题的组织与策划

专业学术类选题的组织与策划即针对某些学科专业所进行某种系统化、专门化的学问研究而组织的选题策划。专业学术所包含的范围极为广泛,大凡人文科学、社会科学、自然科学、工程技术都涵盖其中。其实,这四大部类的知识普及与大众阅读选题都已包含在一般大众类选题范围中,而其专业职业知识普及与应用类选题也已包含在专业业务与职业资格应试类选题之中,余下的便是面向各学科、各专业较深层次的学术理论研究类选题的开发与探索。

对专业学术类出版选题的开发与传播从根本上讲关乎民族精神的发扬与创新,这是其不同于其他选题类型研发的最显著的特征。民族精神是民族存在之根,民族精神不仅存在于一个民族悠久的历史长河里,也存在于民族鲜活的现实生活世界中;不仅存在于以人文社会科学形态蕴藏的学术思想与人文精神的光辉中,也存在于以自然科学、工程技术所缔造的科学图景与辉煌工程中。近代人云,学术乃天下之公器,国家之良心,其意固然在强调学术之实际用途,但其更深一层的内涵却是以思想自由之学术原则从理论和实践的高度达到"为天地立心,为生民立命,为往圣继绝学,为万世开太平"的真实目的。诚如是,则出版者的选题工作也不仅仅局限于"继绝学"的目的,更担负着"立心""立命""开太平"的神圣使命。今天,在我国社会经济发生巨大转型的过程中,一些学术人摒弃了上述目的,放弃了学术尊严,以抄和骗为自己谋取私人小利,败坏了学术界的清誉;一些出版社为了片面追求经济收益,置"小众化"的专业学术选题于不顾,大肆跟风炒作畅销选题,致使专业学术选题出版成为制造图书垃圾的主产地。好在这些现象只是少数,众多专业出版社与大学出版社对专业学术出版进行了新的定位,加大了对高质量的专业学术选题的策划出版力度。出版界主动出击,跟踪专业学术最新研发信息,不断策划出具有影响力的选题,专业学术出版重又焕发出惊人的活力。

专业学术选题所涉及的四大部类内容实际上又可概括为自然科学技术与人文社会科学两大类,这两大类专业学术的选题工作,实质是通过选题的组织与策划达到传播科学知识、宣扬人文精神的终极目的,而这种终极目的在具体操作上又必须与对时代文化精神的现实需要相结合。特别是一些具有国际性影响的自然科学技术类选题,还能够起到弘扬民族精神、带动学科发展的巨大作用。上海科学技术出版社推出的"科学专著丛书"在自然科学类图书选题中具有示范性意义。这套丛书由该出版社所属的《科学》杂志编辑部出面进行选题策划和组稿编辑。他们首先确立了一个高水准的选题标准,即成书依托的科研成果,在国际学术界中应占有一席之地,要体现学术水平上的先进性;在与成书相关课题上的科研积累,已足以进行相当专业宽度的系统化整理和总结,即要体现科研积累上的成熟度;所论领域要有带动相关学科发展的潜力,内容的安排最好适于作相关专业博士点、硕士点的专业教材或主要参考书,即在学科建设上具有一定的传播价值。这三个选题标准也是三条选题原则,根据这一原则,选题编辑约组的第一个选题是《半导体超晶格物理》。半导体是铸造了人类20世纪辉煌的伟大科学成就之一,半导体超晶格和微结构的研究,代表着当前半导体研究领域集中发展的主流,推动着半导体及其相关的高技术研究向新的水平发展。在这一领域里,我国科学家黄昆和他的学生夏建白、朱邦芬等合作,从20世纪80年代中期起,就开展了半导体超晶格理论方面的研究,在一系列基本问题上取得了国际公认的成就,他们的有关工作被国际同行称为"黄—朱方程"。其中黄昆先生更是国际上晶格动力学的权威,他与M. 玻恩在20世纪50年代合著的《晶体动力学》一直被国际学术界视为经典之作。黄昆在2001年还荣获中国最高科技奖,中国科学家在这一领域的基本问题上所做出的巨大贡献,理应成为该丛书的重点选题。这样,在作者与编辑的共同努力下,历经几个寒暑之后,由夏建白、朱邦芬著,黄昆审订的《半导体超晶格物理》在1995年出版。该选题的出版在促进科研与教学、带动相关学科发展方面,发挥了作者们出色的原创科研论文也不能代替的良好作用,达到了"为本世纪多留下几本中国学者的优秀专著,为迈向新世纪多铺下几块路的基石"的目的。随后,该丛书又约组了分属数理科学、生命科学、地球科学、材料科学等不同领域的选题,在宣扬中国科学家的科研成就、传播科学精神、提高国力、推动学科建设方面做出了贡献。①

在人文社会科学类专业学术的选题组稿方面，上海人民出版社主持策划的《中国通史》选题，历时20年才告完成，颇具代表性。这一选题于1979年10月正式立项，总主编由著名历史学家白寿彝担任，分主编由22位全国著名的历史学家分别担任，如邓广铭、苏秉琦、季羡林、周一良、何兹全、史念海、胡厚宣、刘家和、龚书铎、郭预衡、高敏等，都是国内一流的历史学专家。这样一部学术巨著，其卷数字数之多，内容涉及面之广，主编作者之多，编撰出版时间之长，在学术界和出版界都是不多见的。正因为如此，该选题在出版社经营体制发生转型的过程中，在出版社面临严重的经济危机时，曾经首当其冲地被作为砍伐压缩的目标，只是由于编辑策划人员的坚决反对才得以保留。出现这种情况，反映了出版社的领导决策层在更替过程中一度出现的缺乏战略眼光、缺乏文化眼光、缺乏对学术著作内含的社会文化价值的应有认识的负面影响。而选题本身所出现的各种学术问题与编辑问题，更需要出版编辑部门认真地组织与策划。诸如各卷之间、各部分之间的重复交叉问题，各作者各部分之间的文风不一致问题，各作者观点不一致、标题拟写不统一等问题，都对选题编辑提出了更高的策划要求。而所有问题，都可以汇集到一个中心，即保证选题的高质量完成。为了这一目标，编辑部门严把书稿质量关，自通史的第一批来稿开始，就以较高的标准来严格要求其达到一定的学术水准，对于达不到要求的稿件，即使作者是专家权威，也坚决要求退改。这一选题在1999年3月全部出齐后，被有关专家评价为20世纪中国历史学的压轴之作，是目前最全面、最详尽、最系统的一部中国通史。也有专家认为，通史融会贯通，继承了我国通史编纂的优良传统，兼取司(马迁)、郑(樵)两派通史体著作之长，推陈出新，创立了一种全新的通史编撰体例。通史还非常重视“中华民族多元一体格局”的阐述，在理论上、方法上、体裁上与以往的通史著作既有相同之处，又有不同之处，是一部继承与创新有机结合的新通史，卓然特立，自成一家。② 这样的评价既是对该选题内容质量的高度肯定，也是对该选题在专业学术出版策划方面成就的肯定；而此类选题所凝固、播撒的民族灵魂中的人文精神光辉，更将千秋万载灼耀于民族历史的长空。

---

① 传播科学的接力棒——从复刊《科学》到策划“科学专著丛书”//精品图书的诞生.上海：学林出版社，2000.

② 二十年磨一剑——《中国通史》编辑出版纪实//精品图书的诞生.上海：学林出版社，2000.

第四节 启智与变革——教育书籍与教科书选题的组织与策划

教育书籍与教科书选题作为一个门类从书籍大海中独立出来,既与教育产业相联系,又与读者的需求、时代的要求相联系。教育作为文化产业的一个重要门类不断催生着新观念、新方法,时代要求现代人必须不断更新知识,更新方法,读者要求自己必须不断接受新知识、新观念,必须将终身学习贯穿一生。所有这些,都使处于转型期的中国当代教育充满启智与变革的无穷力量。教育类图书选题在这样的条件与机缘下更显示出不同于其他选题类型的特征。

一、教育类图书选题的一般特征

从一般意义上说,教育是经济发展的基础投资,而图书是教育的基本工具。① 而就教育书籍及其出版而言,首先应该明确的是,教育书籍是指与学习、教育以及培训有关的书籍,教育出版就是与具有明确的学习、教育、培训目的有关的书籍的出版。教育出版是现代出版业的中坚力量,教育图书是图书出版的支柱产品。一个国家和民族可以没有其他类型的图书出版,但绝不可能没有教育图书的出版。

通常情况下,教育书籍指的是与学校教育或成人职业教育、终身教育有关的各种出版物的总称。在前文有关内容中,面向大多数读者的知识教育普及类选题已被归入一般大众出版选题中,面向成人职业教育和终身教育的某些选题已被归入专业职业图书选题中,所以本节着重阐述的是一般教科书与教辅读物选题的策划与出版。近年来,由于教辅读物选题的类别、品种、层次、主题越来越呈现多样化、多元化和品牌化的趋势,所以出版业界将教辅读物统称为助学读物。教育书籍有着明确的目标读者群与潜在目标读者群,其读者群中的绝大多数读者都是各个年龄段的在校学生,因此,教育图书选题的组织与策划又是一种计划性强、标准化程度高、模式化特征明显的策划。又由于教育总是与社会发展状

① [美]达塔斯·史密斯.图书出版指南.北京:北京大学出版社,1994.3.

况、国家教育方针与政策、世界文化发展趋势密切相关，所以，教育图书选题的策划还是一种设计过程最为复杂的策划。

二、教科书选题的组织与策划

美国出版界和文化界颇负盛名的出版家达塔斯·史密斯在他那本《图书出版指南》有关“教科书”的章节中开宗明义地说：在发展中国家，任何有关图书出版的考虑都应特别注意教科书的出版。任何一个国家图书出版业发展的第一步，很可能是从学校用书开始，教科书出版者肯定如同教员一样，是一个国家教育体系的一个组成部分。存在这样的必要性，每一个人都是会理解的，对教科书的重视远远超出了其他类型的图书。①

这一点在中国现当代出版业中得到了印证。标志着中国现代出版业开端的商务印书馆在1898年将英人所编的《印度读本》逐课翻译，并加以白话注释，名之为《华英初阶》和《华英进阶》，以供耶稣教会在华各地设立的小学作为教科书，此举奠定了商务印书馆的创业基础。② 1902年(清光绪二十八年)，商务印书馆又编辑出版了《最新国文教科书》，“盛行十余年，行销至数百万册”③，为商务印书馆的长远发展打下了坚实的经济基础。中华书局更是以出版中小学教科书起家，成立伊始，就投资出版《新中华教科书》，并以此与商务展开了竞争。目前，我国教科书的出版仍然是带动出版业整体发展的一支稳定力量，教育类出版社依靠教材、教辅读物进行资本积累，在经济转轨过程中获得了较大的竞争发展优势。

教科书选题策划的重点在于把握时代对人才的要求与人才对文化的需求之间的复杂关系和矛盾平衡。教科书策划的难点在于把握课程的工具本质与文化本质的复杂关系和矛盾平衡。这实际上是一个问题的两个方面。“时代”不仅是一个时间范畴，还是一个历史范畴和社会范畴，不同的社会制度和历史时期对人才各方面的要求是截然不同的，因而一定时代的教育必然打上该时代的社会历史印记。可以说，教育的历史就是为现实主流社会培养人才的历史，因而也是现实主流意识形态轮番“坐庄”的历史。而作为实现学校教育目的的主要手段

---

① [美]达塔斯·史密斯.图书出版指南.北京:北京大学出版社,1994.143.

② 蒋维乔.创办初期之商务印书馆与中华书局//张静庐.中国现代出版史料(丁编).北京:中华书局,1959.395.

③ 蒋维乔.编辑小学教科书之回忆//商务印书馆九十年.北京:商务印书馆,1987.61.

并在学校教育中始终居于核心地位的课程,则不可避免地具有一种工具主义的本质。在工具本质作用下,课程对文化的传承与选择变成了单一的对社会主流文化的传承与选择,或者说,课程本身并不具备文化选择的主导地位与权力,具备此地位与权力的只能是轮番"坐庄"的主流文化,是社会各个历史时期的主流文化为不同时期的课程设定了互不相同的"文化场",而"学校课程便伴随着主流文化的位移与更替而不停地游离于不同的'文化场'"①。另一方面,人对文化的需求本质上又是一种全面的需求,是人为了自身的全面发展而对文化的自由、自觉、自在的需求。反过来说,人对文化的需求也就是文化对人的需求,因为人本身就包含着丰富的文化内容,文化本身也包含着丰富的人的内容,"人化"与"文化"有着不可分割的天然联系,都是"人文化成"的简约表达。人与文化的这种合成化一的关系使得教育从根本上成为一种对人的全面发展进行培养的教育,作为实现学校教育目的的课程,从根本上就是对文化的真正全面的选择与传承。所以,课程本身又具有一种自律性、内在性、独特性的文化属性与品质。这样,课程的社会工具性和文化自律性所形成的复杂关联与矛盾冲突,便成为教科书内容选择过程中需要解决的根本问题和首要问题。

一段时间以来,我国传统教科书存在的缺陷特别是内容方面的缺陷正在被人们认识,社会对于课程改革与重新编订教科书的呼声高涨。从我国现当代教科书特别是文科教科书的编写出版史来看,主要突出的是社会工具性的一面,而立足于人本身的人文关怀内容却不足。尽管学校课程一向是宣扬"优秀文化"的主阵地,但政治文化决定论却不可避免地使教科书成为传递某种概念化道德、指标化知识的"簸箕",成了"应试教育"的工具。而在现代教育思潮的冲击下,"素质教育"仿佛成了减轻学生课业负担、克服学校"应试教育"弊病的突破口,殊不知,"素质教育"本身所强调的"通才型""全能型"和"特长型"人才培养观念所造成的教材多样化、地方化、个性化,又如何敢肯定没有给学生增添更大的负担呢?比如高考制度中实行的"3+X"考试方式,其中的"X"所包含的教材数目之多、教学量之大、教学内容之广,又如何敢肯定是对学生综合素质的真正考察呢?更何况,在当下教育体制的转轨过程中,不仅传统的片面追求升学率以及学历至上的教育观念还大有市场,而且受经济转型期影响所形成的现代功利主义、物质主义、唯科技主义观念,又"使学校课程染上了浓厚的职业训练、产品加

① 郝德永.课程与文化——一个后现代的检视.北京:教育科学出版社,2002.98.

工的品性"①,"教育被异化为一种机械般的灌输活动、训练活动、产品加工活动及社会控制手段,学生的个性、自主性、社会主体意识及责任感和使命感随着加工过程的进行而逐渐萎缩……多少年来,学校教育对社会文化的苟且适应、对社会文化实然标准的追求与选择、其有教无育的工具主义特征、教育学的教育术品性等无不与课程作为文化传承工具命题所导致的课程文化品性的缺失、亏空及其物化机理密切相关"②。可以说,工具品性的突出以及文化品性的缺失正是以往教科书内容选择与编写理念中显而易见的弊端,而文化品性正是素质教育所着力强化的实质内容,也是克服并超越应试教育体制的必由之路。因此,从课程的文化品性入手,认真对待和解决课程内容所包含的工具品性与文化品性的矛盾冲突,使它们趋于一种合理的、内在的统一性,是新时期教科书编写及选题策划要坚持的基本理念。

工具性和文化性的统一虽然是新时期编写教科书要坚持的基本理念,但是在具体的编写过程中,还存在其他诸多制约因素,最主要的制约因素就是学生、知识和社会三项。学生是教科书的服务对象,是属于内在性的、根本性的制约因素。教科书内容的策划与设定必须与学生身心全面发展的内在要求相适应,必须在实然和应然、现实和未来等方面与学生的接受能力相契合。知识是构成教科书选题的直接因素,是课程所需的必要的教育性材料,是课程文化的原生体。但知识本身并不与课程文化画等号。课程文化是一种具有价值创构功能的自律性文化,它对知识的具体形态具有超越一般工具品性的选择和重构能力,因此,那种知识中心论的教材编写观念也是陈腐的。社会要求是课程文化发生变革的根本动力,是影响教材实质编写内容的外在制约因素,一切脱离社会、脱离时代要求的教材不仅是不合教育规律的,而且也不合历史发展的逻辑。但社会中心论的观点同样也是错误的,试图将教材编写沦为社会政治的传声筒,不仅有害于课程文化的自律性本质,而且也不利于学生身心的全面发展。在具体的编写过程中,必须将三种制约因素综合起来加以通盘考虑,互为整合,才能保证教科书选题方向的正确和选题任务的完成。

如果按照学生年龄的大小、掌握知识程度的高低以及社会参与能力的强弱,可以将教科书分为两种基本类型,即大中专教材和中小学幼儿园教材。其中大中专教材包括文、理、农、工、医等各类普通高等学校和成人高等学校的专科、本

---

① 郝德永.课程与文化——一个后现代的检视.北京:教育科学出版社,2002.59.

② 郝德永.课程与文化——一个后现代的检视.北京:教育科学出版社,2002.8-9.

科、研究生使用的教材,以及各类普通中等专业学校、中等职业学校使用的教材;中小学幼儿园教材主要是基础教育教材,包括义务阶段教育教材和普通高中高职教材。在这两种基本类型中,又可将其分为规划教材与非规划教材两个级别。规划教材是由国家教育部统一规划组织编审的教材,其中含有中央各部委以及各省、市、自治区分别规划和组织编审的教材,包括各级各类高、中等教材和中小学教材,由国家教育部或有关主管部门指定出版社出版或招标出版;非规划类教材主要是由各大学出版社和各地教育出版社自行组织和编辑出版的教材。从20世纪90年代至今,上述两个类型的教材出版出现了一些新变化,主要表现在非规划类的大中专教科书和规划类的中小学教科书的出版者都呈现日益增多的态势。新增加的非规划类大中专教科书出版者主要是一些科研实力强大的大学出版社和专业出版社,新增加的规划类中小学教材出版者主要是根据新颁布的课程标准而对中小学教材进行全面组织与策划出版的出版机构和一些地方教育出版社。教材编写必须依据教育部颁发的课程标准进行编写,需要通过立项申请,编写完了以后要通过教育部的严格审查获准通过,而能否通过立项和审查通过,选题策划在其中起到主要作用。教科书是特殊的图书,它的特殊性必须在选题策划中有所体现。由于学科门类、学生级别众多,再加上直接教学目的不同,教科书的选题策划的思维路向、运行机制、文化内涵与任务使命也各不相同。

下面以北京师范大学新世纪义务教育课程标准实验教科书小学语文教材的编写为例,说明选题策划的内容设计部分的步骤。

【案例】北京师范大学新世纪义务教育课程标准实验教科书小学语文教材的策划

1. 对教材使用对象、知识范围及相关问题进行学术研究,为教材编写提供学术支持。编写教材之前,编写组邀请知名专家、学者为实验教材编写作相关的基础理论研究,包括伍新春的《小学低年级儿童阅读兴趣研究》、王泉根的《儿童文学与小学语文教材选文工作研究》、舒华的《小学语文教材等级字表的研制》、张大成的《汉语拼音教学问题研究》等。

确立教材总的指导思想与总体编写思路。依据《国家基础教育课程改革指导纲要》和《九年义务教育语文课程标准》,力图在教材编写过程中解决好三个问题,即学生学习语文的兴趣问题、学习语文的方法问题以及人文性与工具性相统一的问题。其指导思想可以概括为“兴趣先导、学会学习、整体推进、文化积累”。“兴趣先导”是指改变以往教材内容繁、难、多、旧和偏重书本知识的现状，加强教材内容与学生生活以及现代社会发展的联系，充分关注学生的学习兴趣。为了拉近教材和学生的距离，在教材中专门设计了“丁丁”和“冬冬”两个儿童形象贯穿全书，并和儿童一起学习，一起成长。“学会学习”指的是改变过去过于强调接受性学习、死记硬背、机械训练的现象，倡导在教师指导下的自主、合作、探究的语文学习方式，让学生掌握语文学习的各种恰当的态度、习惯、策略和方法，逐步学会独立学习。教师要鼓励学生的独特见解，突出培养学生的创新精神和实践能力，培养学生终身学习的愿望和能力，培养对社会和自然的责任感。“整体推进”是指全面提高学生的语文素养，综合培养学生的识字写字能力、阅读能力、写作能力、口语交际能力。“文化积累”是指让学生在掌握语言文字这个工具，获得语文能力的同时，继承发扬中华优秀文化，吸纳人类进步文化的营养。

2. 确立选择课文的原则。课文是教科书编选的重点策划对象，必须重视课文的文化“含金量”，加强对学生人文精神的培养。对此，编写组确立了以下原则：① 课文的内容、形式要精美，既符合低年级儿童认字、写字教学的需要，又具有一定的人文精神内涵；② 体现学生的身心发展规律，贴近儿童生活，开发学生的经验世界和想象世界，潜移默化地培养学生的想象能力和创新精神；③ 符合时代精神，体现现代社会的思想、观念，使学生在学习课文的过程中受到爱国主义、集体主义、身心全面发展等多方面的熏陶；④ 体现民族优秀文化和世界进步文化的精华，使学生受到中外优秀文化的感染和教育；⑤ 诗歌与散文，现代与古代，中国与外国，主体课文与自读课文保持适当比例。

3. 确立教材编排体例与教材体系。全套教材采用“主题单元”的编排方式，首先确定贯彻1—6年级的主题领域，然后确定每个年级、每册的主题单元，每个主题单元一般有2～3篇主体课文和一个“语文天地”。主体课文选择与主体相关的各种类型、各种体裁的作品，“语文天地”包括巩固及扩展的练习、课堂与课外活动、“日积月累”（指相关成语、谚语、典故等）、“金钥匙”（指学习习惯、方法、策略等）、“自检”（自我检查的意识、习惯和方法)等几项。一个主题单元构成一个相对完整的学习单位。这种编排方式显示出选题策划的创新意识,即突破传统文选式体例对语文教学的束缚,使语文教学能够向课外延伸,向学生的生活、学校的活动和其他课程延伸,突破了按表达方式组合教学单元的模式,有利于学生持续保持学习的兴趣。

4. 在教材体系安排方面,全套教材设计了包括学生课本、教师教学用书、学生阅读材料、写字本、教学挂图、教学识字卡片、录音磁带、学生成长手册、多媒体光盘等材料。各种教学材料共同构成扇形的、有机联系的、开放性的教材体系。

对教学难点进行重点策划。主要包括:① 关于识字、写字教学。依据《九年义务教育语文课程标准》的要求、舒华《小学语文教材等级字表的研制》的研究成果和多年的课程改革实践经验,编写组认为儿童阅读和习作所使用的汉字是不完全一致的,儿童认字与写字所遵循的认知规律也是不同的,从起始时间、字数、选字、指导方法、评价等方面通盘考虑,力图尽可能科学地安排识字、写字的教学序列。识字数量"上不封顶下保底",识字途径主要有借助汉字与图画的因袭关系认识象形字和会意字、随文识字、拼音识字、在生活中识字、通过儿歌识字等。② 关于汉语拼音教学。本套教材对拼音教学的内容和位置作了调整,将汉语拼音教学放在第一学期第五单元至第八单元,改变了以往教材第一册一开始就学习拼音的安排,而是先让学生学习部分代表汉字文化的象形字和一些常用字。这样做不仅解决了小学一年级学生学习语文一开始就学拼音,学生感到困难大的问题,而且突出了汉语文字的特点,并解决了幼儿园和小学衔接的问题。

5. 组织作者队伍。教材编写是一项复杂的集体工作,从某种意义上讲,教材编写的过程就是科学研究的过程,它需要基础研究与教学实践、高校专家与一线教师的通力合作。因此,在作者选择方面,尽可能将各方面力量都照顾到。本套教材以北京师范大学中文系、心理系、教育系的教授、博导、儿童文学专家、教育学与心理学博士以及具有丰富教学经验的语文特级教师为核心,不断吸收北京和各地实验区的优秀教研员、优秀教师,组成了一支开放型的、高素质的教材编写队伍,保证了全套教材的品质和格调。

除了选题内容部分的策划，教材编写组还对实验区教师进行了多种方式的培训，内容包括理论研讨、教材介绍分析、课堂实例分析等方面。在实验过程中，还通过编写组实验区回访、《课改实验通讯》、网站、编写组热线电话等形式，实现了与实验区广大教师的直接交流和互动，及时发现问题和解决问题。此举是带动教材销售的关键举措。

三、助学读物的组织与策划

助学读物的概念是在“素质教育”呼声日渐高涨、新的课程标准颁布实施之后出现的旨在替代传统“教辅读物”的一个新概念。从广义上来讲，助学读物是与文学、艺术、生活类别相对应的一个概念，它的功能有别于其他类别读物的消遣、欣赏、猎奇等。凡是有助于人们学习和掌握一门专业知识的读物，都可看作助学读物。具体来说，助学读物应该包括：教辅、教学的延伸读物和有助于专业学习的知识性读物。① 这种界定显然不是对传统教辅读物概念的简单涵盖，而是包含有某种新质的、具有一定超越意味新的界定。从根本上讲，助学读物概念的提出力求紧跟时代对教育提出变革要求的步伐，将更加从人的全面发展的角度对学生的学习生活做出符合人性化的设计。它将充分关注学生的个体差异和不同的学习需求，爱护学生的好奇心和求知欲，充分激发学生的主动意识和进取精神，并在自主、合作、主动探究的学习方式中全面提高学生的文化素养。然而还应该看到，由于教辅读物在目前的助学读物中占有绝大部分比例，且还将在未来的助学读物中继续占有主导地位，所以教辅读物依然是教育类选题策划的另一个重心所在。据统计，全国近600家出版社中，介入教辅选题策划的出版社占90%，每年投放市场的新的教辅选题高达1万种以上。在如此激烈的市场竞争中，如何找到助学读物选题策划的突破口，显得尤为重要。

根据助学读物长期的策划与营销经验，其选题策划的突破口主要集中品牌策划与设计上。诚然，其他品类的图书选题也需要以品牌策划作为选题策划的突破点去赢得市场和读者，但助学读物却是以产品的高集中度、产品内容的高相似度、产品读者的高密集度而与其他品类图书的选题策划区别开来。为了在同类选题中脱颖而出，除了在品牌策划与品牌设计方面付出更多更有价值的创造

---

① 刘昶.素质教育开启“助学”时代.中国图书商报，2003-5-9.

性思维劳动外,别无他法可求。

从营销学意义上讲,品牌是优质产品的代名词,是优质销售系统的代名词,也是优质销售服务的代名词。同理,出版品牌就是优质出版产品的代名词,也是优质出版销售系统与优质出版销售服务的代名词。也就是说,品牌策划不是对某一单一产品本身的策划,而是从生产到销售再到售后服务的全程策划。这与作为全程策划的选题策划来说是意义相通的。

在品类繁杂的助学读物选题策划中,如何从默默无闻做到一鸣惊人,或者说,如何从众多选题品类中打造出令人皆知的品牌类型,一般离不开如下步骤:

(1) 从策划单一选题品种开始,努力将此品种培育为名牌产品。首先要对助学读物的选题内容、助学对象有深入的调查研究,特别是要在内容建构的独特性、作者的权威性、选题名称的吸引力上进行重点策划。如由某图书策划有限公司研发创立、由首都师范大学出版社出版的"5年高考3年模拟"系列丛书,畅销多年,一直受到广大高考考生和老师的青睐。为了适应全国不同地区、不同复习阶段的考生,这一系列选题有两个版本:A版和B版,其中B版收录往年全国高考试题。除了A、B这两个大纲版之外,2010年又推出新课标专用版,满足了教材改革后考生的需求。

(2) 通过对先前开发的单一名牌助学读物的产品维护、推广、更新和扩张,将其发展完善为系列丛书品牌、作者品牌、出版社品牌。俗语说,独木不成林。单一名牌读物即使知名度再高,也难以支撑起出版社整体助学读物的生产销售,必须借助名牌读物的号召力占领市场,然后再通过系列产品大规模地滚动开发,培育众多的名牌读物产品,在市场上形成规模效应。像《最新同步测试(ABC)卷精编》系列、《21世纪英语》系列、《志鸿优化设计》系列、《龙门题库》系列、《新概念·同步练习与活动》系列、《十年高考》系列、《薄冰英语》系列、《同步达标课课练·单元练》系列、"海淀"系列、"黄冈"系列等,都是近年来在助学读物市场享有一定知名度的品牌选题。

(3) 一些实力强劲的名牌大社在开发品牌助学读物方面获得了得天独厚的优势,但关键还在于精心的选题策划,以优良的品质取胜,如人民教育出版社的"英语泛听""语文同步阅读丛书"选题,商务印书馆的《同步互动笔记》《三维大课堂》选题,龙门书局的《三点一测》《双色笔记》《双色题解》《发散思维大课堂》《走向清华北大同步导读》选题,人民文学出版社的"课外文学名著必读系列"选题等。这些名社在选题开发、内容编排、作者选择、推广销售方面都不遗余力,取得了很好的市场业绩。

有教育，就要有教材；有教材，必然也要有教辅。优秀的教材是提高教育质量的基本保障，优秀的教辅有助于学生学得更好。教材的选题、立项以及编写质量，国家进行了严格的控制和管理，但教辅却没有选题、立项和质量方面的严格管理，由此导致一些劣质教辅以不正当的商业手段涌入市场，增加了学生的课业负担和家长的经济负担，也成为当前教育腐败的重要原因。人们常用混乱一词来形容近几年的教辅市场，这种形容并不为过。市场上鱼龙混杂的教辅图书真是令人眼花缭乱，打着各种旗号的教辅书横行霸道，答案漏洞百出、内容同质化使教辅书陷入了信任危机。造成这种现象的原因有多方面的，一方面是因为教辅产品的门槛低，很多人都想分一杯羹，但限于能力不够，只能跟风、粗制滥造一批图书妄图滥竽充数；另一方面，关于教辅图书市场的管理工作也有欠缺，我国至今没有明确的中小学助学读物市场的全面监管机构，也没有相应的监管制度的制定和实施。因此，从源头上解决教辅泛滥、教辅质量低下问题，已是当务之急。应尽快确立教辅的统筹管理机构，并出台相应的监管制度和实施细则。新闻出版管理部门于 2011 年 8 月下发《关于进一步加强中小学教辅材料出版发行管理的通知》，从出版、发行、印刷复制、质量、价格、市场等方面明确了规范管理要求。但是，要想彻底解决这一问题，关键还在于加快我国各年龄段学生升学的改革步伐和实施力度，切实打破分数决定一切和一考定终身的不合理的中、高考方式。对教辅不合理的狂热需求减少了，教辅市场自然会自谋新路。当然，改变这一现状也需要出版单位和选题策划者端正态度，改变观念，不断提高自身的责任和道德水准，自觉抵制不合格的教辅选题。只有这样，才能克服教辅图书混乱的出版现象。

从根本上讲，助学读物的组织与策划应当体现新的教育理念与当代社会对人才培养的基本要求，要体现“教育要面向现代化、面向世界、面向未来”的本质目标。从当前的策划设计理念来看，助学读物还多偏重于应试教育体系，教学辅助类选题策划比重过大。像高等教育的助学读物选题，如英语等级考试、研究生考试、托福、GRE、雅思考试等等，都是纯粹的应试类选题。随着人的全面发展理念的深入人心，随着课程文化品性自主地位的提高，相信助学类选题策划将会以更加人性化、多元化、多样化的面貌呈现在读者面前。

第五节　寻根与传承——古籍类图书选题的组织与策划

古籍,顾名思义就是古代的典籍文献,是按图书生成的时间来确定的一个概念,而不是按学科性质分类的概念。中国古代典籍是研究中华文化无可替代的文字依据,是中华民族久远历史的见证。古籍整理出版承担着传承中华文化的历史使命。古籍整理在历朝历代都受到重视。著名学者李一氓曾说:"汉人视秦、周著作为古籍,他们对此做过很好的工作。魏人、晋人、隋人视汉、周著作为古籍,他们对此亦做过很好的工作。唐人视隋、晋、魏、汉、秦、周著作为古籍,他们也做过很好的工作。以此类推,我们今天要视清、明、元、宋、唐、隋、晋、魏、汉、秦、周著作为古籍,加以整理是自明的道理。"①整理古籍既是为了保存古代优秀的文化遗产,也是为了使传世文献典籍更好地为当代和未来中国人的文化生活与学术研究服务,是惠及后人的伟大事业。

一、古籍类图书选题的一般特征

我国传统上将古籍分为经、史、子、集四大部。经部就是指儒家经典,主要指《周易》《尚书》《诗经》《周礼》《仪礼》《礼记》《春秋左传》《春秋公羊传》《春秋谷梁传》《论语》《孝经》《尔雅》《孟子》等;史部主要指官修史书与民间野史,如二十四史、《资治通鉴》《万历野获编》等;子部主要指诸子百家的著作,包括政论、哲学等思想理论;集部主要是古代士大夫文人作品的汇集,包括散文、骈文、诗词曲赋等。四部分类法起于晋,成于隋,具有历史的延续性,是了解我国古籍的简便方法。

如果从古籍整理的角度来审视古籍,我们可以将古籍分为原生古籍、派生古籍、新生古籍和再生古籍四大类。原生古籍是从古就流传于今的古籍,如《易经》《道德经》等。派生古籍是在原生古籍的基础上,对原生古籍进行注疏、批评、校改的古籍,如李善注的《文选》,余嘉锡的《世说新语笺疏》《第五才子书施耐庵水浒传》等。新生古籍是指新发掘出土的文献典籍,这些古籍以前或者不

① 李一氓.论古籍与古籍整理.人民日报.1982-1-20.

曾存在，或者是不系统的存在，新出土的文献经过整理后，就会成为较系统的珍贵资料，如《马王堆帛书》《郭店楚墓竹简》等。再生古籍是指古时存在但后来失传到今天重又被发现的文献，如《玉函山房辑佚书》等。这四种类型对我们进一步了解古籍、发现古籍、整理古籍也很有帮助。

一般而言，古籍整理分为三个层次，一是从古典文化普及的角度对古代经典著作进行整理出版，如对四书五经、二十四史、四大古典名著、唐诗宋词、三言两拍的整理出版；二是从学科研究的角度对一些学科门类的基本资料进行整理出版，如对唐代文学研究资料——《全唐诗》《全唐文》或某一个唐代文学家的诗文集进行整理出版等；三是对古代的一些重要典籍及大型类书、丛书进行系统化的整理出版，如对《永乐大典》《四库全书存目丛书》《丛书集成初编》进行整理出版等。我国古籍汗牛充栋，整理起来非一朝一夕之事。1981 年，中共中央发出了《关于整理我国古籍的指示》的 37 号文件，明确指出"整理古籍是一件大事，得搞上百年"。1982 年，国务院古籍整理出版规划小组制定了《古籍整理出版规划(1982—1990)》，经国务院批准颁布实施；1992 年又制定了《中国古籍整理出版十年规划和"八五"计划》；2002 年又颁布实施了《国家古籍整理出版"十五"(2001—2005)重点规划》。从 1958 年到 2006 年，由全国古籍整理出版规划领导小组主持，先后制定了 6 个古籍整理的中长期规划，涉及近 4000 个品种，引导并规划全国古籍整理出版的总体发展。2009 年 8 月，全国古籍整理出版规划领导小组办公室向各出版单位和古籍整理研究机构下发了《关于申报 2010—2020 年国家古籍整理出版重点项目的通知》，共收到申报项目 2453 种。可见，国家不仅重视古籍整理出版工作，而且一直领导着这项工作。

二、古籍类图书选题策划所要遵循的基本原则

古籍出版必须重视古籍整理工作与古籍选题的策划出版。在出版实践中，古籍出版社除了要在总体选题规划上符合国家制定的古籍整理出版规划外，更要在具体的选题设计中体现以下原则。

1. 独创性原则

中华古籍作为出版选题资源是一个恒定量，是一种有限资源，但对这一资源的开发却可以从不同的角度、不同的方位、不同的侧面切入，使选题本身体现出以往所没有的创造性。比如《唐诗三百首》从问世至今已有二百多年历史，各种形式的版本层出不穷，林林总总，不下百种。但上海辞书出版社 1997 年推出的

《诗与画·唐诗三百首》却在选题策划上独出心裁,在众多版本中推陈出新,木秀于林。策划者依托传统文学的品牌,并发挥出版鉴赏词典的优势,请研究专家为每篇诗配上一段短小隽永的赏文,又特邀一批国内名画家专门作画,不仅提升了选题的艺术鉴赏价值,还赋予它特有的收藏功能。这种从内容到形式的创新不仅越过了一般版本因重复出版而造成大量积压的现象,而且还带动了一个系列选题的开发,出版社不失时机地连续推出《词与画·唐宋词三百首》《曲与画·元曲三百首》《文与画·古文二百篇》等。

2. 普及性原则

古籍中的一些经典作品和经典思想具有恒久的阅读价值,必须将它们作为国民素质教育的一般读本普及开来。且不说《诗经》、《论语》、魏晋古诗、唐诗、宋词、元曲、明清小说这些人们耳熟能详的经典文献,只就分散于古籍文献中诸多具有中国特色的思想精华而言,就是一个用之不尽、取之不竭的选题宝库。比如上海古籍出版社推出的《二千年前的哲言》这一选题,就是将中国古代传统文献——先秦文献中富含辩证唯物论思想的哲人语录进行编纂整理而使其具有普及意义的。这一选题得自于李岚清同志对中小学政治课辅助教育的指示。李岚清同志指出,政治思想教育同样存在着中国特色问题,发掘中国哲学中的辩证法、唯物论因素等思想精华,是提高民族自信心的重要课题。而先秦哲学作为中华民族原创性的思想材料,尤其值得注意。目前中学生对古代文化的学习兴趣逐渐提高,编纂一本15万字以下的少而精的先秦哲人语录,作为中学政治课的辅助教材,十分必要。为此,李岚清同志要求上海古籍出版社承担起这项任务,并确立了本书编纂的具体原则:① 还是古籍,还是语录,文白对照;② 取其精华,去其糟粕,吃不准者不录;③ 不必反映原著的体系,要针对中学生的实际需要;④ 少而精,普及的东西只有少而精,才能传下去;⑤ 准确性:选条精审,译文准确。这五条原则实际上是李岚清同志对选题内容所做的一个周密策划。出版社根据上述原则组成编纂小组,从数百万字的先秦文献中精选语录561则,编成《修养篇》《行为篇》《思维篇》三篇24章。其中《修养篇》《行为篇》主要关乎道德问题,是先秦人生哲学的精髓;《思维篇》为思辨哲学,全篇8章的标目,均取自先秦哲学中的重要命题,从中可看出这些命题与具体论述中所蕴含的辩证唯物论的基本观念或其思想萌芽。它的编成,实际上是在现实意义上进行的再创作,是马克思主义理论与中国传统文化对接的成功尝试。①

---

① 上海市出版工作者协会.精品图书的诞生.上海:学林出版社,2000.285-288.

3. 学术性原则

要以学问家的眼光对待古籍选题的整理和出版，不能将古籍选题出版庸俗化。上海古籍出版社推出的《二十五史新编》选题，就是借用"二十五史"的品牌，以严肃的学术眼光实现"老瓶装新酒，旧史开新篇"的目的。"二十五史"是中国民族文化的一座宝贵矿藏，但这座矿藏却是历时2000余年才陆续完成、篇幅超过4000万字的文言体历史读本，很难适合现代读者阅读。因此，如何开发利用这一矿藏一直为学术界、出版界所关注，有的出版社出版了有关"二十五史"的今注、今译、节选本、白话本，有的还出版了图画本、漫画本，但并没有从根本上解决读者的有效阅读问题，且有的选题不乏将"二十五史"庸俗化的倾向。特别是一些通史类中国历史读本，常常将"鲜活、完整的历史割裂成政治、经济、文化等枯燥的块面表述，弱化了个人的作用，也减少了可读性"①。上海古籍出版社决定对"二十五史"进行新编，其主要做法是：在书名上基本保留各史的原名，有的仅在形式上稍作变通。如《史记》《汉书》《三国志》等沿用原名，《晋书》分为《西晋书》和《东晋书》，《宋史》分为《北宋史》和《南宋史》；合《旧唐书》《新唐书》为《唐书》；《清史稿》析为《清史（1840年前）》和《晚清史》；增加了旧"二十五史"中本不存在的《西夏史》。在体例框架上，还以纪传体为基本撰述形式，并吸收近代通史著作中脉络分明的特点。全书分为四个部分，第一部分是"纪事"，用精练的文字将一个朝代的历史概貌按时间顺序勾勒出来。第二部分为"传记"，是全书的主体。各书遴选四五十个最具影响或代表性的人物，详细记述其生平活动与影响。第三部分为"志"，即用专题形式介绍各个朝代的政治、经济、文化等各方面的情况。第四部分为"图""表"，即按照"左图右书"的传统，附有简洁的历史地图和帝王世系表供读者查检。编撰体例确定后，出版社又请各史的研究专家来撰稿，保证了稿件在通俗基础上又具有浓厚的学术色彩。这一选题在出版后荣获了第十一届中国图书奖，取得了良好的社会效益和经济效益。

另外，古籍选题的策划还要与时代热点、读者的阅读兴趣结合起来，要在合适的条件和机遇下创造和引领读者阅读古籍的新潮流。比如1993年毛泽东100周年诞辰之际，中州古籍出版社策划出版了《白话容斋随笔》的选题，封面上醒目地写着"毛泽东生前最珍爱的书"的字样，一举使这部宋人随笔体作品成为当代畅销书。复旦大学出版社从台湾引进南怀瑾的《论语别裁》《老子他说》《孟子

① 上海市出版工作者协会.精品图书的诞生.上海：学林出版社，2000.282.

旁通》等,各选题内容以演讲的方式使深奥的古籍通俗化,使专门的学术大众化,也深为读者所称道。

总之,古籍选题的开发与策划重在处理好普及与提高的关系,其普及是在现代阅读观念下的普及,其提高是在现代学术理念下的提高,最终目的还是要做到推陈出新、古为今用。

三、古籍类图书选题策划方法例解

根据古籍类图书的一般特征与策划原则,在今天整理策划古籍类选题时,还要善于创造性地运用、延伸、发挥传统的整理方法,在内容和形式等方面想出新创意,谋出好点子,做到古为今用,承古传今。下面结合古籍选题开发的一些例子来说明古籍整理的创新方法。

1. 文白对照法

这是当今策划出版古籍类选题最为常见的方法,也可称为今注今译法或全译法。这种方法对普及古代典籍精华起到不可替代的作用。新中国成立以来,古籍翻译工作一直得到国家出版部门的重视,中华文化的重要典籍差不多都有了译注本,如《周易今译》《论语今译》《孟子今译》《庄子今注今译》等。有些典籍的译本已达到十几个或几十个。比如清代吴楚材与吴调侯二人编选的《古文观止》,作为学习古代散文的图书,已被众多出版社出版了文白对照本。

用文白对照的方法发掘古籍选题,一要找准选题的可读性与普及价值,找准选题在中华文化史上的地位与传承价值;二要开发出高质量的译本。这两个方面是保证选题取得成功的前提和关键。比如"二十四史",自清乾隆皇帝钦定成书以来,一直作为一部完整的国史出版流传下来,成为中国人鉴往知来、治国安邦、为人处世的镜鉴。但"二十四史"以古文成书,显然有碍于现代人以现代汉语的方式阅读、品味。某出版社借助于民营资本的力量,与著名学者许嘉璐先生组织的翻译队伍通力合作,费时十余年,将《二十四史全译》出版。上世纪90年代初,河南人民出版社策划了《白话容斋随笔》,以"毛泽东生前最爱读的书"为引线,掀起了一次古文翻译热潮。从文化普及的角度看,古文翻译必须重视译文质量,不能为了哄抢选题仓促搭建草台翻译班子,赶出不负责任的低质量译文。

2. 开本变化法

古语云:衣莫若新,人莫若故。对待古籍选题开发也应这样。同一古籍选题,在开本与版式设计上不断翻新,是常见的策划方法。如同是《古文观止》选题，北京燕山版、浙江古籍版、安徽人民版都出版了配图本，有的插图是精美的工笔画，有的是古物，有的是作者像。许多出版社还在开本大小上下功夫，出版了64开的《古文观止》，就像一个电话簿一样大小。有的还开发出一些附加功能，如收藏。《二十四史全译》就出版了800套在全球限量发行的珍藏本，其函套设计，请美术界、出版界装帧设计的一流专家制作，整体仿照古书的形式，柚木做的表层竹签，香檀精雕而成的收藏证书，封面是圆形腾龙图案，乌檀木做的函套和别签，紫檀做的书橱，将古籍整理的开本变化推向收藏目标的极致。当然，开本变化只是吸引古籍读者眼球的一个办法，是搞好古籍经典普及的一个举措，最关键的还是要有适合读者阅读的选题内容，不宜将出版形式策划夸大化和庸俗化。当前，一些选题在开本变化上的过分追求，已经造成了弃内容重形式的负面影响，这与古籍选题开发的初衷是背道而驰的。

3. 精选精编法

自南北朝梁昭明太子公开打出“选”的旗号编成《文选》这一划时代的诗文集以来，我国的古籍整理就多了一种有用的工具和方法。《唐诗三百首》和《古文观止》是我国古代继《文选》之后的两种古诗文精选奇葩，《唐诗选》和《宋诗选注》也代表了我国当代学者对唐宋诗研究的新水平。鲁迅先生说过：“选本所显示的，往往并非作者的特色，倒是选者的眼光。”①这种见解实在入木三分。比如钱钟书先生编的《宋诗选注》，可以“精选”“精注”“精评”论之：一篇前言，网尽各家特色；诗后小注，要言不烦；分析评论，开诗选研究风气之先河。

概而言之，精选精编之法，以高纯度的选择将古典文化的精华部分提炼出来，为在当代信息条件下传承中华优秀文化开创了一条很好的路子。这里的关键是如何选、选什么、谁来选、为谁选的问题。古文不同于现代文，它与普通人之间存在着语言上的传通障碍。那么如何选，选什么，谁来选，为谁选，就是要解决这些障碍。“如何选”主要解决观念问题，倾向性问题，或者是鲁迅先生所说的“圈子”问题。“我们不能责备他有圈子，我们只能批评他这圈子对不对。”②在今天看来，就是要对整理古籍抱一种正确的负责任的态度，不能投机，更不能以如豆的眼光，抹杀作者的真相。“选什么”主要解决选本内容问题。鲁迅先生曾说：“我有一位朋友说得好：‘要我们保存国粹，也须国粹能保存我们。’保存我

---

① 鲁迅. 且介亭杂文二集. 北京：人民文学出版社，1995. 205.

② 鲁迅全集（第5卷）. 北京：人民文学出版社，1958. 349.

们，的确是第一义。只要问他有无保存我们的力量，不管他是否国粹。”①鲁迅先生所强调的同样是一个对传统文化的选择问题，而选择的标准，就是满足现代人生存和发展的需要，这就必然伴随着对旧有主题的改造和新的意义的创生。“谁来选”的问题是较为复杂的，“编辑”可以选，“选家”可以选，而对中国古代优秀典籍而言，权威的选本应该还是让权威的研究者来选。当然权威的研究者的选本必须贯穿如何选、选什么、为谁选的问题，这些问题又相对的是选题编辑的业务，选题编辑和选家要共同解决“为谁选”的问题。

在这方面，学林出版社策划的“中华传统文化观止”丛书很有特色。这套丛书首批推出《中华古诗观止》《中华古文观止》《中华古词观止》《中华古曲观止》，仿《古文观止》之名，又赋予了它新的内涵。其一，它所选的都是在今人看来被叹为观止的传统文化作品；其二，所选入的都是各个时代具有代表性的作品；其三，每一册“观止”的选目都经过国内权威专家的审定；其四，读者定位于一般读者。另外，选本对作者介绍、题解和注释特别重视，对难以理解的地方又详加串讲，达到了普及与提高的目的。

4. 欣赏析解法

欣赏析解之法是传续古典文化精华的最佳途径之一。喻守真的《唐诗三百首详析》，以讲解“作意”与“作法”为特色，自成一种选本风格。上海辞书出版社策划的品牌选题《唐诗鉴赏辞典》《宋词鉴赏辞典》等系列选题更是这一领域的佼佼者。欣赏析解之法之所以对延续、保存古籍选题起着不同一般的作用，原因就在于析解者对古典作品注入自己独特的理解与感受，这种理解与感受有时会超越古典作品本身的意义，而具有一种与时代精神相契合的内容。所以，欣赏析解法必须用之于有独特见解之人，释之以独特见地之事，以达到古为今用、借古喻今的效果。在这方面，复旦大学出版的南怀瑾系列著作选题深得其味。南怀瑾的《论语别裁》《老子他说》《孟子旁通》《易经杂说》等著作，结合历史故事、世故人情、现实况味进行析解，深入浅出，通俗晓畅。做这样的工作，其实是最检验学问实力的，学力浅者浅尝辄止，所解所析引不起读者的兴趣；唯有大学问者，才得以释出历史之境况，人生之滋味。

5. 借用名著法

近几年来，出版界出现了一种以古典名著中的故事和人物为素材，演绎对现代经营策略、商务以及对现代人情感的解读与把握的选题。这些选题有《水煮

① 鲁迅作品全编（杂文卷上）．杭州：浙江文艺出版社，1998．13．

三国》《孙悟空是个好员工》《大话红楼》《麻辣三国》《商道红楼梦》《三国商学院》《姜子牙的就业课》《诸葛亮日记》《唐僧情史》等等。有些选题竟也非常畅销，有论者称之为"戏说"名著。但严格来说，这些选题不是对名著的戏说，而是对名著的借说，即借名著之名说可说之事，所以称为借用名著法。

借用名著法是当前出版选题界较为关注的一个问题，因为"借用"本身已经改变了原有古典名著的味道，改变了读者的欣赏方式，改变了欣赏主题和欣赏内容，改变了人们对待名著的态度。用一句习语讲就是："打名著牌，唱杂家戏。"但需要明确的是，借用名著的目的是为了阐明某一领域的问题，而不是歪曲名著的原意。像《孙子兵法》《三国演义》里的一些战争策略，很早就被商界当作经营策略来推行。当今出现的借用型选题，虽然深受国外经管类选题寓言化风格的影响和启迪，但这些选题的本土化色彩是不容否定的。这里的关键恰恰在于：不能将借用当戏说，不能拿戏说释名著。

第六节　会通与超胜——翻译类书籍与引进版、输出版图书选题的组织与策划

翻译出版是一种独特而重要的文化现象，是打开通向世界文化的窗口。美国出版家达塔斯·史密斯说："从远古以来，翻译早已存在于那些最有影响的图书中间。特别是西方世界，深深地感激通过翻译所带来的富裕和刺激……把古希腊名著翻译成阿拉伯文，后来，又由阿拉伯和波斯学者从原希腊文或阿拉伯文翻译成欧洲语言，这是对西方启蒙运动的最重要的贡献之一。"①我国著名学者季羡林将"翻译"比作中华文化之所以能长葆青春的万应灵药，他说：中华文化这一条长河，有水满的时候，也有水少的时候，但却从未枯竭。原因就是有新水注入。注入的次数是颇多的。最大的有两次，一次是从印度来的水，一次是从西方来的水。而这两次的大注入依靠的就是翻译。"中华文化之所以能长葆青春，万应灵药就是翻译。翻译之用大矣哉！"②可见翻译出版无论在中国还是在

① ［美］达塔斯·史密斯．图书出版指南．北京：北京大学出版社，1994．179．

② 林煌天．中国翻译词典．武汉：湖北教育出版社，1997．2．

西方,都对各国的文化建设起着不可替代的作用,对各国出版业的发展起着支持和补充作用。

一、翻译书籍与引进版图书选题的特征

对于翻译,我国明代翻译家徐光启(1563—1633)曾经提出了一个著名的命题:"欲求超胜,必须会通;会通之前,必先翻译。"①然而,这一命题直到19世纪末20世纪初才因国势所逼而显示出发人深省的意义。翻检中国西学东渐的历史,其实就是一部翻译出版史。曾几何时,翻译出版就已突破了简单的工具层面的意义而进入到文化变迁的轨道。这种变迁既是时代要求使然,也是先知先觉的中国知识分子对西方文化进行自觉选择的结果。梁启超曾言:"故国家欲自强,当多译西书为本;学子欲自立,以多读西书为功。"②严复翻译西学名著的目的,当时不仅仅在于学术借鉴,而是要寻找强国富民的良方。"五四"之后,《共产党宣言》的翻译,形成了中国革命的新生力量。而鲁迅、茅盾、瞿秋白、郑振铎等对东欧、俄罗斯和前苏联文学作品的翻译不仅改变了中国传统文学的结构和面貌,而且成为中国现代文学发生发展的原动力。

改革开放后,我国与外国的版权贸易日益增多,我国的翻译引进类选题已呈现一种持续上升的态势,不少出版社的翻译引进类选题成为出版亮点。这正如美国出版家达塔斯·史密斯所强调的:"在历史上许多获得最大成功的出版项目是翻译作品。正如在影响上和文学价值上获得巨大成功一样,出版者在获利方面也获得巨大成功。"③从选题总体情况而言,20世纪80年代我国出版偏重于西方人文社会科学领域的经典名著的译介与出版,90年代偏重于西方现当代经济学、管理学以及新科技领域选题的引进与出版。从20世纪90年代后期至今,出版界对外国出版选题的引进与我国社会、政治、经济、文化发展的结合更加密切,大众阅读类选题成为主流,出现了一些畅销选题,如《哈利·波特》《达·芬奇密码》等;历届诺贝尔文学奖得主,除个别外,其主要作品也都有了中译本,国外有名的普利策奖、布克奖、龚古尔奖、塞万提斯奖也大体是这样。在专业学术类选题中,现当代世界思想界有影响的名家名作,以及新经济领域的著作成为首选对象,如德里达、亨廷顿的著作,知识经济著作等。教育类选题一般直接引进

① 徐光启集.上海:上海古籍出版社,1984.374.
② 梁启超.饮冰室文集(第一集).昆明:云南教育出版社,2001.141.
③ [美]达塔斯·史密斯.图书出版指南.北京:北京大学出版社,1994.188.

国外的原版教材或翻译教材，如 MBA 系列、经济管理系列、市场营销系列、新闻传播学系列、新概念英语系列等。总体而言，我国的引进版图书选项呈现以下特点：

一是与时代精神的发展相对应，翻译引进类选题的选择与策划体现了社会的需求和时代的要求。特别是在经济全球化、信息网络化、文化多样化发展的今天，国外优秀的出版选题会通过各种传播途径进入我国出版人的视野，并成为我国各阶层民众汲取国外先进科学技术、先进管理经验、进步的思潮观念和多样化的文艺风格的一个组成部分。

二是与现代出版产业化的目标相一致，翻译引进类选题成为一些出版社进入出版市场、挖掘读者资源的主要手段。出版产业化的核心就是市场化，选题是影响出版业进入市场的关键因素，一些出版社在原创选题很难打开市场的情况下，有时靠一本翻译引进选题就能占有不小的市场份额，取得可观的市场回报，为开发自己的原创选题打下良好的基础。

三是与出版社的出版定位与总体选题思路相一致，翻译引进类选题形成了规模化和专业化的特色。一般而言，实力强的出版社在翻译引进类选题上会形成规模效应，如人民文学出版社在版权引进时以文学类图书为主，已经与 40 多家海外出版社及版权代理机构建立了版权业务联系。它的《哈利·波特》系列，本本畅销，每一部的出版都会引起"哈迷"的蜂拥抢购。一些出版社专门引进一些有特色的选题，经过一系列的销售策划后，不断扩大影响，形成自身特色。如财经商业类图书一直是中信出版社版权引进的重点，中信出版社有计划地引进国外名家名作和富有创新精神的选题，如《转型》《赢》《当中国改变世界》等等，不断丰富自己的选题库，形成了独特的规模效应。

有序引进外国图书选题，既是社会发展的需要，也是出版业本身壮大的有效途径。但是也要看到，当前引进版图书存在着与文化大发展大繁荣的要求不相适应的现象，翻译结构失衡、翻译质量下滑、重复出版严重、盗版猖獗等现象仍然存在，应该引起图书出版界的高度重视。

二、翻译引进版图书选题的规划与策划

翻译出版须从根本上搞好翻译选题的规划和策划工作。翻译选题的规划主要是对翻译选题的总体思路、选题方向、选题总数、资金扶持等问题做出严密的计划，切忌选题散乱无序、抓到什么是什么的情况；而翻译选题的策划主要是对

选题本身的意义价值、翻译人员、翻译质量、成本收益、销售宣传等环节做出细密的安排与设计,对涉及选题质量的工序要重点把关。在这方面,上世纪商务印书馆的"汉译世界学术名著丛书"、上海译文出版社的"二十世纪西方哲学译丛"与"当代学术思潮译丛"、三联书店的"现代西方学术文库"等翻译选题都值得翻译出版界认真琢磨参照。

商务印书馆自成立之后就大力组织翻译出版外国名著,到1936年印行的两辑《万有文库》中,就有"汉译世界名著"200余种。1958年商务印书馆恢复独立建制后,又以翻译出版外国名著为主要业务。1961年,国家出版部门重新制定了十二年翻译出版规划,确定以有关马克思主义三个来源的论著为重点,首先译介西方资产阶级上升时期,特别是18、19世纪欧洲近代学术文化高峰时期的世界名著。这一规划使商务印书馆在保持传统特色的基础上,更加明确了新的历史时期翻译选题的目标和重点,从而进入了有计划、有步骤译介外国图书的轨道。到1966年,出书近300种。改革开放之后,商务印书馆译介世界学术名著的工作进入了一个新阶段。1982年,为了纪念建馆85周年,开始策划"汉译世界学术名著丛书"选题,并决定分辑出版。从1984年到1994年,商务印书馆先后召开了三次世界学术名著出版规划座谈会,与各有关的专家学者共商翻译出版大计,并落实具体选题。到目前为止,丛书出版已有14辑近500种,实为我国文化出版的心血之作。这套丛书在选题上具有如下特点:第一,所列选题都是国际学术界公认的学术名著,内容涉及哲学、法学、政治学、经济学、历史学、地理学、语言学等人文社科学科,其中的重点是世界近代的学术名著,特别是有关马克思主义三个来源的代表作品;同时也收录了古希腊罗马的哲学家柏拉图、亚里士多德、塔西佗的古典著作,现代欧美各国著名学者詹姆士、马赫、弗洛伊德、罗素、马歇尔、凯恩斯等的主要著作,以及福泽渝吉等东方学者的重要著作,它们基本代表了人类学术思想的高度和世界文明的精华。第二,译者和诠释者都是各学科领域的一流学者和专家,如朱光潜、郭大力、王亚南、贺麟、费孝通、陈岱孙等,从而保证了译文的高质量和权威性。第三,整套丛书的封面设计很有特色,以封底颜色为别,分为橙色、绿色、蓝色、黄色和赭色5类,对应收录哲学、政治·法律·社会学、经济、历史·地理、语言学等学科著作。一些著作的一封以白色为底色,"汉译世界学术名著丛书"以红色隶体布置于封面上方,书名以黑色宋体特大号安排在右上方,左下方是一个立体感极强的烫金图案,书脊和封底都以红色为基调,整个装帧朴素典雅,富有美感。2009年,在新中国成立60年之际,商务印书馆推出"汉译世界学术名著丛书"珍藏本,并附珍藏卡,限量发行。珍藏本集结第一辑到第十辑的绝大多数译本,并收入部分第十一辑的新出图书,以400多种的规模整体亮相,整体销售。目前,商务印书馆已制订了到2020年出版2000种外国名著的宏大计划。

上海译文出版社在1983年策划出版的“二十世纪西方哲学译丛”,是20世纪80年代文化热潮中的一个重要的文化事件。这套丛书主要由复旦大学哲学系毕业的赵月瑟、王德峰等人策划,其目的是通过有计划地选择译介20世纪西方各国出现的有代表性的哲学流派,如生命哲学、新康德主义、新马克思主义、新黑格尔主义、现象学、实用主义、分析哲学、科学哲学、存在主义、精神分析学、结构主义等,达到为中国学者了解和研究现代西方哲学提供系统而完整的第一手资料、深化理论界和学术界对西方文化的借鉴和批判的目的。整个选题的重心放在西方当代一批有影响的哲学家的著作上,共计近40位哲学家的50余种论著。丛书的封面整体设计为黑色,故又称“黑皮书”,极具标志性。丛书的第一种是甘阳译、德国现代哲学家恩斯特·卡西尔所著的《人论》,此书在1985~1986年成为中国罕见的畅销书,两年共印刷6次达23.37万册。这一丛书选题至今还在组稿出版。1986年,上海译文出版社又推出了一种新选题:“当代学术思潮译丛”。这套丛书将选题策划基点定位于“立足中国,立足当代,精选当今世界哲学、社会科学领域内出现的具有代表性的有重大影响的新学科、新思潮、新观点的名著,及时向国内学者及广大读者提供国内外思想文化、学术的新成果”。经过两年筹划,丛书第一批于1987年面世,其封面一律设计为黄色,后来将其称为“黄皮书”。第一批推出的选题初版印刷都在5万册以上,如《第三思潮:马斯洛心理学》《熵:一种新的世界观》《结构主义和符号学》《人众传播模式论》等。

三联书店在1986年策划了“现代西方学术文库”选题,文库所选,以今已公认的现代名著及影响较广的当世重要著作为主。这套选题由“文化:中国与世界丛书”编委会编,主编为国内著名哲学家甘阳,编委都是当时国内崭露头角的新一代学者。所选著作真正体现了“现代名著”的特点,如胡塞尔的《逻辑研究》、海德格尔的《存在与时间》、萨特的《存在与虚无》、波普尔的《科学知识进化论》、马尔库塞的《爱欲与文明》、伽达默尔的《真理与方法》、耀斯的《接受美学文选》、托多罗夫的《批评的批评》、弗雷泽的《金枝》、舍勒的《价值的毁灭》等,这些选题的译介大开了中国学人的学术视界,而出版社与编委会对选题本身的选择与组织也显示了当时中国翻译出版界对图书出版的巨大贡献。

近几年来,我国出版界对国外图书的翻译引进主要在如下类型上比较突出:

一是英文学习类。英语愈来愈成为一门世界性语言,我国的少年儿童从小就开始重视英语学习,从小学到中学再到大学,不同年龄段、不同级别、不同内容、不同形式的英文教材、英文课外读物、英语辞典被翻译引进,比如著名的《新概念英语》《牛津高阶英汉双解辞典》《朗文当代高级英语辞典》等等。

二是商业经管类。我国的经济转型迫切需要引进国外先进的经营理念与经营方式,现代企业、现代商业的经营管理制度又迫切需要我国的经营管理者掌握一些不同于计划经济时代的人性化的管理方式与管理模式,作为世贸组织的成员国又迫切需要与之相适应、相协调的经营规则与商业技巧。这些方面造成了近年来经管商业类翻译引进选题成为大众关注的原因,如《金融的逻辑》《华尔街》《第五项修炼》等选题都属于此类选题。

三是休闲生活类。现代生活节奏的加快以及高集中度的工作方式对人的心理、生理造成诸多不适,人们迫切需要一些从精神上进行缓解、救助的方式。翻译引进国外这方面的选题,可以导入国外较为成功的心理自救模式与方法,如《没有任何借口》《人性的弱点》《改变千万人生的一堂课》等。

四是科学技术类。翻译引进国外先进的科学技术知识图书是国家的需要和读者的需要,也是出版人的重要职责。科学技术类选题分为基础科学选题和应用科学选题,一些高端领域的选题引进出版后,深受读者欢迎,如《时间简史》《基因Ⅰ》《基因Ⅷ》《科技史》等。一些计算机应用类选题也成为科学技术类引进选题的重要组成部分。

五是哲学、文艺类。近年来,翻译引进西方当代哲学、文艺类图书选题虽然很难再引起社会的广泛关注,但这种工作一直没有间断。现当代西方重要的思想家的作品基本上都有中译本,外国一些名作家的文学作品也能以较快速度与读者见面。美、英、法、德、日、韩等国家的文艺作品成为翻译引进的重点,特别是青春读物与科幻小说,成为备受出版人关注的资源,如《暮光之城》《1Q84》《狼的诱惑》等,都引起了出版界及读者的追捧与好评。

六是人生励志类。近几年来,励志类图书可谓异军突起,长期占据我国图书市场的重要地位。各种名目的畅销书高居排行榜而且劲力持久,为人们带来了一个新的读书热潮,如卡耐基一生写作的《语言的突破》《林肯传》《人性的弱点》《美好的人生》《伟大的人物》《人性的优点》《快乐的人生》等7部书至今仍然在全世界畅销不衰。

在当今中国出版界,依靠引进翻译外国图书充实自身实力的出版社不在少数,有的出版社还以引进版图书选题起家,令出版界刮目相看。人民文学出版社引进的《哈利·波特》给出版社带来滚滚财源，中信出版社策划引进的《谁动了我的奶酪》《杰克·韦尔奇自传》等大众财经类图书选题以及高校教材选题，使这家名不见经传的小社一跃成为出版界的一匹黑马。特别是在高校教材选题的引进出版方面，中信出版社与世界著名的培生公司、威利公司、汤姆森公司、麦格劳—希尔公司等权威教材出版集团以及世界著名的专业图书出版社如剑桥大学出版社、牛津大学出版社、哈佛商学院等合作，集中引进会计学影印与翻译系列、财务管理影印系列、管理科学影印系列、CFA 影印及翻译系列、ACCA“财务管理证书”系列、注册会计师考试辅导用书系列、财务风险管理系列、营销学系列、新版工商管理精要系列、经济学系列、统计学系列、审计学系列等，其选题方向的独特性和专业内容的“通吃性”都具有一定的创新色彩。

从总的方面看，翻译引进类选题在中外文化交流中起着重要作用，但不容忽视的是，在当今全球化浪潮中，对翻译选题的选择与优化、规范与管理工作也应提到制度建设上来，这也是抵御全盘“西化”图谋，扭转翻译选题不精、翻译质量下滑局面的重要措施。

三、翻译输出图书选题的走向与策划

明代翻译家徐光启提出的“欲求超胜，必须会通；会通之前，必先翻译”的著名命题，所包含的另一层意义即为：会通之道，乃为翻译；会通之目的，乃为超胜。而超胜之手段，则为“走出去”。

自古以来，中华民族的文化方略就定位于“引进来”和“走出去”之间。两汉之时，汉民族就与印度、波斯、东罗马、欧洲开始了文化交流，东汉引进印度佛教是汉民族与异域文化的第一次大交流。盛世大唐开创了世界文化交流交融的辉煌时代，中国文化通过丝绸之路、海上之路等若干路径，实现了“走出去”的目标，对阿拉伯世界、波斯文明、欧洲文明、日本文明等产生了重要影响，充分展示了盛唐中国的文化软实力。我国雕刻出版就是在隋唐时期漂洋过海，促进了日本、朝鲜的文化发展。清末以降，中国政治经济文化与西方相比全面落败，引进西方文化成为时代主潮，一百多年来此格局并未大变。当今，随着中国国力的崛起，中国文化走向复兴，文化引进格局向文化走出格局转型将成为不可阻挡之势，中国文化软实力迎来前所未有之大好发展机遇。

中国出版业“走出去”起步于 20 世纪 90 年代初期，自 1992 年我国正式加入国际版权公约(《世界版权公约》和《伯尔尼公约》)以来，出版社逐步适应了国际版权贸易规则,这为中国出版“走出去”提供了一个前提条件,中国的出版机构可以用出版商的身份参与到国际市场当中。中国出版“走出去”的发展历程有这样几个阶段:第一阶段是单纯的版权输出,这是绝大多数出版单位“走出去”经历的必然阶段,目前,版权输出仍是不少出版单位“走出去”的重要手段和方式。比如中华书局版《于丹〈论语〉心得》已有20多个语种和版本的国际版权,《狼图腾》版权已经输出到美国、英国、澳洲、德国、法国、意大利、日本、韩国、俄国、西班牙、葡萄牙、土耳其、希腊、荷兰、波兰、捷克、泰国、越南、阿拉伯、匈牙利、印度等110多个国家和地区。第二阶段是“借船出海”,即与国外出版单位合作出版,借用外方销售渠道发行图书。“借船出海”的方式在近几年来呈现大规模发展的态势,许多出版单位都在合作出版上取得了突出的成绩。第三阶段是“造船出海”,即在国外设立自己的出版发行机构和销售网点,这些海外机构可以充分融入当地社会,更容易开发适销对路的书刊,更容易进入主流销售渠道。第四阶段是“买船出海”,即到国外直接兼并出版发行机构,或者是购买国外出版公司一定的股权,利用其品牌和市场能力开创全球市场。“买船出海”的本质是让中国资本走向世界的同时,带动中国出版产品走出去。

中国出版“走出去”虽然与过去相比取得了进步,但与我们国家的出版对国外尤其是对西方主流社会的思想文化影响力而言,差距很大。具体来看,有如下几个原因:

对文化自觉的重要性认识不够,因而对出版“走出去”重要性的认识也不够。中国出版“走出去”是展示国家文化软实力的重要方面,更是弘扬优秀中华文化、增强文化自觉自信意识的重要方面。现在,由于多方面原因,相当多的出版人热衷于做国内市场,而不重视国外市场的开发与开拓。说到底,还是“走出去”的意识不够强,本领不够强,自信心自觉性不够。随着中国综合实力的显著增长,文化出版“走出去”的步伐必须加快。

“走出去”方式方法单一,渠道不畅。目前的方式仍是版权贸易和实物出口,成效不大,“走出去”规模多年来处于低数位徘徊状态。如何扩展“走出去”的方式方法,还有待于不懈努力。海外渠道不通畅是中国出版“走出去”的一个主要障碍,这直接导致了“走出去”的产品难以进入所在国的主流渠道和主流社会,使得“走出去”影响力大减。

选题方向模糊。整体来看,目前“走出去”选题具有鲜明的中国特色,对塑造中国国家形象、传播社会主义核心价值体系具有一定的针对性。但是,这种表面上的“热度”并不能带来真正的图书产品热。因为在实际操作中,外国读者对硬性外宣选题少有问津。是主题先行，还是结合外国读者需求，做好本土选题策划？是继续做“外宣选题”，还是转向做“市场选题”？看似很简单的问题，却因各种因素的阻滞而不得破解。

投入分散，人才缺乏。当前，出版业在“走出去”方面整体投入不小，但较为分散，没有真正形成合力。各集团、各出版大社大多各自为战，存在重复建点等资源浪费的问题。同时，我国将汉语翻译成各种版本的外文人才缺乏，翻译问题成为中国文化走向世界的屏障。此外，有一定的国际背景、一定的国际出版经验，熟悉中国国情，了解国际市场，能够更好地和外方沟通的职业经理人、成熟的版权经纪人十分匮乏。这些困境也有待破局。

从上述因素看，做好翻译输出类图书选题是一项复杂的系统工作，涉及国内国外方方面面。就选题本身来看，需要加强如下方面的策划：

一是把内容作为重心进行重点策划。现在我国正处于中国文化“走出去”的绝佳战略时机。但是，拿什么内容“走出去”，是不能回避的问题。是否还像一些电影作品那样，拿出去的都是清朝的辫子，封建时代的丫鬟小姐，或是其他具有自虐倾向的愚昧国民的愚昧心态，很是值得反省。事实上，当今我们向国外输出的最重要的内容就是如何让西方主流社会、主流民众正确看待近百年来特别是改革开放以来，中国社会经济发展进步的客观事实，正确看待近百年来中国国民心态发展变化的客观依据，正确解读中国政治经济文化变迁的内在根源。在这方面如何策划内容确实费人心思。比如《历史的轨迹——中国共产党为什么能》这一选题，就是向世界说明中国的成功尝试。这本书编辑的起因，是主编发现外国人尤其是西方人对中国和中国共产党的兴趣日益浓厚，但中国的崛起对他们是一个谜，作为中国崛起的领导者中国共产党更是谜中之谜。为了揭开谜底，编写者用生动的故事串起历史的脉络，在书中引用了大量西方政要、记者、学者的言论，从司徒雷登、艾奇逊、李侃如到基辛格、费正清、白修德，都成了中国故事的讲述者和评论员。这些来自西方的声音，极大地增强了说服力。在2011年的法兰克福书展上，此书英文版首发式引起极大关注，同时，与德、韩、土耳其版本的版权已签订，与俄、法、西等版本的合作已达成意向。

当然，传承中华民族优秀文化经典也是需要创新策划的重要内容。事实上，文化经典就是代表一个国家文化影响力的明星产品，是代表一个国家文化高度、文化标准的标志性产品，是无法用版权输出的数字来体现的。在这方面，仍然需要创新策划。

二是把渠道作为关键环节进行精心策划。书业发展实践证明，图书没有发行销售渠道就像人没有长腿一样。如何在国外建立书业渠道,以哪种方式方法进行,确实需要认真策划。2010年年底,新闻出版管理部门实施“中国出版物国际营销渠道拓展工程”,计划在“十二五”期间,通过该工程构建包括国际主流营销渠道、海外主要华文书店、重要国际网络书店在内的中国出版物国际立体营销网络,以推动更多中国优秀的中文版和外文版出版物走向世界。这可以看作是国家层面的渠道策划。各个出版社也要在国家渠道基础上策划适合自身发展的渠道。比如中国国际出版集团有相当一部分海外机构进入了当地的主流渠道并辐射周边国家和地区,如香港和平公司向东南亚国家以及朝鲜的发行,今日中国中东分社和拉美分社向周边阿拉伯文及西文地区的发行等;该集团部分海外机构还参与了当地的规则制定,拥有一定的话语权,如中国图书贸易有限公司(德国)作为德国书商协会会员,加入了德国书业价格约束条约,掌握着华文图书在德语地区的定价权。

三是把人才作为中心工作进行长期策划。中国出版“走出去”,人才是关键中的关键,需要作为中心工作进行长期策划,包括出版人自身的能力策划、面向国外图书市场的国内外作者队伍策划、国外合作出版人的策划等。比如人民卫生出版社在中医药出版方面占有绝对优势,近年来以中医药图书作为切入口,逐渐让自身形象走入国际出版舞台。该社以370万美元收购了加拿大BC戴克出版公司的肿瘤专业和口腔专业图书,这些选题在国际医学界享有很高声誉。收购以后,出版社既拥有了一批国际著名医学专家作者,又拥有了一批最多长达20年可不断修订再版的医学图书精品选题。这可以看作一个成功的人才策划。当前,我们要加紧培养国际型出版贸易人才,打造国际型出版人才队伍,以提高中国出版在国际市场上的竞争力。

本章小结

本章主要对类型选题的组织与策划进行探讨。类型选题也就是选题类型,从不同的分类标准出发,可以将选题分为性质不同、名目繁多的类型。比如从出版社经营的角度出发可将选题分为商业类型与非商业类型两大类;从读者年龄角度出发可分为低幼读物、青少年读物、中老年读物;从知识类别角度出发可以将图书分类法应用于选题分类;等等。本章则以文化性与商业性相统一的原则对选题进行类别细分,一方面从文化发展的角度充分考虑各文化元素,如大众文化、古典文化和外国文化，在出版文化建构中所发挥的重要作用；另一方面从产业发展角度密切关注业已形成的选题类型，如教育类选题与教育出版产业、大众类选题与大众出版产业、专业职业类选题与资格考试出版产业等，对出版产业所做的重要贡献。综合以上因素，本文将选题类型分为一般大众类、专业学术类、教育类、古籍类、翻译引进类五个类型，并围绕各类型选题的策划特点一一进行解析。

类型选题策划代表着出版社的选题方向、选题特色，是出版编辑的工作重心。不同类型选题对出版编辑的学科专业知识要求不同，但对出版专业技能的要求是相通的。对图书选题进行归类的目的是为了寻找相同选题类型的策划规律以及不同选题类型之间的策划特点，以便于出版编辑在选题开发与策划运作中把握其共同性，认识其差异性，从而归纳出一些带有规律性的原理，概括起来就是优化创新原理、高品位原理、系统化原理、特色化原理、大众化原理、时效性原理等。这些原理必须在类型选题策划过程中融会贯通，交互运用，以保证具体选题策划的科学性和成功率。

思考题

1. 如何运用文化性与商业性相统一的原则对选题类型进行分类？
2. 类型出版选题有哪些策划规律？
3. 如何做好翻译输出图书选题的策划？

第七章

7

畅销书的组织与策划

在现代经济制度与市场条件下,畅销书与出版产业化联系紧密,成为推动出版业规模经营、做大做强的动力。然而,畅销书的组织与策划又是一项极其复杂的工作,全球书业市场每年有幸被称为畅销书的选题为数极少,因而使得进入出版职业的选题人总是处于被诱惑和满怀憧憬的希冀之中。那么,如何界定畅销书的内涵呢?对畅销书选题的组织与策划又有什么内在要求呢?

第一节 畅销书概念释读

畅销书概念最早来自出版业发达的美国。据英国学者约翰·苏特兰考证①,19世纪末,美国《书籍发行者》杂志开始按"订数多少的顺序"登载小说的书名,从此这一作法演变为美国文化生活的一部分。之后,其名称又改为"销售最好的书籍",定时向全国发布。20世纪初,《出版家周刊》将发布范围扩大到非小说类。之后,美国书市面对不同地区、不同读者、不同类别的畅销书排行榜五花八门,世界各国也纷纷效仿。回顾畅销书选题百多年来的发展史,特别是对中国书业造成的影响,我们可以对畅销书的概念和特征作一个简单概括。

一、畅销书的内涵

畅销书,按照《不列颠百科全书》的解释是:在销售上暂时领先于其他同类的书,可作为公共文学品位的表现和评价指标。② 这一解释从商业品格和文化品格两方面规定了畅销书的内涵:一方面,它的销售量在同一类型选题中是巨大的或最大的,可以作为图书市场的晴雨表;另一方面,它具有独特的文化传播力,可以当作评价大众文化趣味的参照标准。实际上,在西方发达国家,畅销书的生产过程就是大众文化与文化商业高度结合的过程,它自身不仅体现着"文化工业"的诸多特征,而且也形成了一套较为成熟的运作机制。

然而,并不是所有人对畅销书都振臂高呼。事实上,在视图书为文化灵魂的

① [英]约翰·苏特兰.畅销书.上海:上海文化出版社,1988.3.

② 不列颠百科全书(国际中文版第2卷).北京:中国大百科全书出版社,1999.426.

大多数国家,对畅销书概念本身及其运作机制都心存疑虑。英国图书业对畅销书榜的设置曾持冷漠态度,认为书榜只关心销得快的图书,而不是真正的畅销书。排行榜一周一周地推出一些引起短期轰动的书,却牺牲了大量寿命更长的书。① 让畅销书出风头,在任何时候都会将人们的注意力从书籍的总体上转移开去。他们认为书籍本身不要彼此互相拆台,争着名列榜首。书籍之间应该是相互完善、补充的。② 这种观点既是对出版传统的守护,又是对"大量生产"理论的不满。

我国在改革开放后,随着社会文化思潮与商品经济大潮的相互推进,出版市场的畅销选题逐渐增多,因畅销书而形成的文化阅读现象不断受到社会关注。但如何理解畅销书的内在规定性,如何理解它对我国书业造成的正负两方面的影响,却是一个一直没有定论但又极其关键的问题。

二、中西畅销书的不同特征

与西方发达国家的出版业相比,我国的畅销书生产既有与之相同的一面,又有根本不同的一面,主要表现在:

1. 在出版体制与机制方面

西方畅销书生产作为一种体制和机制已经有了百余年的历史,其间畅销书理念虽因时代不同而屡有变化,但其本质内涵却是以商业品质为主,适当兼顾选题的文化品格。20 世纪 80 年代之后,国际出版业之间开始了新一轮兼并浪潮,以利润第一的经营理念逐渐占据选题决策的上风,市场法则成为西方畅销选题胜出的主导法则。我国改革开放之后出现的畅销书生产现象虽然受到西方书业的影响,但从根本上看,畅销书现象的形成与社会文化思潮的推动直接相关,几乎每一选题的畅销背后都可从当时的社会文化思潮中寻找到直接或间接的推动因素。因此,我国新时期的畅销书生产从整体上说是以文化品格为主调的,其商业品格依附于文化品格而存在。

这一点从我国 20 世纪至新世纪前十年的畅销书主题变化就可见一斑。20 世纪 80 年代,由于改革开放刚刚开始,各种西方先进思潮急速涌入当时仍相对闭塞的中国大众的视野中,各种人文著作被读者纷纷追捧,人们争相阅读,在各大高校甚至大众中掀起了持续的"文化热"。如恩斯特·卡西尔的名作《人论》在出版后的两年之内就创造了 20 多万册的销量纪录。到了 20 世纪 90 年代,社

① [英]约翰·苏特兰.畅销书.上海:上海文化出版社,1988.4.
② [英]约翰·苏特兰.畅销书.上海:上海文化出版社,1988.5.

会经济文化开始大转型,市场经济开始渗透每个人的日常生活中,"下海"创业成了很多人的选择,许多经管及励志类图书选题开始热销。进入新世纪以后,随着社会商业化进程的发展,人们的物质生活水平得到了很大提高,但是生活节奏越来越快,压力越来越大,人的健康成了突出问题,因此,很多人在这时开始关心自己的身体情况,这使得保健类选题走上书业前台。2002年,洪昭光《登上健康快车》的热销开启了长达数年的保健类图书热潮,这类选题在经历了起起伏伏后至今仍然在图书市场中占有很大的份额。

2. 在文化视域方面

一般地说,西方畅销书概念主要针对大众文化出版领域而言,并且有文学类与非文学类之别,因为这一领域的读者群不仅在人数规模和潜在状态上是非常庞大和极具潜力的,而且在阅读行为和购书意志上也是自觉自愿的,从中可以反映出将大众类选题作为一般商品进行消费的典型特征。相反,在教育类选题和专业学术类选题出版中却较少出现畅销书,因为这些类型选题的出版一般都不以赢利为目标,并且从传统观念看,更将教育与学术类型的畅销书视为对教育与学术存在本质的背叛。在我国,20世纪80年代前期的畅销书品类繁多,以文学、哲学、科技类为主要类型,其背后起支撑作用的则是80年代兴起的"文化热"。进入90年代,受大众文化商业属性的影响,畅销书由文化型、知识型、文学型向功利型、实用型、消遣型转化,从整体上更接近西方畅销书的品类与特征。新世纪以来,以畅销书拉动出版经济增长成为出版界的共识,出版界已全面进入策划时代,这也昭示着现在畅销书的出版已从传统的由作者主导的方式向由出版者主导方式的转移,从以往不重视营销向以有目的地打造畅销书的营销转变。如《藏地密码》《杜拉拉升职记》,甚至包括《于丹〈论语〉心得》等,都是花了很大的力气进行宣传后而成为畅销书的,可以看出,出色的营销策略对这些选题的畅销功不可没。

3. 在本质属性方面

畅销书生产在西方成为"文化工业"或"大众文化"生产的一部分,销售量成为决定某一选题内容能否进入流通渠道的关键因素,选题内容因此具有强烈的可操作性,出版商可以投读者所好,商业化地"组装"某些畅销书,图书的个性化消失了,取而代之的是一哄而上的主题和大量被"复制、并置和剪辑"的内容模式,畅销书仅仅成为一种具有消遣意义的展示品。我国现阶段的畅销书生产虽然也具有某种性质的"文化工业"意义,但从畅销书的"组装"模式、组织形式和复制方式来看,还处于一种初级效仿阶段,其所反映的文化主题既有出版编辑为了迎合某类潜在读者的阅读口味而刻意"定做"的意味,但主要还是按照中国特色的文化大众化内涵——以普通大众所喜闻乐见的内容和形式为重心而策划的选题。从畅销选题的总体特征而言,并没有脱离我国大众当前的日常生活与现实世界,是对现实世界与日常生活的缩影和写照。进入新世纪以来,畅销书发展速度加快,各种畅销书如潮水般涌现,畅销选题主题丰富,内容多样,基本上体现了时代精神和社会主流价值导向。

4. 在推动力量方面

正如畅销书排行榜就是畅销选题得以寄存的护身符一样,排行榜的制度就是畅销选题的"明星制"。在西方,过去曾经是出版商通过一本书一本书地慢慢增加销售量来缔造一位作家,而现在的出版商需要一鸣惊人的作家。在西方图书公司,编辑们被告知不能和那些卖不到50000册的作家签订出版合同,出版社只能"买畅销书作家的手稿"①。当今国内有些出版社与此颇为相似。一些民营出版机构更是对达不到销售预期的选题直接毙掉。一些出版社专门挖掘一些"新新人类作家""神童作家""美男作家""美女作家""新青春派作家""明星作家""名人作家"等"一鸣惊人"的作家,并竭力将他们推上文坛明星的位置。但是,从总体上说,我国畅销书选题有自身特殊的规律,这种规律是与社会的政治、经济、文化、军事、教育等领域的发展情况直接相关,与中国社会人群的情绪、心理、兴趣、理想、价值观等直接相关。虽然我国某些书业机构或者售书网站实行了图书销售排行榜制度,但这种方式更多的是一种销售手段、销售方式,而不是推动选题成为畅销书的根本原因。

综上所述,尽管出版界对畅销书的内涵理解不一,但不容否定的是,追逐某种大众化文化思潮,选择某种商业化文化品格,创制某种类型化选题品种,形成某种模式化畅销机制,从而最终建立某种可行性畅销制度,正是畅销选题研究所要关注的基本问题。

第二节　畅销选题与大众化文化思潮

从选题构造的角度讲,畅销选题的策划与生成无不与当下的大众化文化思潮有着千丝万缕的联系。选题要想畅销,首先要引起大众的注意。而追随大众的兴趣,聚焦于大众关注的领域,进而追随或者引领大众化文化思潮的走向,则是畅销选题生成的最佳机缘。

---

① [美]威廉·戈登.作家箴言录.海口:海南出版社,2002.138.

一、大众化文化思潮的内涵

首先需要说明的是,本章论及的是“大众化文化思潮”,而不是“大众文化思潮”。因为“大众文化”在西方是有特定含义的概念,确切地说是指一种大批生产、大批销售的“工业文化”。而本章所指的“大众化”,则具体地指代能够引起规模人群注意力的文化事件或文化现象,以及由这些文化事件和文化现象而引申出来的各种文化经济活动。可以说,“大众化文化”与“大众文化”是两个不同的概念,“大众化文化”包括“大众文化”,“大众文化”只应是“大众化文化”的一个组成部分。因此,“大众化文化思潮”是指所有能够引起人们关注的文化情绪、文化观念、文化意识与文化体验,其中既包括主流文化的影响,也包括精英文化与大众文化的影响。因为就选题的角度讲,任何一种选题在理论上都有成为畅销书的可能,所不同的只是对消费大众的进一步细分而已;任何一种选题都有面向自身存在的“大众化”问题,只不过每一选题面对“大众化”的角度各有侧重;任何一种选题都试图追求自己的“大众化”存在,只不过它们存在的范围大小不同而已。而畅销选题的生成则是一种综合的结果,有时候并不与大众的日常生活或消费时尚有直接的关联。比如《人论》《唐诗鉴赏辞典》《天龙八部》,这三个选题都在某个时段成为当时的畅销书,但我们很难以同一因素将其归纳为同一畅销类型,比如很难将《人论》的畅销解释为迎合大众口味的结果,而只能将其归因于当时特定的社会文化思潮特别是精英文化思潮的推动。一些主旋律的图书选题采取特有的发行方式,最后达到惊人的发行量,这种效果显示了主流文化思潮对选题本身的控制与影响。当然,最为活跃的还是贴近大众内心深处的文化根因,与大众生理、心理联系最为紧密的文化意绪,比如与性、金钱、暴力有关的选题,与明星、名人、成功人士有关的选题,与爱、恨、情、仇有关的选题等等。这些方面或因其与大众生活密切相连的天然关系,或激发了大众深藏的猎奇心理,不可避免地成为一种大众化的情绪、大众化的意识、大众化的观念和大众化的体验,因而它们实际上主导了畅销选题的方向,规定了它们的存在。

二、畅销选题与大众化文化思潮的内在关联

任何畅销选题的背后都存在着直接或间接的社会文化思潮的支撑,但并不是任何社会文化思潮都能掀起一场畅销书的风暴,只有那些深入到大众灵魂深处的文化思潮所形成的文化命题才能成为大众畅销选题。20 世纪 70 年代末到

80年代,中国当代文学先后出现了“伤痕”“反思”“寻根”“改革”等文化思潮,这些思潮既体现了新旧交替时期的主流民意,也使以这些思潮为代表的文学作品成为当时条件下的畅销读物。20世纪90年代,精英文化思潮的影响减弱,取而代之的是通俗文化的兴起,比如以王朔作品为代表的通俗读物堂而皇之地登上这个时期的畅销书榜,其刻画的人物形象成为众多年轻人争相模仿的对象。进入新世纪之后,青年一代的思想更加活跃,形成了所谓“叛逆多于顺从,反抗多于屈服,标新多于守旧,放纵多于严谨”的“新新人类”的价值取向与生活准则,于是郁秀、蔡智恒、韩寒等成为青春文学的代言人和一代偶像,他们作品中所表达的愤世嫉俗、要求解放、追求新生活的强烈愿望正是青春一族对新旧世纪交替之际各种矛盾的聚焦反映,有着深厚的社会文化土壤。

当然,上述概括并不能全面反映文学类畅销选题的真正走向,不应忽视的是伴随上述走向而出现的其他畅销书出版现象,如20世纪80年代出现的“公案”小说热、新武侠小说热、港台言情文学作品热、汪国真热、外国通俗畅销小说热等;20世纪90年代出现的蔡志忠漫画热、古籍今译热、中外文学名著热、毛泽东热、余秋雨热等;21世纪出现的经管、职场、养生、国学选题热点等。如果对这些畅销现象一一进行剖析,其背后蕴含的社会文化情结便清晰可见。比如新派武侠小说的畅销曾引起广泛关注,有的高等学府已经将金庸的作品列为大学生必读书目。那么,创作于20世纪五六十年代的新派武侠小说为什么会在八九十年代的大陆畅销开来?其中的原因虽颇为复杂,但撮其要者有三:一是因为大陆通俗读物的创作与出版在新中国成立后长期处于一种低水平和低层次的状态,不能同时满足各个知识水平阶层的读者的阅读需求,港台新武侠小说所代表的文化内涵恰恰在这方面填补了大陆通俗读物创作与出版的空白。二是新武侠小说以俗的武打情节对应了一般百姓的阅读需求,以雅的情爱结构对应了一般文人的阅读体验,从而给长期以来处于精神高压(包括政治高压)状态的人们营造了一个情感与情绪释放的天地,各个文化层次的人都可从中获得一种情感补偿或行为补偿。三是这些新派武侠小说为广大读者提供了一种消遣娱乐方式,可以有效地缓解现代生活节奏的紧张感,放松神经,获取身心的平衡发展。

如果说新武侠小说代表的是通俗文化对大众生活的广泛渗透,那么余秋雨散文作品的畅销则代表了另一种形式的大众文化思潮的涌动。从某种意义上说,余秋雨早期创作的散文作品无疑属于“雅”的范畴,且这种“雅”浸润着大众化思维心理与情感因素。正如《文化苦旅》选题编辑王国伟在《〈文化苦旅〉成书前后》中说:书中所释放出来的生命信息和作者良好的文化感觉,一下子抓住了我的心。尤其是作者深入浅出,把沉重的历史和深邃的文化底蕴,通过非常感性的文学语言输送出来,既建立了一种轻松进入的通道,又营造了生命之间平等对话的氛围。这样的文化大散文已久违了。我强烈地感觉到,这是一本好书,这种感觉首先来自内心的对应。这种对应,我理解为是生命对生命的诱惑。看似出版行为,其实是情感行为,而这一行为的基础,是各自素质的平行和交流。选题编辑的理解其实正是抓住了余秋雨散文与一般大众阅读之间能够建立一种"轻松进入的通道以及平等对话的氛围"这一契机,而这一契机的背后隐藏的正是文化品位提升之后的一般大众对更高一层次文化读物的接受需求。余秋雨的散文系列正好契合了这一内在文化需求,从而一跃成为很长时期内的畅销选题。

其实不独文学类读物如此,非文学类畅销选题背后也都存在着推动它们成为畅销书的社会文化因素。例如20世纪90年代出现的"股票图书热",就与此一时期我国经济发展中股票对一般大众生活的影响密不可分。从20世纪90年代中后期至今,非文学类畅销选题紧随大众生活的节拍而律动,健康主题、财经题材、心理自助以及素质教育内容成为畅销主打选题。1998年上海三联书店与科利华公司合作策划的《学习的革命》,就是在时代与社会对教育改革的探讨、教育观念与学习方法的更新等教育话题关注的背景下出现的,尽管人们对此选题的出版及宣传营销方面的夸大其词褒贬不一,但就选题本身对素质教育问题的回应来说,可谓击中肯綮。随后出现的《素质教育在美国》《哈佛女孩刘亦婷——素质培养纪实》等选题之所以很快登上畅销书榜,也与人们对素质教育新方案的高期待值有关。

2001年,中信出版社推出一本连同"序言"在内只有92页的引进版图书《谁动了我的奶酪》,掀起了一场心理自助图书选题的畅销风暴。有评论者认为,此选题所要表达的主题是多方面的,既可以概括为应付动荡与变化的良方,也可以简约为快速跳槽的直觉训练,也可以解释为人生励志的另类思维,也可以阐述为工商管理的个性化视角,也可以被说成是安慰全世界普遍存在的软心理现象的一张快餐式配方,当然也可以认为是中国加入世贸组织的心理准备指南,等等。所有这些,都与国际国内出现的一些现实社会问题以及人们对这些问题缺乏基本的应对措施有关。如西方人因经济衰退而引起的心理恐慌,中国人因工人下岗、大学生就业难、住房难、就医难等而引起的重重忧虑,都使心理自助类图书选题有了生存的丰厚土壤。

2002年北京出版社推出了洪昭光《登上健康快车》一书,以此将"健康"类大众图书选题推到引领非文学类畅销书榜的前沿。究其原因不外两点,一是小康社会目标对人们的健康提出了更高的标准,特别是正在迈进老龄化社会的中国,比以前任何时候都更加关注中老年人的健康状况;二是处于快节奏激烈竞争社会中的人们,比以前任何时候都更加认识到健康对人生的重要性。因此,健康话题成为大众日常生活中的重要话题,健康图书一天天走进百姓的阅读视野。

在财经图书选题方面,一直都是引进版图书占据榜首位置,但2003年中信出版社推出的《水煮三国》,却开创了本土财经版图书荣登图书排行榜榜首的纪录。这一出版现象首先应归因于国内企业在经过长期吸纳和借鉴国外企业成功管理经验后,已渐趋定型和成熟的事实,因而开发本土化经济管理的理论资源已势在必行。三国故事历来就被东亚儒学文明圈奉为商战的智慧源,化用人人皆知的三国故事阐明现代经管理念,更为此一选题奠定了大众化的文化基础。

以上种种,无不昭示着社会文化观念对出版选题总体趋势的影响,而畅销选题的策划人只有善于把握时代观念与大众化文化思想的精髓,才能抓取畅销书生成的契机。

三、大众化文化思潮影响下畅销书选题的基本特征

受大众化文化思潮影响,畅销选题有如下诸多特征:

1. 求同性

大众化文化思潮以其对广大民众审美趣味、价值选向、阅读需求的求同影响,使得畅销书选题紧随文化思潮之后,不断出现类型相同、形式相近、风格相类的选题品种。求同性是大众化文化思潮的内在属性,包含了复杂的社会文化心理欲求,是对社会情绪、政治意识、经济风向、知识潮流、文化时尚等的象征性反映。畅销书选题的求同性一方面使大众化文化思潮成为支撑其存在的哲学文化基础,另一方面,在求同思维中,一部分畅销选题也可以实现某种创新意图。比如中央电视台"百家讲坛"栏目,余秋雨、易中天、于丹、王立群、阎崇年、纪连海、刘心武等在"坛"上登台亮相走红后,其演讲文本或其他著作就成为热门选题。再如网名"当年明月"的"事儿"在网上蹿红后,印刷文本旋即问世,成为畅销选题;"曹三公子"等人的同类选题也开始流行。此外像网络小说选题流行的穿越类、僵尸类、盗墓类等等,也是一种特有文化情绪的求同性表达。当然,畅销选题作为大众化文化情绪的集中表达,展现的主要还是当代社会主流文化思潮的思想与意趣。在诸多畅销选题中,主流的人与事,主流的思想与情调,主流的观点与健全的观念等等,一直是畅销选题的重要支撑,离开这些,就将偏离文化前进

的方向,也就偏离社会前行的方向,最终人的发展也将是片面的。

2. 多样化

多元性、多样化是文化发展的客观现实。在全球化形势下,文化发展存在两种基本走势。一是西方文化企图一统天下,确立全球文化霸权地位;二是多样化文化发展势头更猛更健,成为不可逆转的世界潮流。这两种基本走势是一个矛盾的同一体,是当前世界文化发展的现实。就我国文化发展而言,抵制西方文化渗透分化图谋,发展中国特色社会主义文化是长久之策。中国特色社会主义文化外在表现的鲜明特点就是弘扬主旋律,坚持多样化。主旋律的内核是社会主义核心价值体系,其外围则是多样性的文化存在。实际上多样性的文化存在是因为有多样性的地域存在、多样性的民族存在、多样性的人群存在,而这些从根本上支撑着多样性文化的发展与传播。畅销选题在多样化文化发展的现实条件下,不可避免地呈现多样化存在。这种多样化可以是同一主题多品种、多类型、多维度的存在,也可以是不同主题的共同存在。比如,同是唐诗、宋词,由于选者的眼光、角度不同,会出现各种版本的选本;同是穿越类选题,也会出现不同形式的穿越内容。多样化的畅销选题记录了人们多样化的精神存在,丰富了人们的精神世界。

3. 世俗化

畅销选题走的是大众路线,从一开始就是要贴近大众,贴近生活,贴近读者,因此,畅销书的世俗化特征是其受大众化文化思潮影响的直接结果。世俗是对日常生活的贴切表达。世俗不是庸俗,但包含了庸俗。它更多地展示的是平常人的世界,平常人的生活,平常人的精神状态。比如,都市情感小说《蜗居》之所以成为畅销选题,是因为它通篇饮食男女,却彰显世态本色;尽是家长里短,却深蕴生存哲学;随处峰回路转,却无一跳脱常情。这一选题融合了爱情、职场、反腐、社会焦点话题等几大畅销要素,成为不折不扣的世俗化选题。

4. 娱乐化

大众化文化也具有消费功能,其消费功能主要是通过审美娱乐功能实现的。畅销选题的娱乐化是当今图书消费的重要表现。辩证地看,娱乐化的本质是精神享受,其最高境界是高品质的审美享受。娱乐化能使畅销选题选择轻松的通道向人的精神世界靠拢,使人们以读书这种传统阅读方式获取与时代主潮相一致的内容。但是,娱乐化也使一部分畅销选题失去了对现实的批判性,成为媚俗、庸俗、低俗的图书垃圾。日本人曾提出"娱乐至死"的概念,表示对世界范围内过度娱乐化的担忧。实际上,过度娱乐化违背了大众化文化的本质属性。

第三节 畅销选题与商业化文化品格

畅销选题的内容尽管是多样化的,但它在运作方式上却是按照市场规律进行的(一些主流文化品种除外)。具有大众化文化品格的选题一经策划,便通过市场化运作进入广大读者的接受视野中,从而满足社会大众的文化需求。因而,一方面,畅销选题的生产与销售具有商品生产的意义,具有创造利润的巨大动力;另一方面,畅销选题本身就具有浓厚的商业性文化品格。

一、图书选题的商业化文化品格分析

从理论上讲,任何选题都具有成为畅销书的潜在可能性,但在出版实践上,只有那些特别具有商业化文化品格的选题才能最终成为畅销书。所谓商业化文化品格,并不是商业与文化简单相加,而是代表企业生产成果的商品本身所具有的深刻的文化意蕴,其中更是存在着一般商品向文化商品转化的轨迹和内涵。一般的商品是如此,图书商品更是如此。商品成为文化,其意义实际上已超出了商品本身的含义,而是一种具有特定内容和形式的商业品牌与商业标志;图书商品转变为商业文化,就比一般商品远为复杂,也远为深刻。因为图书商品本来就是文化商品,书市上的任何一种图书都是具有特定文化内容与特定装帧形式的产品组合。但为什么有的图书能够畅销,有的图书不能畅销?为什么同一内容的图书,在有的条件下不能畅销,一旦环境、条件或者其面貌改变,就可以成为一本名副其实的畅销书?这其中的关键就在于选题本身所含的商业文化品格的高低如何。由此可见,图书商品并不与图书的商业文化品格画等号,只有那些高商业文化品格的图书才有可能进入畅销书的行列。

二、畅销选题商业性文化品格的主要内涵

从选题的角度考虑,畅销选题所应具备的高商业文化品格似应包含以下内容:

1. 选题内容的广泛可读性

可读性即为选题本身的商业“卖点”,一个选题具备了广泛的可读性,说明

其潜藏着高商业含量的卖点。西方书业界认为,最具商业卖点的出版选题一般都是与性、金钱、暴力有关,比如日本一家出版社在1983年就出版了三种这样的资料工具书:《干坏事的词书》《搞女人的词书》《弄钱的词书》,舆论界称之为“教唆犯罪的百科全书”。美国不少出版社也从图书出版的“三S”中寻找市场卖点,获取商业效益,这“三S”就是Sex(性),Sadism(虐待狂)、Smoking Gun(冒烟的枪)。实际上,正是这些选题内容的巨大商业卖点促使了西方畅销书的诞生。畅销选题所可能带来的巨额经济利益也驱使西方出版商铤而走险,像在期货市场中完成一项交易一样,为了一个可能畅销的选题进行市场博弈。约翰·苏特兰说:“畅销书最引人注目的特点之一,是它的孤注一掷的本质,要么人人都读,要么没有一个人读。”①在西方,一部可能的畅销书稿能在不同的出版社之间展开激烈的争夺,许多选题在只有一个内容提要或故事梗概时就被出版商高价买走。如英国福塞斯的《魔鬼的选择》,还在只有一个内容提要时就获得版税25万英镑;美国的朱迪·克兰兹的《黛西公主》,还在只有一个故事梗概时便卖出320万美元。当然,这种现象也不断受到一部分有良知的西方人的尖锐批评,从而也使畅销选题向更加广阔的内容领域发展。按内容细分,如小说类一项就可分为自传体、冒险体、犯罪类、幻想类、历史类、恐怖类、幽默类、神秘类、插图类、科学类、一般类等等,非小说类也有艺术、传记、自传、商业、烹饪、日记、词典、饮食、文献、园艺、指南、健身与健美、历史、幽默、哲理、医疗等等。美国的《出版商周刊》还按月、按季提供“儿童图书畅销书目”“宗教图书畅销书目”“计算机图书畅销书目”等等。畅销书的种类之盛应验了美国矮脚鸡出版社的创业理念:任何种类的图书都可能畅销,只要适销对路、合读者的口味就行。20世纪八九十年代,美国法律类、惊险类小说畅销之极,写法律题材的小说家约翰·格里莎姆和写惊险题材的小说家麦克·克里奇顿被誉为当时美国文坛最炙手可热的畅销书大腕。约翰·格里莎姆1989年出版的《杀人时间》售出900万本,1991年出版的《律师事务所》售出1200万本,1992年的《塘鹅暗杀令》售出1100万册,1993年的《当事人》纸皮本售出600万册、精装本售出300万册。以写惊险题材著称的麦克·克里奇顿,其《侏罗纪公园》自1991年问世以来已售出3000多万册。随着女权运动的兴起,西方对妇女和女性心理的研究成为热点,谢尔·海蒂在1976年、1981年、1987年撰写了三部关于两性问题的报告——《妇女性爱全国调查》《男子性爱全国调查》《妇女与爱:进步的文化革命》在全球的销量达

① [英]约翰·苏特兰.畅销书.上海:上海文化出版社,1988.2.

2000多万册。这些热门选题，反映了内容的通俗可读性。另外，一些不是热门话题的趣味类、知识类选题也能成为畅销书，如烹调、园艺、汽车、居室装修、旅游等。美国人罗西·德里写的《罗西的烹调》出版不到一个月就售出360万册，出版社在一个月内印刷了17次。

我国出版业的性质与西方出版业有着本质的不同，因此，畅销选题内容必须在坚持社会效益的前提下谋求广泛的可读性。尽管有的出版单位，特别是当今的新媒体出版单位企图突破戒律出版一些与性、暴力、犯罪有关的选题，但总会得到应有的惩处。事实上，经过20世纪90年代以来书业界对畅销选题内容理性的认识和疏导，我国出版界已经和正在从大众文学类与非文学类的选题领域中不断开发出新的内容与主题，它们也将不断满足小康社会我国广大读者对大众化题材内容的需求。

2. 选题制作形式的商业吸引力

畅销的内容必须辅以一定的制作形式，形式与内容的完美结合才能使畅销选题取得令人满意的销售效果。出版史上的很多畅销书出世时，策划编辑无不对选题的整体装帧形式进行了精心设计，从而以最佳的效果吸引读者的注意力。比如中信出版社引进的《谁动了我的奶酪》一书就对全书的装帧设计下了大功夫。因为全书只有4万字，页码只有92页，且按照版权方的要求只能出精装本，只此一点便加大了选题的装帧操作难度。但中信出版社负责此选题的项目成员在经过严密思考后认为，上述不利因素通过一系列的观念更新后俱可变为有利因素。面对字数少、页码少的情况，他们认为现代人的生活节奏变快，阅读时间少，篇幅短小的书可能反倒是个优势；书中有许多场景描写，如果配上插图，不仅可以增加读者的阅读乐趣，而且也可以提高图书的精美度，从而使图书定价在读者可以接受的范围内略高一码，以此来增加赢利空间。封面装帧走精装路线，采用全套铜版彩印，硬皮精装，正封红底烫金，护封正面与底面均印"全球第一畅销书"的标志，护封底封还印有美国一些大公司负责人对此书的推荐评语，勒口上印有几十家"以本书中的理念指导员工的工作与生活"的机构与公司的名称。所有这些，都使这一引进选题的装帧设计与它所期望的商业效益挂起钩来。这一例证极具代表性。实际上，大部分畅销选题都非常重视制作形式的商业效果，当然，制作形式必须和选题内容相互配合、相互照应，才能取得预期的畅销效果。

3. 选题本身蕴含着高品质的经济增长点

所谓高品质的经济增长点，就是指选题所独具的经典意义和创新意义，它不是"速朽"的，而是具有持续开发价值和扩展开发空间的。选题的可持续开发性是指特定的选题的内容价值具有长期的稳定性和影响力,选题的扩展性是指特定的选题可以带动与此相关的系列选题的开发。

例如在文学类畅销选题领域,一批古今中外的名著总会在不同时期被出版界作为畅销选题开发利用,这与其自身所具有的恒定的畅销元素——高品质的人文价值是分不开的;在非文学类畅销选题中,一个畅销选题的出现会带动一批同类选题成为畅销书,虽然此举常常被戏称为“模仿和抄袭”或者“跟风出版”,但严肃的模仿或跟风却不在此例,因为选题质量的高低最终必须由读者说了算。如我国近现代出版业的另一重镇——中华书局,在许多选题的开发设计上都有追商务印书馆之风的嫌疑,如《辞源》与《辞海》、《四部丛刊》与《四部备要》等,但迄今为止,谁都承认这些名称相似的选题却具有独特的内容与形式要素,与其说是“跟风”,不如说是创新。这正是选题本身具有的广延性和创造力所致。当然,一些恶意跟风的选题之所以很有市场,一则说明市场本身不够成熟,读者的判断力还有待于培养,二则说明被追风选题存在着明显的策划漏洞,存在着诸多可以被拙劣模仿的因素,它的生存所要求的人文环境质量不高。如近几年比较畅销的历史类小说《明朝那些事儿》出版后,马上就有《唐朝那些事儿》《清朝那些事儿》等相近名称、相关内容、相似装帧设计的选题跟进,尽管也说明这一选题具有一定的经济扩张实力,但这种经济扩张力却是一种低品质的扩张力。

4. 选题具有营造出版品牌的内在素质

品牌是市场竞争的产物。确立了自己的出版品牌,就等于确立了出版社自己的市场范围和市场竞争力。品牌之所以有很强的竞争力,往往在于品牌就是优秀的标志。牛津大学的专门书部出版的学术著作、参考书、辞典等图书都具有世界一流水平,但在该部出版的图书封底上,却见不到“牛津”二字,被标志的都是“克拉伦顿·普雷斯”的名字。为什么用了这么一个标识呢?这是由于克拉伦顿在1830年将自己的著作权无偿地赠予专门书部,以支持牛津大学为传播人类文化所做出的贡献。专门书部为纪念克拉伦顿,就在书的底页上一律印上克拉伦顿·普雷斯的名字。这个标识成了牛津大学出版高专业水平图书的标志,也成为后来许多严肃图书作家和出版社纷纷效法的榜样。这种品牌效应的威力巨大,牛津大学出版社曾自豪地称:全世界每分钟就有6个人在购买牛津出版的词典。可以说,在现代企业经营理念的推动下,品牌战略已被推到了市场竞争的前沿。品牌竞争的实质就是将企业独特而鲜明的经营理念通过统一的视觉识别设计和行为识别设计加以规范和传达,使公众产生一致的认同感,从而建立一个统一而单纯的、规范而灵活的、独特而颇具魅力的企业形象。出版活动使用的原料是靠人的大脑加工出来的精神原料，这就把出版业和其他类型的企业区别了开来。出版业生产出来的产品又是经过不同的出版者的大脑加工出来的别具风格的精神产品，且品种之间绝不雷同，这就把出版物与出版物之间的区别彰显了出来。而出版品牌则集中了一个出版社所有的优势品质，最大限度地显示了出版社的个性和特色。

选题策划的最高境界就是品牌策划，畅销选题更应该为这一境界的实现积累必要的文化资源与商业资本。畅销选题具有营造出版品牌内在素质的原因有二：一是畅销选题利用其畅销效应可以迅速提高出版社的知名度和影响力；二是高品质的畅销选题可以带动出版社形成一条生产同类型选题的产业链，扩大此一类型出版物的市场占有率。这方面的案例不胜枚举。

当然，上述四个方面只是营造畅销选题的充分条件而不是必要条件，由于畅销选题的形成与时代精神有着密切联系，所以，促成畅销选题最终形成的必然因素常常与社会的政治、经济、军事、文化、教育等大众化文化思潮相关联。

第四节　畅销选题与类型化畅销品种

在一个供大于求的消费社会，市场细分是增加赢利的可靠途径。对畅销选题策划而言，进行类型细分可以最大可能地掌握读者的阅读动向与阅读需求，可以对所策划选题类型的内容与形式进行不间断的创新设计，从而引领畅销选题的目标和方向。

一、畅销选题的类型化分析

对中西畅销书出版史的系统考察表明，畅销选题从总体上集中于大众出版品类，专业出版与教育出版尽管也出现过销售量达几万、几十万甚或几百万册的图书，但一般认为它们因对读者存在着极端功利的阅读目的，故它们的畅销引不起社会的轰动效应。大众出版又可笼统分为文学类和非文学类，每一类又可细分为十几个甚或几十个小类，每一个小类又可策划出各不相同的选题品种。比如就文学类中的小说类而言，《畅销书》的作者约翰·苏特兰就将其细分为犯罪题材、妇女题材、科幻题材、影射题材、内幕秘史题材、战争题材、纪实与超纪实题材等。所有这些，构成了文学类型畅销选题的谱系化生存。在我国，近二十年来畅销书选题受题材类型影响较大,学习教育成长题材、经管题材、财富题材、名人题材、影视题材、网络题材、青春题材、心理励志题材、健康休闲题材等等,都容易成为畅销选题。虽然从目前来看,这些类型的畅销选题的人文品质都还存在进一步提升的巨大空间,但是,如何使畅销选题成为一个时代的经典图书,却是出版界进行类型细分时必须思考的重大课题。

二、畅销选题类型细分的原因

一方面,畅销选题的类型细分是对大众阅读中读者分层的一种直接反映。畅销书的读者都是具有大众阅读趣味的读者,但大众阅读趣味并不是同一种趣味,而是根据读者个体阅读需要的不同存在着不同类型和不同层次。同是阅读大众文学出版类型的读者,有的人喜欢唐诗宋词,以阅读《唐诗三百首》《宋词鉴赏辞典》为乐,有的读者喜欢余秋雨的散文、余光中的诗篇,而有的读者却只喜欢武侠小说和福尔摩斯探案集。当然,一个人的阅读趣味是多方面的,他既可能有大众型阅读趣味,闲适时看些轻松怡神的幽默小品,也可能是"术业有专攻"之士,将主要精力都花费在自己的科研业务与学术探讨之中。但正如著名文化社会学家阿诺德·豪泽尔所说:"娱乐、放松、无目的的玩耍是生活中不可缺少的一部分,从心理学和生理学上说,是保持和焕发旺盛的精力、刺激和加强活动能力所必需的。从另一方面看,纯艺术纵然对许多人来说可以是纯粹的自我实现,但不一定是一种现实必需品。"①由此可以肯定,同一个人可以有不同的阅读趣味,但他的大众化阅读趣味却是最基本的阅读趣味。这就从总体上说明,每个读者几乎都存在着一定程度的大众化阅读趣味,只不过每一种趣味的指向有所不同而已。选题细分就是要尽可能地满足所有读者的大众阅读趣味,从而集中出版力量打造出类型畅销书品种。

另一方面,选题细分还是一种商业上的策略。从畅销书形成的过程来看,畅销书与排行榜是同位一体的存在方式。西方最早的排行榜是从小说类选题开始的,之后扩展到非小学说类。为了使销售量大的图书以排行榜的方式公布出来,就必须对图书本身进行归类,如儿童读物、宗教书籍、烹调图书等。随着类型排行榜逐步得到读者的认可,出版社在选题策划方面就更有针对性,从而更加促使某一类型选题发扬光大,一直到它从排行榜上消失为止。另一种新类型从榜上出现

---

① 阿诺德·豪泽尔.艺术社会学.上海:学林出版社,1987.231.

后,出版社又将选题目光投到新的选题类型上,并以此带动畅销书市场的繁荣。

我国从改革开放后到20世纪90年代初的畅销书类型主要是通俗文艺类,90年代中后期选题类型开始细分。在文学领域,先锋探索类小说风光不再,新新人类、隐私写作、网络写作、新青春派分别成为榜上新锐;在非文学领域,心理自助、励志、大众经管、健康、科普、素质教育、时政热点等类型成为畅销主流。这些类型的产生既有客观时势所造的必然性的一面,也有出版界主观运作的努力。对具体的出版社而言,一旦对某一类型选题的策划成功后,便会驾轻就熟地在同一类型上大展身手,形成系列选题,取得规模效益。如接力出版社从20世纪90年代就开始与美籍华人作家刘墉合作,每年都会推出他的散文、小品、杂记类图书,至今已十余年,《对错都是为了爱》《爱又何必矜持》《爱,因为抓不住》《爱不厌诈》《我不是教你诈》《跑一步,就成功》《创造自己》《肯定自己》《世说心语——刘墉处世秘笈》等图书幽默、轻松、亲切、独特的风格赢得了很多读者的喜爱,也使读者对接力出版社的刘墉系列图书具有了深厚的感情。再比如名人类图书选题。名人类图书作者主要有两种,一种是凭借自己作品较高的艺术价值取向、较深的文化艺术底蕴及独特的艺术风格特征为广大读者所认同的名作家,另一种是在其社会生活领域如政治、经济及其他文化艺术领域中卓有建树的社会名人。长江文艺出版社在策划名人类图书选题方面已经形成特色,满足了读者对名人的好奇心理和崇拜心理,如白岩松的《幸福了吗》《痛并快乐着》、曾子墨的《墨迹》、冯小刚的《我把青春献给你》、王刚的《我本顽痴》、李咏的《咏远有李》、宋丹丹的《幸福深处》等畅销选题,为打造"名人"类型选题积累了丰富的经验。以上事实说明了类型品种的归纳对畅销书概念形成所起的重要作用。

三、类型畅销选题的主要特征

从实际操作上看,类型畅销选题具有下列特征:

1. 易操作性

将畅销选题类型化,可以很容易地划定自己的出书范围,使选题人的注意力集中到某一个或几个品种上,不至于因目标太多而导致特色不明。比如机械工业出版社与中信出版社的商务经管类选题,在经过市场的考验后,更加突出了其类型化特征。这种特征的形成又促使出版社对这类选题的把握更加得心应手。

2. 策划目的的明确性

类型细分后,对所策划选题的内容和形式的选择更加明确具体,对所要达到的目标也了然于心。

3. 规模系列的易生成性

对某一出版社而言,有了类型的引导,就可以集中力量在某一类型上形成整体规模,实现规模效益。也可以在某种选题类型上形成系列图书,成为这一畅销类型的最权威的出版机构。

上述三个特征为畅销选题的策划设计提供了思维创新的平台,也促使出版社进一步拉近与读者的距离,形成一种既顺应读者需求,又引领和推动畅销选题不断孕育生成的机制。

第五节 畅销选题与模式化主题结构

从畅销选题的策划构思和社会化适应过程中,可以发现有些类型的畅销选题在主题结构上已经形成了某种模式化的现象。这种现象一方面是出版者对读者的接受情况进行认真分析调研后,做出适应读者阅读兴趣决策的一部分;另一方面也是出版者根据以往的选题经验,对世情、国情、民心、民意的变化所可能引起畅销的主题内容进行精心谋划的结果。

一、畅销选题的模式化特征

畅销选题的模式化特征是指相同的选题类型有着大致相同的主题内容与情节构造,这在一些爱情小说、武侠小说、财经寓言及一些名人明星类选题上表现得更为明显。这些主题内容和情节结构构成了畅销选题不可缺少的畅销元素,对这些畅销元素进行研究,也许可以破解畅销选题从成千上万种图书中脱颖而出的畅销之谜。

畅销选题模式化主题结构的形成是经济因素与文化因素综合作用的结果。一方面,当一种选题成为畅销选题后,它的一些畅销元素已进入出版经济的增长基因中,成为可以不断孕育生成新的畅销选题的“原型”;另一方面,这些畅销元素又以文化积累的方式存储于出版选题资源库中,成为出版文化的重要组成部分。比如爱情、财富、战争、揭秘、成长等类型主题,历来都是与读者的接受心理密切相关的内容元素,特别是当这些内容元素与一些情节元素融合后,畅销选题的模式化特征就非常明显了。因此,当出版人在策划构思某一具有畅销潜力的选题时,选题本身的经济畅销元素与文化畅销元素都必须考虑到。当然,不同类型的选题具有不同的模式化特征,即使一些相同类型的选题,其模式化的程度也不尽相同,其中的关键还是要找准主题内容与情节特色,使其成为一种"经验模型"。也就是抓住选题活动最本质的部分,以最简单、最普遍、最大众化的内容和情节,去吸引最想了解这些内容的大众。

二、畅销选题主题的畅销元素

曾任英国《观察家》文学编辑的蒂姆·亚当斯在对《观察家》2003 年 7 月第一周最畅销的 10 种精装本小说进行研究后发现,这些小说的主题内容和篇章结构像是同一个故事的不同章节。蒂姆的统计表明,10 本书总页码为 3891 页,与谋杀有关的情节有 54 处(其中 17 处为切断喉咙),描写性高潮的部分有 24 处,在入睡的过程中有一段描写夜空中的星星的有 2 次,等等。这一观察方法与俄国形式主义文论家对浪漫爱情小说情节结构的研究如出一辙。俄国形式主义文论家认为,叙事作品的结构有两种,一是情节结构,二是叙述结构。情节结构是对事件的描写,是行为依照时间次序和因果关系的发展,纯属语意的。叙述结构是语意材料在特定作品里的表现。情节结构比叙述结构抽象,是一种宏观把握;叙述结构比情节结构具体,是一种微观呈现。以描写爱情故事为例,情节结构是文学史上此类故事共有的情节构成,叙述结构只是单部作品中此类情节的具体描写。① 形式主义文论家偏重于对叙事故事共有的情节结构的考察,其中存在着从作品元素方面出发对文学深层结构的追踪以及对作品恒定模式的寻觅。这些理论有助于我们对畅销选题特别是模式化畅销小说选题的出版研究。

畅销选题的主题构成、情节安排、行文格式等构成了畅销书必不可少的畅销元素,这些才是选题畅销的内在因素。就拿在西方流传了三百余年的浪漫小说来说,尽管小说的男女主人公不断更换,但其故事程式却基本不变:小说中的女主角最终总能赢得刚开始似乎鄙视她的男主角的爱情,无论是英国的老牌浪漫小说出版社——米尔斯·布恩出版社,还是加拿大言情小说专业出版社——禾林出版社,都将此一程式奉为金科玉律。就像美国学者伯格所分析的,现在的读者在拿起一本浪漫小说的时候,又希望看到什么呢?应该是"没有接吻的缠绵

---

① 朱立元. 当代西方文艺理论. 上海:华东师范大学出版社,1999.43.

浪漫故事”。女主人公聪明伶俐,很摩登,20岁左右,很惹眼,但是不会太完美。而魅力超凡的男主人公人生阅历相对比较丰富,30岁左右,富有、事业成功、自信、有头脑、反应敏捷、英俊。他在故事开始不久就遇到女主人公,一开始就和她发生冲突,但最终还是恳求她和他一起分享他的生活。① 从某种意义上说,这种程式是传统性的,是创作者和读者事先都知道的畅销元素,包括大家最喜爱的情节、定型的人物、大家都接受的观点、众所周知的暗喻和其他语言手段,等等。当然,这一程式也必须有创新的元素,包括创作者独一无二想象出来的因素,例如新的类型人物、观点或语言形式。② 以传统的程式赋予新时代的内涵正是包括浪漫小说在内的通俗文艺读物的理论特征。美国学者伯格还对美国流行的畅销小说类型(样式)——西部小说、硬汉侦探小说、间谍小说和科幻小说以及这些小说常用的一些元素进行了对比分析,尽管每一类型(样式)的小说都可能有不同的情节、不同种类的人物和不同的主题,但它们都运用了通俗文化样式中的传统手法,如下表所示:③

因素	西部小说	侦探小说	间谍小说	科幻小说
时间	19世纪	现在	现在	将来
地点	美国西部	城市	世界	太空
男主人公	牛仔	侦探	特工	太空人
女主人公	乡村教师	少女	间谍	太空姑娘
坏人	逃犯	杀手	潜伏间谍	外星人
情节	重建法律和秩序	寻找杀手	寻找潜伏间谍	驱逐外星人
主题	正义	找到杀手	拯救自由	拯救世界
服装	牛仔帽	雨衣	西装	高科技服装
运动方式	马	破旧汽车	双座敞篷汽车	宇宙飞船
武器	六响枪	手枪和拳头	带消音器的手枪	激光枪

上表中的“因素”,就是各种小说样式中的畅销元素。围绕上述样式,伯格还总结出一些小说类型的常见公式,比如侦探小说主要有经典公式、硬汉公式、

① 杨贵山.欧美书业概论.成都:四川教育出版社,2002.176.
② [美]伯格.通俗文化、媒介和日常生活中的叙事.南京:南京大学出版社,2000.139.
③ [美]伯格.通俗文化、媒介和日常生活中的叙事.南京:南京大学出版社,2000.140.

程序公式三种，但不管是什么样的公式，侦探小说一般都没有亚情节，一切都围绕罪犯而进行。主人公通常经过考验，并与其他人发生冲突，最终战胜许多对手而获胜。这就是典型的西方文学畅销书的内容生产模式。

有论者曾对2008—2010年我国引进的虚构类畅销书作了内容分析，总结了几大情节元素①：

书　名	主要元素
《达·芬奇密码》	推理悬疑 惊悚 阴谋论 宗教谜团
《1Q84》	悬疑 爱情 人性
《失落的秘符》	推理悬疑 科幻
《不能承受的生命之轻》	爱情 人性 哲理
《追风筝的人》	自传性 人性 赎罪
《人象的眼泪》	爱情 人性 哲理
《德川家康》系列	他传性 战争 历史
《巴别塔之犬》	推理悬疑 爱情
《暮光之城》系列	悬疑 爱情 恐怖

① 柯慧，尹章池．近三年引进版虚构类畅销书研究．东南传播，2011(4)．

可以看出,虚构类畅销书(主要是小说类)在情节上仍脱离不开传统,其中推理、悬疑、爱情、人性是最显著的元素。推理小说一般具有严密的逻辑,通过不断地设置悬念和一层层剥丝抽茧般揭秘的方式,令读者恍然大悟,获得阅读的快感。现代推理小说特别是日本的推理小说,如岛田庄司、东野圭吾的作品中,都越来越多地透露出作者对人性的反思。另外,爱情元素是不可或缺的重要元素。国内从20世纪80年代的琼瑶小说开始,到90年代的席绢作品,再到后来的张小娴作品等,都以讲述男女之间爱情为中心,通过完整的故事情节和具体的环境描写来反映爱情的心理、状态等,至今仍拥有众多忠实粉丝。

第六节　畅销选题与可行性畅销书选题制度

建立畅销书选题制度主要是从运行机制上对畅销书策划过程中发生的各种经济行为进行规约。在当下市场主义盛行的话语背景下,畅销书策划、制作与销售过程中的错乱与无序,实际上已从某些方面影响着畅销选题整体潜力的发挥,影响着畅销选题整体效益的扩大。建立可行性畅销书选题制度,并不是要设计出制作畅销书选题的公式,而只是对各种决定因素的综合考量。

一、建立畅销书选题制度的必要性与重要性

如果能从人类出版文化与人类精神文化建设的高度来审视和理解畅销书的作用和影响,我们就会对畅销选题的开发和培育给予更多的思考和关注。畅销书是推动出版业向前发展的润滑剂,是观察人类精神文化走向的风向标,优秀畅销书更是人类精神文化建设的加速器。正如美国人格林所说:畅销书是一种有用的工具,我们透过它们,看到任何特定时间人们普遍关心的事情和某段时间内人们的思想变化。① 畅销书从本质来说是通俗文化在出版上的反映,当然通俗文化不是庸俗文化,而与人民大众的日常精神生活休戚相关,那种认为畅销书是人类文化精神垃圾的观点是极其错误的。

但畅销书又是出版业的“摇钱树”,出版社的“印钞机”。因为这一点,它又

---

① [美]托马斯·英奇.美国通俗文化简史.桂林:漓江出版社,1988.10.

驱使众多出版社费尽心力和智慧苦苦追求，刻意而为，有的出版机构甚至不惜孤注一掷，冒险博弈，更有甚者跟风而进，浑水摸鱼，分一杯羹。原创性的畅销选题因被恶意跟风而得不到应有的市场效益，畅销书市场因鱼目混珠而显得杂乱和无序。要从源头上解决这一问题，就必须在出版界建立具有自觉、自律功能的可行性畅销书选题制度，实现畅销书市场从无序到有序的转变。

二、建立畅销书选题制度的途径与步骤

1. 寻找理论的契合点和现实联系点

建立有效的畅销书选题制度首先应从体现人类精神本质的人文精神中寻找理论的契合点和现实联系点。有人认为，畅销书乃过眼烟云，是一看就扔的东西，何以拔高其理论品位？其实不然，翻阅人类出版文化史册，能够留传到今的文化精品绝大部分都是历史上某一时期、某一时段的畅销读物，它们自身凝聚、积淀了人之为人的生命结构和精神本体。诚然，绝大多数畅销书在经过了某一时段的畅销期后便烟消云散，但它本身所凝结的能够在刹那间激动人心的欲读情结便转化成了人类文化遗传因子，永远融入了人的生命个体与心理本体中。当这些畅销“因子”在未来的时间旅途中遇到合适的主题内容、合适的情节故事、合适的事理结构时，那种埋藏在人们心灵深处的欲读情结便不顾一切地喷涌而出，复奏起畅销书生命的华章。今天，当我们手捧《红楼梦》《飘》这些人类文化经典读物时，谁能因为它们曾经是现在还是“畅销书”而持以不屑之态呢？如果能从这一思考入手，我们便能寻觅到造成当今畅销选题无序、杂乱、盲目跟风的人性本源与解决这些问题所必须持守的“人度”标准。按理说，图书生产是一种文化生产，图书的选题策划者、编辑加工者、生产销售者都是有理性的“文化人”，何以会在畅销选题的策划出版面前显示出特有的无序行为？仅仅是为了经济上的利益吗？当然不是。这种“无序”的形成不外两方面的因素：一方面，人性元结构中本就潜藏着与生俱来的从无序到有序的转化过程，当前反映在畅销书选题上的无序状态不过是人性元结构中的无序状态的表现而已；另一方面，畅销书市场的培育也需要一个从无序到有序的过程，目前图书市场所出现的无序过程也仅仅是市场培育过程中的无序状态的表现而已。人性的无序与市场的无序共同造成选题的无序，而从人性的发展规律与市场的发展趋势和发展规律来看，市场终将走到有序化的状态。这绝不是一种无为的推断和理论假设，而是有其现实理论基础的。

人性元结构就是体现着人的原始完满性的本能结构,原始的完满性既处于一种混沌无序的本能状态,又充实着有序化的结构雏形,体现着人的生命系统从无序到有序的自组织性。人的本能就是人的基本需求,人的本能的有序化同时就是人的人化的过程。在这一过程中,人的本能需求从求生存、求安全、求爱情、求尊重、求发展、求自由这一链条上既可以发展到"理想国""乌托邦"的至高至上境界,也能发展到"贪""恶""死亡"的冲动、过把瘾就死的冲动、娱乐至死的冲动、破坏的冲动、打破平衡的冲动等具有解构性力量和产生新秩序前提的动荡状态。无疑,它们都是具有建构性能量的有序化实践方式。文化以本能为动力源,以驯化本能的野蛮释放为已任,文明对本能的压抑是历史现实,本能的释放既可以为文化发展提供新的动力,也可以造成文明的危机。当代西方的文化心理革命、精神解放运动旨在建立合乎人性的理想王国,其根本途径却是由社会革命转向本能释放,如马尔库塞所言:个体感官的解放也许是普遍解放的起点,甚至是基础,自由社会必须植根于崭新的本能需求之中。① 从这一维度审视我国改革开放以来畅销书生产与阅读的种种目的、动机、需求状况,几乎可以从读者与出版者的共同追求中找到某种"本能释放"的根源。西方畅销书选题中的"性""暴力""金钱"等具有无序化因素的畅销元素之所以是必不可少的,原因就在于它们是人的本能释放的基本载体。当然,人性绝不可能是人的本能的简单释放,它还是对本能的创造和升华,是人在生命过程中对理想与现实、规律与目的、必然与自由的深切体验和充分把握,是从人的现实的发展程度即"人度"的标准上对世事万物所作的新的概括和解释。因此,当我们重新对"性""暴力""金钱"进行更高层次的文化观照时,"性"与"爱"、"暴力(武力)"与"成长"、"金钱"与"富裕"便实现了观念的对换、价值的互置。爱情主题、成长主题、财富主题也历来是畅销选题的重要方面,是在更高层次上向人的本位的复归,也是人性秩序化的终极追求。所以,像韩国小说《菊花香》所讲述的凄美爱情故事、《中国可以说"不"》中所透出的浓厚的民族情结、《穷爸爸、富爸爸》里面所宣扬的致富欲望,都成为对应上述主题的畅销选题,这不是偶然的。

从市场的维度讲,如果将畅销书出版置于耗散结构理论研究视域进行观照的话,自然会得出一个颇具积极意义的结论,即作为一个开放系统的畅销出版市场,必然会从最初不平衡的无序状态,通过与外界不断进行的"物质"与"能量"交换,最终找到选题规律,实现平衡有序发展。从我国改革开放30多年以来的

① 杨岚,张维真.中国当代人文精神的建构.北京:人民出版社,2002.55.

出版实践看,畅销书出版在20世纪八九十年代基本上处于近乎疯狂的无序状态,从90年代后期到跨进新世纪的10年间,不少出版社已经意识到建立畅销选题内在机制的重要性,并开始摸索畅销选题的形成规律。这一切,正是畅销书出版市场逐渐走向成熟的表现。

2. 建立畅销书选题制度

建立可操作性强的畅销书选题制度既是出版业界的共同目标,也是独立出版社的追求。畅销书选题制度的核心工作还是选题策划,因此,它必须在完成一般选题策划各项程序的基础上,探索出畅销选题策划的特色和规律。从出版实践看,畅销选题策划确实不同于一般选题策划,它存在许多从偶然到必然、从想象到现实、从体验到创造、从目的到规律的因素,尽管其中的过程或简单或复杂,但都代表了出版社及策划编辑个人的个性化、特色化追求。像青春读物系列选题、心理自助类系列选题、财经类系列选题、少儿读物系列选题、名人图书类系列选题等,都正在为畅销选题的制度化开发积累经验。将这些经验概括起来,有以下几个特点:

一是选题策划人应将自己的策划个性消解到读者的阅读兴趣之中,消解得越彻底,图书的个性才越会得到展示。正如有的策划人所言,一个畅销选题,真正让人记住并受益的,是其连绵传递的思想,仅仅让人记住策划人的名字,就是一种失败。① 也就是说,应将读者的阅读需求放在第一位,选题主题必须与读者潜在的阅读心态、欲读情结相契合。

二是必须对作者和稿件进行市场判断和市场运作。对作者进行市场判断是一个最基本的方面,作者分新作者、一般作者、名作者、名人作者等类型,名作者和名人作者一般都有一定的市场号召力,一般作者和新作者则要认真对待,他们要么一鸣惊人,要么一败涂地,关键还是让作者类型与读者类型对接起来。稿件是选题内容的载体,做畅销书最根本的问题在于选择内容。内容好是畅销书的基本构成元素。编辑把对内容的了解和市场进行结合,就是对市场的判断力。②在细节操作上更重要的是,要把每个出版环节上的畅销元素都安排到位,诸如内容介绍、标题布置、内文版式、封面设计、图片安排、价格确定、宣传推广、市场计划等都要预先进行策划,实际上就是全程策划。

三是探寻模式化运作方式,将传统叙述程式与现代内容相结合,创造适合当

① 方希. 策划人四大戒律. 中国图书商报,2003-7-18.

② 金丽红. 谁是畅销书编辑. 中国图书商报,2003-2-14.

代读者的畅销选题。比如西方出版人都体会到,浪漫小说中的传统故事模式就不能轻易被打破,否则就必须承受销售失败带来的痛苦。北京出版社推出的《登上健康快车》虽然讲述的是老问题,却以现代思维观念统帅之。畅销书选题策划看似无模式,实际操作中却贯穿着模式。

四是策划推出畅销书的最佳时机。所谓最佳时机,就是最能迎合读者需要的时机,也是最难把握的一个重要畅销元素。

3. 提高畅销选题策划的组织性

成功的畅销选题运作依靠的是具有高度凝聚力的策划编辑团队的协同合作,协同合作本身又是一种组织性强的有序化工作方式。目前国内很多出版社都成立了项目组,把一本本的畅销书当成一个个的项目来做,项目组中分工明确,责任落实到人,编辑、印制、发行、宣传、营销、财务、质量管理、进度控制等都有专人负责,这样不仅提高了畅销书出版过程的科学性,也加快了畅销书的出版效率。

总之,确立畅销书选题制度是从人文导向到具体操作的全方位策划过程,是实现畅销书选题从无序走向有序的关键步骤,也是畅销书生产实践的重要任务。畅销书选题制度的确立必将从根本上改变一般大众长期形成的对畅销书的文化偏见,也将从根本上转变策划编辑、畅销书作者以及销售部门对畅销书选题的思维模式与运作机制,走上规范化的生产道路。正如有论者所言:畅销书制度将使畅销书出版依照内在的自主运行规律一个步骤一个步骤地完成,人为的干预,盲目的判断与行为的影响被降到最低限度。畅销书制度是一个可塑的、需要不断完善、不断调整的体系,依靠内核的彼此碰撞改变运行机制,同时,依靠人为的可控努力完善它。① 这终将成为我国畅销书出版的一个可期待的现实。

本章小结

畅销书愈来愈成为出版社选题策划的亮点,但对畅销书的理论探讨却没有引起出版人的高度重视。畅销书的概念如何界定?畅销书就是“俗”书吗?畅销书有没有规律性的运作机制?它有哪些特征?对这些问题进行深层次的理论研究,将会推动畅销书走上规范化的发展道路。本章首先对中西畅销书观念进行了比较,然后从畅销选题与大众化文化思潮、畅销选题与商业化文化品格、畅

① 伍旭升. 大轰动——中外畅销书解秘. 广州:广州出版社,1993. 201 - 202.

销选题与类型化畅销品种、畅销选题与模式化主题结构、畅销选题与可行性畅销选题制度的关系入手，分析了畅销选题的诸多理论品性，为畅销选题的策划运作提供了多种思路，并在文中指出了目前我国畅销书出版存在的一些问题，希望引起出版人的重视。本章的研究表明，畅销选题作为出版社的重点工程，绝不满足于单纯的“俗”文化品格，而是与国内外复杂的政治经济热点、社会文化思潮有着直接或间接的联系。出版人对畅销选题的策划并不是一种简单的商业制作，而是商业逻辑与文化思潮相互作用的结果。本章通过对西方畅销选题内容的考察，认为畅销选题不仅具有类型化特征，而且具有模式化的主题结构，这对我国的出版编辑是一个借鉴。最后，本章阐述了建立可行性畅销书选题制度的人性化机制与体制化机制，强调了畅销选题策划从无序走向有序的必要性和重要性。

思考题

1. 畅销选题与大众化文化思潮有何内在关联？
2. 畅销选题应具备哪些商业化文化品格？
3. 如何建立可行性畅销选题制度？

第八章

8

选题决策与决策失误分析

选题决策是选题策划从方案阶段向实施阶段转化的中介和桥梁,是对选题项目进行综合判断和最后把关的决定性过程。出版界一句俗话说:决策失误,一误再误。当前,我国图书出版的不良库存积压额居高不下,其中有些种类根本就没有销售出去的可能,刚出版就面临着回收化浆的命运,造成这种不良现象的原因非常值得关注。因此,本章主要围绕选题决策与选题失误现象进行分析,以期找出"症结"所在和"救治"办法。

第一节 选题决策是一种科学化决策

如同经济领域的一切重大项目的决策应是走科学化的决策道路一样,出版活动中的选题决策也应是一种科学化决策。这不仅是新时期科学发展观对出版工作的要求,也是科学发展观在出版工作的具体体现。

一、选题决策的本质及其认识论特性

从哲学意义上讲,选题决策就是作为选题主体的出版人对作为对象的选题作出选择和决定的过程,是选题决策人在一定理想与意志的支配下为达到一定出版目的而进行的出版实践活动的一部分。在这里,起关键作用的是出版人的理想与意志。出版人在自己主观意志的支配下进行出版活动,通过自己的出版活动驾驭和控制出版选题的品种、数量和规模变化,但这种驾驭和控制又是建立在对人类文化发展规律的全面认识和把握的基础上的。也就是说,出版人的主观意志实际上也是不自由的,要想达到主观意志的自由,必须加深对出版选题与文化发展内在规律的认识。正如恩格斯所说:"意志自由只是借助于对事物的认识来作出决定的能力。因此,人对一定问题的判断越是自由,这个判断的内容所具有的必然性就越大;而犹豫不决是以不知为基础的,它看来好像是在许多不同的和相互矛盾的可能的决定中任意进行选择,但恰好由此证明它的不自由,证明它被正好应该由它支配的对象所支配。"①所以,选题决策的本质就是选题决策人的主观意志见之于具

① 马克思恩格斯选集(第3卷).北京:人民出版社,1995.455-456.

体选题实践的决定能力，是选题决策人在对出版选题与人类文化发展的内在规律进行充分认识之后而对出版选题的现状与未来走向进行驾驭的能力。

选题决策的哲学本质规定了选题决策行为的认识论特征。

第一，选题决策是一种科学化决策。这种科学化决策建立在对具体选题问题进行充分而又全面认识的基础上，特别是从文化价值的角度对选题的真、善、美的价值属性作出正确的判别与评价的基础之上。与经验论者相比，科学化决策摒弃了经验论中的臆断成分，坚持从客观实际出发，对决策人的主观意志和能力所能达到的决策范围内的选题问题进行决策，而对超出决策人主观意志和能力范围的选题问题，则寻求其他合适的途径进行决策。

第二，选题决策是一种群体化的决策。选题决策虽然事小，却是关乎文化建设与出版社效益的大问题。在传统型的出版决策中，中外出版社都有过主要负责人“一言堂”的习惯，但在现代企业管理模式下，选题决策行为已经由某一个决策者的个人行为转变为群体决策者的集体行为。发挥群体决策意识，重视群体决策力量，已成为现代决策科学化的重要特征。

第三，选题决策行为必须在实践中接受检验，并在检验中不断改进和完善。选题决策是否正确和科学，只有经过实践的检验才能证明。某些选题决策也许从一开始就是错误的，在运行过程中发现后就要果断停止，否则就会造成越来越大的损失。某些选题在作出决策时可能不够全面，那么在运行过程中就要不断修正原定方案，使其在目的和方向上都与国家的文化建设政策与出版社的总体选题思路相符合。

第四，选题决策是一种可预见性决策。一方面，选题决策方案一旦作出，就以其具体的理论预见指导具体的实践操作；另一方面，决策成果也是可预见的，就像从建筑图纸预见到将要建成的房屋一样。可以说，选题决策具有未来性指向。

第五，作为选题全程策划的一个关键阶段，选题决策也包含着复杂的智慧劳动。选题决策人拍板决定的一瞬间，凝聚着群体决策者共同的创造性思维劳动。

上述五个方面的特征从整体上说明了选题决策的科学性实质。

二、选题决策系统及决策体系的构成

现代出版条件下的选题决策之所以是一种科学化决策，很大程度上在于选题决策者的决策行为已不再是一种简单的“个人说了算”的行为，而是一个有着独立决策系统和决策体系的结构构成。与其他现代企业的生产经营情况一样，实行现代企业制度的出版社将每一个选题的报批与投产都当作一个产品项目来对待，并将投产与否的决断权投放到出版社的整体决策系统与决策体系,以确保决策的科学性。

(一) 选题决策系统的构成

一般而言,现代出版社的选题决策系统主要由下列因素构成:

1. 决策主体

决策主体即负主要决策责任的领导者,这是决策系统的首要因素。如前所述,既然现代出版机构的选题决策行为不再是某个出版社领导的个人行为,那么决策主体的构成当然也不再是某个出版社负责人的个人构成,而是由群体决策人组合而成的决策机构来充当。这个机构一般情况下由出版社的编委会或社务会的成员组成,有时也聘请社外的某些学术专家或某些智囊机构参与。

2. 决策对象

决策对象或曰决策客体,即具体的出版选题。对于专业出版社来讲,其选题对象较为单一,选题范围较小,因而决策对象的文化价值与学术向度较为集中,对决策主体的专业性智慧要求较高;而对大型综合类出版社而言,其选题对象庞杂,选题面较广,因而决策对象的文化价值与学术向度较为分散,对决策主体的综合性智慧要求较高。

3. 决策信息

决策信息是决策主体与决策对象之间相互作用的桥梁与纽带,高质量的选题决策必须由准确、全面、快速、实用的高质量选题信息提供支持。选题决策信息主要来自两个方面,一是选题策划者赋予选题本身的信息因素,二是决策者自身的信息积累与信息供应系统。

4. 决策目标

决策目标是一种客观存在,对任何一个选题所作的决策行为,都包含着明确的决策目的和决策诉求,这种目的要求反过来又对决策行为本身形成制约因素。

5. 决策环境

决策环境即决策主客体同时面临的外在的社会文化制度环境和内在的人文与科学发展环境。决策环境对决策形成起着重要作用,有时甚至起着关键性的作用。

(二) 选题决策体系的构成

明确选题决策系统的构成要素,对理解决策体系的建立有着十分重要的意义。现代出版企业在选题决策上的科学性主要体现在决策体系的秩序化、制度化建设上。参考西方大型出版集团决策体系的运作经验,一般可以把出版选题决策体系概括为信息系统、智囊系统、决策系统、执行系统和反馈系统五个部分。

1. 信息系统

信息系统即由流动于决策主体和决策对象之间的选题信息所构成的交流互动系统。正像选题策划离不开选题信息一样,选题决策更离不开选题信息。在选题决策中,选题信息的准确、真实、及时、有效成为科学决策的首要条件,选题决策在使用选题信息时要经过去粗存精、去伪存真的过程。在信息时代,出版社有必要建立独立的选题信息系统,在全球范围内收集、存储与本出版社的出书专业和出书方向有关的选题信息,以便在必要时给选题策划人和选题决策者提供有益参考。

2. 智囊系统

也称选题决策者的"外脑系统"。对于一些大型的、重要的专业学术选题,有时决策者们也不能全面把握与鉴定其学术水平,这时就需要依靠社外有关专家学者的力量对其进行讨论、审查和鉴定,他们的意见可以作为决策者的主要参考意见。国外大型出版机构一般都建立相当完备的智囊系统,主要对一些重点选题进行"会审"、匿名审读或通过网络审读。我国出版社多在选题论证阶段召集有关专家对某一选题进行讨论,提出意见,并为出版社出谋划策。从总的方面讲,我国出版社当前在智囊系统的建立上还处于初级阶段,既没有固定的智囊机构,也没有一整套相应的制度体系,"智囊团"的建立主要依选题本身的重要程度而定,且"智囊人物"又多与选题作者相互交叉或重复,不具备应有的独立品格,因而其所出之"谋"与所划之"策"就存在一定的片面性。从出版业的长远发展考虑,实行现代企业制度的出版社特别是集团化的大型出版机构应建立相对完善的智囊体系,对事关出版社前途命运的大型选题计划和方案启动智囊谋划程序,实事求是地对重大选题作出合乎文化建设规律的运筹和谋略,以保证选题决策的科学化。

3. 决策系统

主要由出版机构各个阶层的负责人员组成,上层有社长、总编辑,中层有编辑室主任、发行销售部主任、出版部主任、财务部主任,下层有选题直接负责人。决策系统是决策体系的核心,其主要任务是对选题方案进行评估和抉择。决策系统的组成人员虽然是出版机构的领导人员,但所做出的选题决策却不能以领导者的主观意志为标准,而是在综合分析各自所获选题信息的基础上,在权衡各种利弊得失的情况下,最终选择最优选题方案。

4. 执行系统

即将选题决策方案带入实施阶段的执行过程。这一过程主要由选题编辑个人或者选题组织者与项目负责人按照决策方案规定的程序进行,并在执行过程中根据新的情况不断对原有方案进行调整和完善,以保证选题项目的最佳完成。

有时直接执行者可能不是选题策划者或项目负责者本人,但选题策划者与项目负责者却必须承担监督任务,自始至终保证选题完成的质量和效果。

5. 反馈系统

这是执行系统的延伸阶段。执行系统在执行过程中遇到新情况、新问题时,一些问题可以在执行过程中自行解决和处理,但有些问题自身却不能处理和解决,这时就应将这些不能处理和解决的问题及时反馈给决策系统,使决策系统能够对原有决策作出适当的调整和补充。特别是一些复杂度高、协作难度大的选题项目,更需要建立一种规范的选题决策反馈系统,以便能使编选信息及时在执行系统与决策系统之间传通。当然,建立反馈系统的方式与方法是多样性的,比如上海书店出版社在编辑"中国近代文学大系"时,为了与分散在各地的分集主编与编辑成员加强沟通,及时联络,就策划编辑了一份打印的16开本、每期数千字到两万字不等的《"中国新文学大系"编辑工作信息》,也称《简报》,每月出版2到3期,主要刊发各位编委、各集主编、编辑成员、有关专家学者以及"大系"编辑室的编辑设想、选目、导言等内容。当时为这份《简报》写稿的有编委马学良、王元化、任访秋、伍蠡甫、吴组缃、郑逸梅、周振甫、季振准、柯灵、钟敬文、施蛰存、徐中玉、钱仲联、贾植芳、章培恒、楼适夷、端木蕻良等知名文学家与文论家,他们的设想与建议通过《简报》这一信息反馈系统不断地在各个层面上反馈传通,从而使所有参与这一选题的成员都能及时了解选题运作过程中新出现的问题,并针对这些问题提出各自的对策和建议,也使决策层能够集思广益,不断调整和完善决策方案。

从理论上说,建立选题决策系统与决策体系目前在我国出版界具有很大的理想化的成分,但这一理想化成分内含着对规范和秩序的追求,因而也是对科学化决策模式的追求。尽管当前我国出版社在决策系统与决策体系建设方面还不尽如人意,但规范化与秩序化的决策体系必将在与国际出版产业接轨的过程中成为我国出版社调整选题策划机制的主要突破口。

三、选题决策的科学化程序

在具体的出版实践中,选题决策者面对的每一种新选题(非重版选题)都是一种新产品,每个选题都是一个独立的个案,对这一选题方案的选择往往无例可寻,只能做出"上马"或是"不上马"、"赞成"或者"反对"的单一选择,这就增加了选题决策的难度和复杂性,并使其从决策程序上不同于从多种备选决策方案中选择最优方案的过程。尽管我们强调选题决策是一个系统工程,要求发挥各个分系统的协同合作能力,但最终起统合作用的还是出版社里具有出版专业训练和丰富选题经验的出版专家和领导。因此,为了保证选题决策的科学性,有必要从决策方法和决策程序上对选题的开发设计结构进行研究。

1. 选题决策的系统方法论

将选题决策作为一个系统工程来看待,就必然要运用系统分析方法对选题决策方案进行综合评估,对选题各个方面的指标进行定性和定量的理论分析和实务研究,最终从选题目的、选题性质、选题效益、选题与人文社会环境的相互影响以及选题的未来走向等内容信息上,来判明某一选题方案是不是一个最优方案。实际上,上述内容可简化为社会效益和经济效益两部分。从理论上说,系统分析的实质就是应用科学的推理步骤,使选题决策系统中的任何问题分析都能符合逻辑原则,合乎先进文化的发展规律,从而有效避免选题决策者的主观臆断与经验局限。在系统分析中,使用数学方法对选题的投入与产出进行预算,并积累与此一选题有关的各种数据信息,建立一种可以运用计算机进行运算的较为可靠的数学模型,更是系统方法论可以期待的成果。而对选题的人文性质与科学价值进行分析研究,再加上选题决策人的智慧、经验和判断的参与,以此构成对选题决策系统的定性分析。将定性分析与定量分析结合起来,最终确立以定性分析为主导地位、定量分析为辅助地位的选题决策理论模型,就是系统方法论的主要内容。下面结合《康德美学文集》这一选题的策划运作过程,尝试分析影响一般图书选题出版决策理论模型建构的主要元素。

【案例】《康德美学文集》的策划

选　题:康德美学文集

著译者:康德 著/曹俊峰 译

出版者:北京师范大学出版社

选题决策恒定式:社会效益 + 经济效益(社会效益 = 定性分析,经济效益 = 定量分析)

社会效益决策系统构成:对策划本选题的起因、目的、作用进行综合分析,以便做出对本选题的人文价值与科学价值的定性评估。

《康德美学文集》的策划起因、目的与作用:现有对康德美学著作的译本不尽完美,漏译、错译之处甚多,增加了对康德美学理解的难度。策划本选题就是为了给不懂德文的研究者提供一个忠实于康德原著且文笔流畅、较为通俗易懂的译本。本选题不但收入了《判断力批判》,还收入了康德的其他美学论著以及散见于其他著作中的有关美学论述的部分,因此,这部文集将是国内新译康德美学论著的较为全面的一个集子,必将对我国的康德美学研究有所裨益。

对《康德美学文集》选题社会效益的定性评估:康德美学哲学具有全人类的意义,是西方古典美学通往现代美学的一座桥梁,也是我们了解和掌握西方文化思想绕不过去的一座桥梁。决定出版重译的《康德美学文集》,不只是多了一个译本的问题,而是期望以新的高质量的译本对我国的康德美学研究有所推进。因此,策划出版这一选题具有十分重大的理论意义与现实意义。

经济效益决策系统构成:对该选题的投入产出进行定量分析,以便做出对该选题经济效益的综合评估。

编辑成本:稿费+编辑加工费+美术设计费

生产成本:排版费+纸张费+上版费+印刷费+装订费

发行成本:发行折扣+宣传费+各项管理费

总投入=编辑成本+生产成本+发行成本

总产出=总销售收入

以《康德美学文集》的投入产出分析,如果按生产1000册、定价35元计算,那么开发此一选题在出版销售初期将给出版社带来亏损。但是如果考虑到《康德美学文集》是一本常销书,那么就可以通过扩大印量的方法来抵消编辑成本(固定成本),如果印量达到3000册就会稍有盈利,如果印量增大到5000本,就会实现盈利6万元左右。这样,通过三到五年的销售时间达到推广这本美学著作的目的。

与《康德美学文集》这一选题相关联的选题有:

《判断力批判》(上卷),商务印书馆版,宗白华译,1964年1月第1版,1996年6月第7次印刷,印1000册;《判断力批判》(下卷),商务印书馆版,韦卓民译,1964年10月第1版,1985年5月第二次印刷,印1240册。

《判断力批判》,人民出版社版,邓晓芒译,2002年5月第1版,印3000册。

这两种图书每年稳定的销售量为500～800册。

《康德美学文集》译者的学术水平与翻译能力：译者毕生从事康德美学研究，著有《康德美学引论》，具有较深厚的学术功力，曾翻译出版康德的《对美感和崇高感的观察》，德文造诣颇深。

综合上述因素，从常销书的角度考虑，可以做出出版《康德美学文集》的决策。

上述论证是对一般选题决策做出的可行性论证，实际上，伴随着可行性论证而行的往往还有不可行性论证，而不可行性论证却常常被决策者忽视。不可行性论证就是对可行性的论证进行反向思考，从而对某一选题的社会效益和经济效益进行综合评估后做出出版与否的决策。

为了简单起见，可将上述正反两方面的元素简化为下列图式模型：

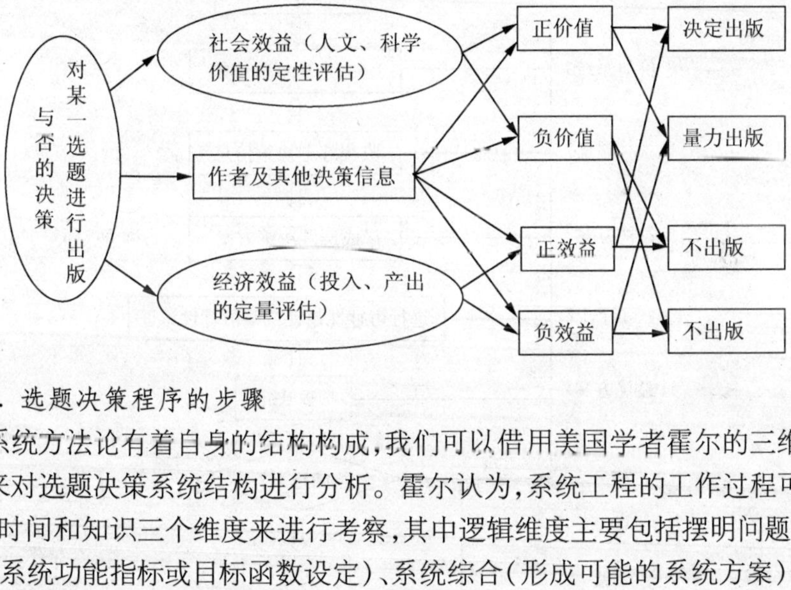

2. 选题决策程序的步骤

系统方法论有着自身的结构构成，我们可以借用美国学者霍尔的三维结构学说来对选题决策系统结构进行分析。霍尔认为，系统工程的工作过程可以从逻辑、时间和知识三个维度来进行考察，其中逻辑维度主要包括摆明问题、选择目标（系统功能指标或目标函数设定）、系统综合（形成可能的系统方案）、系统分析（建立模型）、系统选择（最优化）、系统决策、系统实施等步骤；时间维度主要包括规划阶段、初步设计阶段、研制阶段、生产阶段、装配阶段、运行阶段、更新阶段等维度；而知识维度则包括各种专业知识，如工程、医学、建筑、商业、法律、管理、社会科学、艺术等。这三个维度实际上从不同的角度规定了系统方法论的结构构成。对选题决策过程而言，相应地也要从逻辑、时间、知识三个维度对其结构构成进行分析,其中逻辑维度主要关注选题决策问题从提出到目标选择一直到决策后付诸实践的全部理性思考过程;时间维度主要关注从选题规划、生产一直到发行销售的全部时间运行过程;知识维度主要关注的是为上述理性思考与时间运行提供必要的知识准备。这三个维度对于选题决策程序的形成起着重要的参照作用。

从系统的整体性考虑,选题决策就是为了实现出版社的某种系统选题目标,运用创造性思维手段与创造性实践方法有针对性地分析选题开发与策划形成的主客观条件,并在此基础上提出某种选题预选方案并加以通过的全过程,这一过程只有在科学的、规范的程序化运作中才能发挥最佳效益和最优功能。选题决策的科学化程序可如下图所示:

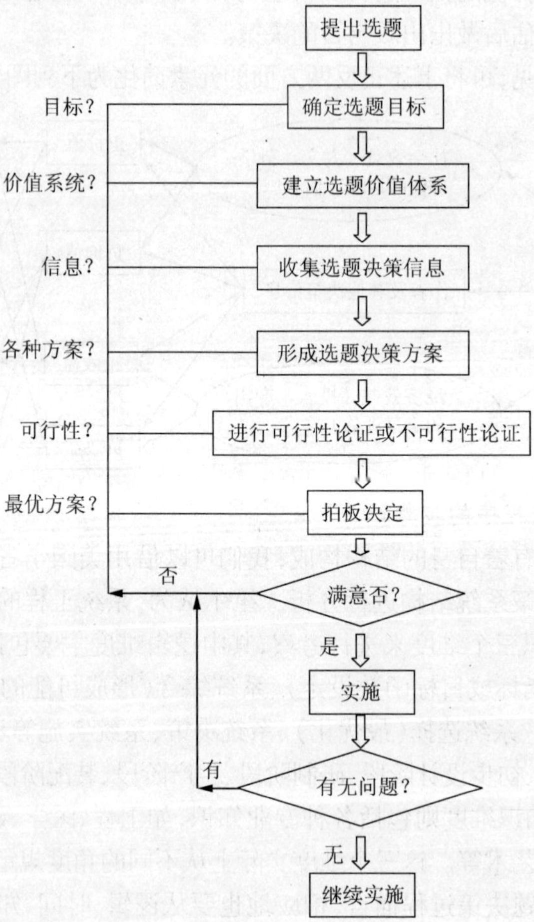

上图所示的选题决策程序的科学性表现在，选题决策是一个从提出选题问题到选择最优选题方案再到实施运行的全面把关过程，在这一过程中，起决定作用的因素是选题价值系统（价值标准）、信息系统（信息标准）和可行性系统（运行标准）的建立与设计，其中贯穿着决策系统、智囊系统与信息系统的多向交流与聚合。这一程序将从根本上打破传统出版社中家长式或专家个人式的决策体制，取而代之的是由信息系统、智囊系统、决策系统、执行系统、反馈系统相互联结所构成的选题决策新体制。

第二节 选题决策失误分析

选题失误是指选题出版后对出版社乃至社会造成了不良效果和不良影响，其中既包括社会效益方面的不良效果和不良影响，也包括经济方面的不良效果和不良影响。选题失误从根本上讲就是决策失误。在组织化非常严密的出版系统中，任何选题人所策划设计的出版选题都必须经过决策程序才能付诸实施，因此，决策程序在客观上成为对选题进行“把关”的最后程序，它将符合出版条件的选题予以放行的同时，又将不符合出版条件的选题堵在生产程序的大门之外。造成选题失误的原因固然很多，但从最为关键的决策程序讲，存在着主客观两方面的因素。

一、选题决策失误的客观因素分析

如前所述，选题决策系统是由选题决策者、选题本身、选题决策信息、选题决策目标和选题决策环境五个要素构成的有机整体，决策系统赋予了这五个要素诸多客观要求或曰客观条件，如果这些客观要求和客观条件没有被执行或者没有达到规定，就可能转化成为选题决策失误的客观因素。

1. 对选题决策者的客观要求

现代出版条件下的选题决策是一种组织决策和系统决策，它将从根本上摒弃传统出版形态下的“一言堂”体制和独断性作风，而使选题决策走上组织化、程序化和科学化的轨道。因此，建立现代出版条件下的选题决策机制是新形势下图书出版对选题决策者的客观要求。从事物发展的客观规律看，决策者个人的能力再强，素质再高，也不可能超越集体智慧和集体力量，所谓“智者千虑，必有一失”,就是对单个人所造成决断失误的写照。因此,从体制上堵塞选题决策的漏洞,防止某些决策者个人不良决策行为的发生,当是最为关键的一环。当然,体制性要求本身贯穿着对决策者本人素质要求的一面,新闻出版部门对出版社的社长、主编、编辑室主任以及编辑人员的岗位职责都有明确规定,实际上也是对选题决策者决策条件的一种客观规定。

2. 对选题本身的客观要求

选题策划者推荐到选题决策系统中的出版选题首先是对人类文化发展有所裨益的精神文化内容,是建构进步文化发展链条上的一个节点或重要方面,这将从出版价值上为出版选题创造生产的条件。而一切旨在宣扬没落、颓废、庸俗之思想与文化观念的选题,必将有悖于进步文化发展的客观规律,必然被清除出出版领域。世界各国都对出版物内容有着符合本国国情的法律要求,我国颁布的《出版管理条例》中就明确指出:任何出版物不得含有反对宪法确定的基本原则等具体内容,这些具有法律性质的内容对选题内容的确定具有客观的约束性。

3. 选题决策信息的及时、准确与客观公正

决策信息是决策者进行决策的主要判断依据,是决策者与客观现实进行交流联络的桥梁和中介。由于决策信息本身具有时效性、准确性、客观公正性等特征,所以决策者所掌握的每一决策信息必须具有及时、准确与客观公正的品格,否则,就会引导决策者做出不恰当的选题决策。在这里,有必要对选题信息与选题决策信息的含义进行区分。选题信息是围绕选题策划而言的,选题决策信息是围绕决策而言的,它们之中有重合的部分,但决策信息要站在比选题信息更高的视点上,它要求对被决策选题的分析判断必须根据最新形势、最新条件、最佳时机做出最恰当的判断,而不能根据选题在被策划时所占有的种种条件来下结论。另一方面,决策信息的真实准确和客观公正更为重要,在某种意义上讲,它们影响决策的质量与效果。决策信息的真实准确与客观公正是联为一体、互相指证的,真实准确是客观公正的基础,客观公正是真实准确的更高级形态。尽管选题决策最终还要依靠决策者的主观判断,但其主观判断是在客观公正的外界决策信息的指导下完成的,因而信息性质的重要性不言而喻。

4. 决策目标的客观性

决策目标主要是对选题的价值目标和功能目标进行明确定位和合理解释。决策目标既有主观性的一面,又有客观性的一面。但决策目标的主观性又受客观性的制约和影响。选题决策人在对某一选题做出实施与否的决定时,必须对这一选题所要达到的功能目标(包括社会效益目标与经济效益目标)进行明确

指认,无功能目标的选题是盲目的,是不值得出版的;同时,这种指认又是建立在正确的价值观的基础上的,否则,功能指向就会偏离健康路径。当然,选题决策人所指认的决策目标必须建立在选题本身所能释放的社会效益价值与经济效益价值的基础上,超越了这一基础,硬性规定其产生某种目的或附带某些功能是对选题客观现实性的否定。某些选题在决策宣传中偏离了选题本身的客观目标,任意夸大选题的功能指向,会给读者阅读造成误导等负面影响;某些选题在价值目标决策指向上意义模糊,是非混淆,从而给"问题选题"保留了不合适的放行通道。诸如上述,都应该在选题决策环节上提出相应对策。

5. 决策环境的客观规定性

决策环境主要指两方面的内容,一是指意识形态环境,二是指社会现实环境。决策环境是一种客观环境,不以决策人的主观意志为转移。对于与国家意识形态有密切联系的选题决策行为而言,决策环境是起关键作用的因素。某些选题在某一意识形态环境下是被禁止的选题,它只有在意识形态背景松动或是完全解禁时才能见到天日;某些选题尽管没有遭到意识形态的明令禁止,但由于与社会发展现实不相切合,也不能做出出版生产的决定;某些选题对经济条件的要求较高,经济因素就可能成为制约此一选题决策的客观环境。对出版史的考察表明,尽管大部分选题的出版不需要考虑出版决策环境如何,但一些对历史进程与发展起重要作用的出版选题的出版,却总是与当时的出版环境有着密切的关联,或者说就是出版文化与出版环境相互作用的产物。就选题决策而言,决策环境从根本上说是人的环境,是人的自然环境和人文环境的合一,如果在选题决策中企图抛弃环境因素的影响,那无疑是在真空中进行的选题实验。

上述五个方面的因素虽然是造成选题决策失误的主要客观因素,但起主导作用的无疑还是决策者,因为所有其他因素都是被决策者驾驭和利用的因素。另外,尽管我们提出了以新的决策体制替代旧的决策体制,但决策行为却不可能由体制本身来完成,而必须通过具体的决策人来拍板定论。因此,决策者的素质品格、心性智慧、个性趣味便构成了对选题决策起决定作用的主观因素。

二、选题决策失误的主观因素分析

在具体的出版实践中,选题决策者都是出版社的高层领导成员,或者是由中高层领导成员组成的决策集体(编委会)。一般而言,在现代出版决策体制下,通过整合和发挥包含信息系统、智囊系统、执行系统、反馈系统在内的整个决策体系的合力作用,是可以避免一般或重大的选题失误现象的。但在现代出版决策体制还没有建立起来的现实情况下,选题决策与出版社主要领导者的主观判断有着密切联系。对选题决策起决定作用的主观因素主要集中在决策者个人的素质品格、心性智慧和个性趣味三方面,如果这三个方面的能动性发挥得不好,甚至错误地运用和发挥,则直接影响到决策的质量。出版实践上的许多选题失误尽管确实受到诸多客观因素的制约和影响,但选题决策者的主观决策失误却是不得不承认的事实。

1. 素质品格的缺陷造成的决策失误

尽管新闻出版主管部门对出版社主要领导的任职资格规定了明确的条条框框,但并不能保证所有出版社领导的素质品格都能够达到与客观规定整齐划一的效果。这里的整齐划一,主要体现为对出版理念的理解与应用,是从最低限度做出的对出版质量的保障。每一个选题决策者都有着自己的生活经历和知识体验,所以在思考和解决选题问题时必然会打上他们个人的素质品格烙印。出版决策人的素质品格,具体体现为德、能、识三境界,其中的"德"主要就决策者的一般伦理道德与出版职业道德而言,"能"主要就决策者的出版管理能力与业务技能而言,"识"主要就决策者的一般知识水平与出版专业识见而言。此三者,"德"为主脑、为基础、为根底,失去了"德"的防线,就容易生出见利忘义的选题举动;"能"为驱力、为资本、为条件,如果决策者缺乏组织管理能力,不能对好的选题进行正确的判断并及时拍板定论,或者对坏的选题不能正确甄别以至于作出生产的决定,则将不利于出版社的发展;"识"为中介、为桥梁、为纽带,识见的高低与才学的深浅有着密切联系,"艺高人胆大",识见高的人能够冒一般人所不敢冒的出版风险,做一般人所不愿做或不敢做的重要选题。更深一层说,"德"境的培养靠"涵养",靠"蕴藉",靠"慎独",靠"自励",需要长期修炼,永远持守"不移""不屈""不淫"的信念,才能功成名就;"能"境的培养需要在观察力、注意力、灵敏反应力、分析鉴别力、判断选择力、完成力、完善力,变通力、实现力上下功夫,"功到自然成";"识"境的培养全部蕴涵于知识的学习与生命的历练中,举凡人文社科知识、自然科学知识与技术工程知识等等,都应该有所了解、有所掌握,并尽可能地精通某一门类的知识,做到"专""博"合一;同时还要把所学知识贯通于具体的选题实践中。德、能、识三种境界的相互作用、相互影响才能促成高品质的选题决策闻"学风"而动,望"时风"而行,从而与现实社会密切联系在一起。而走向这三种素质品格的反面便是选题决策存在失误的"源头活水",是平庸选题、不良选题滋生的门户,是选题决策者丧失把关能力的表现。

2. 心性智慧的片面造成的决策失误

人的心性智慧是人的综合智能的反映，是其创造性思维能力的集中体现。选题决策活动也是一种创造性思维劳动，这种创造性思维劳动主要体现在决策人的想象力、预见力、迁移力和直觉力等种种创造性思维力之中，是决策形成过程中最为复杂的智能思考。与一般选题策划的智力创造相比，决策思维与策划思维基本是一致的，但选题决策过程所运用的思维力却是在理性思考的基础上，是在对与选题有关的各方面信息有所了解和把握之后而做出的综合性的分析、判断、推理。也就是说，尽管决策思维的创造性常常表现在想象、预见、迁移、直觉等心性智慧中，但这些创造性思维并不是从"无"中创出"有"的过程，而是从"有"中推断出"有"的过程，是对劣质选题的理性否定和对优质选题的理性肯定的过程。所以，决策思维是一种全局性的思维和战略性的思维。然而，现实出版活动中的选题决策者往往忽视某一选题与出版社整体选题思路的关系，没有从全局出发来处理单一选题在出版社整体选题布局中的战略关系，从而造成选题决策过程中的片面思维失误。比如，不少出版社都有恶性跟风出版的坏毛病，这就是选题决策者的片面思维所致。又比如，一些并不具备古籍出版条件的出版社偏偏要出版"四大名著"等古籍选题，造成名著选题出版质量的恶性下滑；而有的古籍出版社也没有"攻其所长"，将古籍出版发扬光大，相反却推出了一些与古籍出版风马牛不相干的选题，虽然此类选题在出版后也有好评，但如果放入该出版社的整体选题格局中审视，则显得不伦不类，打乱了古籍出版的定位与特色。

从本质上说，决策者心性智慧的形成靠的是创造力与创新力的培养。选题决策在出版实践中就是最高层次上的选题创造与选题创新，选题决策的过程既是决策者运用创造性思维劳动对策划编辑所提选题的去粗存精、优胜劣汰的过程，又是对所决策选题完善与补充的过程。如果说选题作为策划对象体现了选题策划编辑对未来行动的安排与设计，那么选题作为决策对象体现的则是选题决策者对选题未来走势的超前预见和准确把握。有研究决策科学的学者指出：强烈的超前意识，准确地预测事物的发展变化趋势，切实把握经济发展的客观规律，这是决策的基本功。作为领导者，每时每刻都不可忽视培养和运用超前意识。决策有了超前性，就可避免在工作上走弯路，争取主动权。① 选题决策的过程也是这样，超前性和预见性既是决策的灵魂，也是决策的创新实质所在。一个选题如果预见不到未来的业绩和文化创新成果，就是不值得决策的选题。当然，

① 何毛生. 领导要树立科学的决策观. 光明日报,1998-3-1.

选题决策也不能刻意追求预见性与超前性,而要在选题本身所具有的各种条件许可的范围内进行预见,不能毫无根据,造成决策失误。

3. 个性趣味的偏见造成的决策失误

许多研究出版业的学者都注意到,出版业的最大魅力就在于它存在着浓厚的个人理想主义色彩。英国著名出版人斯坦利·昂温认为:“图书出版工作是一个很有个人色彩的行业,这就是它的魅力所在,因此个人因素是最大要素之一。”①日本出版学的建立者清水英夫也说:“在看到出版业具有鲜明、强烈的个性的同时,还要看到那些以出版为己业的出版者是既具有鲜明个性,又具有利己主义性格的个人主义者。”②这种观点也得到了美国出版家小赫伯特·S.贝利的进一步发挥,贝利认为,出版社不是一部生产图书的机器,也不是把各种具有不同功能的零件装配起来的生产线,“它是具有各自的理性的和非理性的特点的人组织起来的集体,带着他们的全部理性和非理性,带着他们的热情、困惑、愿望、爱好、习惯和目的,从事一种影响和反映社会的活动。出版社为它所出版的图书给读者带来兴趣和多样性的激励所弥漫。出版社的经营管理者分担和享有理性和非理性两方面的后果”③。他们的观点虽然是针对资本主义生产条件下的出版企业而言的,但就全球出版行业的选题组织策划与决策而言,具有某些方面的共通性。这种共通性表现在:一方面,选题决策者都是具有一定个性特征和审美趣味的人,他们在进行选题决策时很难做到不将自己的审美个性与鉴赏风格带到决策过程中;另一方面,出版业从不拒绝图书生产品种的丰富性和多样性,这一特点为出版策划者与决策者发挥个性创造与非理性创新提供了前提条件。因此,决策者的出版个性往往成为造就出版社选题风格特色的主要因素之一。诚如贝利所言:“在大出版社中,某一个个人的个性的影响常常是比较分散的,但它始终是一个因素,而一个强有力的个性会形成一个大单位的风格。小出版社常常强烈地受一个或几个领导人的个性的影响,这是他们的强大实力所在,这使出版社与作者的联系建立在个人的基础上成为可能。”④言外之意即是,决策者的个性决定着选题的内涵,当然也影响着对作者的选择。决策者的个性、兴趣在选题决策过程中既然起到如此重要的作用,而如果这种个性脱离了选题系

---

① [英]斯坦利·昂温.出版概论.北京:中国书籍出版社,1989.205.

② [日]清水英夫.现代出版学.北京:中国书籍出版社,1989.143.

③ [美]小赫伯特·S.贝利.图书出版的艺术和科学.北京:中国书籍出版社,1995.17.

④ [美]小赫伯特·S.贝利.图书出版的艺术和科学.北京:中国书籍出版社,1995.16.

统的约束，或者说决策者个人在非理性状态下滥用自己的个性和兴趣，那么，选题决策失误的现象就不可避免。比如有的出版社决策者好大喜功，在选题策划与决策中贪大求全，不重视单册图书选题的积累，只一味地看重大部头的全集、丛书等选题，结果是全则全矣，大也大了，但由于所策划选题的文化学术含量不高，出版之后就成为积压产品。有的决策者性喜“跟风”，看到别家的畅销选题，就不假思索，盲目跟进，结果造成大部分选题成为滞销图书。

总之，造成选题决策失误的主观客因素十分复杂，必须细加勘问，穷根溯源，才能补苴罅漏，把选题决策工作做好。

本章小结

本章关注的中心议题是选题决策及其失误问题，着重阐明选题决策的科学化体制和选题决策失误的主客观因素。本章认为，在现代出版条件下，遵行企业化管理模式的出版社必须建立一套行之有效的、规范的、科学的、系统的选题决策新体制，以替代传统出版方式下的“一言堂”决策体制和“无序化”决策方式，以体制“管理”选题，以体制“经营”选题，这是保证选题决策客观公正，从而避免过多失误的重要途径。造成选题决策失误的因素有主客观两方面的内容，其中客观因素显然是外因，主观因素才是内因。但要说明的是，主客观两方面的因素都具有正反两面性，关键是看对导向、义利、情理的判断是否正确，以进步文化的发展传播为选题决策旨归的决策者决不会屈从于单纯的经济利益驱动而导致选题的失败，而以错误的价值观为导向的选题决策却往往走进“选钱”的怪圈，并同样陷入失败的泥淖，两种失败虽然不可相提并论，但同样值得警惕。总而言之，选题决策行为是在出版社总体选题思路和选题规划的基础上进行的，是与出版社切身利益密切相关的风险行为。为了降低决策风险，就必须更新决策体制，增加决策投入，建立决策系统，增强选题决策行为的抗风险能力。

思考题

1. 选题决策失误的主客观因素有哪些？
2. 如何有效避免选题决策失误？

结 语

美国文化学者克利福德·格尔茨在对"文化概念"进行分析时写道:

我以为所谓文化就是这样一些由人自己编织的意义之网,因此,对文化的分析不是一种寻求规律的实验科学,而是一种探求意义的解释科学。我所追求的是析解(Explication),即分析解释表面上神秘莫测的社会表达。①

当本书从文化的视野对出版选题进行全方位的析解时,曾担忧是否会误入对"文化"与"选题"进行解释与再解释的连环迷宫。但是,正如本书在绪论中所表述的,本书的研究目的并不是为了给出版选题"编织"文化概念上的多重"意义之网",而是在"分析解释"出版选题"表面上神秘莫测的社会表达"的基础上,进一步探寻出版选题孕育生成的条件、机缘、时空、机制乃至规律。因此,本书的研究实际上带有浓厚的"实验科学"性质。也就是说,本书的研究是一种"实学",而不是一种"玄学"。

选题对于出版,兹事可谓大矣。而出版选题对于文化建设,兹事又可谓巨大矣!还在十多年以前,一位出版界的老前辈就写下这样一段话:

自1979年后逐步面向市场的出版业改革,有了长足的进步,编发了不少好书,译介了若干外国著作,活跃了图书市场,推进了文化交流。可是在取得巨大成就的同时,也存在着不容忽视的问题。有的质量低劣,有些选题雷同,古典名著,名家名集,不断重复出版,炒来炒去。新名词层出不穷,却又不易多见可供深思的内容。抄袭盗版,剪剪贴贴,屡教不改,视为利源。而且甚至正式注册的出版机构,公然假冒洋人之名,采用卑劣手段以示高明,自命终审者固有愧职守,不以为羞,且辱及国家,恬不知耻。再加上说不尽的古今靓女娇娃,恶棍色狼,男女隐私,以及政海秘闻,阴谋恶道,更是炒作热点,坏人心术。无聊小报,充斥摊头;颇有学术内容的期刊,难以觅见。京城一家著名的读书报上,指出"泡沫文化"上浮,"文化垃圾"近期不大可能减少。优化选题,不免成为优化选钱。选题的

① [美]克利福德·格尔茨.文化的解释.南京:译林出版社,1999.5.

荒迷失次,表现思想的荒迷失次。出版行业显现在人们面前有两幅画,它亮着的车灯并不能表明奔赴的方向。①

这段话反映的情况至今仍是一种现实,因此仍能引发出版人深深的思考。"选题的荒迷失次,表现思想的荒迷失次",以什么样的"思想"来表明选题"奔赴的方向",使选题不再只是一些"层出不穷"的"新名词",而真正成为"可供深思的内容",这一思考虽然并不复杂,但实践起来却难之又难。所以,试图从文化建设的高度和产业发展的角度对出版选题孕育生成的文化机制、市场体制以及思维特征进行研究,就成了本书题中应有之义。然而,由于我国的出版产业正处于出版体制的转型期,出版科技正处于全面更新期,全球化进程中世界范围内各种思想文化正处于相互激荡期,中国特色社会主义文化正处于建设期,所以,受上述各种力量所形成的复杂张力的影响,现阶段出版人的选题行为所表现出的复杂性也是显而易见的。因此,本书对出版选题这一课题的研究也只能是阶段性的研究。虽然如此,针对我国出版产业的发展趋势,本书还愿特别重申下述观点:

第一,以先进文化指导和促进选题创新,以不断创新的精品选题促进先进文化建设。无论是选择、策划,还是创新、提高,都必须保证方向的正确。这不仅是先进文化的本质要求,也是出版产业健康发展的内在要求。在这里,有必要从历史的角度来看待先进文化的先进性问题,以廓清笼罩在先进文化之上的种种虚假意识形态的迷雾,从而为出版选题的策划与组织真正起到掌舵导航的作用。从文化发展的历史观来看,先进文化的先进性主要体现为一种规律性,这种规律性的实质就是:面向现实,面向未来,敢于冲破陈腐观念的束缚,敢于以创新精神为社会营造思想解放的氛围,敢于以创造性行为推动社会的发展和人类的进步。欧洲的文艺复兴运动、我国的"五四"新文化运动都是能够体现先进文化先进性的典型代表,它们不仅是一种创新的文化,更是一种先进文化。不可否认,先进文化具有强烈的意识形态属性,而且这种意识形态属性常常以与落后文化相斗争的形式表现出来;但是,当我们以意识形态观念对选题进行考察时,首先要对意识形态的先进性与落后性进行审查。意识形态的先进性与落后性跟先进文化的阶段性发展密切相关,也就是说,先进文化并没有一劳永逸地解决它的先进性问题,它也存在着"与时俱进"的内在要求。当先进文化在经历了最初的创新岁月而转到守成阶段时,容易滋生不思进取的保守观念,甚至成为创新意识的阻挡

---

① 戴文葆.选题策划是创造性思维劳动.出版科学,1998(2).

者。明了这一态势,我们在策划和组织具体的出版选题时,既能够理解先进文化所包含的正确意识形态的指导作用,也能够识别虚假意识形态所起的阻碍和破坏作用,从而使图书出版在创新时代的感召下,不断开拓出对人类心灵产生震撼作用和有影响力的选题。

出版界必须以出版精品出版物为荣。所谓精品出版物,就是指先进文化内涵丰富、正面价值信息含量高、生命周期较长的出版物。开发精品出版物选题,其目的就是要将先进文化传播到人类精神生活的深层,并在这种传播过程中实现先进文化的繁荣发展。而精品出版物选题既包括能够实现人文科学与自然科学、社会科学与工程技术全面发展的选题,也包括能够实现东方文化与西方文化、传统文化与现代文化互补融通的选题;不仅品位要高,而且特色要鲜明。那种听命于虚假意识形态指挥、偏离人的全面协调发展观念的选题,那种千篇一律、毫无个性、"不好不坏、又多又快"的选题,将对出版社的人力、财力和读者的时间、精力造成极大的浪费。有鉴于此,选题编辑一方面必须正确领会先进文化先进性的内涵要求,正确理解先进文化的范围和层次构成,正确把握先进文化的阶段性发展成果和连续性发展趋势,并将这些领会、理解和把握贯通到具体的选题建构活动中;另一方面,选题编辑必须树立以高质量出版选题参与当代人精神文化活动的主体意识,树立为中华民族新世纪的全面腾飞和伟大复兴,尤其是中华文化的复兴做出贡献的高度责任心,努力开阔自己的文化视野,培养自己灵敏的文化嗅觉和组织策划重头图书选题的丰富经验,从而将每一个选题都作为建造先进文化大厦的基料和柱石。唯有如此,才不至于割裂先进文化与出版选题之间的本质联系。

第二,将出版选题的规划与研发工作纳入国家的文化发展规划与出版社的体制建构中,鼓励社团组织和出版单位成立选题研发机构,培育和形成对社会文化发展有利的适合出版单位发展的选题研发机制。从我国出版业的发展趋势看,出版单位已由事业单位转向企业单位,并按照现代企业制度的要求对出版流程进行管理。我国许多出版机构正在积极构建自己的集团化发展道路,成立了一批出版集团公司。但是,如果没有一整套与其改革相适配的选题研发机制,对出版社长远的全面协调发展将是不利的。

从现代大型企业公司的发展情况看,它们一般都将研发机构的创新置于企业发展的龙头位置。只有研发机构开发出新的产品和新的生产模式、销售模式时,才能给整个企业带来活力。在现代经济条件下,对研发工作进行高投资已成为企业实现产业化运作的必要前提。目前我国出版业的转型从实质上讲就是通过转变体制机制，实行产业化运作，因而必须重视建立各个层次的出版研发机构和进行必要的人力财力投资。具体一点说，政府应有政府级别的出版选题战略研发机构，出版单位应有单位级别的出版选题研发机构；另外，社团组织也可以成立社团级别的出版选题研发机构，一些个人也可以通过市场手段为出版选题的研发工作注入新鲜血液。对出版选题研发机构最重要的投资就是人力资本和资金的投入，如果由政府、出版社、社团组织以及市场个人形成合力，共同对选题的研发工作注入可供利用的人力资源和资金，形成多渠道的投资融资模式，势必为我国出版业界形成规范化的选题研发机制创造良好的条件。

第三，建立科学化的选题决策模型和决策程序，从根本上解决选题决策中的失误问题。选题决策失误问题是影响出版业发展的最大的问题，尽管出版行政管理部门对出版选题决策有着政治上、法律上、经济上以及出版程序上的种种规定，但每年违背上述规定而造成决策失误的现象时有发生，即使一些名牌出版社也不例外。政治性的决策失误带给社会的是负面效益，经济性的决策失误带给出版社的是高负债率，它们都将给国家、社会和出版社造成巨大的文化损失和经济损失。建立科学的选题决策模型和决策程序是避免决策失误的有效措施，一个好的决策模型是建立在对出版选题所能创造的社会效益和经济效益综合评估的基础上的，同时也是对选题策划者的综合策划素质和策划能力、作者的创作能力、潜在消费者的接受能力、出版者的出版销售能力以及选题本身所能形成的市场影响力的综合评估。只有将各方面的因素都考虑进去时，才能做出一个趋于正确的决策。而一个科学的决策必然是从整体系统的观点对各个环节进行整合考虑的决策。应当说明的是，本书提出的决策模型和决策程序都只是尝试性质的，还有待于根据出版实践的需要进行更好的改进和创新。

最后还要强调的是，本书研究的目的是为了出版选题的创新和出新。一位老出版工作者说得好："在创造新生活的社会大地上，到处都存在着求新、创新、出新的各式各样及各种内容的新选题，正等待和要求我们去发现，可以写，可以编，可以出好书，可以出精品，更可以出人才。"①我们期盼在新时期和新的历史条件下，出版工作者能以更加优秀的选题为文化的大发展大繁荣贡献力量。

---

① 戴文葆. 选题策划是创造性思维劳动. 出版科学. 1998(2).

修订版后记

这是一个纷繁而复杂的年代。

在这样的年代修订这样一本专业书稿，免不得要受到时代情绪的影响。翻检10年前写下的这些文字，现在看来，不免学理化了一点，枯涩有余，鲜活不足。但值得安慰的是，本书确立的主题、主线是对的，没有偏离时代大潮，没有偏离业界实际，这为此次修订奠定了一个好的基础。

本书修订一如既往地得到业师马新国先生、张涵先生的指导。俗语说，滴水之恩，当涌泉相报。面对业师们在中西美学、文艺学、文化与出版传播研究方面的诸多建树，常常感叹自己学养之不足，进学之不深。唯有不辍努力，才对得起恩师的培育。

北京师范大学文学院编辑出版学专业研究生董硕为我搜集了一些新的材料并做了文稿整理工作，在此特别表示感谢。殷冬雪、侯睿、王琴琴等帮我校对了有关章节，在此一并表示感谢。

我也特别感谢北京师范大学文学院与北京师范大学出版社联合招收的2005—2012级的编辑出版专业的研究生们。几年来，在我给他们讲授的《选题论》研究课上，我们对出版选题与文化发展的很多话题进行了充分的讨论，这些讨论帮助我在修订工作中删繁就简，查缺补漏。他们的活力、青春和朝气留给我美好的记忆，激励我永远以年轻的心态进取和工作。

由于日常工作忙碌，此次修订几乎持续了一年时间。在此特别感谢苏州大学出版社总编吴培华教授，如果不是他一次次的鼓励和催促，这个工作还不知会拖到什么时候。

由于水平有限，书中错讹之处难免，敬请读者批评。

是为记。

壬辰年初春。